I0876857

Kohlhammer

Klaus Wengst

# Der wirkliche Jesus?

## Eine Streitschrift über die historisch wenig ergiebige und theologisch sinnlose Suche nach dem „historischen" Jesus

Verlag W. Kohlhammer

Umschlag: Gestaltungskonzept Peter Horlacher
Gesamtherstellung:
W. Kohlhammer Druckerei GmbH + Co. KG, Stuttgart
Printed in Germany

ISBN 978-3-17-023009-5

100 Jahre nach seinem Tod
und

120 Jahre nach seinem Vortrag

„Der sogenannte historische Jesus
und der geschichtliche, biblische Christus“

zur Erinnerung an

MARTIN KÄHLER (1835–1912)

# Vorwort

Als ich im Mai 1961 an der Kirchlichen Hochschule Bethel mit dem Theologiestudium begann, war die Debatte um die „neue Frage nach dem historischen Jesus“ in vollem Gange. Auf einer Tagung für Theologiestudenten nach meinem ersten Semester vernahm ich aus dem Mund schon fortgeschrittener Kommilitonen verwundert den ersten Satz aus Bultmanns „Theologie des Neuen Testaments“. Dieses Buch – wie auch seine „Geschichte der synoptischen Tradition“ – habe ich dann zwischen meinem zweiten und dritten Semester gelesen. Damit meinte ich, eine tragfähige theologische Position gefunden zu haben. Im Wintersemester 1962/63 hörte ich in Bonn eine Vorlesung über die Synoptiker von Erich Dinkler, die ausschließlich an der Frage der Vorgeschichte der Evangelientexte orientiert war. Als ein Studienfreund den Nachweis eines Textes als „Gemeindebildung“ mit dem Seufzer kommentierte, jetzt wäre uns wieder etwas genommen worden, antwortete ich, mir würden eher die Texte Probleme bereiten, die für „echt“ erklärt würden. Mit einem von Ernst Fuchs geprägten Hilfspastor in unserer Gemeinde diskutierte ich ausgiebig die theologische Berechtigung oder Fragwürdigkeit der Rückfrage nach Jesus. Diese Diskussion setzte ich intensiv mit Kommilitonen fort, als ich im Wintersemester 1963/64 in Tübingen Ernst Käsemanns Vorlesung über „Theologie des Neuen Testaments“ hörte, in der das Problem des „historischen“ Jesus eine wesentliche Rolle spielte.

In den 70er Jahren, nachdem ich inzwischen selbst zu lehren hatte, übernahm ich in dieser Frage Käsemanns Position und arbeitete während einer Lehrstuhlvertretung in Marburg im Sommersemester 1978 eine Jesus-Vorlesung aus. Als ich sie in Bochum im Wintersemester 1982/83 hielt, bekam ich Zweifel an der Stimmigkeit dieses Unternehmens. Ich habe die Vorlesung zunächst liegen gelassen, aber in meiner „Pax Romana“ (1986) doch noch ein Kapitel über Jesus geschrieben. Als ich mir etwas später Teile der Vorlesung wieder ansah, fiel es mir wie Schuppen von den Augen: Der Jesus, den ich dort vorfand, hatte an der Studentenbewegung teilgenommen. Der große methodische Aufwand, den ich in der Bearbeitung der Texte betrieben hatte, um das zu gewinnen, was dem „historischen“ Jesus zugeschrieben werden kann, hatte mich nicht davor bewahrt, ihn für meine politischen Einsichten zu funktionalisieren. Seitdem war die Jesussuche für mich erledigt. Allerdings hatte schon in der Schlussdiskussion nach dem erstmaligen Vortrag der Vorlesung ein kluger Student die mich entlarvende Frage gestellt, ob ich denn, gesetzt den Fall, meine Jesusdarstellung würde sich, was er nicht annehme, als historisch falsch erweisen, daraufhin meine politische Meinung ändern würde. Damals war ich noch zu stolz auf die gerade vollbrachte Leistung, um sofort eine Revision vornehmen zu können.

Bei meiner ersten Lektüre des berühmten Vortrags von Martin Kähler: „Der sogenannte historische Jesus und der geschichtliche, biblische Christus" meinte ich, noch grundsätzliche Vorbehalte anmelden zu müssen. Sie sind bei weiterem Nachdenken ausgeräumt worden. Ernst Käsemann hatte 1953/54 geäußert, Kählers Vortrag habe „nach 60 Jahren an Aktualität noch kaum eingebüßt" und sei „auch nicht wirklich widerlegt", sich aber nicht auf ihn eingelassen. Ich denke, dass Käsemanns Urteil über Kähler, noch einmal 60 Jahre später, immer noch Gültigkeit hat. Alles Wesentliche ist von ihm in dieser Sache gesagt worden. Daran kann die neutestamentliche Wissenschaft nur zu ihrem eigenen Schaden vorbeigehen; sie hat das leider – aufs Ganze gesehen – getan. So dient dieses Buch nicht zuletzt auch der Erinnerung an Martin Kähler. Wenn ich während der Zeit, als sein Urenkel Christoph Kähler Landesbischof von Thüringen war, zu Besuch in Eisenach weilte, habe ich gerne unter der auf der Fensterbank stehenden Büste von Martin Kähler geschlafen.

Dieses Buch ist ein negatives Buch. Es versucht aufzuzeigen, dass die Suche nach dem „historischen" Jesus zwar historisch grundsätzlich möglich, aber wenig ergiebig und dass sie in theologischer Hinsicht ein unmögliches Unternehmen ist. Es plädiert daher entschieden dafür, diese Suche nicht fortzusetzen. Ich halte es nicht für eine theologisch verantwortliche Aufgabe von Exegetinnen und Exegeten, sich die Texte, die sie auslegen, erst selbst herzustellen. Ein positives Gegenstück zu diesem negativen Buch wäre daher eine Darstellung Jesu, wie er in den Evangelien erscheint, eine Darstellung, die deren Viergestaltigkeit mit ihren Unterschieden, Spannungen und Gegensätzen ernst nimmt.

Wiederum gilt mein herzlicher Dank Herrn Florian Specker vom Verlag für die gute Zusammenarbeit, besonders für das Erstellen der Kolumnentitel und das Einrichten des Inhaltsverzeichnisses.

Bochum, im April 2013 Klaus Wengst

# Inhalt

# Einleitung

Im letzten Teil seines umfangreichen Buches über „Jesus und seine Zeit“ (2010) bezeichnet Wolfgang Stegemann die Rückfrage nach dem „historischen“ Jesus als „unvermeidlich relativ und relativ unvermeidlich“.[1] Die erste Aussage – „unvermeidlich relativ“ – ist in jedem Fall zutreffend. Das zeigen die Ergebnisse dieser Forschungsrichtung in jeder der drei Etappen, in die sie eingeteilt werden kann; sie sind aufs Ganze gesehen schlicht chaotisch. Die zweite Aussage – „relativ unvermeidlich“ – trifft nur auf Historiker zu. Für Theologen, wenn sie denn wirklich Theologen sind und bleiben wollen, besteht nicht der mindeste Zwang, sich auf diese Frage einzulassen. Sie können sie nicht nur vermeiden; sie sollten es auch. Dafür gibt es gute Gründe, die später zu betrachten sein werden. Dagegen gibt es keinen einzigen Grund, der das Verfolgen dieser Frage theologisch nahelegen könnte. Auch darauf wird noch einzugehen sein. Historikern ist es selbstverständlich unbenommen, sich auf diese Suche zu begeben. Wenn Jesus eine Gestalt der Geschichte war, die tatsächlich gelebt hat – und das zu bezweifeln, lässt sich nicht gut begründen –, muss es geboten erscheinen, mit den Mitteln historischer Wissenschaft nach ihm zu fragen wie nach jeder anderen Gestalt der Geschichte auch. Die Berechtigung einer solchen Fragestellung ist unter historischen Gesichtspunkten schlechterdings nicht anzuzweifeln. Wer aber dieser Frage nachgeht, muss zuerst Bescheid wissen über die Quellen seines Gegenstandes, vor allem über deren Relation zu diesem Gegenstand der intendierten historischen Untersuchung. Auch darüber wird ausführlich zu reden sein.

Der erste Teil dieser Untersuchung umfasst den Zeitraum „von Reimarus bis Käsemann“, also rund 200 Jahre, die Zeit der Leben-Jesu-Forschung und die Zeit der „neuen Frage nach dem historischen Jesus“ samt der Zeit dazwischen. Die Formulierung dieser Überschrift spielt natürlich auf den Titel der ersten Auflage von Albert Schweitzers berühmter „Geschichte der Leben-Jesu-Forschung“ an: „Von Reimarus zu Wrede“. Der Unterschied ist weniger beträchtlich hinsichtlich der an zweiter Stelle genannten Person; der ist lediglich durch die andere Zeit bedingt. Er ist es jedoch sehr entschieden hinsichtlich der gebrauchten Präposition. Schweitzer war der Überzeugung,

---

[1] W. Stegemann, Jesus, S. 421.

eine auf ein Ziel zulaufende Forschungsgeschichte schreiben zu können. Dabei war der Zielpunkt nicht der tatsächlich genannte William Wrede, sondern er selbst, Albert Schweitzer, mit seiner „eschatologischen Lösung". Diese Sicht hat sich als nicht zutreffend erwiesen. Mir geht es mit der Angabe der beiden Personennamen nur um die Eingrenzung eines Zeitraums. Reimarus steht für den Beginn der Suche nach dem „historischen" Jesus im deutschen Sprachraum, während Käsemann die „neue Frage nach dem historischen Jesus" initiiert hat und zugleich als deren wichtigster Repräsentant gelten kann. Auch diese „neue Frage" liegt inzwischen etwa ein halbes Jahrhundert zurück. Im Abstand lassen sich die Probleme klarer erkennen und gelassener betrachten; man gerät nicht sofort in die Hitze des Gefechts wie bei der Auseinandersetzung mit Zeitgenossen.

Da es, wie am Beispiel der „Geschichte der Leben-Jesu-Forschung" Albert Schweitzers deutlich werden wird, keine Zielgerichtetheit in der Suche nach dem „historischen" Jesus gibt, keinen „Fortschritt der Forschung", ist es nicht meine Absicht, eine Forschungsgeschichte in diesem ersten Teil zu schreiben. Es könnte nur ein Chaos beschrieben werden, was freilich uferlos wäre. Ich greife deshalb aus diesem langen Zeitraum „von Reimarus bis Käsemann" nur wenige Forscher heraus, um ihren Denkwegen in dieser Frage nachzugehen und die sich dabei zeigenden Probleme herauszustellen. Das lässt es zu, Ergebnisse zu formulieren und Folgerungen zu ziehen.

Auf diesem Hintergrund wende ich mich im zweiten Teil der noch gegenwärtigen „dritten Suche nach dem ‚historischen' Jesus" zu unter der Frage, was es in ihr Neues gibt. Dabei gehe ich anders vor als im ersten Teil, indem ich nicht einzelne Personen, die sich ausführlich und prägnant zur Sache geäußert haben, je für sich darstelle, sondern ich bespreche ihre Beiträge – und wiederum sind es angesichts des wiederum entstandenen Chaos nur wenige – in sechs Abschnitten, die die Leitfrage nach dem Neuen gegenüber vorangegangenen Suchexpeditionen in weiteren Fragen entfalten.

# I. Von Reimarus bis Käsemann Blicke zurück auf rund 200 Jahre Suche nach dem „historischen“ Jesus

Ich setze ein mit Reimarus, der mit der Unterscheidung zwischen der „Lehre der Apostel“ und der „Lehre Jesu“ die Suche nach dem „historischen“ Jesus, bei ihm noch nicht so benannt, der Sache nach im deutschen Sprachraum eröffnete. Diese Suche ist bei ihm kein selbständiges Programm, sondern ergibt sich im Zusammenhang eines ebenso umfassenden wie fulminanten Angriffs auf die gesamte Bibel. Bereits an diesem ersten Versuch können die leitende Intention dieser Suche und ihre Perspektive deutlich werden, aber auch die Probleme, vor die sie sich gestellt sieht. An diesen Problemen hat sich im Grundsätzlichen nichts geändert und kann sich angesichts der Quellenlage – die vier kanonischen Evangelien sind die einzig relevanten Quellen – auch nichts ändern. Bevor weitere Forscherpersönlichkeiten mit ihren Beiträgen zur Sache dargestellt werden, geht es deshalb im zweiten Kapitel als einer theologischen Grundlegung darum, die Eigenart der Evangelien zu bedenken und ihr eigenes Recht herauszustellen. Sie zeichnen den irdischen Jesus, d.h. sie setzen es als selbstverständlich voraus, dass Jesus als jüdischer Mensch in seinem Volk gelebt und gewirkt hat. Aber dabei geht es ihnen nicht um das chronistische Verzeichnen von Fakten, sondern sie wollen zeigen, was Gott mit dieser Geschichte zu tun hat und wie er in ihr zur Wirkung kommt. Wer nach dem „historischen“ Jesus fragt und also die „tatsächlichen“ Fakten sucht, muss mit für dieses Unternehmen äußerst widerständigen Texten rechnen. Schon David Friedrich Strauß – er wird im dritten Kapitel besprochen – hat gezeigt, dass sich so mit relativ hoher Wahrscheinlichkeit nicht mehr als „das einfache historische Gerüst des Lebens Jesu“ ergibt. Was darüber hinausgeht, sind Hypothesengebilde mit eher geringer Wahrscheinlichkeit. Wer nach dem „historischen“ Jesus fragt, verlässt vor allem die für die Evangelisten entscheidende Perspektive, die das Leben Jesu für sie theologisch relevant sein lässt. Die theologische Kritik an der Leben-Jesu-Forschung ist grundlegend von Martin Kähler geleistet worden. Er kommt im fünften Kapitel zu Wort. Zuvor wird im vierten Kapitel sein Hallenser Kollege und – in dieser Sache – Antipode Willibald Beyschlag vorgestellt, der meinte, David Friedrich Strauß historisch überwinden und damit den Wahrheitsbeweis für das Christentum wissenschaftlich führen zu können. Albert Schweitzer – das wird im sechsten Kapitel deutlich – war kein neutraler Berichterstatter, sondern ein höchst engagierter Mitstreiter in der Sache. Nur so konnte er auch meinen, das Chaos in der Geschichte der Leben-Jesu-Forschung geordnet zu haben. Im siebten und achten Kapitel werden Bultmann und Käsemann dargestellt, der Lehrer und sein mit ihm nicht nur in der Frage des „historischen" Jesus streitender Schüler. Jenseits des unmittelbaren Kampfgetümmels tritt deutlich hervor, dass sie mehr verbindet, als es scheint. Vor allem aber lässt sich an diesen späteren Beiträgen erkennen, dass neue Methoden an der Problemlage nichts ändern. Im abschließenden neunten Kapitel wird versucht, ein vorläufiges Fazit zu ziehen.

# 1. „Die wahre einfache und thätige Religion Jesu" Jesus als Helfer der „vernünftigen Verehrer Gottes" Hermann Samuel Reimarus (1694–1768)

### *a) Skizze seines Lebens und Wirkens*

Für den deutschen Sprachraum wird die Suche nach dem „historischen" Jesus üblicherweise mit Hermann Samuel Reimarus angesetzt.[2] Er wuchs in einem Pfarrhaus in Hamburg auf und besuchte dort das Akademische Gymnasium, bevor er ab 1714, zunächst in Jena, Theologie, Philosophie und orientalische Sprachen studierte. Er sollte und wollte Pfarrer werden, orientierte sich aber während des Studiums um. Ab 1727 war er Professor für orientalische Sprachen am Akademischen Gymnasium seiner Heimatstadt.[3]

Reimarus wirkte als Aufklärer; seine Intention war die Verbindung von Religion und Vernunft. 1754 veröffentlichte er sein sehr erfolgreiches Werk: „Die vornehmsten Wahrheiten der natürlichen Religion", das gleich im folgenden Jahr eine zweite Auflage erlebte und von ihm selbst noch einmal 1766 in einer erweiterten dritten Auflage herausgegeben wurde. Auch nach seinem Tod wurde es bis 1791 noch weitere drei Male aufgelegt. In seinem „Vorbericht" deutet Reimarus eine bestimmte Beziehung der natürlichen Religion zum Christentum an, wenn er schreibt: „Das Christenthum setzet die Wahrheiten der natürlichen Religion, von Gottes Daseyn, Eigenschaften, Schöpfung, Vorsehung, Absicht und Gesetze, von der Seele geistigem Wesen, Natur und Unsterblichkeit u. s. w. nicht allein voraus, sondern es leget dieselben auch zum Grunde, und flicht sie mit in das Lehrgebäude seiner Geheimnisse ein."[4] Gawlick, der Herausgeber der Neuausgabe der „vornehmsten Wahrheiten" von 1985, meint in seiner Einleitung, Reimarus habe damit „den Eindruck erweckt, als betrachtete er die natürliche Religion nur als Vorstufe zu etwas Höherem" (11), und so getan, als stünde er in der Tradition, die „in einem ersten Schritt vernünftige Annahmen über Gott und die Welt entwickelte, um danach in einem zweiten Schritt zu den eigentlichen Glaubenswahrheiten des Christentums aufzusteigen" (11f.). Es trifft

---

2 Vgl. den Titel der 1. Auflage des großen Forschungsberichtes von Albert Schweitzer: Von Reimarus zu Wrede. Zur Diskussion um die Anfänge dieser Forschung sei auf W. Stegemann, Jesus, S. 76–85, verwiesen.

3 Vgl. die biographischen Skizzen bei Klein, Reimarus, S. 3–6, Schultze, Reimarus, S. 470f., Strauß, Reimarus, S. 5–11.

4 Reimarus, Wahrheiten, S. 56f. Die Seitenzahlen werden nach der Neuausgabe von 1985 gegeben, bei den Zitaten aus dem Text in Klammern auch die der 3. Auflage von 1766.

gewiss zu, dass Reimarus verschwiegen hat, was er wirklich über das Christentum denkt. Aber er hat sich bei seiner Formulierung auch nicht verbogen, wenn er „die Wahrheiten der natürlichen Religion" als Grundlage des Christentums bezeichnet und nebulos sagt, es flechte sie „mit in das Lehrgebäude seiner Geheimnisse" ein, und hinsichtlich dieser Geheimnisse auch nicht die Spur einer positiven Wertung andeutet.[5]

Ein paar Seiten weiter im „Vorbericht" schreibt er: „Man setze, daß einer in einer Kirche erzogen worden, worinn das Wesentliche der Religion durch vielen Tand und Aberglauben ersticket wird. Er fängt bey heranwachsendem Alter an zu denken, und diese Thorheiten einzusehen; er gerät an Gesellschaften und Bücher, die ihn darinn bestätigen. Was folget daraus? Er bekömmt eine Verachtung und einen innern Haß gegen seine Religion; und weil er keine andere hat, als die abergläubische, und von keiner andern weis, so verwirft er alle Religion ohne Unterschied" (59). Er setzt hier einen hypothetischen Fall, über dessen Gegebenheit er sich nicht weiter auslässt. Aber genau dieser Fall ist weithin seine eigene Erfahrung,[6] aus der er als tiefe Überzeugung gewonnen hat, dass „das Wesentliche der Religion" die vernünftigen Wahrheiten der natürlichen Religion sind und dass das Christentum – und auch das Judentum –, sofern sie darüber hinausgehen, nichts als „Tand und Aberglauben" sind.

Die Destruktion von Christentum und Judentum als „Tand und Aberglauben" unternimmt er in seinem großen Werk: „Apologie oder Schutz-

---

5 Auch die anderen von Gawlick genannten Punkte „einer irreführenden Ausdrucksweise" (12) treffen m.E. nicht zu. Er führt drei an: 1. Reimarus überschreibt die letzte Abhandlung seines Werks mit: „Von der Seelen Unsterblichkeit, und den Vortheilen der Religion". Mit „Religion" meint er ausschließlich die natürliche, lasse aber „das qualifizierende Adjektiv weg" (12). Da er insgesamt nur von der natürlichen spricht, ist klar, was er unter „Religion" versteht. 2. Auf S. 816 (S. 748) spricht Reimarus von „wenigen, welche eine ungeheuchelte Religion, nach Vernunft und Christenthum, thätig beweisen" (von Gawlick S. 12f. teilweise zitiert). In einem Kontext, der nur von der natürlichen Religion spricht, mag die Erwähnung des Christentums überraschen – und vielleicht auch beruhigen. Aber der Kontext und die Voranstellung der Vernunft dürften Reimarus ein gutes Gewissen gegeben haben. 3. Auf S. 820f. (S. 752f.) fasst Reimarus vorangegangene Erörterungen zusammen: „In diesem großen Entwurfe des Zusammenhanges aller Dinge, welchen uns schon die bloße vernünftige Religion darstellet, ist lauter Übereinstimmung, die nicht allein dem Gemüthe keine Dunkelheit und Verwirrung zurück läßt, sondern es selbst zu aller Vollkommenheit bildet, und sein natürliches Verlangen ersättiget." Nach Gawlick suggeriert die Rede „von der ‚bloß vernünftigen Religion' [...], als ob es seiner Meinung nach mehr als die natürliche oder vernünftige Religion geben könnte" (13). Aber wie sollte das sein, wenn „schon die bloße vernünftige Religion" „zu aller Vollkommenheit bildet"?

6 Vgl. die autobiographischen Angaben in Reimarus, Apologie I, S. 45–49.

schrifft für die vernünftigen Verehrer Gottes". An dieser Schrift hat er über 30 Jahre lang, von 1736 bis kurz vor seinem Tod, heimlich gearbeitet. Er brachte sie nicht zur Veröffentlichung – aus berechtigter Furcht, dadurch seine berufliche Stellung und bürgerliche Existenz zu verlieren.[7] Nur nahen Freunden gab er jeweilige Fassungen zum Lesen. In seinen beiden letzten Lebensjahren schrieb er in einer klaren und schönen Handschrift die endgültige Fassung nieder.[8] Sie erschien erst im Jahr 1972 im Druck. Nach seinem Tod erhielt Lessing Kenntnis von dessen Werk und veröffentlichte zwischen 1774 und 1778 aus einer „Handschrift, die [...] ein erheblich früheres Stadium des Werkes wieder(gibt)",[9] sieben Fragmente eines „Ungenannten". Die Gesamtschrift ergibt ein deutlich anderes Bild, als es die von Lessing herausgegebenen Fragmente vermitteln. Das gilt gerade auch im Blick auf die Frage nach Jesus. Es erscheint deshalb als angemessen, diese Schrift im Ganzen in ihren wesentlichen Intentionen und Aspekten darzustellen. Dabei werden grundsätzliche Probleme deutlich, die auch die weitere Suche nach Jesus bis in die Gegenwart begleiten.

*b) Die Intention der „Apologie"*

In seinem ausführlichen „Vorbericht" gibt Reimarus als erste Intention seiner Schrift an, dass er sie lediglich für die „eigene Gemühts-Beruhigung" verfasst habe. Sie möge „im Verborgenen, zum Gebrauch verständiger Freunde liegen bleiben; mit meinem Willen soll sie nicht durch den Druck gemein gemacht werden, bevor sich die Zeiten mehr aufklären" (I 41). Die Zeit dafür sei noch nicht reif, „da solches ohne des Pöbels Ungestühm, und ohne Verwirrung in dem Staat und der Kirche abgehen könnte" (I 56). Er hofft aber auf eine nicht mehr ferne Zeit, „daß die Welt eine Verschiedenheit der Meynungen mit mehrer Sanftmuht duldet" (I 57). „Eine Scheydung beider Heerden, und eine völlige Freyheit, daß ein jeder seinem Gott nach seiner Erkenntniß, nach dem Glauben oder nach bloßer Vernunft, ungehindert und öffentlich dienen könne", hält er für „das allereintzigste Mittel", das für alle hilfreich wäre (I 58).[10] Im Blick auf den Gebrauch seiner Schrift in die-

7 In Apologie I, S. 129f., gibt Reimarus eine deutliche Schilderung im Blick auf „den Verlust seiner gantzen zeitlichen Wohlfahrt", den seinesgleichen bei öffentlicher Bekundung der eigenen Meinung zu erwarten hätte.

8 Vgl. die fotografische Abbildung einer handschriftlichen Seite zwischen S. 144 und 145 in Reimarus, Apologie II.

9 So Gerhard Alexander, der Herausgeber der Apologie, in seiner Einleitung, I, S. 14.

10 Vgl. auch II 520: „Diese Schrifft kann die Welt überzeugen, daß es eine Schande für die gesamte Christenheit, und Schade für das gantze menschliche Geschlecht sey, daß man

ser „Zeit der öffentlichen Trennung“, in der es immer noch „schwartze Beschuldigungen“ geben werde, nennt Reimarus sie „eine Apologie oder Schutzschrifft für die vernünftige Verehrer Gottes“ (I 59). Er ist sich seiner Leistung bewusst, für diese Verehrer sei ihre „Rechtfertigung hier schon mit der benöhtigten Überlegung, und Kenntniß von Sprachen und Sachen, so vorgearbeitet, als noch bisher von niemanden geschehen ist“ (I 60).

So unternimmt er es zunächst für sich selbst und Freunde, aus den eigenen entstandenen Zweifeln heraus „den Glauben, welcher mir so manche Anstöße gemacht hatte, von Grund aus zu untersuchen, ob er mit den Regeln der Wahrheit bestehen könne oder nicht“ (I 41). Bei dieser „mit einer gleichgültigen Wahrheits-Liebe“ (I 53) durchgeführten Untersuchung zeigt es sich, dass er nicht bestehen kann; und so wird schonungslos destruiert, „was uns sowohl in der Bibel selbst, und denen darin aufgeführten Personen, Reden und Thaten, als in dem daraus erbauten Glaubens-System, wiedersprechend, anstößig und ärgerlich vorgekommen ist“ (I 61).[11] Diese Destruktion fällt so heftig aus, dass er bei späterer Veröffentlichung den Einwand erwartet: „Wie könnt ihr das eine Apologie oder Schutzschrifft heissen, was eigentlich in den heftigsten Anfällen auf die Jüdische und Christliche Religion besteht? Celsus und Porphyrius haben es ja vorzeiten nicht ärger machen können“ (I 60f.).[12] Er begründet diese Heftigkeit mit seiner Existenz „in Statu passionis“ durch den noch bestehenden „angedrungenen Glaubens-Zwang“ (I 61) und vergleicht sein Unternehmen mit dem der frühchristlichen Apologeten (I 62).

Reimarus intendiert „eine allgemeine Religion für das gantze menschliche Geschlecht“. Eine solche „aus dem Christenthum zu machen“, müssten „die Herrn Theologi“ unternehmen (I 171). Er spricht sich entschieden dagegen aus, „alle, die anders denken, mit Gewalt und Zwangsmittel zum Beyfall und zum Glauben zu nöhtigen“, und formuliert positiv: „Wir müssen einander durch die Vernunft, welche allen Menschen und Völkern gemein ist, zu überführen suchen, und wo das nicht helffen will, einer des andern Schwachheit ertragen, und wegen der Verschiedenheit unsrer Meynungen

---

lieber allen Sekten und Religionen, als der reinen vernünftigen eine freye Tolerantz und öffentliche Ausübung verstattet; und daß es nachgerade die höchste Nohtwendigkeit erheische, den Zwang aufzuheben, und Menschen, die nach bloßer gesunder Vernunft ihren Schöpfer verehren, der Obrigkeit Gehorsam leisten, die Tugend üben, und ihren Nächsten lieben, auch ungekränkt unter Bürgern wohnen, und Gott nach ihrer Einsicht öffentlich dienen zu lassen.“

11 Vgl. auch die Aussage, dass der Untersuchende „gantz gleichgültig“ sein müsse (I 75).

12 Auf die beiden hier genannten antiken Bestreiter des Christentums bezieht sich Reimarus öfters: I 68.157.328.802.905; II 268f.

von dem verborgenen unendlichen Wesen nicht aufhören, als Menschen, menschlich und gesellig mit einander zu leben“ (I 178). Für diese Sicht gilt Reimarus aller Respekt.[13]

*c) Kriterien für die Prüfung positiver Religionen*

Dass die Prüfung der ihm von Kindheit an eingepflanzten Religion als deren Destruktion ausfällt, ergibt sich nicht zuletzt aus ihrem angelegten Hauptkriterium, das Reimarus klar benennt: „Eine vernünftige Religion muß vor allen Dingen in jeder sogenannten Offenbarung der Grund- und Prüfe-Stein werden, als welche gewiß durch die Natur von Gott abstammet“ (I 54). Damit sind „andere unwiedersprechliche Wahrheiten“ verbunden, „besonders die unendliche Vollkommenheiten Gottes, seine Weißheit, Vorsehung, Güte und Allmacht, seine ewige Regeln des Natur- und Sittengesetzes“. Wenn etwas dem widerspricht, „so mag auch ein Engel vom Himmel der Prediger eines solchen Evangelii seyn, wir können ihm dennoch unmöglich glauben“ (I 55).[14]

Reimarus setzt den Fall, „wenn es Gott gefallen hätte eine übernatürliche und seligmachende Offenbarung durch gewisse Mittelspersonen oder göttliche Boten an das menschliche Geschlecht zu bringen“, und folgert daraus: „so würde er solche dazu ausersehen, welche selbst den Endzweck hätten die ihnen offenbarte Religion allen Menschen so viel möglich kund zu machen und unter ihnen zu befördern“ (I 184).[15] Ein solcher „Endzweck“ wäre aber nur mit einer vernünftigen Religion zu erreichen. Ihm dürfen die Boten auch „durch ihre Reden und Handlungen“, durch ethisches Fehlverhalten, nicht widersprechen (I 192), etwa dem von Reimarus oft genannten „Natur- und Völkerrecht“ nicht zuwiderhandeln. Sofern sie das dennoch tun, ist das von ihnen als Offenbarung Ausgegebene als „ein Betrug oder grober Irrthum“ zu werten (ebd.).

---

13 Vgl. auch seine von einer tiefen *humanitas* geprägten Ausführungen gegen die Vorstellung von ewiger Folter (I 49f.; II 510).

14 An späterer Stelle nimmt Reimarus diese Anspielung an Gal 1,8 noch einmal auf, dort unter ausdrücklicher Nennung des Paulus: „Und wenn auch ein Engel vom Himmel käme, sagt Paulus, und predigte ein ander Evangelium als er geprediget hatte, (wir mögten sagen, als gesunde Vernunft, das Gesetz der Natur und Gottes Vollkommenheiten leyden) so sollen wir es nicht glauben“ (I 190).

15 Vgl. I 191: „Die Hauptfrage bey Prüfung der Boten einer seligmachenden übernatürlichen Offenbarung bleibt also eintzig diese, ob die Reden, Lehren, Handlungen, Befehle, Stiftungen und Schrifften der Personen, die für solche Boten gehalten sind, mit dem Endzwecke, welchen sie hätten haben müssen, übereinstimmen oder nicht?“

Ein weiteres wichtiges negatives Kriterium ist, dass „eine vorgegebene Offenbarung etwas enthält, das sich selbst klar und deutlich wiederspricht“ (I 54). Das gilt insbesondere für die Erzählung von Wundern. Für sie trifft nicht nur zu: „Der Schreiber kann mir keine positive Beweise der Wahrheit seiner Factorum geben“ (I 190). Reimarus meint, auch „den äussern und innern Wiederspruch einiger Wunder aus der Erzehlung selbst gantz klärlich“ erweisen zu können (I 191), wobei er sich ausschließlich auf die Ebene der Fakten bezieht. Darauf wird bei Besprechung der Evangelien näher einzugehen sein.

Von seinem Ansatz und seinen Kriterien her kann er schon vor der ausführlichen Besprechung nur vom Anreißen der ersten Kapitel der Bibel her feststellen, es habe „wohl der Geschichtschreiber selbst, geschweige die Helden, welche er aufführt, nicht einmal einen Begriff von der Seligkeit und seligmachenden Religion, oder von einer wahren Tugend und Frömmigkeit gehabt; weil keine Spuhr von der Seelen Unsterblichkeit und einem künftigen Leben in der gantzen Geschichte vorhanden ist, und weil er denen, welche Männer Gottes gewesen seyn sollen, viele schändliche Handlungen, als ob sie wohl und göttlich gethan wären, beylegt“ (I 193).

*d) Kritik des Alten Testaments*

Die Letztfassung seiner Apologie hat Reimarus als einen kritischen Durchgang durch die gesamte Bibel angelegt. So bespricht er im umfangreicheren ersten Teil das Alte Testament hinsichtlich der in ihm erzählten Geschichte und hinsichtlich der in ihm enthaltenen Lehren. Er findet an ihm kaum ein gutes Haar; und was an Gutem da ist, kommt woanders her: „Die Lehre von der Einheit Gottes, und dessen Anbetung ohne Bilder, welche Moses aus der geheimen Weißheit der Egyptischen Priester mitgebracht hatte, aber ohne vernünftige Gründe bloß als ein Gebot vortrug, hatte bey den Israeliten nicht eher Eingang, als bis sie in der Gefangenschaft mit vernünftigen Heyden umgegangen waren. Die Lehre von der Unsterblichkeit der Seelen und von den Belohnungen und Strafen nach diesem Leben haben die Juden nicht einmal von Mose und den Propheten empfangen, sondern von den Weltweisen der Heyden […] angenommen“ (I 112f.). Durch den eitlen „Tand Levitischer Cerimonien“ habe Mose „das Wesentliche der Religion gantz überschwemmt und verstellt“ (I 113), also auch die guten ethischen Forderungen.[16] Aus der vernichtenden Kritik am Alten Testament sei nur Weniges hervorgehoben. Mose gilt als ein Trickbetrüger, der „das Volk glauben machte, alle seine Anschläge und Befehle kämen unmittelbar von Gott“, und der sich zudem „durch Mord und Blutvergiessen“ durchsetzte (I 283).[17] Als das Volk gemäß Ex 17,1–6 nach Wasser schreit, konnte Mose „bald Raht schaffen“, da er die Gegend von seiner früheren Hirtentätigkeit her kannte „und dem Volke einen Bach anwies, der auf einer Seite aus dem felsigten Berge entsprung und der ihnen nicht sogleich in die Augen gefallen war. Aber, da er Wunder machen wollte: so muste das mit Ceremonie geschehen; als ob er den Bach jetzt erst durch das Schlagen seines Stabes hervorbrächte“ (I 355). Die Erzählung vom goldenen Kalb deutet Reimarus als einen Konflikt zwischen Mose und Aaron, der zu einem Kompromiss zwischen ihnen in der Machtaufteilung führte. Aaron erpresste Mose, zahlreiche Gesetze zu erlassen, die für die Priester vorteilhaft waren (I 390), „diese fetten und faulen Bäuche“ (I 393). Die mitziehende Wolken- und Feuersäule wird auf natürliche Weise erklärt (I 425ff.). Es handle sich um ein Feuer, „welches die Kunst der Priester, bey den Opfern, zum Betruge des abergläubischen Pöbels anzuwenden pflegte“ (I 437f.).

Besonders negativ wird David dargestellt: „Man müste sich wundern, daß David bey dieser Lebensart so häuffige Psalmen gemacht habe, wenn wir nicht aus vielen andern Beyspielen wüsten, daß oft solche Menschen die ärgsten Bösewichter sind, welche am eifrichsten singen und beten; und wenn wir nicht in eben diesen Psalmen Davids allenthalben den Geist einer unersättlichen Rache, Verwünschung und Grausamkeit wieder seine Feinde, d. i. wieder den König und sein Haus, erblickten“ (I 568). „Tyrannen von diesem Charakter kommen so weit, daß sie sich nicht scheuen den offenbarsten Boßheiten einerley Anstrich gottesfürchtiger Bewegungsgründe zu geben“ (I 607). In dessen Person komme „der heßlichste Carakter zum Vorschein, den jemals ein böser Regent, Usurpatör, Tyrann und Wüterich bey einem heuchlerischen Schein in seinem Hertzen geführt haben mag“ (I 612).

An mehreren Stellen gibt Reimarus zusammenfassende Urteile über das Alte Testament ab, die an Eindeutigkeit und Deutlichkeit nichts zu wünschen übrig lassen: „Summa, es ist keine Sprache und kein Buch auf der

---

16 Zwar unter der Bürde „viele(r) unnütze(r), unvernünftige(r) ja unmenschliche(r) Gebräuche und Cerimonien“ und „erstickt und verkehrt“ vom „Aberglauben“ gesteht Reimarus doch zu: „Das Böse lassen, und Gutes thun, war auch die praktische Religion der Hebräer“ (I 767; vgl. auch 767f.).

17 Diese Aussage wird I 456 noch einmal wiederholt und dort auch von Aaron gemacht.

Welt, worin der Name Gottes so sehr gemißbrauchet würde, als die theocratische Sprache, und die Bücher der Hebräer. Nichts ist so himmelweit von der eigentlichen Beschaffenheit der Dinge selbst entfernet, als die Red- und Schreibart der Bibel A. T." (I 445) „Summa, in der gantzen Reihe dieser Geschichte findet man weder Ertzväter, Richter und Könige, noch Priester und Propheten, deren eigentlicher und ernstlicher Zweck gewesen sey, ein wahres Erkenntniß Gottes, Tugend und Frömmigkeit unter [den] Menschen auszubreiten; geschweige, daß man eine eintzige große, edelmühtige und gemeinnützliche Handlung darin antreffen sollte. Sie besteht in einem Gewebe von lauter Thorheiten, Schandthaten, Betrügereyen, Grausamkeiten, davon hauptsächlich der Eigennutz und die Herrschsucht die Triebfedern waren [...] Bey solchen ipso facto abscheulichen Handlungen, ist folglich alles Vorgeben von übernatürlichen Erscheinungen Gottes und der Engel, von Offenbarungen und Befehlen des Herrn, von Wahrsagungen und Wundern, von der unmittelbaren Regierung des Höchsten unter dem Israelitischen Volk, ein bloßes Blendwerk, Betrug, und Mißbrauch des göttlichen Namens" (I 678.679). „Es ist bisher aus dem Inhalt aller Bücher, welche die Juden für eine übernatürliche Offenbarung Gottes ausgeben, gezeigt worden, daß darin nur schlechte Begriffe von Gott, seinen Eigenschaften, seinen Erscheinungen, seinen Wundern, seinen Geboten und Satzungen, und von seiner gantzen Haushaltung in dem Geschlechte Israels gegeben sind; ungeachtet hier, nach dem Vorgeben, alles ausserordentlich und unmittelbar göttlich seyn sollte. Wenn man auch alle Stellen des A. T. welche zu einem gesunden System der theoretischen und praktischen Theologie, nach der besten Deutung, zu ziehen sind, zusammen sammlet: so liegt doch nichts als ein natürliches Erkenntniß Gottes darin, das durch tausend unanständige Vorstellungen, und besonders durch den ungeheuren Wust unnützer Cerimonien, verdunkelt und verstellt ist" (I 721).

*e) Ausfälle gegen das Judentum*

Wer so über das Alte Testament urteilt, von dem ist auch keine positive Einschätzung des Judentums zu erwarten. Dabei muss es als fast selbstverständlich gelten, dass Reimarus die traditionell christliche negative Sicht der Pharisäer teilt. Nach ihm verkehrten sie „das thätige Wesen der Verehrung Gottes und der Liebe des Nächsten in eine betrügliche Werkheiligkeit der äusserlichen Gebräuche, dabey sie die großen Pflichten versäumten und allerley Boßheiten ausübten" (II 14). Außer diesem mehrfach erhobenen Vorwurf heuchlerischer Scheinheiligkeit und fehlender Nächstenliebe (II

28.35.36.155) bezichtigt er sie, sie hätten „eine allegorische Erklärungsart (erfunden), nebst den Traditionen, dadurch sie alles aus allem herauszubringen wusten“ (I 807; ähnlich I 726).

Dieses negative Urteil über die Pharisäer weitet Reimarus auf das Judentum insgesamt aus, nicht nur auf das antike. Dabei finden sich auch Aussagen, die man nicht anders als antisemitisch bezeichnen kann. Im Anschluss an das im vorigen Absatz zuerst gebrachte Zitat hatte er, nachdem vorher schon die Sadduzäer als Epikuräer charakterisiert worden waren, gefolgert: „Mit einem Worte, die Jüdische Religion war im Grunde verdorben“ (II 14). Schon lange vorher hatte er im Blick auf die Gegenwart von „der so sehr verdorbenen Jüdischen (Religion)“ gesprochen (I 63). Unter dem Stichwort „Aberglauben“ kann er Heidentum und Judentum nebeneinander stellen (I 151). Nach ihm gilt, dass „noch bis auf den heutigen Tag das Gesetze Mosis, und dessen peinliche Beobachtung bey den Juden, die wahre und eintzige Ursache ihres Verfalls und alles bisher fortdaurenden Elendes der armen Leute bleibt, und ferner bleiben wird“ (I 475). Er zeigt Unverständnis gegenüber der Aussage von der Erwählung: „Ich konnte es schwerlich zusammenreimen, daß Gott ein so halsstarrig verkehrtes Volk, aus so vielen weiseren und lenksameren Völkern, zu seinem Eigenthum und Liebling sollte erwehlet haben“ (I 51). Die „stoltze Meynung der Juden, daß sie ein auserwehltes Volk Gottes wären“, ist bloßes „Jüdisches Vorgeben“ (I 264; vgl. 347).

Bestimmte von ihm negativ gedeutete Phänomene des Alten Testaments lässt Reimarus typisch für das jüdische Volk bis in seine Gegenwart sein. Das in Dtn 18,22 genannte Merkmal eines echten Propheten wüssten „die Juden […] umzukehren, nämlich nach ihrer Weise, durch Betrug: denn sie sind alle ächte Söhne der Rebecca“. Diese – „auf Arglist, Verstellung und Betrug bedacht“ – verschaffte Jakob den Segen seines Vaters. „Aber den Hebräern ist alles gerecht und göttlich, was zu ihrem Vortheil ist“ (I 251). Der in Ägypten zu großer Macht aufgestiegene Josef wird als ärgster „Schinder und Korn-Jude“ bezeichnet (I 261; in Variation I 674 wiederholt). Die dem Volk Israel nach Ex 1 in Ägypten aufgezwungene Sklavenarbeit wird von Reimarus als Maßnahme der ägyptischen Könige gedeutet, „dem müssigen Volke, damit es keine Unruhen anfangen sollte, Arbeit und Verdienst anzuweisen […] Aber saure Arbeit stand den würdigen Vätern der jetzigen Juden gar nicht an“ (I 327f.). Die Reinheitsvorschriften „dringen bloß auf eine Reinlichkeit, die in der Einbildung besteht, und dabey ein Jude dennoch, auch äusserlich, ein Schwein und wahrer Schmutzhammel seyn konnte“ (I 408). Reimarus bezeichnet die Israeliten als „die sklavische feige Nation“ (I 329); nach ihm gab es „kein boßartiger Volk auf der Welt“ (I 441) und sind die biblischen Wunder „Erfindungen des lügenhaftesten und boßhaftesten Volks das je auf Erden gewesen ist“ (II 378). Mose habe durch sein natur- und völkerrechtswidriges Verhalten „sein Volk […] zu Feinden des menschlichen Geschlechts“ gemacht (I 475). Nach Darstellung des Konflikts zwischen Josef und seinen Brüdern resümiert er: „Mit einem Worte, die gantze Race taugt nicht“ (I 258) Diese Aussage wiederholt er ausführlicher im Rückblick auf die gesamte im Alten Testament erzählte Geschichte und die in ihr handelnden Personen: „Sobald man anfängt ihre Handlungen an sich selbst, und von dem Vorgeben göttlicher Erscheinungen und Befehle entblößt, zu betrachten: so erstaunt man über alle verübte Greuel dieser würdigen Vorfahren der heutigen Juden; der beste unter ihnen ist wie ein Dornstrauch, die gantze Race taugt nichts, von ihrem ersten Vater Abraham her“ (I 673f.).[18] Von dem Beginn bei Abraham „bis auf Mosen macht sich die gantze Stammlinie, durch Gewinnsucht, schändliches Gewerbe, Ränke, Mord und Straßenraub, Hurerey, Ehebruch, Schinderey und Unterdrückung anderer Menschen, stinkend und verhaßt“ (I 814).

Von diesen Zitaten her ist es alles andere als wahrscheinlich, dass die von Reimarus vorgenommene Herausstellung Jesu als eines Juden und dessen Einzeichnung in die jüdische Religionsgeschichte von ihm positiv gewertet wurden.[19] Es ist zwar grundlegend für den zweiten Teil der Apologie, die Destruktion des Neuen Testaments, dass Jesus von dem unterschieden und abgehoben wird, was seine Schüler nach seinem Tod propagierten. Aber Reimarus differenziert auch innerhalb des Redens und Wirkens Jesu selbst; und alles, was davon spezifisch jüdisch ist – und das ist das meiste –, unterzieht er einer teils äußerst scharfen Kritik. Sowohl diese Kritik als auch der herausgestellte judenfeindliche Impetus sind aus den von Lessing edierten Fragmenten nicht erkennbar. Sie erschließen sich erst aus der Lektüre der gesamten Apologie.

---

[18] In seiner Einleitung zur Apologie erinnert Gerhard Alexander daran, dass 1939 ein Nachkomme des Reimarus, Heinrich Sieveking, eine „volle Veröffentlichung […] auch aus inneren Gründen für unangebracht“ hielt und bemerkt dazu: „Für den damaligen Zeitpunkt hatte er durchaus recht. Reimarus’ Judenhaß, den er mit vielen, auch ‚aufgeklärten‘ Zeitgenossen teilte, hätte gar zu gut in die nationalsozialistische Propaganda gepaßt“ (I 19).

[19] Es erscheint mir als verwunderlich, dass Klein, der doch nachweislich die ganze Apologie gelesen hat, es versucht, Reimarus vor dem Vorwurf des Antijudaismus in Schutz zu nehmen (Reimarus, S. 269). Darauf ist bald näher einzugehen.

f) *Unterscheidung der Lehre Jesu von der der Apostel*

Dass die Lehre der Apostel nach Jesu Tod von Jesu eigener Lehre zu unterscheiden ist, kann seit der Herausgabe des letzten, des siebten Fragments „des Wolfenbüttelschen Ungenannten" durch Lessing gelesen werden: „Von dem Zwecke Jesu und seiner Jünger".[20] In dieser Unterscheidung mag mit Recht der Beginn der Suche nach dem „historischen" Jesus gesehen werden, wobei Reimarus diesen Begriff noch nicht gebraucht; er spricht einfach von „Jesus", manchmal auch von „Christus". Sie erscheint bereits programmatisch im ersten Teil der Apologie – man müsse darauf achtgeben, „was Christus selbst, und was die Apostel gelehret haben" (I 165; vgl. 126f.171) – und bildet ein wesentliches Element des zweiten. In den Schriften der Evangelien und Apostel sei zu finden, „was Jesus, als der Meister und Urheber des Christenthums, was seine Jünger nach dessen Tode gelehret und gethan haben" (II 12; vgl. 20). Schüler pflegen ihre eigenen Systeme zu haben und können nicht nur von ihrem Lehrer, sondern auch untereinander abweichen. Im Vergleichen ist nach Übereinstimmungen zu suchen. „Jesus zwar hat selbst nichts geschrieben"; aber mit den Evangelien liegen „vier Zeugen" vor. „Darin müssen wir das Lehrgebäude, was Jesu eigen war, wo es anders noch zu finden ist, suchen" (II 21f.; vgl. 23).

Dass zwischen Jesus und den Aposteln unterschieden werden muss, ergibt sich für Reimarus zwingend aus dem in den Abschiedsreden des Johannesevangeliums verheißenen „Geist der Wahrheit", der sie „alles lehren" werde: „Also war das Principium ihres Systems nicht bloß Jesu Wort und Lehre, sondern der ihnen beywohnende heilige Geist, welcher sie nach Jesu Tode von Dingen belehret hätte, die jener ihnen in seinem Leben auf Erden nicht gesagt. Also war das System der Apostel von dem System ihres Meisters in vielen Stücken unterschieden; und sie bedienen sich des heiligen Geistes, nebst ihres eigenen Willkührs, dieses und jenes neuerlich zu ordnen" (II 22). Weiter macht Reimarus Beobachtungen an widersprüchlichen Aussagen im Text des Neuen Testaments, die die genannte Unterscheidung für ihn notwendig machen. Folgende Punkte seien genannt: Nach Jesus sollte „nicht ein Tüttel vom Gesetz vergehen" (II 22). „Die Apostel haben hingegen das gantze Levitische Gesetz abgeschafft" (II 23). Die Benennung Jesu als „Sohn Gottes" bezeichnet ihn im jüdischen Kontext als davidischen Messias (II 43). „Die Apostel [...], besonders Johannes und Paulus, wollten ihn nach seinem Tode gerne über alle Menschlichkeit erheben und vergöttern"

[20] Lessing 8, S. 259–376.

(II 46f.; vgl. den gesamten Zusammenhang S. 43–54). „Es ist ein [offenbarer] Wiederspruch zwischen der beständigen Hofnung der Jünger auf eine zeitliche Erlösung, auf ein weltlich Reich, und zwischen solchen Reden Jesu, die einen geistlichen leydenden Erlöser anzeigen“ (II 141). Der Fehlschlag ersterer durch Jesu Kreuzigung führte zu letzteren (II 142). Reimarus stellt Daten zusammen, „da Jesus den Gewaltthätigkeiten der Juden gerne entwich, und nicht zeigte daß es seine Absicht sey zu leyden und zu sterben, sondern vielmehr seinem Tode so viel möglich zu entgehen“ (II 150). Daher entstammen die Ankündigungen von Leiden und Sterben einem späteren „System“. Die offene Verkündigung der Messianität Jesu (II 150f.152) und der feierliche Einzug in Jerusalem mit seiner Proklamation als König (II 153) widersprechen den Stellen über die Geheimhaltung und die Ankündigung des Leidens. Das und noch mehr lässt es Reimarus evident erscheinen, dass zwischen der Lehre Jesu und der der Apostel nach seinem Tod unterschieden werden muss. Von daher hält er sich für fähig „einzusehen, was unter der neuen Tünche der Apostel für eine wahre Gestalt verborgen sey. Sie haben der Erzehlung eine Farbe von ihrer neuen Erfindung geben wollen; aber doch das alte System, welches sie auf die Facta selbst gegründet hatten, nicht gantz verdunkeln oder auslöschen können“ (II 145). „Last uns diese neue Übertünchung rein wegwischen: so wird der rechte eigentliche Carakter Jesu augenscheinlich wieder ans Licht kommen“ (II 153f.).

*g) Die Lehre Jesu*

Im autobiographischen Rückblick innerhalb des „Vorberichts“ gibt sich Reimarus bei seinen beginnenden Zweifeln an seinem „angeerbten Glauben“ von vornherein überzeugt von den „erhabenen und herrlichen Lehren Jesu“ (I 51.52). Er identifiziert „die wahre einfache und thätige Religion Jesu“ als „die Tugend, Frömmigkeit und allgemeine Menschen-Liebe“ (I 56) und bekräftigt „die herrlichen Lehren Jesu, welche auf eine eigene Sinnes-Änderung, auf eine hertzliche Liebe Gottes und des Nächsten, auf ein thätiges Wesen dringen“ (II 516). Jesus habe „nichts anders als eine vernünftige praktische Religion gelehret“ (I 64);[21] und so schließt Reimarus den „Vorbericht“ mit der Aufforderung ab: „Last uns unserm Schöpfer, nach bester Einsicht der gereinigten Vernunft, und unserm Nebenmenschen, nach allen natürlichen und bürgerlichen Pflichten, in Ruhe und Frieden dienen!“ (I 64) Was Jesus allein gelehrt habe, steht von vornherein fest; es entspricht der

[21] Diese Aussage wird von Reimarus oft wiederholt; vgl. nur I 99.113.113f.126.165.171.

„besten Einsicht der gereinigten Vernunft“ und besteht in der Erfüllung der „natürlichen und bürgerlichen Pflichten“.

Dass Jesus „nichts als eine vernünftige praktische Religion“ vertreten habe, trifft allerdings auch nach der eigenen Darstellung des Reimarus nicht zu. Danach hat Jesus sehr viel mehr gelehrt. Die Betonung der „vernünftigen praktischen Religion“ hat die Funktion, sie als das einzig Wesentliche herauszustellen. Reimarus differenziert also innerhalb der Lehre Jesu. Er stellt selbst ausdrücklich fest: „Selbst in der Lehre Jesu ist nicht alles von einem Schlage. Er zeigt sich uns zuvörderst, wenn wir annoch die positive Religion der Juden ausgesetzt seyn lassen, in zweyerlei Gestalt: einmal, sofern er eine allgemeine Religion prediget, und ein Lehrer des gantzen menschlichen Geschlechts ist; zweytens aber, sofern er besonders das verdorbene Judenthum reformiren, und so weit als nach der Mosaischen Verfassung möglich war, zu einer vernünftigen Religion lenken wollte“ (II 25). In den Evangelien findet er das in der programmatischen Verkündigung Jesu nach Mt 4,17 wieder. In der Aufforderung: „Bekehret euch“ sieht er „nichts als eine vernünftige praktische Religion“ enthalten, „die aller Hochachtung würdig“ und auch „dem gantzen menschlichen Geschlechte“ dienlich sei. Mit dem begründenden Satz: „Das Himmelreich ist nahe herbey kommen“ trete Jesus dagegen „der besondern positiven Religion der Juden näher“ (II 121). Man darf dieses „verkündigte nahe Himmelreich als eine besondere Hofnung Israels […] mit den allgemeinen Vorschrifften, welche auch allen übrigen Völkern und Menschen heilsam und nöhtig sind, nicht […] vermengen“ (II 27).[22] Letztere könnten wir „auch uns gesagt seyn lassen“; denn sie „enthalten eine so vernünftige, lautere erhabene, heilige und praktische Religion, die ein jeder seinem Schöpfer, seinen Nebenmenschen und seiner eigenen Glückseligkeit schuldig ist in Ausübung zu bringen“ (II 27). Sie haben „mit der übrigen Geschichte (Jesu) keine nohtwendige Verbindung, sondern sie sind und bleiben allemal, ihres Inhalts wegen, praktische Wahrheiten einer geläuterten Religion, welche jedem Menschen nöhtig und nützlich sind“ (II 540). Sie entfaltet Reimarus an Texten der Evangelien, besonders an der matthäischen Bergpredigt (II 27–38). Ausdrückliche methodische Überlegungen darüber, was in den Evangelien Jesus, was den Evangelisten zuzuschreiben ist, finden sich bei Reimarus nicht. Lediglich an einer Stelle meint er im Blick auf Johannes, man müsse „das übertriebene Mystische weglas-

[22] Das war schon in II 20 festgestellt worden und wird II 40 und 173f. noch einmal wiederholt.

sen, und auf des Evangelisten Rechnung schreiben“, weil man sonst „Jesu ungereimte oder unverständliche Reden antichten“ würde (II 66).

Was den anderen Teil der Lehre Jesu angeht, so zeichnet Reimarus Jesus konsequent in das Judentum ein. Diese Lehre „ist von einem Juden, denen übrigen Juden, mit Jüdischen Redensarten vorgetragen, und setzet die damals herrschende Meynungen und Gewohnheiten der Juden voraus. Man muß sich also gantz in das damalige Judenthum, und dessen eingeführte Ausdrücke, hineinbegeben, und alle Ideen, die unser Catechismus mit gewissen Worten verknüpffet, solange aus dem Sinn schlagen, wenn man den wahren Verstand der hierhergehörigen Worte Jesu erreichen, und von der vorgelegten Frage richtig urtheilen will“ (II 40f.). Für Reimarus hat das zugleich den für ihn wichtigen Effekt, dass die kirchlich-dogmatische Lehre über Jesus vergeblich und zu Unrecht versucht an Jesus anzuschließen. Er stellt dar, dass die Begriffe „Himmelreich“ und „Gottesreich“ von Jesus wie von seinen Zeitgenossen weltlich verstanden wurden von einem Reich, in dem Recht und Gerechtigkeit hergestellt sind, dass Jesus sich als davidischer Messias für dieses Reich begriff, dass die Bezeichnung Jesu als „Sohn Gottes“ in diesen messianischen Kontext gehört (II 41–54.135–139). Es sei Jesu „Wille und Absicht gewesen, des Volkes Erwartung eines weltlichen Erlösers jetzt lebendig zu machen, und auf sich zu ziehen“ (II 139). Ob die auf Israel bezogene national-politische Messiaserwartung dem „historischen“ Jesus zugeschrieben werden muss, sei dahingestellt. In den Texten der Evangelien ist sie jedenfalls deutlich genug bezeugt. Das hat Reimarus klar gesehen – im Unterschied zu vielen späteren Jesussuchern und Auslegern des Neuen Testaments. Ebenfalls im Unterschied zu vielen nach ihm hat Reimarus an in den Evangelien gebotenen Aussagen Jesu und an seinem dort dargestellten Verhalten aufgezeigt, dass dieser nichts am „Gesetz“ aufgehoben hat (II 98–101).

Es muss allerdings deutlich wahrgenommen werden, dass dieser zweite Teil der Lehre Jesu, der jüdische, von Reimarus alles andere als positiv gewertet wird. Er gilt für ihn schon deshalb als erledigt, weil dieses erwartete messianische Reich nicht eingetroffen und Jesus in dieser Hinsicht gescheitert ist. Im Blick auf Jesu Jünger, die bis zu seinem Tod die Erwartung dieses Reiches teilten, spricht er einmal vom „eingebildeten Himmelreich“ (II 165). Die Taufe Jesu durch Johannes nach Mt 3,13–17 versteht er so, „daß diese beide Vettern eine abgeredete Rolle mit einander spielen wollten“

(II 156).[23] Die in der Taufgeschichte erwähnte Himmelsstimme sei eine jüdische *bat kol*, die Theologen doch als Betrug gelte; und ein Betrug werde auch hier inszeniert (II 80–84.124–127). Weiter sei Jesu Schriftauslegung nicht besser als die der Pharisäer. Seine Argumentation für die Auferstehung gegen die Sadduzäer wird ausführlich kritisiert (I 808–813). „Summa, der Beweis aus diesem Spruche gegen die Sadducäer hinkt auf allen Seiten“ (I 812).[24] Auch an anderen Stellen übt er Kritik an Jesu Schriftauslegung.[25]

„Jesu Betragen bey seinen Wundern“ findet Reimarus, womit er „nicht zu viel“ zu sagen meint, „sehr zweydeutig“ (II 135). Er zeigt die Unmöglichkeiten der Wundererzählungen als eines tatsächlichen Geschehensablaufs auf (II 131–133), kritisiert, dass Jesus keine Wunder „thun wollte vor denen, welche die Sache zu untersuchen Lust hatten“ (II 133). „Es brauchte ja nur ein eintzig wahres, öffentlich geschehenes, recht untersuchtes Wunder, um die Menschen, welche davon Augen-Zeugen waren, von der göttlichen Kraft zu überführen“ (II 133f.) „Könnten schlauere Leute nicht denken: Ey! nun besorgt er, die Sache mögte ordentlich und genauer untersucht werden. Vor dem Volke hat er Taube, Blinde, Lahme, Kranke, Aussätzige, Besessene, Rasende u.d.gl. geheilet. Sollten das auch wohl Leute gewesen seyn, die sich ihm zu willen nur so stelleten?“ (II 132f.) In einer Zusammenfassung nimmt er diesen Verdacht noch einmal auf. Was diesbezüglich erzählt wird, war „vor dem Pöbel“ geschehen und ist „auf die Rechnung des Aberglaubens und der Leichtgläubigkeit damaliger Zeiten“ zu setzen (II 157).

Am heftigsten kritisiert Reimarus den Einzug Jesu in Jerusalem und seine Aktion im Tempel. „Und zuletzt äussert sich, bey seinem feyerlichen Einzuge in Jerusalem, die ohnmächtige Intention, durch seine Jünger, und durch eine aufgebrachte Menge Volks, für den verheissenen König Israels öffentlich ausgerufen zu werden, und die Verfassung des äusserlichen Gottesdienstes und Kirchenregiments mit Ungestühm zu ändern“ (II 149). Reimarus hält das für „ein unerlaubtes, weitaussehendes, aufrührerisches Unternehmen“, womit Jesus „den Jüdischen Gerichten noch überdem vollkommenes Recht über sich“ gebe, „daß er nicht unschuldig litte und stürbe“,

---

23 „Kurtz, die gantze Aufführung zwischen Johanne und Jesu läst als wenn sie sich beide mit einander verstehen, als eine erlernte Rolle zweyer Personen die einen Auftritt in einer Comedie machen wollen“ (II 127; vgl. weiter II 148).

24 In II 29 will Reimarus „es bey dieser Controvers so genau nicht nehmen“, weil es um „die Unsterblichkeit der Seelen, und die Belohnungen im ewigen Leben“, mithin um „höchstwichtige praktische Wahrheiten“ ginge.

25 II 127.130.158.267.

und führt dafür Joh 11,48 an (II 153; vgl. 155f. 161). „Denn hier war es nicht bloß auf die Besserung der Religion und Sitten, sondern auf den Umsturtz der ganzen Jüdischen Verfassung angesehen" (II 158). In der näheren Ausführung (II 159–163) über diesen „unzeitigen Versuch" (II 172) sagt Reimarus wenig Schmeichelhaftes über Jesus, der, nachdem er „vorhin immer bange gewesen ergriffen zu werden, und sich alsdenn verborgen hatte", sich jetzt zu dieser öffentlichen Aktion „erdreistete", weil er sich wohl „zu sehr mit dem Beystande des Volkes geschmeichelt" habe (II 159). Die Lobrufe beim Einzug und die der Kinder im Tempel waren von Jesus inszeniert: „Also war der Zuruf sein Wille, und nichts unterscheydet ihn von einem angestifteten Geschrey, das seine Jünger und deren Kinder auf seine Anordnung machen musten" (II 160).

Angesichts dessen stellt Reimarus fest: „Es ist in Wahrheit zu bedauren, daß Jesus nicht das Bekehrungs-Werk zu seinem eintzigen Zweck und Geschäfte gemacht hat, weil er so viel erbauliches und herrliches davon zu sagen wuste, und ohnzweiffel noch weit mehres in der Absicht hätte sagen können. Aber die Bekehrung war nur eine Vorbereitung zu seiner Haupt-Absicht, ein Reich aufzurichten" (II 147).[26] Dadurch „leydet der große Carakter, den man ihm bey dem blossen Bekehrungs-Werke mit Recht hätte geben müssen, gewaltig. Die Erwartung einer zeitlichen Erlösung Israels [...] war eben so thöricht als sie allgemein war. Er sucht sie zu seinem Nutzen anzuwenden, und prediget den juckenden Ohren ein Evangelium in solchen Ausdrücken, welche sie nicht anders als nach ihrem Wahn auf einen fleischlichen Sinn deuten konnten" (II 147). „Dadurch ward nicht allein der politische Zustand der Juden in große Gefahr gesetzt, vollend von den Römern unter die Füße gebracht zu werden; sondern es ging auch der geistliche Nutzen seiner schönen Bekehrungs-Predigten gröstentheils verloren. [...] Sein eigener Carakter bekam nun in den Augen der vernünftigen Welt einen schwartzen Anstrich" (II 148). Das Urteil des Reimarus über Jesus fällt also äußerst ambivalent aus. Positiv gewertet wird, was allen Menschen gelten kann, was universalisierbar ist. Dagegen verfällt das Partikular-Jüdische der Kritik. Schon im ersten Teil hatte er festgestellt: „Die reine Lehre Christi, welche aus seinem eigenen Munde geflossen ist, *so fern dieselbe nicht be-*

[26] II 176 wird diese Aussage in Variation wiederholt, „daß Jesus seine übrigen Verdienste um die thätige Religion der Menschen, durch die Absicht ein Messias der Juden zu werden, und durch die verdächtige und aufrührerische Maaßregeln dazu, so sehr befleckt und verdunkelt habe". Zum Jesusteil vgl. überhaupt den zusammenfassenden „Beschluß" auf S. 171–176.

*sonders in das Judenthum einschlägt*, sondern *allgemein* werden kann, enthält nichts als eine vernünftige praktische Religion“ (I 126; Hervorhebungen von mir). Er fährt fort: „Folglich würde ein jeder vernünftiger Mensch, wenn es einer Benennung der Religion brauchte, sich von Hertzen Christlich nennen.“ Einer solchen Benennung bedarf es allerdings prinzipiell nicht, da die „vernünftige praktische Religion“ auch ohne Jesus allein aus der Vernunft gewonnen werden kann. Denn dessen „Lehren der allgemeinen Religion fassen lauter Vorschriften der Tugend und Änderung des Sinnes in sich, welche die gesunde Vernunft zur Vollkommenheit und zur Besserung der Menschen überhaupt vorschlagen kann“ (II 173f.).

*h) Die Lehre der Apostel*

Bis zu seinem Tod teilten die Apostel Jesu messianische Erwartung; sie hatten ihn „beständig für einen weltlichen Erlöser der Juden gehalten“ (II 22); „er wollte und würde Israel zeitlich erlösen“ (II 145). „Sie zankten sich schon zum voraus darum, welcher unter ihnen der gröste in dessen Himmelreiche seyn würde“ (II 136; vgl. 307f.). Er hatte ihnen versprochen, „sie sollten sitzen auf zwölf Stühlen und richten die zwölf Geschlechte Israels“ (II 137; vgl. 154). „Sie hatten es auch, als Leute von schlechtem Vermögen und Herkommen, schon anfangs, gut bey ihm. Jesus selbst, ob er gleich nichts hatte, ward von vielen reichen Weibern [...], zusamt seinen Jüngern, unterhalten; so daß es ihnen auch nicht an Gelde mangelte“ (II 154). So hatten „die Jünger Jesu insgesamt, bis an den letzten Oden seines Lebens, gehoffet [...], er sollte Israel, unter dem Namen des verheissenen Messias, auf eine zeitliche Weise erlösen“ (II 171).

Als „Jesus, auf starkes Anhalten der Juden, durch Römische Soldaten hingerichtet“ wurde (II 167), gerieten seine Jünger in Angst und Furcht. „Denn die Sache lief ganz wider ihre Absicht: ihre zwölf Stühle, darauf sie sitzen und richten wollten in Jesu Reiche, waren mit einmal umgestoßen“ (Lessing 8, 359f.). So haben sie sich versteckt. „Es wagt es aber bald einer oder der andere auszuschlüpfen; sie hören, daß weiter keine gerichtliche Nachfrage nach ihnen geschiehet.“ Nun denken sie „auf ihr künftiges Glücke“. Was sollen sie machen? Wieder arbeiten? Da wären sie der Dürftigkeit und Beschimpfung ausgesetzt „und waren der Arbeit entwöhnet“. Sie hatten ja schon einen Vorgeschmack davon bekommen, dass das Lehren Ansehen gab und auch ernährte. Jesus selbst hatte von milden Gaben und Einladungen gelebt. Es hatte „viele Marthaen“ gegeben, die sie mit Essen und Geld versorgten, sodass es für dreizehn Personen gereicht hatte. Einmal waren sie schon selbst ausgesandt worden und hatten dabei keinen Mangel gelitten, sondern Nahrung und Ansehen gehabt. „Dieses Ansehen konnte noch um so viel höher steigen, wenn einer bei diesen Zeiten, da sonst Prophezeiung und Wunder aufgehöret hatten, sich den Schein zu geben wußte, als ob er göttliche Offenbarungen bekommen, und Wunder tun konnte" (Lessing 8, 360f.). Die Apostel lassen also den Mut nicht sinken, sondern sie bahnen „sich durch eine kühne Erfindung einen neuen Weg dazu" (Lessing 8, 362).[27]

Bei wenigen Juden hätte es eine zweifache Messiaserwartung gegeben: Er komme zuerst in armseliger Gestalt und leidend, dann aber herrlich auf den Wolken des Himmels (ebd.). So verabredeten sich die Apostel bei „verschlossenen Türen", den Körper Jesu wegzuschaffen und vorzugeben, „er sei aufgestanden und gen Himmel gefahren". Gesagt, getan, „den Leichnam bald nach vierundzwanzig Stunden […] bei Seite geschaffet" (Lessing 8,363). Dass die Jünger Jesu den Leichnam gestohlen haben, war nicht nur möglich, sondern ist wahrscheinlich, „weil alle Umstände mit der Hypothese übereinstimmen" (II 199). Dann warteten sie 50 Tage ab, um die Sache mit der Auferstehung „desto dreister" behaupten zu können (Lessing 8,363).[28] „In ein Paar Tagen, da alle ihre Hofnung auf das vorige System mit einmal verschwunden war, satteln sie um, und ergreiffen das System eines leidenden Erlösers […] Es war augenscheinlich zu sehen, daß die Apostel bloß aus Noht, wegen fehlgeschlagener Hofnung, von einem falschen System auf ein anderes gleich falsches gefallen wären, und ihre vorigen fleischlichen Absichten, unter einer andern schmiegenden Gestalt, so gut möglich, auszuführen gedächten" (II 344).[29] Hatten sie schon bei der Nachfolge Jesu „fleischliche Begierden zu Bewegungsgründen" (II 307), so blieben auch bei dem neuen System nach Jesu Tod „ihre inneren Triebfedern und Bewegungsgründe […] dieselben" (II 308). Für Reimarus ist es „klar und offenbar, daß ihr falsches Vorgeben nicht anders als aus falschen zeitlichen Absichten hat können ertichtet werden" (II 309).

Auch das neue System ist jüdisch, das „nur darin von der gemeinen Meynung der Juden abgehe, daß der erwartete Messias, oder Erlöser Israel, in der Person Jesu von Nazaret schon wirklich erschienen sey, und sie vors erste durch seine Leyden geistlich erlöset habe, aber auch baldigst, bey seiner Wiederkunft vom Himmel, zeitlich und ewig glücklich machen werde.

---

27 Vgl. zu diesem Abschnitt II 309f.

28 Dabei „kam alles auf ihr dreistes und anhaltendes Zeugniß an, daß Jesus ihnen nach seiner Auferstehung zu verschiedenen malen erschienen wäre" (II 312).

29 Vgl. weiter II 22.142.180.203.

Das blieb doch alles in den Schranken Jüdischer- und Schrifft-Ideen" (II 313). Eine im Grunde traurige Gestalt, „diesen gekreutzigten oder aufgehenkten Jesum unternahmen nun die Apostel, selbst wegen seines Leydens, zu dem ehrwürdigen Namen eines Messias, Christs, oder Heilands der gantzen Welt zu erheben" (II 429f.) Sie legten nämlich ihr System so an, „daß es gleichfals für die Heyden konnte bequehm gemacht werden" (II 314). Dabei konnten sie sich Hoffnung „zu einer reichen Ernte" unter ihnen machen, „wenn sie dieselben von der Verpflichtung zu den Levitischen Gesetzen gantz loß sprechen wollten" (II 315; vgl. 307). Reimarus will „nicht untersuchen, ob die Jünger darin besser und klüger gehandelt als ihr Meister, daß sie das Judenthum zu Grabe gebracht" (II 102).

Bei aller Kritik konzediert Reimarus den Aposteln, „daß sie die schöne vernünftige Moral ihres Meisters behielten und ausführten" (II 311). „Aber", so hatte er schon vorher einschränkend festgestellt, „die Tugend-Lehren sind es nicht, woraus man die Wahrheit einer geoffenbarten Religion beurtheilen kann, weil die gesunde Vernunft zureicht dergleichen einzusehen" (II 306).

*i) Die Aussage von der Auferstehung Jesu als Betrug*

Aus dem bisher von Reimarus zu Jesus und den Aposteln Dargestellten seien die folgenden drei Punkte hervorgehoben: 1. Jesus ist eine Erscheinung des Judentums. Er hatte nie die Intention, über es hinaus oder aus ihm heraus zu führen. 2. Auch die Botschaft der Apostel ist in ihrem Ursprung jüdisch, führte aber schließlich durch die Öffnung für die „Heyden", denen es mit dem Wegfall der „Levitischen Gesetze" „bequehm" gemacht wurde, aus dem Judentum heraus. 3. Die Botschaft der Apostel und damit das Christentum, das Reimarus mit ihnen beginnen lässt, gründet auf der Aussage, dass Gott Jesus von den Toten auferweckt habe. Es „war das gantze System der Apostel auf das Factum der Auferstehung Jesu gebauet" (II 194). Deshalb erwartet Reimarus „billig sehr starke und unwiedersprechliche Beweise davon, weil das gantze Christenthum auf diesem einen Facto beruhet" (II 185).

Es war schon deutlich geworden, dass er die Aussage von der Auferstehung Jesu für einen Betrug hält, die „aus Noht" von den Aposteln „ertichtet" wurde, um ihr bisheriges Leben mit Jesus, das sie ernährt hatte, unter der veränderten Bedingung seines Todes am Kreuz weiterführen zu können. Er behauptet jedoch diesen Betrug der Apostel nicht leichthin, sondern wendet für die Destruktion der Aussage von der Auferstehung Jesu umfangreiche und gründliche exegetische Arbeit auf. Den Ausgangspunkt bildet dabei für ihn, dass mit dieser Aussage ein „Factum“, eine Tatsache, behauptet werde. Um etwas, das tatsächlich geschehen sein soll, auch für nicht an diesem Geschehen Beteiligte und gar für Spätere als wahr zu erweisen, bedarf es verlässlicher Zeugen; und so unternimmt Reimarus ein „Zeugen-Verhör der Jünger Jesu in der Sache von seiner Auferstehung“ (II 209), um sie auf ihre Verlässlichkeit hin zu prüfen.

Diese Zeugenvernehmung fällt durchgehend negativ aus. Zunächst untersucht Reimarus die Erzählung von den Grabeswächtern in Mt 27,62–66; 28,4.11–15 und legt ausführlich dar, dass das dort Dargestellte als historischer Geschehensablauf schlechterdings nicht vorstellbar ist (II 188–206). Daher müsse „die gantze Erzehlung Matthäi von den Hütern um das Grab Jesu falsch und ertichtet seyn“ (II 193), „indem sie bloß in Matthäi Gehirne ausgedacht war“ (II 195).[30] Diese Geschichte vermehre „die Wahrscheinlichkeit des Betruges der mit dem Corpore Delicti gespielet worden“ (II 207).

Hinsichtlich der Geschichten von Erscheinungen Jesu nach seinem Tod richtet Reimarus folgende „Fragen an die Zeugen“: „Wer, und wie viele haben ihn bey oder nach seiner Auferstehung gesehen? wie oft ist er erschienen? wo hat man ihn gesehen? was hat er bey jeder Gelegenheit gesagt oder gethan? was ist endlich aus ihm geworden?“ (II 213) Unter diesen Fragen stellt Reimarus zunächst „nur zehn Haupt-Verschiedenheiten der Evangelisten“ heraus (II 213–216) und fragt rhetorisch: „Würde wohl in irgend einem weltlichen Gerichte, auf die Aussage solcher Zeugen, die in den wesentlichen und wichtigsten Umständen, so sehr variiren und mangelhaft sind, eine rechtsbeständige, und zum Ausspruch des Richters reiffe Species facti können gebauet werden?“ (II 216) In großer Ausführlichkeit weist er anschließend noch zehn Widersprüche auf (II 216–246) und stellt als Ergebnis fest: „Wir sehen also, daß die wenigen Zeugen der Auferstehung Jesu in keiner eintzigen vorgegebenen Erscheinung unter sich selbst einig sind, wem? wie vielen? wie oft? wo? auf was Art, er erschienen sey? und was endlich aus ihm geworden?“ (II 246)

Zwischendurch führt er mehrfach aus, wie es sich in diesem Fall bei einer wahrheitsgemäßen Tatsache hätte verhalten müssen. Hätte Jesus seine Auferstehung wirklich angekündigt, hätten nicht allein die Apostel „sich

[30] Reimarus führt suggestiv eine mögliche Analogie an: „Wie? wenn ein vergrabener Schatz weggekommen wäre, welcher in jemandes Verwahrung gewesen: man spräche zu diesem, ihr müst ihn heimlich weggebracht haben; er hingegen, der Teufel hat ihn geholt: welches von beiden ist wahrscheinlicher?“ (II 200)

nebst allen übrigen Jüngern müssen vors Grab setzen, sondern auch Hohepriester, Obristen, Pharisäer und Schriftgelehrten, ja Römer und Griechen mit dazu bitten, daß sie selbst erstlich untersuchen mögten, ob der Körper noch im Grabe und wirklich todt sey, hienächst aber, daß sie sämtlich Augenzeugen von der wunderbaren Auferstehung desselben werden mögten" (II 184). Wollte Gott Jesus wirklich „vom Tode erwecken: warum sollte er es nicht bey hellem Tage, vor aller Augen, zu einer gesetzten Stunde, nach vorgängiger Einladung aller Ungläubigen, besonders des hohen Rahts und der Eltesten der Juden, gethan haben?" (II 202) „Ihr auferstandener Jesus wird keinem ehrlichen Menschen auf der Welt sichtbar, als ihnen allein" (II 246f.). Er erscheint nicht „in Jerusalem auf dem Markte, in den Synagogen, im Tempel, im Synedrio, oder vor Pilati Richtstuhle; kein Auge eines ehrlichen Menschen bekommt ihn ins Gesichte" (II 247). Und so stellt er die rhetorische Frage: „Saget mir vor Gott, Leser, die ihr Gewissen und Ehrlichkeit habt, könnet ihr dies Zeugnis in einer so wichtigen Sache für einstimmig und aufrichtig halten, das sich in Personen, Zeit, Ort, Weise, Absicht, Reden, Geschichten, so mannigfaltig und offenbar widerspricht?" (Lessing 7, 810) Damit aber sei „das gantze Christenthum [...] als bodenlos erwiesen" (II 306).

Reimarus nahm hier die Argumentation auf, die bereits Kelsos geführt hatte, der nach Origenes, Contra Celsum II 63.67.70 sagte: „Wenn Jesus wirklich göttliche Macht offenbaren wollte, hätte er gerade denen, die ihn misshandelt hatten, und dem, der ihn verurteilt hatte, und überhaupt allen erscheinen müssen. [...] Er fürchtete doch wohl nicht mehr irgendeinen Menschen, nachdem er gestorben und, wie ihr behauptet, Gott war; er ist auch durchaus nicht dazu in die Welt geschickt worden, damit er verborgen bliebe. [...] Als ihm bei seinem leibhaftigen Auftreten nicht geglaubt wurde, verkündigte er maßlos allen; als er aber, nachdem er von den Toten auferstanden war, einen starken Glauben hervorgerufen hätte, erschien er nur einem einzigen Weibsbild und seinen Vereinsgenossen heimlich und nebenbei. [...] Als Bestrafter zeigte er sich also allen, als Auferstandenere aber nur einer Person, so doch das Gegenteil hätte der Fall sein müssen." Vgl. damit Lessing 7,811f.: „Leiden und sterben können auch andere Menschen, aber vom Tode können sie nicht wieder aufstehen. Warum lässet er denn jenes aller Welt sehen, dieses aber nicht? [...] Hätte er sich doch nur ein einziges Mal nach seiner Auferstehung, im Tempel vor dem Volke und vor dem Hohen Rate zu Jerusalem, sichtbar, hörbar, tastbar gemacht: so konnte es nicht fehlen, die ganze jüdische Nation hätte an ihn geglaubt [...]. Gewiß, wenn wir auch keinen weitern Anstoß bei der Auferstehung Jesu hätten, so wäre dieser einzige, daß er sich nicht öffentlich sehen lassen, allein genug, alle Glaubwürdigkeit davon über den Haufen zu werfen."

All das führt Reimarus zu der Annahme, dass die Apostel den Leichnam Jesu beiseite geschafft und behauptet haben, Gott hätte ihn aufgeweckt. Hinsichtlich dieser Behauptung hätten „sie sich zwar überhaupt wegen des vorzugebenden Facti verabredet, aber nicht genug Vorsicht gebraucht [...] alle besondere Umstände gemeinschaftlich zu bestimmen, daß sie in allen Stücken aus einem Munde sprechen könnten“ (II 208). Daher habe „ein jeder“ die genaueren Umstände „nach seiner Phantasey und Gutdünken“ ausgebildet und dazu gedichtet (II 226). So entstanden die Widersprüche. „Ein Glück für die Wahrheit suchende Nachwelt!“ (II 213)

*j) Wahrheit, Faktizität, Religion*

Das zu den Ausgestaltungen der Aussage von der Auferstehung Gesagte gilt nach Reimarus entsprechend für die Evangelien im Ganzen. Die Apostel hätten es versäumt, „eine kurtze Geschichte des Lebens Jesu, von seiner Abkunft an, bis zu seiner Himmelfahrt, schriftlich aufzusetzen“ und durch ihrer aller Unterschrift zu autorisieren (II 441). „Die Erzehlung von Jesu Begebenheiten, Thaten und Lehren, liessen sie erst von Mund zu Mund gehen, und eine ungewisse Sage werden, die unzehlige Verschiedenheiten und Wiedersprüche enthielte; bis nach dreyzig Jahren Leute, welche die Wahrheit guten Theils nicht wusten, noch wissen konnten, aus eigenem Trieb, alle Sagen sammleten, und also viele Evangelia entstunden“ (II 441f.). „Die Evangelisten haben also insgesamt aus eigenem Gutdünken geschrieben“ (II 531), „erst 20 bis 30 Jahre nach den Begebenheiten selbst“, als „es nicht mehr möglich“ war, „wenn sie auch alle die reine Wahrheit hätten schreiben wollen, daß sie sich aller Umstände und Worte genau hätten erinnern können“. So schreiben sie „aus eigenem Willkühr, zum Theil aus bloßen Hörsagen“ (II 534). Von vielen Evangelien blieben schließlich vier „durch einen unvermerkten Vorzug der Leser“ (II 442) bzw. „durch einen zufälligen Vorzug“ (II 533). Das ist in des Reimarus Augen suspekt: „Der große Hauffe läst sich in dergleichen Dingen durch das Vorurtheil des Ansehens hinreissen, und ist selbst nicht fähig die Wahrheit zu untersuchen“ (II 564). So zieht er als Fazit, dass „so wohl das Schreiben, als die Auswahl der Schrifften, dem Zufall und Lauf der Dinge überlassen“ waren (II 571). Daraus ergibt sich: „Die vier Evangelisten sind unmöglich zu harmoniren, und verrahten, durch ihre wiedersprechende Erzehlung, einen in facto unrichtigen Grund“ (II 582).

An einigen der im vorigen Absatz gebrachten Zitate wird deutlich, dass Reimarus Wahrheit an Faktizität und historische Verifizierbarkeit bindet. Schon recht früh in seiner Schrift weist er pauschal auf die vielen unauflöslich scheinenden Widersprüche in beiden Testamenten hin, „zumal in Factis“, und erklärt ihre gründliche Beantwortung zur Voraussetzung dafür, ob von der Bibel als Gottes Wort geredet werden könne (I 150). Als Kriterium für diese historische Verortung von Wahrheit gibt er an: „In Factis gilt kein Zeugniß als derer die zur selben Zeit gelebt, alles selbst mit angesehen und genau untersucht haben“ (I 189). Bei der Erörterung von Ps 110,1 spricht er von der „poetischen Schreibart der Hebräer“, von der man sich „nicht blenden“ lassen dürfe. Vielmehr müsse man „dergleichen Schreibart von ihrem Pracht entkleyden, um die nackte Wahrheit zu erkennen“ (II 263). Und diese „nackte Wahrheit“ ist das historisch Verifizierbare. Was diesem Kriterium nicht genügt, gilt als „ertichtet“ und damit als unwahr. So „richtet sich das neuerliche System der Apostel nicht nach den Factis, sondern die Erzehlung der Factorum muß sich nach ihrem geänderten System richten“ (II 172; vgl. 541). Mit den Unterschieden der Evangelien kann daher Reimarus schlechterdings nichts Positives anfangen.

Aber selbst wenn die in der Bibel angeführten Fakten historisch verifizierbar wären, würde das religiös nach Reimarus überhaupt nichts ändern. Er stellt bündig fest: „Das apostolische halbjüdische System kann unmöglich in der gantzen Welt bey allen Völkern des menschlichen Geschlechts zum überführenden Glauben gebracht werden. Der Mensch ist nicht für eine Religion gemacht, die auf Facta, und zwar solche, die in einem Winkel des Erdbodens geschehen seyn sollen, gegründet ist“ (I 171). Ähnlich sagt er es später noch einmal: „Und wie können Menschen in so vielen hundert verschiedenen Sprachen von der Wahrheit dessen, was in einem kleinen Winkel der Welt vor undenklichen Jahren geschehen seyn soll, überführende Nachrichten und Beweise bekommen? Die christliche Religion ist keine Religion für das gantze menschliche Geschlecht“ (II 482). Dass zudem der christliche Glauben „auf unerweißliche und wiedersprechende Erzehlungen von veralteten Factis in der eintzigen Jüdischen Nation gegründet ist“, erweist es als „eine wahre Unmöglichkeit“, dass er „der gantzen Welt und allen Völkern des Erdbodens“ zugänglich sein könnte (I 178). Er gründet auf Fakten, die partikular sind; und partikulare Fakten können nicht universal werden oder universale Bedeutung gewinnen.[31] Universal ist die allen Menschen gegebene Vernunft und universal ist deshalb auch die vernünftige Religion. Von hier aus wird die radikale Kritik des Reimarus an der gesamten Bibel nach-

31 Vgl. hierzu auch Klein, Reimarus, S. 58.

vollziehbar. Denn für ihr Reden von Gott ist es ja gerade spezifisch, dass Gott mit sehr partikularer Geschichte zusammengedacht wird, in der jüdischen Bibel, im Alten Testament mit der Geschichte des Volkes Israel, im Neuen Testament noch einmal zugespitzt mit der Geschichte dieses einen Juden Jesus aus Nazaret, wobei in beiden Testamenten Partikularität und Universalität in einem spannungsvollen Zusammenhang stehen.

*k) Das Interesse an Jesus*

Des Reimarus Durchgang durch die ganze Bibel hat ein durchgängig negatives Ergebnis. Das kann unter seinen Voraussetzungen auch nicht anders sein. Schon am Beginn des ersten Kapitels seiner Apologie erklärt er „die vernünftige Religion“ für grundlegend (I 67). Diese Religion muss „dem Menschen zu erst die Augen des Verstandes öfnen, daß er seine Gedanken von den sinnlichen Dingen zu dem ersten unsichtbaren Wesen erheben lernt“ (I 68).[32] „Dessen unendliche Macht, Weißheit, Vorsehung und Güte aus seinen Werken“ sei „begreiflich zu machen“, was „die Seele mit Bewunderung, Hochachtung, Ehrfurcht, Liebe, Vertrauen und Hofnung“ erfülle. Im Blick auf „die Pflichten und Bestimmungen der Menschen“ sei zu erklären, „daß alle Obliegenheiten der Menschen in unsrer Natur und deren Verknüpfung mit andern Dingen einen vesten Grund haben, und zu unsrer eigenen Vollkommenheit und Glückseligkeit abzielen. Dann wird Gott, in unsrer Vorstellung, allezeit als ein liebreicher, und eben darum liebenswürdiger Vater, angesehen werden; dann werden wir Pflicht und Tugend nicht für eine Last halten, noch mit sklavischer Furcht und gezwungen ausüben, sondern willig und gerne thun was zu unserm eigenen Besten dient“ (ebd.). Als ein „Haupt-Artikel“ der vernünftigen Religion müsse „die Unsterblichkeit der Seelen und die Belohnungen eines künftigen Lebens“ gelten (I 769.770), während Gott von Reimarus so definiert wird: „Gott ist unendlich, unabhängig, unveränderlich, höchst vollkommen und glückselig“ (II 487). Dass dieses von der antiken Philosophie bestimmte Gottesbild im völligen Gegensatz zum biblischen Reden von Gott steht, das Reimarus mit der Wendung „nach der Schreibart der Hebräer“ charakterisiert (II 490), liegt auf der Hand. Nach ihm legen alle Religionen, die „den Anschein einer göttlichen Offenbarung behaupten“ können, die Wahrheiten der vernünftigen Religion „zum Grunde,

---

[32] Auch hier zeigt sich eine unmittelbare Nähe zu einer Aussage des Kelsos, wenn dieser den Christen rät: „Wenn ihr, (die Augen) für die sinnliche Wahrnehmung geschlossen, mit dem Geist aufblickt und, vom Fleische abgewandt, die Augen der Seele aufrichtet, werdet ihr allein so Gott schauen“ (Origenes, Contra Celsum VII 36).

und flechten sie in ihre Systemen mit ein.[33] Besonders kommt das Wesentliche des gantzen Gesetzes Mosis und alles dessen, was Christus selbst gelehret hat, auf die vernünftige Religion hinaus“ (I 69), d.h. diese Religionen taugen nur etwas, wenn und soweit sie Elemente der vernünftigen Religion enthalten.

Im „Beschluß“ seines gesamten Werkes versteht sich Reimarus als „ein vernünftiger Mensch“, der „das Wahre und Gute ohne Vorurtheil“ annimmt, „wo er es auch findet; und läst sich daran nicht hindern, daß diese seltene Perlen, Goldstuffen und Edelgesteine im tieffen Schlamm und gefährlichen Klüften unter so gehäuften Unraht vergraben liegen“. In dieser Weise versteht er seinen Durchgang durch das Alte und Neue Testament, dass er „mitten in solchem Wust von eitlem Wahn und schlechten Beyspielen, gute Einsichten und heilsame Lehren, insonderheit was sittliche Pflichten und Tugenden betrifft, seltener zwar in Mose und den Propheten, aber häuffiger in der herrlichen Moral Jesu und seiner Apostel, untermengt“ angetroffen hat. „Die wahre gesäuberte Religion, und ungefärbte Tugend“ gilt ihm als „ein vorzüglich Antheil weniger Weisen“ (II 583). Hier zeigt sich ein elitäres Selbstverständnis. Dem entspricht es, dass Reimarus häufig abfällig vom „Pöbel“ spricht.

Die edle Perle der vernünftigen Religion in all dem Schlamm und Wust der Bibel, die nach Reimarus im Neuen Testament häufiger zu finden sei als im Alten, macht aber den von ihm so stark herausgestellten Unterschied, ja Gegensatz zwischen der Lehre Jesu und der seiner Apostel im Grunde bedeutungslos; auch er ist allenfalls ein quantitativer, wie nicht zuletzt die herbe Kritik des Reimarus selbst an Jesus zeigt. Warum jedoch liegt ihm dann so sehr an der Abgrenzung zwischen Jesus und den Aposteln und warum stellt er Jesus ihnen gegenüber so betont heraus? Negativ ist er bestrebt, sich mit triftigen Gründen vom christlichen Glaubenssystem distanzieren zu können, von dem er sehr klar sieht, dass es auf dem Zeugnis von der Auferweckung Jesu beruht. Er distanziert sich davon, indem er diese tragende Basis als Betrug zu entlarven versucht. Positiv scheint es ihm darum zu gehen, sich durch den Bezug auf Jesus, der ihm ein vorzüglicher Zeuge für die vernünftige Religion ist, innerhalb der christlichen Gesellschaft, in der er lebt und die er als äußerst intolerant einschätzt und erfährt, sozusagen als besseren Christen darstellen zu können. Diese Intention ist an

[33] Hier nimmt Reimarus auf, was er schon im „Vorbericht“ seiner „Vornehmsten Wahrheiten“ gesagt hatte; vgl. o. S. 17 Anm. 4.

mehreren Stellen angedeutet. Den „Herrn Theologi", die „die Vernunft und vernünftige Religion durch den Glauben verdrengen und ersticken", hält er vor: „Das Beyspiel ihres großen Lehrers Jesu ist nicht auf ihrer Seite. Denn der hat nichts als eine vernünftige praktische Religion geprediget" (I 99). Er sieht „das Christenthum von der vernünftigen Lauterkeit der Lehre Jesu abgewichen" (I 113f.), der doch „der erste Meister und Stifter des wahren Christenthums" war (II 23). Von den Vertretern der vernünftigen Religion sagt er: „Wir würden uns selbst den Namen der Christen mit allem Recht anmaaßen können, weil Christus nichts anders als eine vernünftige praktische Religion gelehret hat; wenn nicht nachher so viele unerträgliche Glaubens-Punkte in der Christenheit aufgebracht wären, daß wir auf keine Weise fähig sind dieselben ungeheuchelt anzunehmen" (I 63f.). Aus eben dieser Behauptung, „die reine Lehre Christi" enthalte nichts sonst „als eine vernünftige praktische Religion", folgert er an anderer Stelle, dass „ein jeder vernünftiger Mensch, wenn es einer Benennung der Religion brauchte, sich von Hertzen Christlich nennen" würde (I 126). Und von den schon genannten „wenigen Weisen" sagt er, dass sie „das Praktische in der allgemeinen Religion Jesu und seiner Jünger [als] vorzüglich lauter und diensam erkennen, ja sich gerne von seinem Beynamen Christen heißen lassen, wenn ihnen nur nicht angemuhtet würde, alles und jedes, womit die vortrefliche Lehre Jesu damals noch beschmitzt war, und womit sie nachmals weiter beschmitzt worden ist, mit blindem Glauben anzunehmen" (II 584). Ähnlich hatte er sich schon im „Vorbericht" geäußert: „Wäre es […] erlaubt gewesen das Wahre und Gute herauszusuchen, und das übrige wiedersinnige und ärgerliche fahren zu lassen: so würde ich keinen Augenblick Bedenken getragen haben, denen erhabenen und herrlichen Lehren Jesu beyzutreten, und mich für einen aufrichtigen Christen zu bekennen" (I 52). Positiv liegt also Reimarus vor allem deshalb an Jesus, weil er meint, dass er ihm als Helfer in seiner Apologie „für die vernünftigen Verehrer Gottes" dienen könne.

*l) Zusammenfassung zu Reimarus und Ausblick*

Ich versuche, das zu Reimarus Ausgeführte in vier Punkten zusammenzufassen und dabei Probleme zu benennen, die in der auf ihn folgenden historischen Jesusforschung immer wieder begegnen:

1. Jesus wird gesucht im Unterschied, ja im Gegensatz zur Perspektive, in der die Evangelisten ihn sehen. Deren theologische Perspektive wird bei ihm sogar als Betrug abgetan, sodass es als schlechterdings geboten erscheint, sie zu umgehen. Hier gilt es, genauer nach der Perspektive der Evangelisten zu

fragen. Die Betrugshypothese des Reimarus wird heute kaum jemand vertreten wollen. Wie ist ihre Perspektive, in der sie die Geschichte Jesu darstellen, zu beschreiben? Warum nehmen sie sie ein? Welche Intention verfolgen sie damit? Was leistet sie? Und was bewirkt sie im Blick auf die Art des dargebotenen Stoffes? Kann man bei ihm den Optimismus des Reimarus haben, man brauche nur die „Tünche“ der Apostel wegzunehmen, um die „tatsächliche“ Stimme Jesu zu hören?

2. Unter der alleinigen Herrschaft der Vernunft wird im Blick auf die Darstellung der Geschichte Israels im Alten Testament als auch im Blick auf die der Geschichte Jesu in den Evangelien ausschließlich auf der Ebene historischer Faktizität gefragt. Die biblischen Berichte – besonders die grundlegenden wie im Alten Testament die Erzählung von der Rettung am Schilfmeer[34] und im Neuen Testament die Erscheinungsgeschichten am Ende der Evangelien, die die Auferweckung Jesu bezeugen – werden unter dieser Sichtweise als nicht stimmig erwiesen und so als falsch und unwahr überführt. Eine andere Dimension von Wirklichkeit und Wahrheit als die historischer Faktizität kommt nicht in den Blick. Aber die Ebene bloßer Faktizität, die „nackte Wahrheit“, die Reimarus propagierte und die auch die Ebene der historischen Jesussuche ist, ist nicht die Ebene der biblischen Darstellungen. Warum ihre Ebene eine andere ist und wie sie es ist, wäre zunächst zu erfragen. Erst dann könnte sich zeigen, ob es möglich oder gar geboten oder auch verboten erscheint, auf die andere Ebene zu wechseln.

3. Der gesuchte und gefundene Jesus, soweit er positiv bewertet wird, entspricht in seiner Lehre genau der Idealvorstellung von Religion, die Reimarus selbst hat. Zu deren Stützung braucht und gebraucht er ihn als Helfer. Weil er mit dem Zeugnis von der Auferweckung Jesu, das er für die Evangelien als grundlegend erkannt hat, nichts anfangen kann, sucht er nach einer vorausliegenden ihm kompatiblen Lehre Jesu, um sich in der christlichen Gesellschaft als – besseren – Christen verstehen zu können.

4. Was er als das Wesentliche bei Jesus herausstellt, weiß er und wusste er schon vorher – auch ohne ihn. Es ist schlicht Projektion.

Bevor ich in der Forschungsgeschichte auf weitere Stationen eingehe, scheint es mir daher geboten zu sein, sich zunächst über die Eigenart der Evangelien klar zu werden.

---

[34] Vgl. dazu Wengst, Geschichte(n), S. 180–183.

## 2. Vor allem Weiteren: das eigene Recht der Evangelien bedenken!

### *a) Ausgangsfragen*

Aus dem Interesse an historisch verifizierbarer Faktizität heraus hatte Reimarus die Evangelien als historische Berichte gelesen und so auf dieser Ebene liegende Widersprüche zwischen ihnen schonungslos aufgedeckt. Er warf deshalb den Evangelisten vor, über Jesus als ihren Gegenstand falsch berichtet zu haben, teilweise sogar wider besseres Wissen, also betrügerisch. So konnte und musste er zwischen der Darstellung der Evangelisten und dem, was Jesus tatsächlich gewollt, gesagt und getan hat, unterscheiden, um der vermeintlichen historischen Wahrheit ans Licht zu verhelfen. Es wurde schon angedeutet, dass es nicht die Absicht der Evangelisten war, ein historisches Protokoll über Ereignisse des Lebens Jesu zu geben. Selbstverständlich ist Gegenstand ihres Schreibens Jesus, ein geschichtlicher Mensch. Aber was aus seiner Geschichte nehmen sie auf, was nicht? Wie stellen sie es dar? In welcher Perspektive und mit welcher Intention erzählen sie es? Was bedeutet ihre Art zu erzählen für eine Fragestellung, der es darauf ankommt, historisch verwertbares Datenmaterial zu gewinnen? Da die vier kanonischen Evangelien die einzig relevanten Quellen über Jesus sind, muss sich auch eine historische Fragestellung Klarheit über diese Fragen verschaffen.

### *b) Das Zeugnis von der Auferweckung Jesu als Konstruktionspunkt der Evangelien*

Martin Kähler hatte in seinem berühmten Vortrag von 1892 (Der sogenannte historische Jesus und der geschichtliche, biblische Christus) „die Bescheidenheit" als „die erste Tugend echter Geschichtsforschung" benannt.[35] Er

---

[35] Kähler, Jesus, S. 6. W. Stegemann meint mit Blick auf diese Stelle: „Kählers kritische Vorbehalte gegenüber dem enthusiastischen Optimismus dieses Unternehmens (nämlich der liberalen Leben-Jesu-Forschung) kommen auch im moralischen Gewande daher (‚hoffärtig'; er fordert mehr ‚Bescheidenheit')" (Jesus, S. 407f.). Kähler fordert jedoch nicht „mehr Bescheidenheit", sondern Bescheidenheit in einem sehr präzisen Sinn, den er anschließend angibt, worauf gleich einzugehen ist. Die Vokabel „hoffärtig" findet sich auf der angegebenen Seite nicht. Kähler hatte vorher (Jesus, S. 4) in Weiterführung der Aussage, der „Jesus der ‚Leben Jesu'" sei „nur eine moderne Abart von Erzeugnissen menschlicher erfindender Kunst, nicht besser als der verrufene dogmatische Christus", gesagt: „Der Historizismus ist an diesem Punkte ebenso willkürlich, ebenso menschlich-hoffärtig, ebenso vorwitzig und ‚glaubenslos-gnostisch' wie der seiner Zeit auch moderne Dogmatismus." Bezogen ist das auf die Findigkeit der Rekonstrukteure, die aus den in ihren Augen verdunkelten, umgebogenen oder auf Missverständnis beruhenden Angaben der Evangelisten doch die angeblich tatsächliche Meinung Jesu und das angeblich tatsäch-

fährt fort: „Bescheidenheit kommt von Bescheid wissen; und wer Bescheid weiß mit geschichtlichen Tatsachen und Quellen, der lernt Bescheidenheit sowohl im Wissen als im Verstehen."[36] Kurz danach stellt er fest: „Wir besitzen keine Quellen für ein Leben Jesu, welche ein Geschichtsforscher als zuverlässige und ausreichende gelten lassen kann. Ich betone: für eine Biographie Jesu von Nazareth von dem Maßstabe heutiger geschichtlicher Wissenschaft."[37] Das richtete sich gegen das Schreiben von „Leben Jesu" in der liberalen Theologie in der zweiten Hälfte des 19. Jahrhunderts. Demgegenüber ist man im 20. Jahrhundert in der Tat „bescheidener" geworden, insofern man sich im Wesentlichen mit der Rekonstruktion der Verkündigung Jesu begnügte – ohne sich allerdings dessen bewusst zu sein, dass *diese* Bescheidenheit auf ihre Art wiederum ein recht gewagtes Unternehmen und also gerade nicht bescheiden ist. Darüber wird noch zu reden sein. Aber auch in diesem Fall ist es unabdingbar, über den Charakter der Quellen Bescheid zu wissen.

In Aufnahme einer einschlägigen Monographie von R. A. Burridge ordnet W. Stegemann „die kanonischen Evangelien der antiken griechisch-römischen Gattung des *‚bios' (‚vita')* zu"[38] und nennt es von daher „die grundlegende Einsicht, dass keines der Evangelien des Neuen Testaments [...] anders denn als *Interpretation* des Lebens Jesu im Rahmen der Standards antiker biographischer Literatur verstanden werden kann".[39] Aber damit ist das für die Darstellung der Evangelien Charakteristische und Besondere und also Wesentliche noch nicht wahrgenommen. Denn ihre Interpretationen des Lebens Jesu bewegen sich keineswegs durchgängig „im Rahmen der Standards antiker biographischer Literatur". Das ist am augenfälligsten an ihren Schlüssen. Im Blick auf „die Erzählweisen einer Biographie" merkt Schellong an, dass „der Abschnitt, der auf die Erzählung vom Tode des ‚Helden' folgt, in besonderer Weise der Ort zu sein (pflegt), an dem ein Au-

---

liche Geschehen heraus phantasieren. Ist gegenüber solcher Besserwisserei die Charakterisierung „menschlich-hoffärtig" denn anrüchig? Als ein Beispiel dafür nach Kählers Vortrag sei nur Schweitzer, Leidensgeheimnis, S, 92f. angeführt.

36 A.a.O. S. 6f. Ohne Kenntnis Kählers schreibt gut 100 Jahre später Johnson: „Aufgrund des notwendig fragmentarischen Charakters aller historischen Evidenz und aufgrund der unausweichlichen Rolle, die die interpretierende Kreativität auf Seiten des Historikers spielt, sind ernsthaft mit diesem Handwerk Umgehende durch tiefe Demut charakterisiert" (Jesus, S. 85). „Bescheidenheit ist eine wichtige Tugend für jeden Historiker und sie ist besonders wichtig für den Historiker des ältesten Christentums" (103).

37 A.a.O., S. 7.

38 W. Stegemann, Jesus, S. 386.

39 A.a.O., S. 389f.

tor etwas von der Absicht und dem Interesse verlauten läßt, die ihn bei der Abfassung der Biographie geleitet haben und die er den Lesern für ihre Lektüre nahebringen möchte".[40] In den Evangelien verhält es sich hiermit sehr anders. Sie erzählen an dieser Stelle gerade nicht „von den Nachwirkungen des berichteten Lebensweges und von der Bedeutung, die das erzählte Leben bzw. dessen Lebenswerk für die Nachwelt hat".[41] In ihnen hat die Aussage eines bzw. zweier Engelsboten, im leeren Grab Jesu zu ihn suchenden Frauen gesagt, eine „Schlüsselfunktion"[42]: „Nicht ist er hier; denn er ist aufgeweckt worden" (Mt 28,6). „Er ist aufgeweckt worden; nicht ist er hier" (Mk 16,6). „Nicht ist er hier, sondern aufgeweckt worden" (Lk 24,6). In Joh 20,9 heißt es von zwei Schülern im leeren Grab Jesu: „Sie hatten freilich noch nicht die Schrift verstanden, dass er von den Toten aufstehen müsse." Sie befinden sich gleichsam noch in der vorösterlichen Situation, obwohl Jesus schon aufgeweckt worden ist. Im Johannesevangelium sind es nicht himmlische Boten, die Jesu Auferweckung bezeugen. Hier erweist sich in den folgenden Erscheinungsgeschichten Jesus selbst als Lebendiger. Für die das Evangelium Lesenden und Hörenden enthält allerdings schon die Aussage von 20,9 die Botschaft von der Auferweckung Jesu. Wenn von einem Toten behauptet wird, er sei aufgeweckt worden und aufgestanden, dann kann nur Gott logisches Subjekt sein, wie das auch an anderen Stellen des Neuen Testaments ausdrücklich gesagt wird.

Im Einzelnen unterscheiden sich die Schlüsse der Evangelien beträchtlich; sie setzen je ihre eigenen Akzente. Aber in dieser Grundaussage, die eine „Schlüsselfunktion" hat, stimmen sie überein, dass Gott Jesus von den Toten aufgeweckt hat. „Damit ist anderes gesagt, als daß ‚seine Sache weitergeht'; denn auch dann wäre er bei den Toten, nur seine ‚Sache' lebte weiter. Außerdem endet auch das ‚Weitergehen' einer Sache im Grab, wie eben alles uns bekannte Leben dem Tode entgegengeht."[43] Am Ende der Evangelien, an entscheidender Stelle also, steht ein analogieloses Ereignis, das von historischer Forschung nicht erfasst werden kann, weil es einer ganz anderen

---

40 Schellong, Rückfragen, S. 2. Was Martin Kähler gegenüber der liberalen Leben-Jesu-Forschung geleistet hatte, sie nämlich zu delegitimieren im Nachweis, dass es sich dabei um einen Holzweg handelt, hat Schellong mit diesem Aufsatz gegenüber der „neuen Frage nach dem historischen Jesus" getan. Soweit ich sehe, sind seine Argumente von den neutestamentlichen Fachkollegen so gut wie vollständig ignoriert worden – nicht gerade zu ihrem Nutzen. Ich werde deshalb immer wieder auf sie verweisen.

41 Ebd.

42 A.a.O., S. 3.

43 A.a.O., S. 3.

Ebene zugehört als der historisch verifizierbarer Faktizität.[44] Am Ende der Evangelien, am Ende ihrer Darstellungen der Geschichte Jesu scheint also für die Lesenden und Hörenden Gottes endzeitlich-neuschöpferisches Handeln am hingerichteten Jesus auf. Dadurch wird ihnen Jesus nicht als einmal Gewesener und inzwischen Toter vermittelt, sondern als bleibend lebendig Gegenwärtiger.

Diesen Schlüssen der Evangelien entsprechen ihre Anfänge, die schon beim ersten Lesen und Hören klare Verstehenshinweise geben, die beim wiederholten Lesen und Hören von den Schlüssen her noch deutlicher werden. In Mt 1,1 heißt es: „Buch der Geschichte des Gesalbten Jesus, des Sohnes Davids, des Sohnes Abrahams." Ähnlich ist die Überschrift in Mk 1,1: „Anfang der guten Botschaft von dem Gesalbten Jesus, dem Sohn Gottes." Dabei sei gleich betont, dass „Sohn Gottes" gemäß der jüdischen Tradition Parallelbegriff zum „Gesalbten" ist, zum Messias. Jesus erscheint damit als messianischer König im Auftrag Gottes. Das Lukasevangelium hat keine solche Überschrift. In ihm bilden nach dem literarischen Vorwort (1,1–4) die ersten beiden Kapitel insgesamt den leseleitenden Anfang. In diesen Kapiteln werden die Geburtsgeschichten Johannes des Täufers und Jesu miteinander verbunden und dabei ganz stark die auf Israels Rettung aus der Hand seiner Feinde bezogenen Momente königlicher Messianologie herausgestellt. So wird Jesus als „Gesalbter des Ewigen" kenntlich gemacht (2,11), an einer Stelle aber auch schon seine Bedeutung für die Völker herausgestellt (2,32). Das ist auch in Mt 1,1 der Fall, wenn er außer als „Sohn Davids" auch als „Sohn Abrahams" bezeichnet wird. Damit wird er einerseits in die mit Abraham beginnende besondere Bundesgeschichte Gottes mit seinem Volk Israel hineingestellt. Mit Abraham klingt aber andererseits auch schon das Thema „Völker" an, da er biblisch als „Vater vieler Völker" gilt. Dieses Thema wird ganz am Schluss des Matthäusevangeliums ausdrücklich wieder begegnen. Im Johannesevangelium steht am Anfang ein ausführlicher Prolog. In ihm erscheint das schöpferische Sprechen Gottes vom Anfang der Bibel als „das Wort", das dann in Jesus Fleisch geworden ist. Damit wird zum Ausdruck gebracht, dass in Jesus kein anderer zu Wort und Wirkung kommt als Gott, „der sprach und es ward die Welt"[45]. Der Evangelist Johannes gibt damit die

---

[44] Zu einer Verstehensmöglichkeit der Rede von „Auferstehung" vgl. meinen Versuch, der von der rabbinischen Zusammenstellung von *emét* und *maschál* („Wirklichkeit" und „Gleichnis", „Wahrheit" und „Erzählung") in der Auslegung von Ez 37 ausgeht: Ostern, S. 11–17.35–41.71–83.95–99.

[45] Das ist eine häufige Gottesprädikation in der rabbinischen Überlieferung.

Leseanweisung, die im danach erzählte Geschichte Jesu so zu verstehen, dass im Reden, Tun und Erleiden Jesu Gott selbst zum Zuge kommt. Diese Leseanweisung ist ihm möglich, weil er in den Erzählungen am Schluss seines Evangeliums die Auferweckung Jesu durch Gott bezeugen kann.

Der jeweilige Anfang und Schluss der Evangelien – mit dem Schwergewicht auf letzterem – bilden also eine Klammer, die die Erzählung der von ihr umgriffenen Geschichte Jesu bestimmt. Im dominanten Schluss liegt der Konstruktionspunkt der Darstellungen der Geschichte Jesu durch die Evangelisten.[46] Mit dem Zeugnis von der Auferweckung Jesu liegt er damit nicht bei irgendeiner behaupteten Besonderheit des vorösterlichen Jesus, sondern im neuschöpferischen Handeln Gottes am toten Jesus. Im Blick auf einen völlig anderen Bereich historischer Forschung bemerkt der Zeitgeschichtler Sönke Neitzel im Zusammenhang methodischer Reflexionen: „Niemand würde auf die Idee kommen, die Biographie einer Person vom Ende her zu entwickeln [...] – einfach deshalb, weil Entwicklungen nach vorn, nicht aber nach hinten offen sind."[47] Genau das aber tun die Evangelisten, weil am Ende ihrer Erzählungen nicht über ein tragisches Schicksal, das historische Ereignis der Hinrichtung Jesu, berichtet wird, sondern das Zeugnis von der Auferweckung Jesu steht, das als Ereignis mit historischen Mitteln nicht greifbar, also sozusagen metahistorisch ist. Von *diesem* Ende her wird die Geschichte Jesu in der Rückschau als eine so von Gott gewollte und begleitete gedeutet. Deshalb enthält sie in diesen Darstellungen nicht „eine Fülle von Möglichkeiten"[48], zwischen denen Jesus sich an Wendepunkten seines Lebens zu entscheiden hätte[49], sondern Aspekte des tatsächlichen Gesche-

---

[46] Den Begriff „Konstruktionspunkt" entnehme ich dankbar dem 1. Teil des dreibändigen Jesuswerkes von Joseph Ratzinger-Benedikt XVI. (Jesus von Nazareth. Erster Teil. Von der Taufe im Jordan bis zur Verklärung, Freiburg u.a. 2007, S. 12). Indem er jedoch – im Unterschied zu den Evangelisten – als den Konstruktionspunkt seines Werkes die besondere „Gottbezogenheit und Gottverbundenheit" Jesu, seine „Gemeinschaft mit dem Vater [...], die die eigentliche Mitte seiner Persönlichkeit" sei, bezeichnet (ebd.), unterscheidet er sich in diesem zentralen Punkt nicht von den anderen historischen Jesussuchern. Seine Besonderheit besteht darin, dass er aus allen Evangelien harmonisierend ein Jesusbild zusammensetzt und das als den „historischen" Jesus ausgibt. Mit seinem viel besprochenen Werk setze ich mich hier nicht auseinander. Stattdessen bespreche ich Södings Buch über den „Gottessohn aus Nazareth", das in entscheidenden Punkten auf derselben Linie liegt wie der Jesus-Dreibänder des ehemaligen Papstes.

[47] Sönke Neitzel/Harald Welzer: Soldaten. Protokolle vom Kämpfen, Töten und Sterben, Frankfurt a.M. 2011, S. 49.

[48] Ebd.

[49] In den ersten drei kanonischen Evangelien scheint es an einer Stelle eine nach vorn hin offene Entscheidungssituation zu geben, nämlich gleich am Beginn des öffentlichen Auftretens Jesu in der sogenannten Versuchungsgeschichte. Doch ist die Evangeliumserzäh-

hensablaufs werden in der Rückschau so dargestellt, dass den Lesenden und Hörenden das Mitsein Gottes auf diesem Weg deutlich werden soll, sodass dieser bestimmte Weg als ein notwendiger erscheint. So begegnet in den Evangelien immer wieder ein „Muss", besonders bezogen auf den Tod Jesu am Kreuz. Dieses „Muss" ist nicht Ausdruck eines fatalistischen Geschichtsverständnisses. Es ist der Tradition jüdischer Apokalyptik entnommen, die mit ihm einem niederschmetternden Geschichtsverlauf Gottes Souveränität entgegensetzt, der in diesem Geschichtsverlauf und gegen ihn schließlich das letzte Wort haben wird.

Dass das Zeugnis von der Auferweckung Jesu durch Gott als Konstruktionspunkt der Evangelien ihre Darstellung im Ganzen bestimmt,[50] sei für das Markus- und Johannesevangelium an einem ihnen gemeinsamen Motiv aufgezeigt. An mehreren Stellen dieser beiden Evangelien wird deutlich oder es wird auch ausdrücklich festgestellt, dass die Schüler des irdischen Jesus das gerade beschriebene Geschehen und Gesagte nicht verstanden haben, wobei immer wieder Bezüge auf den Tod Jesu am Kreuz hergestellt werden. So heißt es in Joh 12,16 im Blick auf das zuvor beim Einzug Jesu in Jerusalem berichtete Geschehen: „Das verstanden seine Schüler zunächst nicht. Aber als Jesus verherrlicht worden war, da erinnerten sie sich, dass das über ihn geschrieben war und man das für ihn getan hatte." Und schon in Joh 2,22 hatte der Evangelist hinsichtlich der Tempelaktion Jesu und des im Anschluss an sie Diskutierten gesagt: „Als er nun von den Toten aufgerichtet worden war, erinnerten sich seine Schüler, dass er das gesagt hatte; und sie glaubten der Schrift und dem Wort, das Jesus gesprochen hatte." Während also die in der Erzählung agierenden Schüler Jesu sich als unverständig erweisen, sollen diejenigen, die das Evangelium lesen und hören und die ja bereits die Geschichte Jesu überblicken und das Zeugnis von sei-

---

lung an dieser Stelle nur scheinbar offen. Sie wäre schon am Ende, hätte Jesus die dargestellten Proben nicht bestanden. Die Art, wie hier von ihm erzählt wird (Mt 4,1–11; Mk 1,13; Lk 4,1–13), entzieht sich historischer Verwertbarkeit. Wer die literarische Ebene der Evangelien verlässt und historisch Auswertbares gewinnen will, muss es besser wissen als die Evangelisten und Phantasie entwickeln, z.B. annehmen – wie Ratzinger es tut (Jesus I [s. Anm. 46], S. 63) –, dass die Versuchungen „als eine Art Vision aufzufassen" seien.

50 Vgl. auch Johnson, Jesus, S. 107: Alle Evangelien „sind aus der Perspektive des Glaubens geschrieben, einer Perspektive, die sich nicht nur auf den einen oder anderen Teil der Erzählung auswirkt, sondern sie ganz von Anfang bis Ende betrifft." Vgl. weiter S. 88: Die Glaubensüberzeugung, dass der durch Pilatus hingerichtete Mensch Jesus „jetzt auf machtvollere Weise lebt als in seinem menschlichen Leben", „brachte diese Literatur hervor, durchdringt diese Literatur und kann nicht von dieser Literatur weggestrichen werden."

ner Auferweckung kennen, schon beim Lesen und Hören verstehen. Mit dieser Art der Darstellung wird deutlich gemacht: Nach den Evangelisten gibt es kein wirkliches Verstehen der Geschichte Jesu abgesehen von seinem Tod am Kreuz und vom Zeugnis seiner Auferweckung.

*c) Das Erzählen der Evangelisten mit ihrer Bibel*

Von diesem, von *ihrem* Konstruktionspunkt aus wollen sie also Gottes Mitsein in der gesamten von ihnen erzählten Geschichte Jesu zum Ausdruck bringen. Da sie Gott als den kennen, wie er in ihrer Bibel bezeugt ist, können sie das gar nicht anders tun, als dass sie die Geschichte Jesu mit ihrer Bibel erzählen. So wird etwa im Matthäusevangelium immer wieder gesagt, dass das gerade Erzählte geschehen sei, „damit erfüllt werde, was durch den Propheten gesagt ist“. Das ist nicht im Sinne des christlich dominant gewordenen Schemas von „Verheißung und Erfüllung“ zu verstehen, verbunden mit der Ablösung des alten Bundes durch den neuen und der Überlegenheit des Neuen Testaments über das Alte – eine für die Evangelisten absurde Vorstellung –, sondern damit wird deutlich gemacht, dass in dem erzählten Geschehen der biblisch bezeugte Gott handelt, in ihm zu Wort und Wirkung kommt. So wäre vielleicht statt mit „erfüllen“ besser mit „aufrichten“, „ausführen“ oder „vollbringen“ zu übersetzen.[51] Das Erzählen mit der Bibel ist ein die Evangelien durchgehend bestimmender Zug. Es geschieht in besonderer Dichte in ihren Passionsgeschichten.[52] Die Synoptiker tun es mit Anspielungen, Halbzitaten und ganzen Zitaten, ohne sie als solche kenntlich zu machen, das Johannesevangelium führt darüber hinaus ausdrücklich gekennzeichnete Zitate an. Es ist vorauszusetzen, dass die Evangelisten wussten, was sie taten, dass also ihr Erzählen mit der Bibel ein bewusst eingesetztes Mittel literarischer Gestaltung ist, das einer theologischen Intention dient. Weiter ist vorauszusetzen, dass auch die intendierte Leser- und Hörerschaft – die Evangelien sind von vornherein als Lesetexte für die versammelte Gemeinde geschrieben worden – diese Bezüge erkannte und ihr dabei die eingespielten biblischen Kontexte vor Augen standen. Denn jüdisches Zitieren ist – in aller Regel – ein Anzitieren, das erwartet, dass die Lesenden und Hörenden den Text fortsetzen können. In diesem Erzählen mit der Bibel

---

[51] Vgl. die für das Matthäusevangelium in dieser Hinsicht programmatische Stelle 5,17 und dazu Wengst, Regierungsprogramm, S. 67–70.

[52] Vgl. Schellong, Rückfragen, S. 24f.: „*Daß* Jesus gekreuzigt worden ist, ist als solches eine stumme, also buchstäblich nichts-sagende ‚Tatsache‘“. Daher kann bei dieser „Erzählung nur die Schrift aus der stummen Geschichte eine sprechende Geschichte machen“.

wird Gott ins Spiel gebracht, wird Gott in dieses schlimme Geschehen hineingezogen, Gott, der ein Gott des Lebens ist und deshalb Leiden und Tod Jesu nicht das Letzte sein lassen wird, von dem erzählt werden kann. Gegenüber den geschichtlich mit tödlicher Gewalt handelnden Subjekten wird hier behauptet, dass ein ganz anderer das entscheidende Subjekt sei, das seine Finger im Spiel habe und dem schlimmen Geschehen eine andere Wendung gebe. Wohlgemerkt: Es geht dabei nicht um das Schreiben eines Drehbuchs für eine vom Himmel gesteuerte Inszenierung; das wäre einfach nur schrecklich. Die Evangelisten schreiben im Nachhinein der geschehenen Hinrichtung Jesu. Ihnen geht es darum, der hier erfolgten faktischen Gewalt nicht den Triumph der End- und Letztgültigkeit zu lassen. Noch einmal anders gesagt: Ihr Schreiben mit der Bibel ist nicht himmlische Legitimierung schlimmen Geschehens, sondern im Gegenteil Protest gegen es. Als ein Beispiel sei das letzte Wort Jesu am Kreuz nach Mk 15,34 angeführt. Dort heißt es: „Und in der neunten Stunde schrie Jesus mit lauter Stimme.“ Was Jesus schrie, gibt Markus in griechischer Transkription auf Aramäisch wieder: *eloí, eloí, lemá sabachtháni*. Das ist auch der Wortlaut des aramäischen Targums von Ps 22,2a, das dem hebräischen Text wörtlich entspricht: „Mein Gott, mein Gott, warum hast Du mich verlassen?“ Die von Markus gegebene griechische Übersetzung folgt exakt seinem aramäischen Zitat und nicht der Septuaginta, die gegenüber dem hebräischen Text eine leichte und eine kräftige Abweichung hat. Nach dieser Darstellung sagt Jesus also den Beginn von Ps 22. Ich hatte schon gesagt, dass im Judentum das Zitieren als Anzitieren erfolgt. Der Kontext des Zitats wird vom Zitierenden bei seiner Leser- und Hörerschaft als präsent vorausgesetzt. Jede Leserin, jeder Hörer des Markusevangeliums weiß – oder kann es wissen –, dass Ps 22,2a der Beginn eines Gebets des leidenden Gerechten ist: „Mein Gott, mein Gott, warum hast Du mich verlassen? Fern von jeder Hilfe verhallt mein Schreien. Mein Gott, ich rufe am Tag, aber Du antwortest nicht, in der Nacht, aber ich finde keine Ruhe“ (V. 2f.). Der Beter blickt im weiteren Text zurück auf Gottes rettende Hilfe in der Geschichte seines Volkes, kontrastiert das mit der eigenen Not; Vertrauensaussagen wechseln mit bitterer Klage. „Ich kann alle meine Knochen zählen. Sie schauen zu und taxieren mich. Sie teilen meine Kleider unter sich, um mein Gewand werfen sie das Los“ (V. 18f.). Es folgt eine dringliche Bitte um Rettung – und dann die Wende: „Du gibst mir Antwort“ (V. 22b). Daran schließt sich sofort der Lobpreis an: „Ich will meinen Brüdern und Schwestern von Deinem Namen erzählen, inmitten der Gemeinde will ich Dich preisen“ (V. 23). Für das Bewusstsein einer in biblischer Tradition lebenden Leser- und Hörerschaft – und das waren die Gemeinden, für die die Evangelien geschrieben wurden – macht sich Jesus mit dem Verlassenheitsruf am Beginn von Ps 22 dieses Gebet zu eigen. Sie weiß, wie es weitergeht und zu welchem Ziel es führt. Mit dem Zitat des Anfangs ist das Ganze gegeben. Die Einspielung von Ps 22,2a an dieser dramatischsten Stelle in der Erzählung des Evangeliums bringt einmal mehr und betont Gott ins Spiel und reißt die Dimension der Hoffnung auf sein rettendes Handeln auf. Dementsprechend beenden die Evangelien ihre Erzählung nicht mit einem Satz, wie er am Schluss des Jesusbuches von David Flusser steht: „Schließlich schrie Jesus laut und starb" (Jesus, S. 140). Da Jesus tatsächlich gestorben ist, können sie nicht von Rettung vor dem Tod erzählen. Sie müssen sozusagen noch eins draufsetzen und bezeugen seine Rettung aus dem Tod.

Im Lukasevangelium leistet dasselbe – gewiss in anderer Tönung – der Bezug auf Ps 31,6 in Lk 23,46: „Deinen Händen vertraue ich meinen Lebensatem an." Historisch verwertbar ist hier nichts. Was Jesus tatsächlich am Kreuz historisch getan hat, ob er nach Lukas Ps 31,6 gebetet hat oder ob nach Markus Ps 22,2 und – wenn letzteres zuträfe – ob er nur den Verlassenheitsschrei ausgestoßen oder den Psalm weiter bis zum Ende gebetet hat oder ob es noch einmal ganz anders war, weiß niemand von uns und kann niemand wissen. Es sind müßige Fragen; wir brauchen es auch nicht zu wissen. Wir haben die Erzählungen der Evangelien; auf die ist jeweils zu hören. Das bloße historische Faktum, dass Jesus an einem römischen Kreuz hingerichtet worden ist, wird von den Evangelisten vorausgesetzt und ja auch berichtet. Aber an allen weiteren historischen Details sind sie nicht interessiert. Sie interessiert, was Gott mit diesem Faktum zu tun hat, dass und wie er in ihm und gegen es zum Zuge kommt. Dafür erzählen sie mit ihrer Bibel. Dafür führen Markus und Matthäus als letztes Wort Jesu vor seinem Tod Ps 22,2 an und Lukas Ps 31,6. So entsteht auf der Ebene, die historische Faktizität erkennen will, ein unauflösbarer Widerspruch, aus dem Historiker schließen mögen, Jesus habe weder den einen noch den anderen Psalmvers gesprochen. Für die in den Evangelien intendierte Ebene, auf der sie in den Gemeinden auch gelesen und verstanden wurden und werden, tut das aber überhaupt nichts zur Sache.[53]

[53] „Für eine Glaubensgemeinschaft, die in der Gegenwart des Auferweckten lebt, ist es absurd, geradezu ein Betrug an der Wahrheit, die Passion Jesu ‚abgesehen von' der Interpretation dieser Ereignisse zu betrachten, wie die Evangelien sie gegeben haben, die von

*d) Die biblische Erzählweise der Evangelisten*

Die Evangelisten erzählen nicht nur mit der Bibel, ihre Erzählweise ist die der Bibel. Biblisches Erzählen ist dadurch charakterisiert, dass eine bestimmte partikulare Geschichte, die des Volkes Israel, mit Gott in einen unlösbaren Zusammenhang gebracht, dass diese Geschichte als Geschichte Gottes mit seinem Volk erzählt wird. Da Gott kein Ding ist wie andere Dinge in der Welt, kein Objekt, das wahrgenommen und beschrieben werden könnte wie die Objekte allgemeiner weltlicher Erfahrung, kann das Erzählen dieser Geschichte als Geschichte Gottes gar nicht anders erfolgen, als dass es immer wieder mit wunder- und sagenhaften Elementen durchsetzt ist, die der allgemeinen Erfahrung widersprechen, und das besonders an zentralen Stellen. Es sei an die im ersten Kapitel erwähnte Erzählung von der wunderbaren Rettung Israels am Schilfmeer erinnert, die unter dem Gesichtspunkt historischer Rationalität von Reimarus destruiert wurde.[54] Da die Evangelisten die Geschichte Jesu als Geschichte Gottes mit Jesus darstellen wollen und sie das auch noch in biblischer Tradition und mit ihrer Bibel tun, findet sich dieselbe Erzählweise bei ihnen. Schellong bemerkt dazu: „Das Überschreiten der historischen Grenze und der historischen Relativität einer einzelnen Person ist anders als in Gestalt von Legenden nicht zu erzählen, wobei der Begriff ‚Legende' auf den religiösen Bereich beschränkt sein soll: Sie erzählt von Vermittlungen zwischen Gott und uns."[55] Will dagegen jemand, fährt er fort, „historisch, legenden-frei von Jesus erzählen, dann muß er voraussetzen, ja wollen, daß Jesus historisch begrenzt und relativ, daß er im Tode verschlossen ist".[56] Er führt das vor allem am Beispiel einiger Wundererzählungen in Mt 8 aus und stellt schließlich fest: „Ohne Interpretationen sind die Heilungsgeschichten unverständlich, tot. Das *factum brutum* von Heilungen würde beim Leser aus späterer Zeit allenfalls ein ‚na ja' auslösen. Sonst nichts. Zu mehr kommt die Suche nach dem ‚historischen Jesus' in keinem Fall. Erst durch die Interpretation wird das bloße Faktum zur sprechenden Tatsache – und eine Interpretation haben wir nur in der Legende."[57] W. Stegemann hat eine suggestive Entgegenstellung vorgenommen zwischen „dem

---

Beginn an seinen Tod in die Gewänder der Schrift kleideten. […] Für eine solche Lesegemeinschaft […] gälte jeder Versuch, einen historischen Jesus (als Glaubensnorm!) zu rekonstruieren, der nicht die Auferstehung als wichtigste Realität über Jesus in Anschlag brächte, schlimmer als anmaßend und irrelevant " (Johnson, Jesus, S. 146).

54 Reimarus, Apologie I 299–366; Lessing 7, 734–745.

55 Schellong, Rückfragen, S. 17.

56 Ebd.

57 A.a.O., S. 20.

Mann aus Nazareth, der auf den Hügeln Galiläas wanderte“, und dem „Gottessohn der Evangelien, der über den galiläischen See wandelte“.[58] Den „Mann aus Nazareth“ kennt man aber auch nur aus den Evangelien und sie stellen dessen Wandern „auf den Hügeln Galiläas“ nicht anders dar als sein Wandeln auf dem Wasser, nämlich ebenfalls nicht in den „Grenzen der allgemeinen Vernunft“.[59] Er vollbringt bei diesem Wandern Wunder auf Wunder und geht etwa nach Lk 4,30, von einer ihn hinabstürzen wollenden Menschenmenge an einen Abhang getrieben, „mitten durch sie hindurch“.

Im Blick auf diese legendarische Art der Darstellung von einer „Mythisierung“ der Gestalt Jesu zu sprechen oder gar „eine beeindruckende Tendenz der zunehmenden Betonung seiner Göttlichkeit“ auszumachen,[60] ist völlig unangemessen; es trifft nicht zu. W. Stegemann kommt zu diesem Urteil vor allem aufgrund seiner Betrachtung des Johannesevangeliums. Nach diesem sei Jesus „schon vor Beginn der Schöpfung Gott“. Johannes beginnt sein Evangelium jedoch nicht mit dem Satz: „Am Anfang war Jesus“, sondern: „Am Anfang war das Wort“[61], das dann in Jesus Fleisch wird – und nicht wird ein präexistentes Gottwesen als Jesus Fleisch.[62] Auch nach dem Johannesevangelium ist es evident, was Schellong für alle Evangelien formuliert, „daß Gott Ostern einen *Menschen* aufgerichtet hat, der getötet war. Um das wahrzunehmen, bedarf es nicht erst der Rekonstruktion eines ‚historischen‘ Jesus.“[63] Das zeigt sich in aller Deutlichkeit daran, dass der Auferweckte in zwei Erscheinungsgeschichten seine Identität an den Wundmalen des Gekreuzigten ausweist (Joh 20,20.24–29).

---

58 W. Stegemann, Jesus, S. 397. Zum Verstehen der Erzählung vom Seewandel Jesu nach Joh 6,16–21 vgl. Wengst, Joh I, S. 235–239.

59 Nach W. Stegemann will die „*Suche* nach dem *historischen* Jesus“ den verlorenen Glauben „an die *Göttlichkeit* Christi“ „in einer Form wiederfinden, die die Zumutung vermeidet, Grenzen der allgemeinen Vernunft zu missachten“ (Jesus, S. 397).

60 So W. Stegemann, Jesus, S. 398; vgl. S. 399: „Kurz: Auch im Neuen Testament finden sich – zum Teil in ausgeprägter Gestalt – Aussagen, in denen Christus als zugleich *göttliches und menschliches* Wesen erscheint, ganz zu schweigen davon, dass seine *göttliche Verehrung* im Prinzip (?) in *allen* biblischen Schriften (?) vorausgesetzt wird.“ Wie Söding (vgl. u. S. 288–291) liest er die entsprechenden neutestamentlichen Texte von der späteren Dogmatik her, was dort in positiver, hier in negativer Wertung erscheint.

61 Auch „das Wort“ wird nicht einfach als „Gott“ identifiziert. Im griechischen Text ist bei dem Wort für „Gott“ zwischen einem Gebrauch mit Artikel und einem Gebrauch ohne Artikel unterschieden. Letzterer ist auf „das Wort“ bezogen und lässt sich im Deutschen am besten mit „gottgleich“ wiedergeben.

62 Zu anderen Stellen aus dem Johannesevangelium, die man meint, für die These einer Vergöttlichung Jesu anführen zu können, vgl. die Besprechung dieser Stellen in meinem Kommentar.

63 Schellong, Rückfragen, S. 8.

Dass Jesus Mensch unter Menschen war, ist den Evangelisten selbstverständlich. Dass er als Jude unter Juden gelebt hat, wissen wir aus den Evangelien und nur aus ihnen. Das ist kein Fündlein historischer Jesusforschung, das sie den Evangelien erst mühsam hätte abringen müssen. Diejenigen, die anderes behaupteten, die etwa Jesus zum Arier machten, mussten das mit außerordentlichen Verrenkungen gegen die Evangelisten tun.

Von ihrem Glauben her, dass Gott Jesus von den Toten aufgeweckt hat, dass zwar dessen Leben wie alles menschliche Leben mit dem Tod ein Ende gefunden hatte, er aber dennoch nicht bei den Toten geblieben war, nahmen die Evangelisten dieses Leben rückblickend als Geschichte Gottes mit Jesus in den Blick und stellten es von daher dar. In dieser österlichen Perspektive ist der irdische Jesus in ihren Erzählungen „aufgehoben". Dieser ihr Konstruktionspunkt bestimmt die Gestaltung ihres Stoffes im Einzelnen und das jeweils von ihnen entworfene Gesamtbild. Im Entwerfen des Gesamtbildes und Ausgestalten des Stoffes unterscheiden sie sich signifikant voneinander. Sich dabei ergebende Widersprüche auf der Ebene des Faktischen scheint weder sie gekümmert zu haben – falls und soweit sie Kenntnis voneinander hatten – noch diejenigen, die ihre Darstellungen kanonisch zusammenstellten. Das war nicht die Ebene, die sie interessierte.[64] Sie verstanden sich nicht als Chronisten. Weil Jesus für sie kein längst Toter, kein ein für allemal Gestorbener war, sondern ein Lebendiger, erzählten sie die Ge-

64 Das ist die einzige Ebene, die Reimarus interessierte, wenn er die Evangelisten im Blick auf kräftige Unterschiede des von ihnen Berichteten, das sich auf dieselben Dinge bezieht, als fehlerhaft kritisiert und diese Kritik so begründet: „Denn die Wahrheit ist nur einfach" (II 542). Diese Sicht findet sich in der Gegenwart bei W. Stegemann wieder. Er meint, dass sich „jeder aufmerksamen Bibellektüre […] irgendwann die Frage stellen muss, was denn nun ‚stimmt', d.h. welches Evangelium die historischen Ereignisse (am genauesten) abbildet" (Jesus, S. 396). Auf derselben Seite formuliert er noch einmal: „Allein schon die Differenzen zwischen den Jesusdarstellungen der Evangelien führen zu der Frage, welche von ihnen die entsprechenden Ereignisse, Handlungen, Erfahrungen bzw. Aussprüche des ‚historischen' Jesus korrekt repräsentieren." Den Evangelisten lag an etwas völlig anderem als der exakten Abbildung historischer Ereignisse; und diejenigen, die vier Evangelien kanonisch zusammenstellten, machten damit deutlich, dass nicht *ein* Evangelium *das* Evangelium ist, wohl aber jede dieser vier Schriften *das Evangelium* enthält. Zwischen den beiden Zitaten nennt Stegemann „nur ein Beispiel: Selbst in der höchst wichtigen Frage, welche Personen dem auferstandenen Jesus begegnet sind, unterscheiden sich alle vier Evangelien gravierend." Das hatte Reimarus in aller Gründlichkeit aufgezeigt. Aber ist das die „höchst wichtige Frage"? Stegemann meint: „In einem historischen Sinn kann – wenn überhaupt – nur eine der biblischen Darstellungen der Erstbegegnung mit dem auferstandenen Jesus ein historisches Ereignis abbilden, nicht alle vier zugleich" (396f.). Selbstverständlich tut das keine, weil es um etwas anderes als ein „historisches Ereignis" geht, weil es hier um eine Sache geht, die überhaupt nicht „in einem historischen Sinn" verifiziert werden kann.

schichte des irdischen Jesus, Gottes Geschichte mit Jesus, als auch für die eigene Gegenwart verbindliche. Tradition kann aber als verbindliche in veränderter Situation nur so weitergegeben werden, dass sie neu ausgelegt und damit auch verändert wird. Aber gerade so und nur so bleibt sie mit sich selbst identisch. Das hängt unmittelbar mit dem biblischen Verständnis von Wahrheit zusammen als dessen, was sich bewährt und also bewahrheitet hat und weiter zu bewähren ist.[65] Dementsprechend sind die Evangelien von vornherein als Lese- und Gebrauchstexte für die versammelte Gemeinde geschrieben worden. Nur von daher, dass sie sich in diesem Gebrauch bewährt haben, erklärt es sich, dass sie überhaupt erhalten geblieben und dass sie kanonisiert worden sind. Der Tatbestand von vier unterschiedlichen Evangelien im neutestamentlichen Kanon ist nicht als etwas zu betrachten, das in Verlegenheit brächte, sondern positiv zu würdigen als jeweilige Vergegenwärtigung des irdischen Jesus, die im Gebrauch der Texte nach immer neuer Vergegenwärtigung drängt. Was die historische Jesussuche nicht zu leisten vermag, „die *Repräsentation* einer historischen Person, die Abbildung einer nicht mehr existierenden Persönlichkeit zu bieten“, was sie „ihren Wörtern“ nicht zutrauen kann, „die Sachen selbst zu repräsentieren“[66], genau das trauen die Evangelisten ihren Wörtern in der Tat zu. Sie reden allerdings auf einer anderen Ebene. Deshalb trifft es auch nicht zu, „Feststellungen der empirischen (?) Jesusforschung […], dass ein in diesen Texten erzähltes Ereignis oder eine Tat oder eine Aussage, die Jesus zugeschrieben werden, *nicht* stattgefunden hat, *nicht* von Jesus gesagt oder getan wurde“, müssten „zwangsläufig auch die Glaubwürdigkeit der Heiligen Schrift der Christenheit selbst betreffen“[67]. Den Schriften der Bibel geht es nicht um eine „Glaubwürdigkeit“ auf dem Feld historisch feststellbarer Faktizität.

Die Feier von Pessach im Judentum kann als hermeneutisches Modell für den Umgang mit der eigenen begründenden Geschichte und deren Erinnern und Weitererzählen betrachtet werden. In Mischna Pessachim 10,5 heißt es: „Generation um Generation, in jeder, ist eine Person verpflichtet, sich selbst so anzusehen, als wäre sie aus Ägypten ausgezogen; denn es ist gesagt: *Dessentwegen, was der Ewige für* mich *getan hat, als* ich *aus Ägypten auszog* (Ex 13,8). Daher sind wir verpflichtet zu danken, zu loben, zu preisen, zu verherrlichen, zu erhöhen, zu ehren, zu segnen, zu erheben und zu rühmen den, der unseren Vorfahren und uns alle diese Wunder getan hat, der uns herausführt aus Sklaverei zur Freiheit, aus Kummer zur Freude, aus Trauer zum Fest, aus Finsternis zu hellem Licht, aus Unterjochung zur Befreiung.“

---

65 Vgl. dazu Wengst, Geschichte(n), passim; ders., Ökumene, S. 122f.
66 Stegemann, Jesus, S. 104.
67 A.a.O., S, 91.

Sich selbst so anzusehen, als wäre man aus Ägypten ausgezogen, ist kein bloßes sich Zurückversetzen in eine imaginierte vergangene Situation, sondern das Hineinholen der erzählten Geschichte in die eigene Gegenwart. Die eigene Gegenwart, die immer auch eine Form von Exil, von unerfüllter Hoffnung ist, wird in der Vergangenheit wieder entdeckt und die erzählte vergangene Befreiung befeuert die gegenwärtige Existenz, mobilisiert gegen die Zwänge des Faktischen und macht resistent gegen Hoffnungslosigkeit im Ausblick auf die kommende Erlösung, auf die hin die vergangene transparent ist. Analoges geschieht in den Evangelien im Blick auf Jesus, dessen vergangene Geschichte im Erzählen in der Gegenwart re-präsentiert und verbindlich gemacht wird, auch hier im Ausblick auf die kommende Vollendung.

*e) Konsequenzen*

Am Beginn dieses Kapitels stand die von Martin Kähler aufgenommene Forderung, dass über die Quellen Bescheid wissen muss, wer historisch nach Jesus fragt. Ich habe versucht, die Eigenart dieser Quellen, der kanonischen Evangelien, zu beschreiben. Ihr Konstruktionspunkt, das Zeugnis von der Auferstehung Jesu, ist ein metahistorischer. Ihr Interesse liegt von daher nicht auf der Ebene historischer Faktizität, sondern sie stellen aus dieser Perspektive das Leben des irdischen Jesus als Geschichte Gottes mit Jesus als eines lebendig Gegenwärtigen dar und damit diese Geschichte als eine für die lesende und hörende Gemeinde verbindliche.[68] Diejenigen, die historisch nach Jesus fragen, müssen sich also im Klaren darüber sein, dass sie ein völlig anderes Interesse verfolgen, als es ihre Quellen haben. Sie müssen deren Konstruktionspunkt notwendig hintergehen. Ob es für *Theologen* eine Möglichkeit ist, diesen Konstruktionspunkt zu hintergehen, der für die Evangelisten das Leben des irdischen Jesus allererst *theologisch* relevant und darum für sie erzählenswert sein lässt, muss zumindest gefragt werden. Dem soll an späterer Stelle nachgegangen werden. Historiker mag das Umgehen dieses Konstruktionspunktes nicht kümmern. Ihnen kann und muss es im Gegenteil als Tugend ausgelegt werden, dass sie sich kritisch zu ihren Quellen verhalten.[69] Aber es muss sie sehr wohl bekümmern, dass die Evangelisten von ihrem Konstruktionspunkt aus jeweils ein Gesamtbild entwerfen und die ihnen überkommene Tradition gestaltend und umgestaltend in dieses

---

[68] Nach Stegemann waren „es vor allem zwei Begriffe [...], mit denen das Erkenntnisziel der Jesusforschung bezeichnet wird: Gesucht wird der ‚historische' bzw. der ‚wirkliche' Jesus. Beide Begriffe zielen auf einen konkreten, historisch situierbaren Menschen namens Jesus" (Jesus, S. 91). Genau von einem solchen Menschen in bestimmter Zeit und an bestimmten Orten mit bestimmter Geschichte erzählen die Evangelien, haben dabei jedoch einen anderen Wirklichkeitsbegriff, da es ihnen nicht um die bloße Faktizität geht, sondern darum, was Gott mit der Geschichte dieses Menschen zu tun hat.

[69] Stegemann, Jesus, S. 426.

Gesamtbild integriert haben. Die historisch nach Jesus Fragenden müssen also diese Gesamtbilder zertrümmern. Sie erhalten dann Bruchstücke, bei denen gefragt werden muss, ob oder wie weit sie von den Evangelisten umgebildet worden sind, ob sie – oder auch nur etwas an ihnen – „ursprünglich" seien. Da der Kontext, den die Evangelien bieten, notwendigerweise zerschlagen werden musste, sind diese Bruchstücke kontextlos. Kontextlos können sie dies, aber auch jenes bedeuten. Also müssen neue Kontexte für sie imaginiert werden. Denjenigen, die unter solchen Bedingungen aus den Evangelien einen „historischen" Jesus herausbefördern wollen, kann ich als inzwischen seit über 30 Jahren im Ruhrgebiet Wohnender nur ein „Glück auf!" zurufen, allerdings ohne jede Zuversicht auf Erfolg; sie werden nur wenig Magerkohle zutage fördern. Dieses Wenige, ein dürres Gerüst, was als historisch gesichert gelten kann – auf diesem Feld muss man wohl noch vorsichtiger sagen: als hochgradig wahrscheinlich –, hat in radikaler historischer Kritik schon David Friedrich Strauß zusammengestellt. Darüber ist die weitere Forschung m.E. nicht hinausgekommen.

Es lohnt sich, in diesem Zusammenhang zwei Stimmen zu Wort kommen zu lassen, über die David Friedrich Strauß knapp referiert hat (Leben Jesu I 37.45.70). Was Leonhard Usteri 1832 zu den Erzählungen über Jesu Geburt, Taufe und Versuchung gesagt hat, wird von Strauß auf die Evangelien im Ganzen bezogen: Man müsse „Sagen anerkennen, die, […] weil sie […] symbolische und theologische Elemente enthalten, den Charakter von Mythen annehmen" (Beitrag 782). Usteri fährt fort: „Wie viel geschichtliche Grundlage oder factische Anknüpfungspunkte auf der einen Seite in diesen Sagen enthalten sey, läßt sich durchaus nicht mehr entscheiden. Diese beiden Elemente lassen sich mit keinem noch so scharfen kritischen Messer von einander sondern, sondern wir kommen höchstens bis zu einer gewissen Wahrscheinlichkeit, daß bei der einen Sage mehr Historisches zum Grunde liege, bei einer andern mehr das Poetische, Symbolische, Typische vorherrsche" (783).

Ein Anonymus hatte bereits im Jahr 1816 zum „rein historische(n) Gesichtspunct" bemerkt, wenn er die Geschichte Jesu „als *natürliche Geschichte*, von allem Wunderbaren entkleidet", betrachtet: „Soll diese natürliche Geschichte consequent durchgeführt werden, so muß sie nothwendig, mit einer Menge Willkührlichkeiten überhäuft, das Heilige und Göttliche ausziehen, und sich zur eiteln Unterhaltungslectüre herabwürdigen, die den Namen der Geschichte nur usurpirt. Was ihr hauptsächlich entgegensteht, ist α) das durchaus *unhistorische Verfahren*, welches sich erlaubt, Urkunden durch Vermuthungen zu ergänzen, und Speculationen für Buchstaben nimmt. […] β) Es veranlaßt ein oft *höchst gezwungenes*, immer *undenkbares Bemühen, natürlich darzustellen, was doch die Urkunde als etwas Wunderbares gegeben hat*" (Rücksichten 230–232). Demgegenüber stellt er fest: „Das Heilige will lebendig und ganz aufgefaßt seyn; das anatomische Messer ist nur für Cadaver" (234). So plädiert er für den „*mythischen Gesichtspunct*, welcher das Material der Erzählung unangefochten läßt […], aber das Ganze nicht für wahre

Geschichte[70], sondern für *heilige Sage* nimmt. Diese Ansicht leugnet nicht, daß den mehrsten Nachrichten etwas wirklich Geschehenes zum Grunde liegen mag; aber er will dieses Wirkliche nicht von dem mythischen Gewande entkleiden, in das er es verhüllt sieht" (235).

[70] Heutzutage allerdings sollte die schöne Wortverbindung „wahre Geschichte" nicht auf historische Faktizität verengt werden.

## 3. „Das einfache historische Gerüste des Lebens Jesu“ Radikale historische Kritik der Evangelien DAVID FRIEDRICH STRAUẞ (1808–1874)

*a) Skizze seines Lebens*

In einer Kaufmannsfamilie in Ludwigsburg am 8. Januar 1808 geboren und dort aufgewachsen, wechselte Strauß nach dem Besuch der Lateinschule 1821 ins Seminar Blaubeuren, wo Ferdinand Christian Baur sein wichtigster Lehrer war.[71] 1825 kam er ins Tübinger Stift und studierte dort bis zum Examen 1830 Theologie, was ein intensives Philosophiestudium einschloss. Anschließend arbeitete er neun Monate als Vikar in einer Landgemeinde und unterrichtete danach kurzzeitig am Maulbronner Seminar Latein, Geschichte und Hebräisch. Anfang November 1831 ging er wegen Hegel nach Berlin, in dessen Haus er bei einem Besuch auch freundlich aufgenommen wurde. Hegel starb jedoch bereits am 14. November. Im Sommer 1832 wurde Strauß Repetent am Tübinger Stift und hielt an der Universität, von Hegel inspiriert, außerordentlich gut besuchte philosophische Vorlesungen. Das weckte nicht nur den Unwillen der Professoren der Philosophischen Fakultät, sondern veranlasste sie auch zu Unternehmungen, die Strauß das Halten dieser Vorlesungen verleideten, sodass er sie einstellte. Das gab ihm Muse zur Abfassung des schon in Berlin projektierten „Leben Jesu“. Der erste Band dieses Epoche machenden Werkes erschien im Sommer 1835, der zweite noch am Ende desselben Jahres, vom Verleger jedoch mit der Jahreszahl 1836 versehen. Nach dem Erscheinen des ersten Bandes wurde Strauß sehr schnell als Repetent abgesetzt. Man gab ihm eine Stelle als Lehrkraft („Professor“) am Lyzeum in Ludwigsburg, was als „Ruf“ ausgegeben wurde. Aber das Unterrichten an der Schule war seine Sache nicht. Er gab die Stelle alsbald auf und zog nach Stuttgart. Von seiner Ausbildung und Begabung her wäre eine theologische Professur für ihn angemessen gewesen. Aber dass er in den deutschen Ländern eine solche bekommen würde, darauf konnte er sich aufgrund der heftigen Reaktionen auf sein „Leben Jesu“ kaum Hoffnung machen. Hoffen durfte er jedoch auf eine Berufung nach Zürich. Sie erfolgte auch in der Tat am 2. Februar 1839. Das führte zu solchen Protesten, dass sie schon am 18. März wieder zurückgenommen und Strauß pensioniert

[71] Am gründlichsten informiert über Strauß die ausführliche Lebensbeschreibung von Ziegler, aus persönlicher und sachlicher Nähe heraus geschrieben (zwei durchpaginierte Bände). Einen guten Überblick bietet der Artikel von Kuhn.

wurde. Die so gemachten Erfahrungen, besonders der Umstand, dass nun endgültig der Weg zu einer theologischen Professur versperrt war, gingen selbstverständlich nicht spurlos an ihm vorbei. Sein Leben danach war wechselvoll und auch etwas unstet. Er starb am 8. Februar 1874 in Ludwigsburg. Für sein Begräbnis „hatte sich Strauß (Glockengeläute) ausdrücklich verbeten, auch kein Geistlicher sollte an seinem Grabe sprechen".[72]

*b) Strauß über Reimarus*

Mit seinem „Leben Jesu" knüpft Strauß an Reimarus an und führt beträchtlich über ihn hinaus. Er hat ihm, knapp 30 Jahre nach Erscheinen des „Leben Jesu", in Form einer Biographie ein schönes literarisches Denkmal gesetzt. Als er das „Leben Jesu" schrieb, kannte er lediglich die von Lessing herausgegebenen Fragmente des „Wolfenbüttelschen Ungenannten".[73] Für die Abfassung der Biografie hatte er das gesamte Werk in einer im Privatbesitz befindlichen Abschrift lesen können. Von einer Veröffentlichung, an die er zuvor gedacht hatte, nahm er Abstand. „Es ist [...] unserer Zeit fremd geworden. Ihr gegenüber bedarf der alte Reimarus eines Dolmetschers, eines Mittelsmanns. Der wollte ich werden" (VIII).[74] Schon die Lektüre der Fragmente hätte in ihm Liebe und Verehrung gegenüber ihrem Verfasser geweckt. Er gilt ihm, meint er im Rückblick, „nicht blos als Vorgänger in dem Kampfe, in den mich einzulassen ich eben damals im Begriffe stand". Vielmehr: „In Reimarus sah ich das freie vernünftige Denken in Sachen der Religion zum Charakter geworden" (Vs.) Nach seinem Urteil hat sich der „Kern" der Ansichten des Reimarus „als unverlierbare Wahrheit erprobt" (IX).

Strauß kritisiert an Reimarus, er sei „mit seiner Kritik auf halbem Wege stehen geblieben" (114). Er hat an dieser Stelle die an Mose geübte Kritik im Blick und meint mit dem nur halben Weg, dass Reimarus „nach der moralisch-pragmatischen Kritik des Mannes und Werkes nicht sofort auch die Berichte über ihn einer historischen Kritik unterworfen" habe (ebd.). Analoges äußert er hinsichtlich einer neutestamentlichen Stelle in Bezug auf das von Reimarus behauptete abgekartete Spiel zwischen „den beiden Vettern" bei der Taufe Jesu durch Johannes: „Kaum möchte sich bei einem andern

---

72 Ziegler, Strauß, S. 742.

73 Zu der Zeit scheint Strauß über dessen Identität noch nicht informiert gewesen zu sein; vgl. Leben Jesu I, S. 14f. Bereits 1814 hatte ein Sohn des Reimarus seinen Vater als Verfasser der Fragmente kenntlich gemacht.

74 Die hier und im Folgenden angegebenen Seitenzahlen beziehen sich auf Strauß, Reimarus.

Falle augenscheinlicher nachweisen lassen, wie die von einer unvollständigen Kritik der neutestamentlichen Geschichte geschlagenen Wunden einzig durch eine gründlicher durchgeführte Kritik zu heilen sind“ (191). Der Vorwurf des Betrugs überzeugt nicht mehr, zumal er im zuletzt genannten Fall aus der Vermengung von Nachrichten unterschiedlicher Evangelien gewonnen ist. Deren Berichte sind je für sich zu nehmen und erst dann ist nach ihrer Relation zueinander zu fragen. Dabei gilt es, eine historisch nachvollziehbare Erklärung ihrer sagenhaften Elemente zu finden. Dass die Ablehnung des Betrugsvorwurfs nicht dazu führen kann, die Wahrheit der biblischen Berichte wieder trotzig im Sinne historischer Tatsächlichkeit zu behaupten, ist für Strauß selbstverständlich. Dieser Weg ist für historische Kritik schlechterdings nicht gangbar.

An späterer Stelle in seinem Reimarusbuch geht Strauß auf dieses Problem grundsätzlich ein (271–275). Er spricht dort pauschal vom „achtzehnten Jahrhundert“, dem „alle positiven Religionen ohne Ausnahme Werke des Betrugs“ gewesen seien (271). Es habe aber „die Voraussetzung des geschichtlichen Charakters der biblischen Berichte“ festgehalten, „die es von den Jahrhunderten des Glaubens übernommen und noch keiner genaueren eigenen Prüfung unterworfen hatte“ (272f.). Demgegenüber fragt Strauß: „Aber wer berechtigt denn die Kritik, so willkürlich halbirend zu verfahren? Wenn es Gott nicht war, der bei der Gesetzgebung auf Sinai blitzte und donnerte, wer sagt uns denn, daß es überhaupt geblitzt und gedonnert hat? Derselbe Schriftsteller sagt es, der uns auch sagt, daß es Gott gewesen sei, und dem wir nicht ohne Weiteres für das Eine Glauben schenken, für das Andere ihn versagen dürfen“ (274). Das führt er an einer Reihe weiterer Punkte durch und hält schließlich fest, „daß das Wunder nicht blos eine Hülse ist, die man ohne Weiteres abstreifen kann, sondern daß allemal ein gut Stück Geschichte daran hängen bleibt“. Daraus folgert er: „Freilich wissen wir dann um so viel weniger von Mose, von Jesus und seinen Aposteln, weniger Wunderbares nach der einen, weniger Nachtheiliges nach der andern Ansicht: doch immer noch genug, um eine wahrhaft geschichtliche Auffassung ihres Wesens und Wirkens, wenn auch nur in den allgemeinsten Zügen, möglich zu machen“ (275). Aber kann eine „nur in den allgemeinsten Zügen“ mögliche Darstellung Jesu „eine wahrhaft geschichtliche Auffassung“ seines „Wesens und Wirkens“ abbilden? Hier scheint schon der Strauß des „Leben Jesu für das deutsche Volk bearbeitet“, 1864 erschienen, zu sprechen. Der Strauß des „Leben Jesu“ von 1835 war mit Recht skeptischer. Er setzte die Kritik des Reimarus als radikale historische Kritik der evangelischen Berichte fort.

### *c) Zwischen Skylla und Charybdis: Mit der „mythischen" Erklärung gegen Supranaturalisten und Rationalisten*

Gleich zu Beginn seines Vorworts zum ersten Band benennt Strauß die von ihm bekämpften Gegner: Supranaturalisten und Rationalisten. Ihm „schien es Zeit zu sein, an die Stelle der veralteten supranaturalen und natürlichen Betrachtungsweise der Geschichte Jesu eine neue zu setzen" (III). Man muss sich klar machen, dass beide je auf ihre Weise auf die Behauptung der Historizität der Angaben in den Evangelien fixiert waren. So nimmt auch bei Strauß – wie bei Reimarus – die Destruktion den weitaus größten Raum ein. Er zeigt z.B. einmal mehr umständlich und erschöpfend auf, dass sich die chronologischen Angaben in den Darstellungen der Evangelien zu Taufe und Versuchung Jesu unter historischen Gesichtspunkten schlechterdings nicht harmonisieren lassen (I 397–399), und zieht zur Versuchungsgeschichte nach langen weiteren Erörterungen den Schluss, dass sie „überhaupt nicht so vorgegangen sein (kann), wie die Synoptiker sie berichten" (I 414), und hält schließlich fest: „so kann sie überhaupt nicht von Jesu, sondern nur über ihn gebildet worden sein, d.h. sie ist urchristliche Sage" (417). Und zu Heilungsgeschichten meint er, um ein weiteres Beispiel zu nennen, es sei „leichter möglich gewesen", dass sie „den messianischen Erwartungen gemäß sich in der Sage bilden, als daß sie wirklich erfolgen konnten" (II 93). Aus der umfangreichen historischen Destruktion ergibt sich für ihn, dass bei keinem der Evangelien die Verfasserschaft durch einen Augenzeugen vorausgesetzt werden kann (I 681).

Nach Strauß hat sich die supranaturalistische Ansicht von der Geschichte Jesu „schon früher als die rationalistische überlebt", weil sie „der fortschreitenden Bildung nicht mehr genügte" (I IV). Diese „fortschreitende Bildung" werde „der Vermittlungen immer deutlicher sich bewußt, welche die Idee zu ihrer Verwirklichung bedarf", sodass „jenes unmittelbare Eingreifen des Göttlichen in das Menschliche seine Wahrscheinlichkeit verliert. [...] *Das Göttliche kann nicht so* (theils überhaupt unmittelbar, theils noch dazu roh) *geschehen sein*, oder *das so Geschehene kann nicht Göttliches gewesen sein*" (I 2). Aber die Supranaturalisten, als deren vornehmlichen Vertreter er Hermann Olshausen aufnimmt, lassen zumindest den Text stehen, während die Rationalisten in ihm nicht genannte Nebenumstände erfinden, um die Historizität zu retten, und dabei seinen Inhalt verlieren. Als ihren Hauptvertreter bespricht er immer wieder H. E. G. Paulus. Von ihm sagt er: „Indem er die historische Wahrheit der Evangelien durchaus festhält, und einen engen chronologischen Zusammenhang in die evangelische Geschichte zu bringen strebt, entzieht er derselben jeden unmittelbar göttlichen Gehalt" (I 21). Am Beispiel der Verklärungsgeschichte meint er „besonders augenscheinlich" gezeigt zu haben, „wie die natürliche Erklärung, indem sie die historische Gewißheit der Erzählungen festhalten will, die ideale Wahrheit derselben verliert, gegen die Form den Inhalt aufgiebt [...] War nämlich der natürlichen Erklärung zufolge der Lichtglanz um Jesum ein zufälliges optisches Phänomen, und die beiden Erschienenen entweder Traumbilder oder unbekannte Menschen: wo bleibt da die Bedeutung der Begebenheit? Wo ein Grund, eine solche ideenlose, gehaltleere, auf gemeiner Täuschung und Aberglauben beruhende Anekdote in die Evangelien aufzunehmen?" (II 274) Dementsprechend vertritt Strauß in einem anderen Zusammenhang, bei der Besprechung der Erzählung von der wunderbaren Geburt Jesu, als methodisch sinnvollen Gesichtspunkt: „wenn einmal an einigen Zügen einer wunderhaften Erzählung gezweifelt wird, so ist es inconsequent, andre unbezweifelt stehen zu lassen, vielmehr muß dann ein solcher Bericht in allen seinen Theilen von einem andern als historischen Standpunkt aus betrachtet werden" (I 172). Ob dann allerdings von einem „blos mythische(n) Werth" gesprochen werden muss (173), ist eine andere Frage.

Strauß nimmt seinen eigenen Weg „für jeden einzelnen Punkt" der evangelischen Stoffe „durch die supranaturalistische und rationalistische (Ansicht) und deren respektive Widerlegung" hindurch (I IX). Als seinen neuen Standpunkt beschreibt er demgegenüber den „mythischen", d.h. er will alles in der in den Evangelien berichteten Geschichte Jesu darauf ansehen, „ob es nicht Mythisches an sich habe" (I IVs). Die Voraussetzung, in den Evangelien sei Geschichte enthalten, müsse „fallen gelassen, und erst untersucht werden, ob und wie weit wir überhaupt in den Evangelien auf historischem Grund und Boden stehen" (I V). Als „das Grunderforderniss einer solchen Arbeit" nennt er „die innere Befreiung des Gemüths und Denkens von gewissen religiösen und dogmatischen Voraussetzungen". Diese sieht er selbst bei den „gelehrtesten und scharfsinnigsten Theologen" nicht gegeben. Dagegen sei sie „dem Verfasser durch philosophische Studien frühe zu Theil geworden. Mögen die Theologen diese Voraussetzungslosigkeit seines Werkes unchristlich finden: er findet die gläubigen Voraussetzungen der ihrigen unwissenschaftlich." So versteht er sich als einen Vertreter des „Ernst(es) der Wissenschaft" (I VI). „Den inneren Kern des christlichen

Glaubens“ weiß er „von seinen kritischen Untersuchungen völlig unabhängig. Christi übernatürliche Geburt, seine Wunder, seine Auferstehung und Himmelfahrt bleiben ewige Wahrheiten, so sehr ihre Wirklichkeit als historischer Fakta angezweifelt werden mag“. „Den dogmatische Gehalt des Leben Jesu“ will er „am Schlusse des Werkes als unversehrt aufzeigen“ (I VII) und schon zu Beginn meint er, es könne „bei Festhaltung des Wesentlichen das Unwesentliche ungescheut preißgegeben werden“ (I 3). Von dieser Überzeugung her möchte er „die Ruhe und Kaltblütigkeit“ erklärt sehen, mit der er „die Kritik“ durchführt (I VII).

Die Straußsche Lösung „im Begriff des *Mythus*“ hält sein Biograph Ziegler für „das Ei des Kolumbus, das er auf diese Spitze setzte“.[75] Als bestimmend nennt er den Hegelschen Gedanken, „daß Religion und Dogma zwar dieselbe Wahrheit, denselben Inhalt haben wie die Philosophie, aber nicht in der adäquaten Form des Begriffes wie diese, sondern in der unvollkommenen und untergeordneten Form der phantasiemäßigen Vorstellung“.[76] Diese Form der Vorstellung nennt Strauß „Mythus“. Auf der Basis der Hegelschen Philosophie werden von ihm die supranaturalistische Darstellungsweise als These und die rationalistische als deren Antithese aufgehoben in der Synthese der mythischen.

Für seine „mythische Erklärungsweise“ verweist Strauß auf den Umstand, „daß um ein großes Individuum, zumal wenn an dasselbe eine in das Leben der Menschen tief eingreifende Umwälzung geknüpft ist, sich frühzeitig, selbst in der trockensten historischen Zeit, ein unhistorischer Kreis sagenhafter Verherrlichung bildet“ (I 71). Er charakterisiert die auf Jesus bezogene Gemeinde als eine solche, in der sich so etwas geradezu vollziehen musste, und benennt „das einfache historische Gerüste des Lebens Jesu“ – darauf ist gleich näher einzugehen – und meint, „dieses Gerüste wurde mit den manchfaltigsten und sinnvollsten Gewinden frommer Reflexionen und Phantasieen umgeben, indem alle Ideen, welche die erste Christenheit über ihren entrissenen Meister hatte, in Thatsachen verwandelt, seinem Lebenslaufe eingewoben wurden“. Das ist für Strauß nichts als „mythische Verzierung“, wofür das Alte Testament „den reichsten Stoff“ geliefert habe. „Jesus als der größte Prophet mußte in seinem Leben und seinen Thaten Alles vereinigt und überboten haben, was die alten Propheten […] gethan und erlebt hatten“ (I 72). Bei dieser „mythischen Ausschmückung des Lebens Jesu“

---

75 Ziegler, Strauß, S. 140.
76 A.a.O., S. 141.

erkennt er jedoch „keine Art von betrügerischer Absichtlichkeit und schlauer Erdichtung“ (I 73f.). Dass das nicht der Fall war, „sollte in unsrer Zeit nicht mehr zu bemerken nöthig sein“. Nach ihm handelt es sich um „ein unmerkliches gemeinsames Produciren“, bei dem „die mündliche Überlieferung das Medium der Mittheilung ist“ (I 74). So beschreibt er schließlich „neutestamentliche Mythen“ als „geschichtartige Einkleidungen urchristlicher Ideen, gebildet in der absichtslos dichtenden Sage“ (I 75).

*d) Was übrig bleibt:*
*„das einfache historische Gerüste des Lebens Jesu“*

Die „kritische Prüfung der N. T.lichen Nachrichten über das Leben Jesu“, die Strauß als seine Absicht angibt (I 306), fällt fast durchgängig negativ aus. So stellt er rückblickend fest: „Durch die Ergebnisse der bisherigen Untersuchung ist nun, wie es scheint, Alles, was der Christ von seinem Jesus glaubt, vernichtet“ (II 686) – wenn denn der Glaube meint, alles in den Evangelien Erzählte als historische Fakten behaupten zu müssen. Strauß hat ein klares Bewusstsein für die Unmöglichkeit eines sicheren historischen Rückschlusses aus den Evangelien, wofür er sich auch auf Vorgänger beziehen kann. Schon im Referat über Eichhorn führt er aus, dass dieser bemerkt habe: „Was in diesen Erzählungen einen übernatürlichen Anstrich hat, [...] dürfen wir nicht verlangen, in ein natürliches Ereignis umzubilden, weil dieß ohne Zwang nicht möglich sei“ (I 34). Wegen des Mangels an anderen kontrollierenden Berichten „würde der Erklärer nur unerweisliche Hypothesen spinnen, wenn er bei den wunderhaft lautenden Erzählungen die natürliche Ursache noch entdecken wollte“ (I 35). Strauß referiert weiter einen Ungenannten, dass „zwar den meisten Nachrichten des N. T.s etwas natürlich Geschehenes zum Grunde liegen möge, ohne daß es jedoch jezt noch möglich wäre, es von der mythischen Beimischung zu sondern“ (I 45f.). In dieselbe Richtung zielend zitiert er von Usteri „die richtige Einsicht“, „wie viel an den so entstandenen Mythen geschichtliche Grundlage auf der einen und poetische Symbolik auf der anderen Seite sei, lasse sich jetzt nicht mehr unterscheiden, durch kein noch so scharfes kritisches Messer lassen sich diese beiden Elemente jetzt noch von einander sondern“ (I 70). Beim Verhältnis Jesu zum Täufer Johannes z.B., wie es in den unterschiedlichen Berichten der Evangelien erscheint, zeigt Strauß auf, dass ihre Darstellung nicht von historischen Gründen bestimmt ist (I 317), ohne dass er selbst allerdings ein Interesse daran hätte, deren Gründe und ihre davon bestimmte Darstellung verstehend nachzuvollziehen. Als dürre historische Information bleibt, dass „der Täufer schon längere Zeit vor dem Auftritt Jesu gewirkt habe“ (I 318).[77]

Was bei der Durchführung der Kritik als „historischer Grund und Boden“ der Evangelien sich ergibt, worin „das einfache historische Gerüste des Lebens Jesu“ besteht, stellt Strauß schon in der Einleitung heraus, „daß er zu Nazaret aufgewachsen sei, von Johannes sich habe taufen lassen, Jünger gesammelt habe, im jüdischen Lande lehrend umhergezogen sei, überall dem Pharisäismus sich entgegengestellt und zum Messiasreiche eingeladen habe, daß er aber am Ende dem Haß und Neid der pharisäischen Partei erlegen, und am Kreuze gestorben sei“ (I 72).

Von den acht Punkten dieses Gerüstes müssen noch zwei, die eng zusammengehören, gestrichen werden, nämlich die den Pharisäismus betreffenden. Dass Jesus „überall dem Pharisäismus sich entgegengestellt“ habe, ist zwar ein starker Eindruck, den die Lektüre der Evangelien vermitteln kann. Es gibt allerdings auch gegenläufige Momente. Nach dem Lukasevangelium wird Jesus mehrfach von Pharisäern zum Essen eingeladen und geht auch hin (Lk 7,36f.39; 11,37f.; 14,1).[78] Nach Lk 13,31 sind es Pharisäer, die ihn vor Nachstellungen seines Landesfürsten Herodes Antipas warnen. Nach Joh 3,1f. kommt der Pharisäer Nikodemus zu ihm, der ihm als Lehrer großen Respekt zollt und sich nach Joh 19,39 auch an der Bestattung Jesu beteiligt. Auffällig ist weiter die große inhaltliche Nähe zwischen Aussagen Jesu in den Evangelien und solchen in der späteren rabbinischen Tradition, in die der Pharisäismus eingegangen ist. Das ist besonders frappierend für das Matthäusevangelium, in dem sich einerseits durchgängig die Konfrontation Jesu mit „den Pharisäern und Schriftgelehrten“ findet, andererseits aber eine große inhaltliche Übereinstimmung mit der rabbinischen Tradition besteht. Das gilt durchgängig für Jesu Lehre auf dem Berg (Mt 5–7),[79] aber gerade auch

---

77 In einem Fall erlaubt sich Strauß, die historische Destruktion der Evangelien witzig zu gestalten, was ihm freilich heftigen Tadel eingetragen hat. Nach Mk 11,2/Lk 19,30 ritt Jesus beim Einzug in Jerusalem auf einem Esel, auf dem noch niemand gesessen hatte, „was in ihre Denkwürdigkeiten aufzunehmen, die Verfasser der mittleren Evangelien kein Bedenken trugen, weil ihnen freilich bei'm Schreiben der nichtzugerittene Esel nicht die Unbequemlichkeit verursachte, welche er Jesu bei'm Reiten verursacht haben müßte“ (II 292).

78 Allerdings kann im Blick auf „pharisäische Einladungen an Jesum“ mit Strauß als „bedenklich“ eingewandt werden, „daß sie Lukas allein hat“, der hier „seiner beliebten Geschäftigkeit“ nachginge, „zu überlieferten Reden Jesu passend scheinende Rahmen zu verfertigen oder aufzunehmen“ (I 629).

79 Vgl. Wengst, Regierungsprogramm, passim.

für die Weherede in Kap. 23.[80] Eine besondere Nähe zeigt sich zwischen der Darstellung Jesu in den Evangelien und der Darstellung der Chassiden in der rabbinischen Überlieferung, die als eine spezifische Erscheinung innerhalb des Pharisäismus gelten können mit charakteristischen Abweichungen und Besonderheiten. Übereinstimmungen zwischen ihnen und Jesus lassen sich darin erkennen, dass und wie über das Tun von Wundern erzählt wird, dass das Tun dem Lehren voransteht, dass die Reinheitsvorschriften weniger wichtig genommen werden. Dagegen stimmt der Jesus der Evangelien in seinem Verhalten und Lehren bezüglich des Schabbat stärker mit der Hauptströmung des Pharisäismus als mit den in dieser Hinsicht strengeren Chassiden überein.[81] Diese Momente lassen es als unwahrscheinlich erscheinen, dass der „historische" Jesus „überall dem Pharisäismus sich entgegengestellt" habe. Wenn die Evangelien Jesus dennoch in vornehmlicher Konfrontation mit den Pharisäern darstellen, erklärt sich das viel wahrscheinlicher aus ihrer Entstehungssituation in der Zeit nach 70. In ihr kam es zu Auseinandersetzungen zwischen der sich nach der Katastrophe neu konstituierenden jüdischen Mehrheit, in der pharisäische Schriftgelehrte eine entscheidende Rolle spielten, und der auf Jesus als Messias bezogenen jüdischen Minderheit, die dabei Ausgrenzungserfahrungen machte. Von diesen eigenen Erfahrungen her werden als Rückprojektion in der Darstellung der Geschichte Jesu „die Pharisäer" zu dessen vornehmlichen Gegnern. Dann aber trifft es historisch ebenfalls nicht zu, dass Jesus „am Ende dem Haß und Neid der pharisäischen Partei erlegen" war. Die übrigen von Strauß genannten sechs Punkte des „historischen Gerüsts" des Lebens Jesu lassen sich erhärten.

1. Dass Jesus in Nazaret aufgewachsen sei, belegen die folgenden Angaben. In Lk 4,16 ist davon ausdrücklich die Rede. Die Parallelstellen Mt 13,54 und Mk 6,1 sprechen von seiner πατρίς („Herkunftsort"). In Mt 21,11 wird Jesus als Prophet „aus dem galiläischen Nazaret" bezeichnet, in Joh 1,45 als „Sohn Josefs aus Nazaret", was in V. 46 die skeptische Frage provoziert: „Was kann aus Nazaret Gutes kommen?" Öfters ist von Jesus als „dem Nazarener" die Rede (ναζαρηνός: Mk 1,24/Lk 4,34; Mk 10,47; 14,67; 16,7; Lk 24,19; ναζωραῖος: Mt 26,71; Lk 18,37; Joh 18,5.7; 19,19; Apg 2,22; 3,6; 4,10; 6,14; 22,8; 24,4; 26,9). Nazaret ist kein in der Bibel bezeugter Ort, begegnet auch nicht in der älteren jüdischen Literatur bis einschließlich zum Talmud. Da Nazaret ein völlig unbedeutender Ort war, hat es keinerlei

80 Vgl. nur Mt 23,23 und dazu Wengst, Jesus, § 12.
81 Vgl. zum ganzen hier angeschnittenen Problembereich Wengst, Jesus, § 4.

Wahrscheinlichkeit, dass Jesus diese Herkunft erst sekundär zugeschrieben worden sein sollte. Die Evangelisten Matthäus und Lukas verorten von den biblischen Aussagen in Mi 5,1–5 her die Geburt Jesu in Betlehem; als historischer Herkunftsort ist ihnen aber Nazaret vorgegeben. Beide Ortsangaben verbinden sie auf sehr unterschiedliche Weise miteinander. Historisch ist das nicht ausgleichbar. Matthäus setzt Betlehem als Wohnort von Josef und Mirjam voraus (Mt 2,1) und lässt sie im Anschluss an ihre Rückkehr aus Ägypten nach Nazaret umsiedeln (Mt 2,26f.). Nach Lukas ist Nazaret der Wohnort der Eltern Jesu (Lk 1,26; 2,39). Er muss sie dann zur Geburt Jesu nach Betlehem verbringen, was ihm mit einer historisch äußerst fragwürdigen Konstruktion der von Kaiser Augustus angeordneten Steuereinschätzung gelingt (Lk 2,1–5). Das alles stellt historisch die Geburt Jesu in Betlehem in Frage und stützt seine Herkunft aus Nazaret. Dafür führt Strauß eine stringente Argumentation durch (I 265–278). Was ihn nicht interessiert, sind die inhaltlichen theologischen Aussagen, die die Evangelisten mit ihren Erzählungen machen. Was falsch und richtig ist, wird allein nach historischen Gesichtspunkten beurteilt: „Woher nun alles Falsche bei beiden (den Evangelisten Matthäus und Lukas) kommt, das ist die jüdische Meinung, der sie nachgeben, der Messias müsse zu Bethlehem geboren sein“ (I 277). Denjenigen gegenüber jedoch, die meinen, sie müssten und könnten die Geburt Jesu in Betlehem historisch verifizieren oder zumindest deren Möglichkeit nicht ausschließen, ist Strauß mit seiner Destruktion allemal im Recht.

2. Dass Jesus sich von Johannes hat taufen lassen, erzählen alle drei synoptischen Evangelien (Mt 3,13–17/Mk 1,9–11/Lk 3,21f.). Das Johannesevangelium setzt die Tradition von der Taufe Jesu voraus, ohne allerdings die Taufe selbst zu erzählen; hier wird Johannes im Blick auf Jesus allein als Zeuge beschrieben (Joh 1,29–34). Hinter diesem Nichterzählen des Taufens könnte ein apologetisches Interesse stehen, es nämlich zu verhindern, dass Johannes als derjenige, der Jesus getauft hat, diesem gegenüber als dominant erscheinen könnte. Dieses Interesse kommt deutlich in Mt 3,14 zum Vorschein, wenn der Evangelist dort den Johannes das Taufbegehren Jesu zunächst abweisen und ihn sagen lässt: „Ich hätte es nötig, von dir getauft zu werden. Und du kommst zu mir?“ Das Faktum der Taufe Jesu durch Johannes hat also hohe historische Wahrscheinlichkeit.[82] Aber sobald man mehr wissen will – was Jesu Motive waren, wie er diese Taufe verstanden hat, ob

82 Strauß nennt es im Blick auf die erzählerischen Ausgestaltungen „das allein Historische“ (I 390; vgl. seine Begründung auf S. 389f.).

er Schüler des Johannes geworden ist und, falls ja, wie lange er es war, was er bei ihm gelernt hat –, kann man nur spekulieren.

Das tut auch Strauß ein Stück weit, relativiert es aber gleich durch die Einleitung und auch im weiteren Text: „Historisch *scheint* dieses zu sein, daß Jesus durch den Ruf der Taufe des Johannes angezogen, sich derselben unterwarf, und nachdem er einige Zeit *vielleicht* im Gefolge des Täufers gewesen und durch ihn mit der Idee des nahenden Messiasreiches vertraut geworden war, nach der Verhaftung des Johannes dessen Wirksamkeit in modificirter Weise fortsezte, doch, auch nachdem er über ihn hinausgeschritten, niemals aufhörte, ihm aufrichtige Hochachtung zu zollen“ (I 361; Hervorhebungen von mir). Um das Bild von Johannes im vierten Evangelium als dem, der auf Jesus hinweist, historisch zu destruieren, zeichnet Strauß einen Gegensatz zwischen Johannes und Jesus, der ersteren als asketisch harten Bußprediger stilisiert und letzteren als liberal, „der in Allem das Widerspiel von ihm war“ (I 346f.; ähnlich 360f.).

3. Jesus hat Schüler um sich gesammelt.[83] Auch das ist ein historisch außerordentlich wahrscheinliches Faktum. Die Evangelien stellen Jesus fast durchgängig von Schülern umgeben dar oder setzen das voraus. Ohne eine solche Schülerschaft wäre es unerklärlich, dass es nach der Hinrichtung Jesu eine so intensive Erinnerung an ihn gab, wie sie sich schließlich in den Evangelien niedergeschlagen hat; und es wäre weiter unerklärlich, dass μαθηταί („Schüler“/„Schülerinnen“) zu einer wesentlichen Selbstbezeichnung der nachösterlich auf Jesus bezogenen Gemeinschaft wurde.[84] Aber auch hier kommt man über das Konstatieren des bloßen Faktums kaum hinaus. Allenfalls lässt sich noch festhalten, „daß mehrere der vorzüglichsten Jünger Jesu […] als Anwohner des galiläischen Sees, Fischer gewesen waren“ (I 526); und Jesus „mag“ auch „wirklich unter seinen Jüngern Zöllner“ gehabt haben (I 544; bestimmter 546). Was „den Stand der zwölf Jünger Jesu“ angeht, so „gehörten sie sämmtlich der niederen Klasse an“ (I 553). Wie Jesus seine Schüler gewonnen hat und wie die konkrete Praxis seiner „Schule“ aussah, wissen wir nicht, ebenso wenig, wie viele Schüler er hatte. Ob „die Zwölf“ bereits von Jesus herausgestellt wurden oder ob es sich bei ihnen um eine „österliche“ Hervorbringung handelt (1Kor 15,5), darüber lässt sich streiten,[85] auch darüber, ob Frauen zu seiner Schülerschaft gehörten; in den Evangelien jedenfalls werden Frauen nie mit diesem Begriff bezeichnet. In der nachösterlichen Gemeinde sind bei der Selbstbezeichnung

---

[83] Über diesen Punkt handelt Strauß ausführlich in I 520–568.

[84] Sie findet sich an 28 Stellen der Apostelgeschichte.

[85] Strauß diskutiert darüber, verbunden mit der Bezeichnung „Apostel“, in I 549–552 und versieht seine im Ganzen positiven Erwägungen mit vielen Kautelen.

μαθηταί Frauen selbstverständlich eingeschlossen; und so wird auch einmal eine Frau, Tabita in Apg 9,36, ausdrücklich als „Schülerin“ bezeichnet.

4. Jesus ist im jüdischen Land lehrend umhergezogen. Diese Aussage enthält zwei Aspekte. Einer gehört mit dem vorigen Punkt zusammen. Wenn Jesus Schüler hatte, ist vorausgesetzt, dass er als Lehrer wirkte. Dem entspricht eine ganze Reihe von Stellen, die ihn ausdrücklich als Lehrer, als Rabbi bezeichnen und die sein Lehren vermerken oder berichten. Aber auch hier muss offen bleiben, wie er zu seinem Lehren gekommen ist. In Joh 7,15 steht als Frage von Gegnern: „Wieso kennt der die Schriften, da er doch nicht studiert hat?“ Dass Jesus im jüdischen Land umhergezogen ist, ergibt sich als ein wahrscheinlicher Schluss aus den Evangelien. Danach hat Jesus sich nur gelegentlich in nichtjüdischen Gebieten aufgehalten und andererseits werden viele Stationen im Land Israel genannt. Allerdings lässt sich kein historischer Ablauf rekonstruieren, nicht einmal über die Dauer des öffentlichen Wirkens Jesu kann eine historisch verlässliche Aussage gemacht werden. Aus dem Umstand, dass in den Evangelien aufgenommene Traditionen mit unterschiedlichen Ortsnamen verbunden sind und dass sich Aussagen über eine nicht ortsfeste Existenz finden (Mt 8,18–22/Lk 9,57–62; Mt 4,18–22/Mk 1,16–20; Lk 5,1–11; Joh 1,35–51; Mt 19,27–30/Mk 10,28–31/Lk 18,28–30), lässt sich sehr allgemein auf ein gewisses Wanderdasein Jesu und seiner Schüler schließen.

5. Die Aussage von Strauß, Jesus habe zum Messiasreich eingeladen, muss wohl so präzisiert werden, dass im Zentrum seiner Verkündigung das Reich bzw. die Herrschaft Gottes stand. Die Dominanz dieses Begriffs ist in den synoptischen Evangelien so stark – im Matthäusevangelium in der Fassung „Himmelreich“ bzw. „Himmelsherrschaft“ –, dass sie kaum anders als durch ihre zentrale Stellung in Jesu Verkündigung erklärt werden kann. Aber ein differenziertes Verständnis dieses Begriffs lässt sich nur innerhalb und mit Hilfe der Kontexte entwickeln und darlegen, in denen er begegnet, also auf der literarischen Ebene des jeweiligen Evangeliums. Sobald man sie verlässt und zurückfragt und also seine jetzigen Kontexte auflöst, hat man nur noch Bruchstücke in der Hand, für die neue Kontexte gefunden und erfunden werden müssen. Und so wird man sich im Streit der Vermutungen wiederfinden, bei dem den einen dies und den anderen jenes plausibel oder plausibler erscheint.

6. Jesus ist am Kreuz gestorben. Das ist ein Datum mit größter historischer Wahrscheinlichkeit. Denn das war für diejenigen, denen der für Jesus nach seinem Tod erhobene Anspruch nicht einleuchtete und die ihn ablehn-

ten, ein ganz starkes Argument, das sie auch kräftig ins Feld führten und mit dem sich die auf Jesus bezogene Gemeinschaft auseinandersetzen musste. Dieses Datum lässt sich in örtlicher Hinsicht präzisieren, insofern Jesu Verurteilung zum Tode in Jerusalem erfolgte und seine Hinrichtung in unmittelbarer Nachbarschaft der Stadt. Es lässt sich in zeitlicher Hinsicht präzisieren, insofern Jesus während der Präfektur des römischen Ritters Pontius Pilatus in der Provinz Judäa zwischen 26 und 36 hingerichtet wurde. Nach allen vier Evangelien geschah das an einem Rüsttag zu einem Sabbat (Freitag), und zwar in engem zeitlichen Zusammenhang mit dem Pessachfest. Doch in der genauen Zuordnung unterscheiden sich das Johannesevangelium und die synoptischen Evangelien; der Unterschied ist nicht ausgleichbar. Nach Johannes war dieser Rüsttag zum Sabbat zugleich Rüsttag zu Pessach (14. Nissan), nach den Synoptikern war er der erste Festtag (15. Nissan). Je nachdem, wie man hier entscheidet, lassen sich zwischen 26 und 36 unterschiedliche Jahre benennen, in denen der 14. oder 15. Nissan ein Rüsttag zum Sabbat war. In einer weiteren Hinsicht lässt sich ebenfalls noch eine Präzisierung vornehmen. Die Kreuzigung war eine römische Strafe; Jesu Richter war der Präfekt Pontius Pilatus. Gekreuzigt wurden in Rom Sklaven, die sich etwas zu Schulden hatten kommen lassen, in den Provinzen Menschen, die für Aufrührer gehalten wurden. Zu Letzterem passt es, dass alle vier Evangelien eine die Schuld Jesu angebende Aufschrift an seinem Kreuz nennen: „der König der Juden“ (Mt 27,37/Mk 15,26/Lk 23,38/Joh 19,19). Das war die römische Wahrnehmung; für sie reichte es, „Auflauf“ erzeugt zu haben. Ein sicherer Rückschluss auf das Selbstverständnis Jesu ist daraus nicht zu gewinnen; das bleibt der je eigenen Imagination überlassen.

*e) Die Unsicherheit darüber hinausgehender historischer Feststellungen*

Es war schon an einigen Stellen deutlich geworden, dass Strauß über dieses „einfache historische Gerüste“ hinaus in den Evangelien sich findende Daten für historisch hält. Dabei macht er aber in der Regel deutlich oder lässt es jedenfalls durch seine Formulierungen erkennen, dass der Boden sofort unsicher wird. Das gilt für das am Schluss des vorigen Abschnitts genannte Selbstverständnis Jesu. So hält er es für eine „Thatsache […], daß in vielen Fällen Jesus sich selbst als den Menschensohn bezeichnet hat“, räumt daneben aber die Möglichkeit ein, „daß er in manchen andern auch eine von ihm verschiedene Person damit gemeint haben könnte“. Das müsste dann zeitlich vor den „vielen Fällen“ liegen und hänge davon ab, ob es einen Zeitabschnitt gab, in dem Jesus „sich noch nicht als den Messias gefaßt hatte" (I 469) – und das Spekulieren beginnt. In dem gleich anschließenden Abschnitt über Jesus als Messias hält er es bereits im ersten Satz „als unbestreitbare Thatsache" fest, dass sich Jesus als Messias verstanden habe (I 469). Dabei meint er eine vormessianische von einer messianischen Zeit unterscheiden zu können. Für diese historische Rekonstruktion wertet er besonders die Schweigegebote aus, die er nicht als literarisches Mittel erkennt. Wie sehr er hier vermutet und hinter dem eigenen kritischen Anspruch zurückbleibt, zeigt sein diesbezügliches Ergebnis, dass Jesus nach der Verhaftung Johannes des Täufers in dessen „Fußstapfen trat, Anfangs, ob zwar in liberalerem und großartigerem Geist, doch nur dieselbe Stellung zum Messiasreich wie der Täufer sich gegeben, und erst allmählig zu dem Gedanken, selbst der Messias zu sein, sich erhoben habe. Bei dieser Annahme erst erklären sich auch die zuletzt erwogenen Verbote, namentlich dasjenige, welches Jesus an das Bekenntnis des Petrus anschloß, auf genügende Weise, indem hienach Jesus, so oft der Gedanke, er möchte der Messias sein, durch irgend etwas bei Andern erregt und ihm von aussen entgegengebracht wurde, gleichsam erschrak, das laut und bestimmt ausgesprochen zu hören, was er bei sich selber kaum zu vermuthen wagte, oder worüber er doch erst seit Kurzem mit sich in's Reine gekommen war" (I 477).

In der Bestimmung des Verhältnisses Jesu „zum mosaischen Gesetze" (I 494–501) bleibt Strauß trotz einer relativ differenzierten Darstellung doch in den Bahnen traditioneller christlicher Behauptungen. Weil „Jesus den alleinigen Werth des Innern gegenüber vom Äussern, der Gesammtheit der Gesinnung im Vergleich mit der von derselben losgerissenen einzelnen Handlung" erkannt habe, könne es ihm nicht verborgen geblieben sein, „daß ebendamit dasjenige im Gesez, was auf diese beiden Punkte (nämlich ‚die Gottes- und Nächstenliebe') sich nicht bezieht, als Unwesentliches bestimmt ist" (I 496). Allerdings habe er „an einen Umsturz der alten Religionsverfassung seines Volkes nicht gedacht" (ebd.). Er habe sich „nicht gegen Moses, sondern nur gegen spätere rabbinische Satzungen" gewandt (I 499), weil „dieses pharisäische Satzungswesen grossentheils auf Äusserlichkeiten gerichtet war, unter welchen der edle sittliche Kern des mosaischen Gesetzes sich verlor" (I 500). Aber am mosaischen Gesetz selbst habe er auch „das blos Rituelle" respektiert (I 500f.).

Zu den „körnigen Reden Jesu" merkt Strauß an, dass sie „durch die Fluth der mündlichen Überlieferung zwar nicht aufgelöst werden konnten, wohl aber nicht selten aus ihrem natürlichen Zusammenhang losgerissen, von ihrem ursprünglichen Lager weggeschwemmt, und als Gerölle an Orten abgesezt worden sind, wohin sie eigentlich nicht gehörten" (I 586). Damit berührt er aber eine sehr grundsätzliche Frage. In welchen Zusammenhängen Aussprüche und Reden Jesu in den Evangelien vorliegen, ist von den jeweiligen Evangelisten gestaltet worden. Kann irgendetwas davon mit hinreichender Wahrscheinlichkeit als „ursprünglicher" Zusammenhang behauptet werden? Muss es aber aus den vorliegenden Zusammenhängen gelöst werden, wird die Eruierung des „ursprünglich" Gemeinten zu einem Ratespiel mit unkontrollierbarer Trefferquote.

Bei der Besprechung von Wunderheilungen erwägt Strauß mögliche historische Grundlagen und setzt dabei auch den Fall, dass „an der Annahme rationalistischer Erklärer etwas Wahres" sein könnte (II 128f.), fügt aber sofort hinzu: „nur daß wir dann immer nicht mit jenen Auslegern in den einzelnen übernatürlichen Heilungen, welche die Evangelien melden, die zum Grunde liegenden natürlichen aufsuchen dürften, sondern wir müssen eingestehen, daß uns diese ganz verloren, und jene an ihre Stelle getreten seien" (I 129). Als Beispiel sei hier nur noch sein Umgang mit der Erzählung von der Stillung des Sturms angeführt. Für die historische Rückfrage muss er wie die Rationalisten alles Wunderbare abziehen und kann dann Möglichkeiten durchspielen – mit dem Ergebnis: „Bliebe auf diese Weise als historische Grundlage nichts mehr übrig, als daß Jesus im Gegensaz zu tobenden Meereswellen den Glaubensmuth seiner Jünger in Anspruch genommen, so muß er dieß nicht gerade mitten in einem Seesturm oder überhaupt zur See gethan haben" (II 179). Es bleiben also auf der einen Seite eine relativ banale bis gar keine Situation übrig und auf der anderen ein situationslos gewordener Spruch.

Bei den Darstellungen des Einzugs Jesu in Jerusalem hält Strauß den „Anstoß" für „glaublich", der „aus seinem feierlichen Einzug und der starken Anhänglichkeit des Volkes an ihn" genommen wurde, wie auch „die Erbitterung über sein Reden und Thun gegen die Sabbatsvorschriften, worin immer letzteres bestanden haben mag" (II 380). Aus den Erzählungen über die Aktion Jesu im Tempel ergibt sich als dünnes historisches Ergebnis, „daß doch wohl eine wirkliche Opposition Jesu gegen diesen Mißbrauch (nämlich ‚den Markt im Tempelhof') der Anlaß scheint gewesen sein zu müssen" (I 709). Zum Tempelwort Jesu versucht Strauß eine historische Rekonstruktion (II 329–334) – und geht dabei völlig willkürlich vor. Er nimmt seinen Ausgangspunkt bei dem, was nach Apg 6,13f. falsche Zeugen als Aussage des Stephanus anführen: „Dieser Jesus aus Nazaret wird diesen Ort (den Tempel) zerstören und die Gebräuche ändern, die uns Mose überliefert hat.“ Das Falsche an ihrer Aussage sei die zweite Hälfte. Sie habe tatsächlich gelautet: „und ihn wieder aufbauen“ oder „und einen andern (nicht von Händen gemachten) aufbauen“, was – ergänzt um die Zeitangabe „in drei Tagen“ – nach Mt 26,61/Mk 14,58 von Zeugen als Aussage Jesu vorgetragen wird, die allerdings ebenfalls als falsche charakterisiert werden. Das so rekonstruierte Wort des Stephanus sei ein von diesem übernommenes Jesuswort. Warum Strauß hier in einer Weise verfährt, die kaum besser ist als die von ihm so scharfsichtig kritisierte der Rationalisten, lässt sich vermuten. Er sieht hier anstelle „des mosaischen Ceremonialdienstes“ Jesus die „Vergeistigung des Religionswesens“ vertreten (II 332), an der ihm selbst liegt.

Als ein Musterbeispiel dafür, wie wenig die historische Rückfrage positiv zu leisten vermag und wie sehr die Texte nach theologisch-literarischer Interpretation verlangen, kann die Besprechung von „Jesu Seelenkampf im Garten“ und von dessen Verhältnis zur entsprechenden johanneischen Darstellung angesehen werden. Für die diesbezüglichen synoptischen Erzählungen resümiert Strauß nach Abzug der „mythische(n) Zuthaten“: „so bliebe vorläufig als historischer Kern das Faktum, daß Jesus an jenem Abend im Garten in ein heftiges Zagen hineingerathen sei, und Gott um Abwendung seines Leidens, mit Vorbehalt jedoch der Unterwerfung unter seinen Willen, gebeten habe“ (II 454). Aber der Konjunktiv und das „vorläufig“ stehen mit Bedacht. Strauß fragt zunächst weiter nach dem Verhältnis zu Joh 12,27–34, einer Stelle, die, wie auch die folgenden Abschiedsreden es tun, eine völlig andere „Stimmung“ Jesu zeigt. Er ist dazu veranlasst, weil in seiner Zeit versucht wurde, die synoptische und die johanneische Darstellung miteinander historisch zu harmonisieren. Demgegenüber ist sein Spott vollauf berechtigt: „Und diese beiden so entgegengesezten Stimmungen sind nicht etwa durch eine zwischeneingetretene schreckende Begebenheit, sondern nur durch den geringen Zeitraum getrennt, welcher während des Gangs aus Jerusalem über den Kidron nach dem Ölberg verlief: ganz als wäre Jesu in jenem Bache, wie den Seelen im Lethe, alle Erinnerung an die vorangegangenen Reden und Stimmungen versunken“ (I 457). Unter historischen Gesichtspunkten muss er fragen, „auf welche von beiden Seiten der Vorwurf ungenauer Erzählung und namentlich unrichtiger Stellung fallen sollte“ (II 462). Da er den johanneischen Text als ein „Gemisch unzusammengehöriger Theile“ charakterisiert, worin „das Kennzeichen eines secundären Produkts, eines zusammengeschwemmten Conglomerats“ zu erkennen sei (II 466f.), will er „eher“ die synoptische Darstellung „als historisch festhalten“ und die johanneische „aufgeben", ist zu dieser „Annahme geneigter" (II 467). Der zweimalige Komparativ ist nicht ohne Absicht gesetzt. Strauß wendet sich noch einmal den johanneischen Abschiedsreden zu und erklärt sie als „Werk eines solchen [...], welchem der Tod Jesu bereits ein Vergangenes war, dessen Schrecklichkeit in den segensreichen Folgen und der andächtigen Betrachtungsweise der Gemeinde sich gelind aufgelöst hatte" (II 469). Dieselbe Perspektive findet er jedoch auch in der synoptischen Darstellung, die mit Hilfe biblischer Stellen ausgestaltet wurde. Und so muss schließlich, historisch betrachtet, „jener ganze Seelenkampf, weil auf unerweislichen Voraussetzungen ruhend, aufgegeben werden"; „beide Darstellungen der letzten Stunde Jesu vor seiner Gefangennehmung" sind als „unhistorisch" zu bezeichnen (II 472). Aber was sind das für literarisch kunstvoll gestaltete und theologisch reiche Texte, die gerade je in ihrer Unterschiedlichkeit zur Auslegung herausfordern! Dieser Aufgabe gegenüber erscheint die historische Arbeit banal. Strauß selbst geht es positiv um die Erkenntnis von „Ideen", die in den Erzählungen eingekleidet seien. In einem Brief vom 12. Juli 1835, in dem er seinerseits auf Reaktionen zum ersten Band seines „Leben Jesu" reagiert, schreibt er über seine Arbeit im Vergleich zu derjenigen der Rationalisten: „Doch, kann man sagen, ließ der Rationalismus wenigstens die Geschichte stehen [...], während diese neueste Richtung den ganzen geschichtlichen Boden des Christentums zerstört. Hier muß ich nun von meinem Standpunkte aus mir die Frage erlauben, was denn die Religion an dem caput mortuum von Geschichte, welches der Rationalismus nach Herausziehung des Übernatürlichen übrig ließ, noch hatte, und ob es nicht besser ist [...], in manchen Theilen der Evangelien nur geschichtliche Einkleidung von Ideen, als ideenlose Geschichte zu finden?"[86]

Die Banalität der historischen Rückfrage nach Jesus zeigt sich besonders deutlich an der Passionsgeschichte. Hier ist kaum mehr zu gewinnen, als dass der römische Präfekt der Provinz Judäa, Pontius Pilatus, Jesus aus ordnungspolitischen Gründen am Kreuz hinrichten ließ, ihm vielleicht aus politischem Opportunismus von der einheimischen Elite ausgeliefert. Diese Hinrichtung eines einzelnen Juden in einem Winkel der römischen Welt, die eine Unzahl solcher Hinrichtungen kannte, wäre bei keinem historischen Schriftsteller eine Notiz wert gewesen. Auch die Evangelisten hätten nicht darüber geschrieben, wenn es ihnen nicht um mehr und anderes als die Mit-

[86] Zitiert bei Ziegler, Strauß, S. 187; vgl. Strauß, Reimarus, S. 273: „Das *caput mortuum* aber, wenn aus einer Offenbarungs- und Wundergeschichte der Spiritus des Göttlichen herausgezogen worden, und sie dennoch Geschichte bleiben soll, ist Betrug."

teilung eines historischen Faktums gegangen wäre. Unter der selbstverständlichen Voraussetzung der tatsächlichen Hinrichtung Jesu am Kreuz wollen sie in ihrer Erzählung dieses Geschehens eine andere Dimension aufleuchten lassen, dass nämlich in ihr Gott zum Zuge kommt. Diese Dimension mag Historiker nicht interessieren. Aber Theologen sollten sie wahrnehmen.

Strauß stellt sehr klar heraus, was für historische Wissenschaft bei der Suche nach Jesus gilt und unter ihren Voraussetzungen auch gelten muss: „Geschichtlich kann Jesus nichts Anderes gewesen sein, als eine zwar sehr ausgezeichnete, aber darum doch der Beschränktheit alles Endlichen unterworfene Persönlichkeit“ (II 720f.). Demgemäß formuliert Ziegler als die von Strauß gemachte Voraussetzung: „wie jede Geschichte muß auch die Geschichte Jesu und seines Lebens und muß dieser selbst natürlich und menschlich begriffen werden.“[87] Gegenüber der negativen Kritik von Strauß wünschte sein Freund Binder, ein Historiker, in einem Brief an ihn „ein bestimmteres Bild von der Persönlichkeit Jesu“. Strauß antwortete in einem Brief vom 12. Mai 1836: „In der Nacht, welche die Kritik durch Auslöschung aller geschichtlichen Lichter herbeigeführt, kann man erst allmählich wieder sehen und einzelne Gegenstände unterscheiden lernen.“ Er erkennt die vom Freund geäußerte Kritik an und fährt fort, „daß mein kritisches Negieren nur dem Faktum in der Gestalt, wie es überliefert ist, gilt, nicht alles Faktische an sich aufheben will, sondern nur zeigen, daß wir nichts darüber wissen können.“[88] Ziegler hält es für einen „Vorzug des Straußschen Lebens Jesu […], daß hier überall die verschiedenen Möglichkeiten aufgezeigt werden, aber eben nur – als Möglichkeiten, die offengelassen werden müssen, wenn man nicht Dichtung für Wahrheit ausgeben will. Denn zu einer Gewißheit kommt man fast auf keinem Punkte. Und darin hat Strauß allen positiven Versuchen seiner Nachfolger und auch seinem eigenen späteren Versuch gegenüber recht behalten bis zu diesem Augenblick.“[89] Und diese Zeitangabe übernehme ich – über 100 Jahre später – auch für die Gegenwart.

### *f) Strauß über Jesus als Juden und zu Jüdischem*

Dass Jesus Jude war, ist bei Strauß schlicht und selbstverständlich vorausgesetzt. Das wird von ihm weder negativ noch positiv hervorgehoben und ausgewertet. Wie er den antijüdischen Affekt bei Reimarus wahrnimmt und beschreibt, macht deutlich, dass er ihm nicht eigen ist: „Auch die besondere

---

87 Ziegler, Strauß, S. 139.
88 Zitiert bei Ziegler, Strauß, S. 171.
89 A.a.O., S. 177.

Abneigung gegen die jüdische Nation, die bei den englischen Deisten zu bemerken ist, theilt Reimarus vollkommen mit ihnen, daß man oft nicht weiß, sind ihm die neuen Hebräer um der alten, oder die alten um der neuen willen so zuwider."[90] Strauß stimmt aber Reimarus darin zu, dass der Beweis der Messianität Jesu aus dem Alten Testament „Ergebniß der bodenlosen spät-jüdischen Schriftauslegung" sei.[91] An anderer Stelle spricht er von „der bodenlosen Willkühr jüdischer Exegese" (II 340) und erwähnt „die kleinlichte, prosaische Auslegungsweise der späteren Juden, welche die Evangelisten ohne ihre Schuld theilten, und von welcher sich die orthodoxen Theologen, aber durch eigene Schuld, nach 18 Jahrhunderten noch immer nicht frei gemacht haben" (II 541f.). Hier wird der Ansatzpunkt dieser negativen Wertung bei Strauß deutlich. In Mt 5,21–48 werde gezeigt, meint er, „wie Jesus, statt sich an den Buchstaben zu halten, in den Geist der Gesetze eindringe, und namentlich die rabbinische Auslegung derselben in ihrer Verwerflichkeit durchschaue" (I 580).[92] Allerdings haben weder Strauß noch Reimarus ihren eigenen Verweisen gemäß bei der Heranziehung von rabbinischen Texten aus den Quellen gearbeitet, sondern die „Billerbecks" je ihrer Zeit benutzt. Mit der Abwertung rabbinischer Schriftauslegung verbunden zeigt sich auch bei Strauß das christlich-traditionell negative Pharisäerbild (II 374f.). So spricht er z.B. vom „pharisäische(n) Satzungswesen", das „grossentheils auf Äusserlichkeiten gerichtet war, unter welchen der edle sittliche Kern des mosaischen Gesetzes sich verlor" (I 500). Als weiteres christliches Klischee setzt er „die jüdische Vergeltungstheorie" voraus (II 84) und meint, dass der „Partikularismus" der Juden „alles Gute und wahrhaft Menschliche auf das israelitische Volk beschränkte" (I 419), und spricht von „der abgöttischen Anhänglichkeit und Ehrfurcht des Juden für seinen Tempel" (II 364). Zu Mt 27,25 jedoch – „Sein Blut auf uns und auf unsere Kinder!" – sieht er sehr klar, dass hier „doch augenscheinlich nur vom Standpunkt der Christen aus gesprochen (ist), die in dem Unglück, welches bald nach Jesu Tode in immer verstärkten Schlägen über die jüdische Nation hereinbrach, nichts Andres, als die Blutschuld von der Hinrichtung Jesu erblickten" (II 523), es

---

90 Strauß, Reimarus, S, 42.

91 A.a.O., S. 224. Der Begriff „spätjüdisch" muss zwischen 1835 und 1862 aufgekommen sein. In seinem „Leben Jesu" gebraucht Strauß ihn noch nicht; dort findet sich die Formulierung: „das spätere Judenthum" (I 26).

92 Zum engen Zusammenhang zwischen Mt 5,21–48 und rabbinischer Auslegung vgl. Wengst, Regierungsprogramm, S. 77–137.

sich also aus der Perspektive des Evangelisten um schon vergangenes Geschehen handelt und nicht um eine Ankündigung für alle Zeit.

*g) Die historische Destruktion der Aussage von der Auferstehung Jesu*
Die historische Destruktion führt Strauß nicht zur Konsequenz, für eine Lektüre der Evangelien gemäß deren eigener Intention zu plädieren. Das ist darin begründet, dass er sich den Konstruktionspunkt der Evangelien, das Zeugnis von der Auferweckung Jesu durch Gott, nicht zu eigen machen kann, sondern ihn ebenfalls destruiert. Schon 1828 hatte er eine Preisarbeit bei der katholisch-theologischen Fakultät in Tübingen über die Auferstehung der Toten geschrieben, in der er diese, wie Ziegler Strauß selbst zitiert, „exegetisch und naturphilosophisch mit voller Überzeugung" bewies. Jedoch, „als ich das letzte Punctum machte, war mir klar, daß an der ganzen Sache nichts sei".[93]

Nach Strauß gilt „schon" für das Neue Testament: „Die Wurzel des Glaubens an Jesum war die Überzeugung von seiner Auferstehung" (II 689). Gegen Schleiermachers Meinung: „die Thatsachen der Auferstehung und Himmelfahrt gehören nicht wesentlich zum christlichen Glauben" betont er: „Während doch der Glaube an die Auferstehung Christi der Grundstein ist, ohne welchen die christliche Gemeinde sich nicht hätte aufbauen können [...]; überhaupt im Glauben der Gemeinde der gestorbene Christus nicht sein könnte, was er ist, wenn er nicht zugleich der Wiedererstandene wäre" (II 718). So klar Strauß das feststellt, so gründlich diskutiert er die Unmöglichkeit der Auferstehung Jesu im Rahmen des uns Erfahrbaren und Vorstellbaren. Für sie wäre nötig „ein unmittelbares Eingreifen Gottes in den geseztlichen Verlauf des Naturlebens, wie es geläuterten Ansichten von dem Verhältnis Gottes zur Welt widerspricht" (II 647).

Gegenüber denjenigen, die noch immer die Erzählungen über Erscheinungen Jesu nach seinem Tod historisch fixieren wollen und sie also miteinander harmonisieren müssen, weist er – wie schon Reimarus – zwingend nach, dass das nicht gelingen kann (II 590–609), und demonstriert besonders die Unvereinbarkeit der galiläischen mit den Jerusalemer Erscheinungen (II 609–619). Gegen die Harmonisten zieht Strauß die treffende Konsequenz, wir müssten „jedes Evangelium für sich betrachten, dann bekommen wir von jedem ein ruhiges Bild mit einfachen würdigen Zügen" (II 598). Aber diese Betrachtung gilt nicht der Aussageintention des jeweiligen Textes, sondern

---

[93] Ziegler, Strauß, S. 56.

bleibt der historischen Frage verhaftet. Das zeigt sich besonders deutlich, wenn er etwa zu Joh 20,11–18 meint, dass „sich auch hier ein ähnlicher unhistorischer Überfluß“ finde „wie bei Matthäus“, und „die Engelerscheinung eine müßig prunkende Einleitung zur Erscheinung Jesu“ nennt (II 604).

Anders als Reimarus unterstellt er den Schülern Jesu mit der Aussage von der Auferstehung Jesu keinen Betrug. „Dieser Verdacht ist schon durch die Bemerkung des Origenes niedergeschlagen, daß eine selbsterfundene Lüge die Jünger unmöglich zu einer so standhaften Verkündigung der Auferstehung Jesu unter den größten Gefahren hätte begeistern können“ (II 654). Da nach ihm die Schüler Jesu verkündigten, „was sie selbst glaubten, so waren sie, wenn dem nicht wirklich so war, höchstens der Selbsttäuschung, nicht der Lüge schuldig“.[94] Nach seiner Ansicht „hat die vom tiefsten Gemüth aus erregte Phantasie seiner Anhänger den Meister, den sie sich unmöglich todt denken konnten, ihnen als wiederbelebten vorgestellt“; es handelte sich also um einen „innern Vorgang“.[95]

Die durchgehende Fixierung auf die historische Fragestellung, gerade auch hinsichtlich der Auferstehung Jesu als des Konstruktionspunktes der Evangelien, bedingt es, dass die Evangelisten negativ bewertet werden müssen. Wenn die ihnen eigene Perspektive der Darstellung verlassen und sie an der ihnen fremden Fragestellung nach historischer Faktizität gemessen werden, dann muss z.B. gefragt werden, ob sie „nicht doch manches Stück der wirklichen Lehre Jesu verschwiegen, zurückgestellt oder verstümmelt haben könnten“.[96] Dann muss bei unter diesem Gesichtspunkt widersprüchlichen Darstellungen gefragt werden, „wie einer von ihnen oder beide[97] zu einer unrichtigen Darstellung gekommen sind“ (I 328f.).

### *h) Hegelsche Philosophie als Fundament des Straußschen Denkens*

Bei seiner Arbeit der Destruktion, die gerade keine Suche nach dem „historischen“ Jesus ist, kann Strauß die schon genannte „Ruhe und Kaltblütigkeit“ walten lassen, weil er sich auf einem sicheren Fundament wähnt. Den „dogmatischen Gehalt“, den er am Schluss als „unversehrt“ aufweisen will, gewinnt er mit Hilfe Hegelscher spekulativer Philosophie. Schon in der Einleitung hatte er der „natürliche(n) Erklärungsweise der Rationalisten“ gegenüber, „welche mit Aufopferung des göttlichen Gehaltes der heiligen Ge-

---

[94] Strauß, Reimarus, S. 278f.
[95] A.a.O., S. 281. Er nimmt hier auf, was er im „Leben Jesu“ II, S. 654–660, ausgeführt hat.
[96] Strauß, Reimarus, S. 182.
[97] Hier geht es um eine Gegenüberstellung von Johannes und Matthäus.

schichte die leere historische Form derselben festhält“, gemeint, „lieber umgekehrt mit Aufopferung der historischen Wirklichkeit des Erzählten seine absolute Wahrheit festzuhalten“ (I 52). Und so hält er es in der „Schlussabhandlung“ für seine „Aufgabe, das kritisch Vernichtete dogmatisch wieder herzustellen“ (II 686). Als „Kritiker“, wie Strauß sich versteht, „ist er mit Achtung vor jeder Religion erfüllt, und namentlich des Inhalts der höchsten Religion, der christlichen, als identisch mit der höchsten philosophischen Wahrheit sich bewußt“ (II 687) und fühlt „das Bedürfnis [...], nun ebenso auch die Seite der Identität zu ihrem Rechte zu bringen“ (II 688). Zur historischen Kritik tritt die dogmatische hinzu; „und erst durch beide hindurchgegangen, ist der Glaube wahrhaft vermittelt, oder zum Wissen geworden“ (ebd.). Der rationalistische Versuch, „den Glauben mit der Wissenschaft in Einklang zu bringen“, lässt den Glauben verkümmern; „denn ein Christus, nur als ausgezeichneter Mensch, macht zwar dem Begreifen keine Schwierigkeit, aber ist nicht derjenige, an welchen die Kirche glaubt“ (II 710). Gegen Schleiermachers Ansicht, „in Christus sei das Urbildliche zugleich geschichtlich gewesen“, führt er dessen eigenes Bedenken weiter, „dass das Urbildliche in einem geschichtlichen Einzelwesen vollständig zur Wirklichkeit gekommen sein sollte“ (II 715). „Über die geschichtliche Erscheinung Christi hinausgehen“, hieße „zur Idee der Menschheit überhaupt“ sich erheben (II 717). Strauß hält sich an „die Wissenschaft in ihrer neuesten Entwicklung“, die für ihn mit Hegel gegeben ist; sie habe begriffen, „daß das Unendliche im Setzen und Wiederaufheben des Endlichen sich selbst erhält, die Idee in der Gesammtheit ihrer Erscheinungen sich verwirklicht“ (II 728). Unter dem Begriff des Geistes subsumiert er Gott und Mensch (II 729) und folgert: „Das wahre und wirkliche Dasein des Geistes also ist weder Gott für sich, noch der Mensch für sich, sondern der Gottmensch“ (II 730). Auf dieser Basis versucht er eine eindrucksvolle Auslegung der Christologie (II 730–732).

Gegen den Augenschein, damit auf bestimmte Weise zur orthodoxen Ansicht zurückgekehrt zu sein, wendet er ein: „Wenn ich mir denken kann, daß der göttliche Geist in seiner Entäusserung und Erniedrigung der menschliche, und der menschliche in seiner Einkehr in sich und Erhebung über sich der göttliche ist: so kann ich mir deßwegen noch nicht vorstellen, wie göttliche und menschliche Natur die verschiedenen und doch verbundenen Bestandtheile einer geschichtlichen Person ausgemacht haben können; wenn ich den Geist der Menschheit in seiner Einheit mit dem göttlichen im Verlauf der Weltgeschichte immer vollständiger als die Macht über die Natur sich bethätigen sehe: so ist dieß etwas ganz Anderes, als einen einzelnen Menschen für einzelne willkührliche Handlungen mit solcher Macht ausgerüstet zu denken; vollends aus der Wahrheit, daß die aufgehobene Natürlichkeit das Auferstehen des Geistes sei, wird die leibliche Auferstehung eines Individuums niemals folgen" (II 733f.). Und so führt er, nach nochmaliger Negation, positiv aus: „Wenn der Idee der Einheit von göttlicher und menschlicher Natur Realität zugeschrieben wird, heißt dies soviel, daß sie einmal in einem Individuum, wie vorher und hernach nicht mehr, wirklich geworden sein müsse? Das ist ja gar nicht die Art, wie die Idee sich realisirt, in Ein Exemplar ihre ganze Fülle auszuschütten, und gegen alle andern zu geizen, sondern in einer Manchfaltigkeit von Exemplaren, im Wechsel sich setzender und wiederaufhebender Individuen, liebt sie ihren Reichthum auszubreiten. […] Die Menschheit ist die Vereinigung der beiden Naturen, der menschgewordene Gott, der zur Endlichkeit entäusserte unendliche, und der seiner Unendlichkeit sich erinnernde endliche Geist;[98] sie ist das Kind der sichtbaren Mutter und des unsichtbaren Vaters: des Geistes und der Natur; sie ist der Wunderthäter: sofern im Verlauf der Menschengeschichte der Geist sich immer vollständiger der Natur bemächtigt, diese ihm gegenüber zum machtlosen Material seiner Thätigkeit heruntergesezt wird; sie ist der Unsündliche: sofern der Gang ihrer Entwicklung ein tadelloser ist, die Verunreinigung immer nur am Individuum klebt, in der Gattung aber und ihrer Geschichte aufgehoben ist; sie ist der Sterbende, Auferstehende und gen Himmel Fahrende: sofern ihr aus der Negation ihrer Natürlichkeit immer höheres geistiges Leben, aus der Aufhebung ihrer Endlichkeit als persönlichen, nationalen und weltlichen Geistes ihre Einigkeit mit dem unendlichen Geiste des Himmels hervorgeht. Durch den Glauben an diesen Christus, namentlich an seinen Tod und seine Auferstehung, wird der Mensch vor Gott gerecht: d.h. durch die Belebung der Idee der Menschheit in sich, namentlich nach dem Momente, daß die Negation der Natürlichkeit, welche selbst schon Negation des Geistes ist, also die Negation der Negation, der einzige Weg zum wahren geistigen Leben für den Menschen sei, wird auch

[98] Ziegler berichtet, dass Strauß ganz entsprechend schon in seinem ersten Semester als Repetent am Tübinger Stift, also im Sommer 1832, in einem Kurs darauf hinwies, „daß das, was die kirchliche Lehre über Christus sage, vielmehr von der Menschheit im ganzen gelte". An dieser Stelle habe der in dieser Sitzung anwesende Direktor des Stifts, J. Chr. Fr. Steudel, eingegriffen (Ziegler, Strauß, S. 110). Er hat dann auch nach Erscheinen des ersten Bandes des „Leben Jesu" entschieden mit dafür gesorgt, dass Strauß als Repetent entlassen wurde. Über Steudel bemerkt Ziegler, dass ihn „Gott in seinem Zorn zum Universitätsprofessor hatte werden lassen" (a.a.O., S. 47).

der einzelne des gottmenschlichen Lebens der Gattung theilhaftig“ (II 734f.). Hier zeigt sich schon früh im 19. Jahrhundert die ihm eigene Fortschrittsgläubigkeit, die ganz unbefangen von der Bemächtigung der Natur durch den Menschen als machtlosen Materials spricht. Sie tritt gleich noch einmal hervor, wenn Strauß „die in's Unglaubliche steigende Gewalt des Menschen über die Natur“ betont (II 737). Besonders fällt jedoch an Straußens abschließenden Ausführungen auf, dass die Besonderheit des Partikularen, die biblisch in der Geschichte Gottes mit seinem Volk Israel und in der Geschichte Gottes mit Jesus fundamental ist, völlig vergleichgültigt wird. Dafür noch ein markantes Zitat: „Ebenso, wenn wir das Menschwerden, Sterben und Wiederauferstehen, das: *duplex negatio affirmat*, als den ewigen Kreislauf, den endlos sich wiederholenden Pulsschlag des göttlichen Lebens wissen: was kann an einem einzelnen Faktum, welches diesen Proceß dazu bloß sinnlich darstellt, noch besonders gelegen sein?“ (II 738)

### *i) Unmittelbare Reaktionen auf das „Leben Jesu“ und die Konsequenzen für Strauß*

Als Strauß im Oktober 1835 das Vorwort zum zweiten Band schrieb, konnte er sich schon auf eine Flut von Reaktionen auf den ersten beziehen. Er meint, über diesen hätten mündlich „diejenigen am lautesten geschrieen, welche keine Seite in demselben gelesen hatten, als auch schriftlich bis jetzt nur solche über denselben geurtheilt, mit welchen ich keine Verständigung erhoffen kann“. So will er sich „keiner Freude hingeben, die mich doch täuschen würde, aber ebenso wenig auch fernerhin das Geschrei der Eulen mich verdriessen lassen, die ich denn freilich allzu rücksichtslos mit ungedämpftem Licht geweckt habe“ (II IIIs). Als Strauß dieses Vorwort schrieb, war er schon als Repetent entlassen. Unter Bezug auf eine Rezension von H. E. G. Paulus, dem er „für die liberale und anerkennende Weise“ dankt (II IV), bemerkt er dazu: „Eigene Empfindungen hat es in mir erregt, des würdigen alten Landsmannes Freude über die Fortschritte der wissenschaftlichen Freiheit in Würtemberg zu lesen, vermöge welcher man daselbst dergleichen jetzt ungefährdet schreiben könne: zu einer Zeit, wo ich bereits auf meine Schrift hin von meiner Repetentenstelle am Tübinger Seminar entfernt war“ (II V). Gegen zwei aus nächster Nähe gekommene Pamphlete gegen ihn geht Strauß mit schärfstem Witz vor. Der schon genannte Steudel hatte einer Schrift gegen Strauß den Titel gegeben: „Vorläufig zu Beherzigendes bei Würdigung der Frage über die historische oder mythische Grundlage des Lebens Jesu“. Strauß erinnert daran, „auch gegen Lessing war ‚Etwas Vorläufiges‘ erschienen vom Hauptpastor Göze, gottseligen Andenkens, was der heitere Mann, der Geschmeidigkeit wegen, lieber das vorläufige Etwas nannte“ (II VII), und wirft Steudel vor, „statt in die Sache einzugehen, vielmehr vorläufig um sie herum zu reden, und beiläufig den Gegner mit gehässigen Insinuationen zu verwunden“ (II VI). Der Tübinger Philosoph Eschenmayer verleumdete Strauß schon mit dem Titel seiner Broschüre: „Der Ischariotismus unsrer Tage“. Strauß beurteilt sie vernichtend: „Diese Ausgeburt der legitimen Ehe zwischen theologischer Ignoranz und religiöser Intoleranz, eingesegnet von einer schlafwandelnden Philosophie, fällt so sehr durch sich selbst in’s Lächerliche, dass sie jedes Wort der Vertheidigung überflüssig macht“ (II VII). In der Folgezeit in Ludwigsburg und dann in Stuttgart hat Strauß das Gefühl, ausgestoßen zu sein. Ziegler charakterisiert seine Situation als eine Art Kirchenbann mit enormen sozialen Nebenwirkungen.[99] Im November 1838 unternimmt Strauß eine Reise nach Hamburg und Bonn und erlebt diese Städte atmosphärisch sehr anders. Nach Stuttgart zurückgekehrt, setzt er Württemberg in einem Brief an einen Freund davon ab und fährt fort: „Und namentlich sitzt hier in Stuttgart ein solcher Sauerteig von pietistisch-liberalem Pharisäismus und Philistertum, der auf Jahrhunderte hinaus verderblich wirken muß.“[100]

Trotz der schlimmen Invektiven gleich in den ersten Reaktionen auf den ersten Band und trotz der sogleich erfahrenen Entlassung als Repetent stellt sich Strauß am Ende des zweiten Bandes der Frage, wie auf der von ihm eingenommenen Position „überhaupt noch eine christliche Predigt möglich sei“ (II 738). Er sieht vier Optionen, von denen er die drei ersten verwirft: 1. Die Gemeinde auf den „eigenen Standpunkt zu erheben“, gilt ihm als „Versuch, der nothwendig fehlschlagen muß, weil der Gemeinde alle Prämissen fehlen“ (II 740). 2. Der „entgegengesetzte Ausweg wäre, sich durchaus auf den Standpunkt der Gemeinde zu versetzen, und für die kirchliche Mittheilung sich aus der Sphäre des Begriffs ganz in die Region der volksthümlichen Vorstellung herabzulassen“ (ebd.). Strauß will das nicht „schlechtweg Lüge“ nennen; es sei ja „nur ein Unterschied der Form, von welchem der Inhalt unberührt bleibt“. Aber wenn die Gemeinde dahinter kommt, dass der Prediger von der historischen Wirklichkeit des Dargestellten nicht überzeugt ist, „muß er ihr als Lügner erscheinen“, was das Verhältnis zerrüttet (II 740f.). 3. Für einen „verzweifelten Ausweg“ hält es Strauß, „den geistlichen

[99] Ziegler, Strauß, S. 260f.
[100] A.a.O., S. 261.

Stand zu verlassen“. Solches Verlassen müsste dann nicht nur die Kanzel betreffen, sondern auch das Katheder, da von diesem aus für jene ausgebildet wird (II 741). 4. So sucht er „eine positive Vermittlung zwischen den beiden Extremen, dem Bewußtsein des Theologen und der Gemeinde“: „Er wird sich in seiner Mittheilung an die Gemeinde zwar in den Formen der populären Vorstellung halten, aber so, daß er bei jeder Gelegenheit den geistigen Inhalt, der ihm die einzige Wahrheit der Sache ist, durchscheinen läßt, und so die allmählige Auflösung jener Formen auch im Bewußtsein der Gemeinde vorbereitet“ (II 742). Diese Möglichkeit wird von ihm im Folgenden entfaltet, aber auch problematisiert. Er redet an dieser Stelle nicht bloß theoretisch, sondern aus seiner eigenen Erfahrung in der Zeit als Vikar, in der er diese Möglichkeit praktiziert hat.[101]

Strauß gesteht zum Schluss auch die Schwierigkeit dieser vierten Möglichkeit ein. Auch sie führt in eine „Collision“. Er meint jedoch, dass sie nicht durch eigenen „Fürwiz“ provoziert sei; „sie kommt an das Individuum heran und bemächtigt sich seiner, ohne daß es sich ihrer erwehren könnte. Oder vielmehr, es kann dieß mit leichter Mühe, wenn es sich nämlich des Studirens und Denkens enthält, oder wenn dieses nicht, doch des freien Redens und Schreibens.“ Von Leuten, die das täten, gäbe es schon genug; sie müssten nicht vermehrt werden „durch Verunglimpfung derer, welche sich im Geiste der fortgeschrittenen Wissenschaft vernehmen lassen. Aber auch deren giebt es noch, welche unerachtet solcher Anfechtungen doch frei bekennen, was nicht mehr verborgen werden kann – und die Zeit wird lehren, ob mit diesen oder mit jenen der Kirche, der Menschheit, der Wahrheit besser gedient ist“ (II 744). Strauß hat mit seinem „Leben Jesu“ jedenfalls Theologie und Kirche besser gedient als die von ihm widerlegten und gegen ihn eifernden und ihn verunglimpfenden Supranaturalisten und die von ihm widerlegten Rationalisten – und auch besser als diejenigen, die, zwar in je veränderten Zeitumständen, doch auf den Spuren der letzteren nach Strauß und unter Ignorierung des von ihm Erreichten meinten, einen „historischen“ Jesus kreieren zu können.

Ziegler bemerkt zu dem vorher zitierten Schluss des „Leben Jesu“ von Strauß, „daß er für seine Person sich jedenfalls für das freie Reden und Schreiben entschieden hatte – auf alle Gefahr hin“.[102] Diese schon gleich

---

[101] Ziegler bringt zwei Briefe von Strauß an einen Konvikar vom 26.12.1830 und 19.2.1831, in denen er diese Möglichkeiten diskutiert und die vierte als seine Praxis beschreibt (Ziegler, Strauß, S. 72–79).

[102] Ziegler, Strauß, S. 201.

nach Erscheinen des ersten Bandes sich realisierende Gefahr ist im Frühjahr 1839 in der Weise manifest geworden, dass Strauß endgültig die Existenz eines Professors für Theologie versperrt war.[103] Das hat ihn, der zu diesem Zeitpunkt erst 31 Jahre alt war, bitter gemacht. Was für eine Entwicklung hätte er genommen, wäre ihm dieser theologische Weg nicht abgeschnitten worden?

*j) Kritische Würdigung des Straußschen „Leben Jesu" von 1835*

Auch wenn der Strauß der 3. Auflage von 1838 und noch einmal mehr der des „Leben Jesu, für das deutsche Volk bearbeitet" von 1864 sich darüber hinweggesetzt hat, bedeutete sein „Leben Jesu" von 1835 – mit historischen Gründen dargelegt – „die Erklärung der *Undurchführbarkeit des ganzen Unternehmens*" der Leben-Jesu-Forschung.[104] Immer und immer wieder hat er aufgezeigt, dass die Evangelien als die einzig relevanten Quellen für die historische Rückfrage so gut wie nichts hergeben, dass sie durch und durch von dem bestimmt sind, was er als „mythisch" bezeichnete. Er sah keinen Anlass, es in Frage zu stellen, dass Jesus tatsächlich gelebt hat; er konnte auch „das einfache historische Gerüste" seines Lebens feststellen, das allerdings noch um zwei Punkte gekürzt werden musste. Wo er selbst gelegentlich darüber hinausging und historische Feststellungen traf, wurde sofort deutlich, auf wie unsicherem Boden das geschah.

Man sollte auch nicht meinen, der radikalen historischen Kritik von Strauß entgehen zu können, wenn man eine andere – vermeintlich bessere – Sicht über das Verhältnis der Evangelien zueinander gewonnen hat. Strauß zieht, was in seiner Zeit relativ neu war, dem Johannesevangelium die Synoptiker vor und innerhalb der Synoptiker präferiert er das Matthäusevangelium. Aber im Einzelnen sind seine Urteile in dieser Hinsicht immer nur vorläufig. Was er zunächst in einer „Relation" als „der Wahrheit näher" di-

[103] Barth meint gegen Ende seines Kapitels über Strauß: „Und daß man ihn nicht zum Theologieprofessor machte, sondern ihn selbstgerecht und allzu unbeunruhigt *extra muros* verbannte, das ist insofern in der Tat schließlich doch ein Skandal gewesen" – insofern „der Name Strauß mit dem Namen Feuerbach zusammen das böse Gewissen der neueren Theologie (bedeutet)" und „deshalb Strauß vielleicht nicht einmal so unrecht (hatte), wenn er sein erstes ‚Leben Jesu' […] ein ‚inspiriertes Buch' nannte" (Barth, Strauß, S. 486).

[104] Barth, Strauß, S. 478. Nach Barth besteht die theologiegeschichtliche Bedeutung von Strauß darin, was sein Name „*eigentlich* bedeutet" – und mit „eigentlich" meint er den Strauß des „Leben Jesu" von 1835. „Er bedeutet […] nicht mehr und nicht weniger als die *Durchbrechung jenes Consensus in der Leben-Jesu-Forschung*, den *Protest* gegen ihre Methode, die Erklärung der *Undurchführbarkeit des ganzen Unternehmens*."

agnostiziert, wird in aller Regel dann schließlich auch als nicht historisch verifizierbar erwiesen. Daher ändert etwa die These von der Markuspriorität an der von ihm grundsätzlich herausgestellten Problematik gar nichts. Es war ein Fehlurteil von Albert Schweitzer, wenn er meinte, mit der von Strauß vorgenommenen „Differenzierung zwischen Johannes und den Synoptikern" hätte es „mit der Erforschung des Lebens Jesu nun endlich vorangehen" können. Er schloss gleich ein weiteres Fehlurteil an, wenn er Strauß vorwarf, er habe diese Erforschung dadurch aufgehalten, dass er auf der so von ihm geöffneten Bahn „Markus nicht als ersten durchlassen wollte".[105] Schweitzer dachte noch, „auf den historischen Plan und den inneren Zusammenschluß der Perikopen" bei Markus setzen zu können.[106] Auch das ist inzwischen längst als literarische Gestaltung des Evangelisten erkannt.

Völlig verfehlt ist es, wenn Schweitzer am Ende seines Kapitels über das „Leben Jesu" von 1835 Strauß zu seinem eigenen Vorläufer machen will. Er entdeckt in diesem Werk „auch das Historisch-Positive, sofern die historische Persönlichkeit, welche aus dem Mythus herausragt, ein jüdischer, in einer rein eschatologischen Gedankenwelt lebender Messiasprätendent gewesen sein soll. Strauß ist nicht nur ein Zerstörer unhaltbarer Lösungen, sondern auch der Prophet einer kommenden Wissenschaft."[107] In dieser Weise war das Strauß 1835 ganz gewiss nicht. Zunächst fand es Schweitzer „schwierig, ja eigentlich unmöglich, die eigentliche Straußische Auffassung des Lebens Jesu festzustellen und zu sehen, was sich denn eigentlich hinter dem mythischen Vorhang bewegt".[108] Schon die seltsame Art der Formulierung macht deutlich, dass sich Schweitzer hier im Blick auf Strauß in einer unangemessenen Fragerichtung bewegt. Das „Eigentliche", wenn man schon so reden will, wäre nicht hinter den Texten der Evangelien zu suchen, sondern wären die Texte selbst. Das wäre eine Konsequenz, die sich aus der Straußschen Destruktion ergeben könnte, die er selbst jedoch nicht zieht. Statt die Texte je in ihrer Aussageintention wahrzunehmen, werden sie immer wieder nur unter dem Gesichtspunkt historischer Faktizität als nicht der Wahrheit entsprechend beurteilt. Hinsichtlich des unterschiedlichen chronologischen Ansatzes des letzten Mahles Jesu z.B. bei Johannes einerseits und den Synoptikern andererseits sei nach Erweis der Unmöglichkeit des Harmonisierens zu fragen, auf welcher Seite man „einen Irrthum anzunehmen"

---

[105] Schweitzer, Geschichte, S. 89.
[106] A.a.O., S. 90.
[107] A.a.O., S. 97.
[108] A.a.O., S. 92.

habe (II 411). Strauß erkennt schließlich „eine mögliche Veranlassung zum Irrthum auf beiden Seiten“ (II 415) – und begnügt sich damit. Bei der Besprechung der Speisungsgeschichte hält er gegen „die natürliche Erklärung“ fest: „dem Text bleibt sein Wunder“. Aber dann lässt er den Text mit seinem Wunder nichts sagen, sondern fährt – fixiert auf die Frage historischer Faktizität – fort: „und wenn wir Grund haben, dieses unglaublich zu finden, so müssen wir untersuchen, ob die Erzählung des Textes wirklich Glauben verdiene“ (II 211f.). Was als unhistorisch erwiesen ist, verdient eben nicht die Mühe der Auslegung. So meint Strauß – um ein letztes Beispiel zu nennen –, nachdem er wahrscheinlich gemacht hat, dass das Gespräch zwischen Jesus und Pilatus in Joh 18,33–38 „nur der eigenen Combination des Evangelisten seinen Ursprung verdankt“: „und in diesem Falle dürfte man sich dann nicht so viele Mühe in Bezug auf den eigentlichen Sinn der Frage des Pilatus: was ist Wahrheit? geben, da dieß nur die beliebte dialogische Figur des vierten Evangeliums wäre, bei tiefen Eröffnungen von Seiten Jesu die Zuhörer entweder Fragen des Mißverstands oder des gar nicht Verstehens machen zu lassen“ (II 516). Dem entspricht es, dass Strauß vom „Mythischen“ z.B. als „mythische(m) Beiwerk“ spricht (I 390).

Festzuhalten bleibt jedoch: Die von Strauß vorgenommene historische Destruktion der evangelischen Berichte hat Hand und Fuß. Was sich mit hoher Wahrscheinlichkeit als historisch erweisen lässt, ist spärlich, eben „das einfache historische Gerüste des Lebens Jesu“. Wer es danach noch unternimmt, ein „Leben Jesu“ zu schreiben oder den „historischen“ Jesus zu rekonstruieren, muss mutig oder ignorant oder beides sein – oder Gründe haben, die vor der Straußschen Kritik bestehen können. Aber gibt es sie?

## 4. Eine „Persönlichkeit, in welcher das göttliche Wesen sich … vollkommen ins Menschliche übersetzt“[109] Die Wahrheit gewinnen durch historisches Verifizieren des Absoluten WILLIBALD BEYSCHLAG (1823-1900)

*a) Warum sich mit dem „Leben Jesu“ von Willibald Beyschlag befassen?*

Strauß hatte das Unternehmen, ein Leben Jesu zu schreiben, in historischer Hinsicht unmöglich gemacht. Das hat Theologen nach ihm nicht davon abgehalten, eben das immer und immer wieder zu tun. Dieses Geschäft wurde besonders emsig in der liberalen Theologie des 19. Jahrhunderts betrieben. Diejenigen, die es florieren ließen, meinten, die Kritik von Strauß widerlegt und überwunden zu haben. Im Nachhinein müsste man wohl eher feststellen, dass sie in ihren wesentlichen Teilen von ihnen ignoriert wurde. Es wäre forschungsgeschichtlich interessant, im Einzelnen nachzuzeichnen, wie die liberalen Schreiber von „Leben Jesu“ die Kritik von Strauß aufgenommen, wo sie sich ihr gestellt und wo und wie sie ihr ausgewichen sind. Das kann und muss nicht in diesem Buch geleistet werden. Die liberalen „Leben Jesu“ gelten heute als abständig und überwunden. Weder die Jesusforscher der „neuen Frage“ noch die der „dritten Suche“ knüpften und knüpfen positiv an sie an. Sie meinten und meinen, es anders und besser zu machen. Aber darin kann man sich täuschen. Wer meint, durch Albert Schweitzers „Geschichte der Leben-Jesu-Forschung“ hinreichend informiert zu sein, täuscht sich allemal. Denn Schweitzer misst die von ihm Dargestellten an seiner eigenen Rekonstruktion des „historischen“ Jesus, der „eschatologischen Lösung“. Da er also im selben Geschäft beteiligt ist, kommt bei ihm die grundsätzliche Problematik in historischer und theologischer Hinsicht überhaupt nicht in den Blick. Der gegenüber Schweitzers Situation größere zeitliche Abstand und die dadurch empfundene Abständigkeit der liberalen Leben Jesu erlauben es, Probleme klarer zu erkennen. Da die Quellenlage sich nicht geändert hat, kann sich auch die Problemlage kaum entscheidend geändert haben. An Reimarus und Strauß konnte die historische Problematik beobachtet werden. Da die liberalen Leben Jesu gerade als historische zugleich theologische Unternehmen sein wollen, lässt sich an ihnen auch die theologische Proble-

[109] Beyschlag, Leben Jesu 1, S. 40. Bei Zitaten von Beyschlag im Text werden die Titel noch einmal weiter abgekürzt: LJ = Leben Jesu; L = Leben.

matik wahrnehmen. Ist sie wahrgenommen, könnte es sein, dass sich die in veränderten Situationen vorgenommenen Suchbemühungen um den „historischen“ Jesus nur als Varianten erweisen, die sich in denselben Problemen verheddern.

Da ich hier keine Forschungsgeschichte schreiben will, begnüge ich mich mit der exemplarischen Darstellung eines einzigen liberalen „Leben Jesu“ des 19. Jahrhunderts. Dabei wäre es relativ gleichgültig, welches ausgewählt wird. Ich nehme das von Willibald Beyschlag. Es war einmal ein sehr erfolgreiches Buch, das bei Schweitzer mit gerade einmal etwas mehr als einer Seite Umfang weniger gewürdigt, als nur eben erwähnt wird,[110] zuerst 1885 erschienen, in 3. Auflage, die ich hier benutze, 1893. Nach seiner eigenen Einschätzung stellt es den „Ertrag meines Lebens“ dar (1, V), hervorgegangen aus Vorlesungen, die von „Tausenden“ gehört worden waren (1, XI). Er widmete es dementsprechend „meinen anhänglichen Zuhörern aus fünfzig Semestern“, in der 3. Auflage dann denen „aus fünfundsechzig Semestern“. Die Anhänglichkeit einiger dieser Zuhörer zeigte sich später auch noch darin, dass sie zu seinem 100. Geburtstag einen Gedenkband mit Bild herausgaben.[111] Zum anderen befasse ich mich hier mit dem „Leben Jesu“ von Beyschlag, weil er es gleich im zweiten Satz seines Vorworts zur 1. Auflage als Triebfeder seines Unternehmens bezeichnet, die Kritik von Strauß zu überwinden, und weil er nicht nur an dieser Stelle im Vorwort, sondern immer wieder in seinem Werk sein theologisches Interesse an der historischen Arbeit hervortreten lässt. Damit hängt der dritte Punkt unmittelbar zusammen: Im Vorwort zur 3. Auflage geht Beyschlag relativ ausführlich auf die fundamentale Kritik ein, die Martin Kähler in seinem Vortrag von 1892 an der Leben-Jesu-Suche geübt hatte. Beyschlags eigene Position, sein theologisches Interesse an der Leben Jesu-Forschung und damit zugleich deren Problematik werden dadurch umso deutlicher.

### *b) Hinweise auf Beyschlags Lebensgang*

Willibald Beyschlag wurde 1823 geboren. Von 1840/41–1844 studierte er Theologie in Bonn, Berlin und wieder in Bonn. In seinem dritten Semester

---

[110] Schweitzer, Geschichte, S. 214f.

[111] Zum Gedächtnis Willibald Beyschlags. Eine Auswahl seiner wissenschaftlichen Aufsätze, Jena u. Leipzig 1925. Ein Herausgeber wird nicht genannt; das Vorwort ist unterzeichnet von H. Block, Pfarrer i.R. In ihm wird auf S. VIII ein Gedicht zitiert, mit dem „ein ergriffener Leser“ Beyschlag für das „Leben Jesu“ dankte: Wie meisterhaft hast du des Meisters Bild / Gezeichnet uns so hoheitsvoll und mild. / Nur heller strahlt des Gottessohnes Klarheit, / Da wir sie sehn in menschlich voller Wahrheit.

kam er als Achtzehnjähriger auf Einladung Gottfried Kinkels, zu der Zeit 26 Jahre alt, in den nur wenige Mitglieder zählenden Klub „der Maikäfer", der sich wöchentlich abends im Haus von Kinkels Verlobter, der „Directrix", traf und sich vor allem in launiger Form poetisch betätigte, „jeder mit seinem Orden geschmückt, einem buntzusammengesetzten Maikäfer an grünseidenem Bande" (L I 114; vgl. die Schilderung im Ganzen auf S. 113–116). Von 1844–1849 war er Kandidat in Frankfurt. Die „Stürme des Jahres 1848" unterbrachen seine „stillen Studien" (L I 246). Dabei entwickelte er als sein politisches Ideal: „kein französischer Constitutionalismus, der das Volk zu einer Ziffer und den König zu einer Puppe macht, aber auch kein Absolutismus, der eine lebenvolle mündige Nation zum bloßen Object eines Einzelwillens herabsetzt, sondern ein lebendiger Volksorganismus, gegliedert in seine natürlichen Stände, und an der Spitze ein starkes Königthum" (L I 253). Ab 1850 wirkte Beyschlag als Hilfsprediger in Trier, wo er mit der evangelischen Kirche unter den Katholiken litt und literarisch heftig gegen sie zu Felde zog. 1856 wurde er Hofprediger in Karlsruhe. 1860 erhielt er eine Professur für Praktische Theologie und Neues Testament in Halle. Dort wurde er auch Synodaler der sächsischen Provinzial- und der preußischen Landessynode. Er organisierte die „evangelische Mittelpartei", profilierte sich so als „Vermittlungstheologe" und wirkte als einflussreicher Kirchenpolitiker. Als solcher war er auch publizistisch tätig. 1876 begründete er die Zeitschrift „Deutsch-evangelische Blätter", die versuchen sollte, „zwischen den völlig verfahrenen Extremen zur Linken und zur Rechten eine ‚evangelische Mittelpartei' zu sammeln" (L I 420), und die sich so als „Vertretung des positiven Christenthums im Sinne evangelischer Freiheit und den Formen moderner Bildung" verstand.[112] Kirchenpolitisch strebte er nach der Partnerschaft einer aus dem freiheitlichen Geist der Reformation lebenden Monarchie und einer staatstragenden, aber selbständigen, synodal verfassten evangelisch-unierten Kirche. 1886 begründete er den „Evangelischen Bund zur Wahrung der deutsch-protestantischen Interessen". Den Stöckerschen Antisemitismus lehnte er als unchristlich ab, „verkannte" aber gleichwohl „das Recht tiefgehender Beschwerde gegen jüdische Schädigungen unseres Volkslebens nicht" (L II 505) und sah „die antisemitische Bewegung hervorgerufen" durch „jüdische Elemente", die in der Wirtschaft und in der „frivolen Presse [...] eine hervorragende Rolle gespielt" hätten (L II 439). Beyschlag starb 1900 in Halle.

---

[112] So in der Werbung auf der letzten Seite von LJ II.

*c) Was Beyschlag wollte*

Welches Ziel Beyschlag mit dem Schreiben des „Leben Jesu“ verfolgt, führt er in den beiden Vorworten zur ersten und dritten Auflage in großer Klarheit aus. Weil er seine Lebensaufgabe in der Rekonstruktion des Lebens Jesu erblickte, konnte er im ersten Satz des Vorworts zur ersten Auflage das fertige Werk den „Ertrag meines Lebens“ nennen. Warum er das als seine Lebensaufgabe ansah, zeigt gleich der zweite Satz, in dem er ausdrücklich auf Strauß Bezug nimmt: „Seit ich als einundzwanzigjähriger Candidat der Theologie das Strauß'sche Leben Jesu mit seiner in den Mitteln so überlegenen und doch im Ergebniß so unbefriedigenden Kritik auf mich wirken ließ, ist es mein innerer Trieb gewesen, die in diesen Flammen anscheinend versinkende Welt des Glaubens mir auf neue, probehaltige Weise wissenschaftlich wieder aufzubauen“ (LJ I V).[113] Dieses Aufbauen soll in der historischen Rekonstruktion der Lebensgeschichte Jesu erfolgen. Indem Strauß die in den Evangelien erzählte Geschichte Jesu als eine historische weithin zu destruieren versucht hatte, sei er damit „wider die historischen Grundlagen des Christenthums“ Sturm gelaufen. Gelänge es Strauß zu widerlegen, gälte „der dermalige gelehrte Widerspruch gegen den Christenglauben überhaupt für wissenschaftlich überwunden“ (LJ I VII).[114] Daher „formulirt sich die religiöse Grundfrage der Zeit als Erkenntnißfrage in der That so, wie sie Strauß uns formulirt hat: Ist der Jesus der Geschichte auch der Christus des Glaubens, der Christus des Glaubens auch der Jesus der Geschichte; und unsere Theologie hat die Aufgabe, diese Frage, mit deren Bejahung oder Verneinung sie selber steht und fällt, in einer die Erkenntnißansprüche der Zeit befriedigenden Weise ins Reine zu bringen. Strauß hat geglaubt, jene Frage im verneinenden Sinne wissenschaftlich beantworten zu können: gelänge es im Gegentheil, sie im positiven, dem christlichen Glauben entsprechenden Sinne zu lösen, dann wäre für unsere Zeit und Zeitbildung die Versöhnung

---

[113] Selbst gelesen hat Beyschlag das „Leben Jesu“ von Strauß also 1845. Zum Sommersemester 1842 in Bonn vermerkt er: „... der Strauß'sche kritische Zugwind drang doch zu uns durch, selbst ohne daß man das berüchtigte ‚Leben Jesu‘ selbst in die Hand nahm“ (L I 124). Das hatte jedoch Kinkels Verlobte getan und sie stellte bei den Spaziergängen des „Maikäfers“ an Samstagnachmittagen Fragen. „Ich vertheidigte die Glaubwürdigkeit der evangelischen Geschichte nach besten Kräften“ (ebd.).

[114] Zum Programm, die Glaubwürdigkeit der Evangelien durch historische Verifikation zu erweisen, indem „in den Schranken idealer Menschlichkeit ein einzigartiges, heilandskräftiges Leben aus ihnen hervortritt“, vgl. auch L II 521–524 (das Zitat auf S. 523). Angemerkt sei noch, dass Beyschlag eine solche „Herstellung eines ‚Lebens Jesu‘“ für „ein dringendes Bedürfniß unsrer Zeit“ hält (522), die „für dogmatische Constructionen sehr wenig, dagegen für thatsächliche Nachweise desto mehr Sinn hat“ (523).

des Glaubens und des Erkennens im Hauptpunkt gefunden, der wissenschaftliche Beweis für die Wahrheit des Christenthums grundlegend erbracht" (LJ I VIII). Beyschlag will also nichts Geringeres unternehmen, als die Wahrheit des Christentums an einem historisch rekonstruierten Jesusbild zu erweisen.

Für diese historische Arbeit bedarf es selbstverständlich der Geschichtsforschung. Deren Aufgabe versteht Beyschlag in folgender Weise: „So wahr es ist, daß alle Geschichtsforschung ‚an den Quellen hängt', so bleibt es doch ihre eigenste Aufgabe, das wirkliche Geschehniß *hinter* den Quellenberichten aufzusuchen,[115] denn diese sind ja immer nur bruchstückliche Abdrücke des thatsächlichen Vorganges, den es lebendig wiederzuerzeugen gilt. Und hiebei hat die Kritik wie die Divination ihr nothwendiges Recht" (LJ I XXIV). Hinter dem gewichtigen Fremdwort „Divination" verbirgt sich schlicht die Praxis willkürlichen Vermutens, damit „bruchstückliche Abdrücke" sich zu einem Gesamtbild fügen. Für eine solche „Divination" muss Beyschlag dazu noch göttliche Vorsehung voraussetzen: „Ich glaube nicht, daß uns Gott die lebendige Anschauung gerade auf dem Punkt der Weltgeschichte hat versagen wollen, auf dem sie für uns am werthvollsten ist; es kommt nur darauf an, daß wir unsere Augen schärfen, aus den Materialien, die uns gegeben sind, immer mehr herauszulesen" (LJ I XXV). Außer von „Divination" spricht Beyschlag ganz offen auch von „Phantasie", die notwendig zur Kunst gehöre. „Denn die Geschichtschreibung ist nicht bloß eine Wissenschaft, sondern auch eine Kunst; sie hat die Aufgabe, das Vergangene vor dem Geistesauge neu-geschehen zu lassen, also aus den bruchstücklichen Zeugnissen von demselben, nachdem sie sie wissenschaftlich untersucht hat, den ursprünglichen Vorgang lebendig wiederherzustellen" (LJ I XXVI). Für die Konzeption seines „Leben Jesu" im Ganzen hat das die Konsequenz, dass er in einem ersten Band die wissenschaftliche Diskussion führt und in einem zweiten eine „künstlerische Darstellung" (LJ I XII) bietet.

Nach ihm übersieht „der einfache Christenmensch" „in seiner Einfalt" die „Differenzen, Lücken, Schwierigkeiten" der vier Evangelien (LJ I XIX), während „der Gebildete" diese „Schwierigkeiten peinlich empfindet". Er und „der Prediger, der Andern die Evangelien auslegen und ihnen das Leben des Herrn vor Augen stellen soll" – „*die* bedürfen es, daß man ihnen den Gegenstand der evangelischen Geschichte auch geschichtswissenschaftlich behand-

---

[115] An anderer Stelle erklärt er es „für ein wahrhaft geschichtliches Verfahren, welches nach den Quellen fragt, und indem es zwischen den Berichten und den zu Grunde liegenden Thatsachen unterscheidet, die letzteren gerade dadurch feststellen kann, daß es die Unvollkommenheit der ersteren offen einräumt" (L I 242).

le und als einen auch im Feuer der historischen Kritik probehaltigen erweise“ (LJ I XX). Beyschlag nimmt also die Evangelien auf der historischen Ebene wahr und will die hier sich zeigenden Unterschiede und Differenzen auf dieser Ebene stimmig machen. Er meint, es gelänge ihm. Wie er diesen Weg, von Reimarus und Strauß abgeschnitten, dennoch zu gehen versucht, wird noch zu besprechen sein – und ebenso sein Scheitern. Was aber treibt ihn, einen solchen Weg überhaupt anzutreten? In einer Auseinandersetzung mit Kähler hält er es für die entscheidende Frage, worauf sich der christliche Glaube gründet. Er lehnt es ab, dass er „lediglich“ durch das den auferweckten Gekreuzigten bezeugende Wort der Apostel entstanden sei. Dann wäre, behauptet er, „der Christenglaube in seinem Ursprung – und damit in seinem Wesen – Autoritätsglaube, Fürwahrhalten dessen, was die Apostel von ihm (Jesus) sagten“. Dagegen setzt er, dieser Glaube sei „das unmittelbare Erzeugniß des Eindrucks, den Jesus der Christ selbst auf uns machte“; und „Jesus der Christ“ ist „der historische Jesus“ (LJ I XVII; vgl. 72). Da nach Mt 16,16 „der historische Jesus, wie er leibte und lebte, dem Petrus jenen Glauben abgewonnen“ hat, den er anschließend „begrüßte“, „so wird auch heute das Unternehmen, denselben so, wie er leibte und lebte, anschaulich vor die Seele zu stellen, d. h. das moderne Unternehmen des ‚Lebens Jesu‘, für die Erweckung und Stärkung des Christenglaubens nicht so ohne allen Werth sein, wie D. Kähler meint“ (LJ I XVIIIs.). Es würde „der Weg zur Erkenntniß des erhöhten Christus doch wohl durch die Erkenntniß des historischen Jesus gehen, denn der Erhöhte ist ja nichts anderes als der Geschichtliche in seiner Vollendung“ (LJ I XIX). Von diesem Jesus will Beyschlag „lebendige Anschauungen“ vermitteln (LJ I XXI). Jesus als „der Gott*mensch*, *der* Mensch, der versucht ist in allen Stücken gleich wie wir, doch ohne Sünde“ – das könne „in lebendiger Möglichkeit und Wirklichkeit vor Augen stellen […] nur die *Geschichte*, die Lebensgeschichte Jesu“ (LJ I XXIs.). „Unser Glaube“ beruhe „auf dem überwältigenden Eindruck des historischen Christus und unserm daraus entspringenden persönlichen Verhältniß zu dem Erhöhten“ (LJ I XLVII). Deshalb besteht Beyschlag darauf: „Unser ‚Leben Jesu‘ ist ein Stück christlicher Theologie“ (LJ I XIX), das es leisten soll, dass der Eindruck Jesu, der „den Zwölfen Tag um Tag in die Seele fiel“, „ebenso noch heute jedes empfängliche Herz beim Anschauen seines Lebensbildes ergreift“ (LJ II 281).

In diesem theologischen Ziel, durch Anschauen des historisch rekonstruierten Jesusbildes Glauben zu wecken und zu stärken, steckt allerdings eine Prämisse, die auch die historische Arbeit schon entscheidend mitbestimmt. Deshalb sei zunächst auf diese Prämisse eingegangen.

*d) Was Beyschlag bei der historischen Arbeit theologisch voraussetzt*

Beyschlag sieht, dass sich der Glaube nicht auf ein solches rekonstruiertes historisches Faktum der Vergangenheit beziehen kann, das auf derselben Ebene mit allen anderen historischen Fakten steht, also relativ ist. Daher muss er für Jesus eine Absolutheit und Einzigartigkeit postulieren, ihn schlechthin über alle anderen Menschen hinausheben – und das auch noch historisch erweisen.[116] Aber das kann nicht gelingen. Es weist der historischen Wissenschaft etwas zu, das sie schlechterdings nicht leisten kann. Selbst in der Relativität allen irdischen Geschehens stehend, kann sie nicht etwas in diesem Geschehen Erfolgtes als absolut identifizieren.

Beyschlag behauptet vor jeder Analyse: „Es ist mit Jesu ein anderes Ding als mit jeder sonstigen Erscheinung der Geschichte." Das wird damit begründet, dass er „Gegenstand unseres *Glaubens*" sei. Von daher wiederum wird auf eine von vornherein gegebene „bestimmte Grundanschauung von ihm" geschlossen: „nie an ein Zeitliches und Menschliches als solches, immer nur an ein Ewiges im Zeitlichen, an ein Göttliches im Menschlichen kann man, einer geschichtlichen Erscheinung gegenüber gestellt, im religiösen Sinne des Wortes *glauben*" (LJ I) 6). Die Zirkularität dieser Argumentation ist deutlich: Zuerst wird behauptet und davon ausgegangen, dass der „historische" Jesus Ursache und Gegenstand des christlichen Glaubens sei, und dann wird von dem so gefassten Glauben her gefolgert, dass dieses Historische etwas anderes sein müsse als alles sonst in der Geschichte Begegnende. Beyschlag versucht das historisch so zu verifizieren, dass er Jesus als eine „Persönlichkeit" darstellt, die in entscheidenden Punkten alles Menschliche sonst in einzigartiger Weise überragt. So beschreibt er als „Kern der Überlieferung", den er historisch zu entfalten gedenkt: „Eine Persönlichkeit wird uns geschildert, die bei aller Menschlichkeit ihres Lebens in einer unversehrten und unbeschränkten Gottgemeinschaft gestanden, die, in dieser Gottgemeinschaft selbst das höchste Wunder der Geschichte, auch Wunder-

[116] Das ist kein Spezifikum von Beyschlag. Christliche Jesusforschung, die damit ein theologisches Interesse verfolgt, steht immer in der Versuchung, Jesus auf irgendeine Weise besonders herauszuheben. So beschreibt Kümmel viel später den Sinn der historischen Rückfrage: „Nicht die historischen Einzelheiten, wohl aber die Tatsächlichkeit und die geschichtliche Besonderheit der menschlichen Existenz Jesu möchte der über seine Begründung nachdenkende Glaube erkennen" (Problem, S. 49). Wie will man „geschichtliche Besonderheit" erkennen ohne „historische Einzelheiten"?

bares gethan und Wunderbares erlebt, eine königliche Macht auch über das Naturleben bewährt habe; durch welche mit Einem Worte Gott sich in der Menschheit geoffenbart habe wie nirgends sonst und niemals vor- und nachher“ (LJ I 7).

Der Begriff der „Persönlichkeit“ begegnet bei Beyschlag, gerade in solchen Zusammenhängen, immer wieder; und Jesus wirkt als diese Persönlichkeit durch den Eindruck, den er mit ihr macht (z.B. LJ I 368). Zur Besonderheit dieser Persönlichkeit gehört „das ganze wunderbare, einzigartige Selbstbewußtsein Jesu“ (LJ I 72). Die Frage danach hält er für „den Schlüssel des Verständnisses für das Leben Jesu“ und daher für das „grundlegende Kapitel unsrer historischen Untersuchung“ (LJ I 175). Dafür wertet er die Erzählung vom zwölfjährigen Jesus im Tempel in Jerusalem (Lk 2,41–52) historisch aus; sie bringe „einen offenbar epochemachenden Moment seiner geistigen Entwickelung zur Darstellung“ (ebd.). Er findet das Wort Jesu in V. 49: „Muß ich nicht sein in dem, was meines Vaters ist?“ „unerfindlich“. Es gilt ihm als „ein fester Ausgangspunkt, um das eigenthümliche Selbstbewußtsein Jesu klarzustellen“ (LJ I 176). Das „religiöse Bewußtsein“, das in ihm „allbestimmend“ lebe, sei „ein neues, bis dahin in der Welt unerhörtes, und ein vollkommenes, das nicht nur bis heute in der Welt unübertroffen ist, sondern auch an Innigkeit, Trautheit niemals übertroffen werden kann“. Es manifestiere sich in der Bezeichnung Gottes als „Vater“, was von Beyschlag als „ein neuer Gottesname“ behauptet wird; der werde „durch ihn der eigentliche, wesentliche Gottesname“. Es habe „niemals ein Einzelner gewagt, sich Gotte so im Bewußtsein persönlicher Gemeinschaft und wechselseitiger Vertrautheit gleichsam ans Herz zu schmiegen, wie Jesus mit seinem ‚*mein* Vater‘ thut“, Ausdruck „eines Sohnesbewußtseins ohne Gleichen“ (LJ I 179). Jesus habe „die Religion der Gotteskindschaft gestiftet, […] die Idee Gottes als des *himmlischen Vaters* in die Welt eingeführt“. „Diese Gottesidee hat bis auf Jesum niemand gekannt“ (LJ I 184; vgl. 337–342; II 74f.). Hier findet sich der Sache nach schon, was im 20. Jahrhundert von Joachim Jeremias und vielen, die ihm folgten, behauptet wurde und heute als erledigt gelten kann.[117]

[117] Vgl. Joachim Jeremias, Abba, in: Ders.: Abba. Studien zur neutestamentliche Theologie und Zeitgeschichte, Göttingen1966, S. 15–67, besonders S. 58–67, sowie andererseits die einschlägigen Monographien: Annette Böckler, Gott als Vater im Alten Testament. Traditionsgeschichtliche Untersuchungen zur Entstehung und Entwicklung eines Gottesbildes, Gütersloh 2000; Angelika Strotmann, Mein Vater bist Du! Sir 51,10. Zur Bedeutung der Vaterschaft Gottes in kanonischen und nichtkanonischen frühjüdischen Schriften, Frankfurt a.M. 1991; Elke Tönges, „Unser Vater im Himmel“. Die Bezeichnung Gottes als Va-

Beyschlag stellt befriedigt fest: „So gewährt die historische Untersuchung mit vollen Händen, was der christliche Glaube als seine nothwendige Voraussetzung fordert: die religiös-sittliche Absolutheit Jesu, wie sie eben in seinem Bewußtsein uneingeschränkter Gottessohnschaft sich ausdrückt. Diese Absolutheit ist eine geschichtliche Thatsache“ (LJ I 194f.). Nur, dass diese Untersuchung auf der Basis des vorausgesetzten Glaubens erfolgte und nur deshalb das einbringen konnte, was gefordert war. Dieser Automatismus, dass der auf den „historischen“ Jesus bezogene Glaube von dieser „Persönlichkeit“ Einzigartiges verlangt, das dann historisch verifiziert werden soll, was schließlich als gelungen behauptet wird, ließe sich noch an einer ganzen Reihe von Punkten aufzeigen. Es sei hier nur noch ein Aspekt herausgestellt. Das jeweils letzte Kapitel hat im ersten Band die Überschrift „Die Auferstehung“ und im zweiten „Die Osteroffenbarung“. Es ist auffällig, dass Beyschlag an keiner Stelle von einem Handeln Gottes am getöteten Jesus spricht. Selbst die postmortale Existenz Jesu lässt er in der Persönlichkeit des „historischen“ Jesus begründet sein: „Ist für den gekreuzigten Christus die irdische Lebensaufgabe in einziger Weise, im Sinne heiliger Vollendung gelöst, gehört er ebendamit kraft innersten Rechtes mit seinem ganzen Dasein einer höheren Weltordnung an, wer will beweisen, daß sein in Gott vollendeter Geist sein gewaltsam zerbrochenes […] irdische Organ nicht habe neu beseelen und in der Neubelebung es jener höheren Weltordnung entsprechend habe umbilden können?“ (LJ I 473) Es handle „sich eben bei Jesu Auferstehung nicht um ein Allgemein-menschliches, sondern um ein Einziges zum Besten Aller, und dies Einzige hat an der Einzigkeit seiner Person, seiner Lebensführung und seines Todes seinen ganz genügenden Grund“ (LJ I 474). Dass der Versuch, die Erzählungen am Schluss der Evangelien und die Angaben des Paulus in 1Kor 15,5–7 in einen zusammenhängenden historischen Geschehensablauf zu bringen, nach den einschlägigen Untersuchungen von Reimarus nur als gescheitert angesprochen werden

---

ter in der tannaitischen Literatur, Stuttgart 2003. Allerdings: Nachwirkungen gibt es immer noch. Als ein Schlaglicht sei nur genannt: Die Einzigartigkeit der Beziehung Jesu zum „Vater“ sieht Beyschlag auch darin gegeben, dass sich Jesus nicht mit seinen Jüngern in einem gemeinsamen „unser Vater“ zusammenschließe, sondern „mein Vater“ und „euer Vater“ sage (LJ I 182). Er führt hier nicht explizit Joh 20,17 an, wo sich dieses Nebeneinander findet, aber gerade nicht als Unterscheidung zu verstehen ist (vgl. dazu Wengst, Joh II, S. 306f.). Unter ausdrücklichem Bezug auf diese Stelle findet sich dieselbe Argumentation wie bei Beyschlag 100 Jahre später am Ende des 20. Jahrhunderts (vgl. u. S. 271).

kann, braucht hier nicht ausgeführt zu werden. Wie Beyschlag historisch arbeitet, wird noch zu besprechen sein.

Im Blick auf das in diesem Abschnitt Ausgeführte sei noch angemerkt, dass sich hier ein grundsätzliches Dilemma historischer Jesusforschung zeigt, wenn sie ihr Geschäft als ein theologisches Unternehmen begreift. Von heute aus gesehen, mag man es nicht einmal mehr für diskussionswürdig halten, wenn Beyschlag das Wort Joh 8,58: „Ehe Abraham ward, bin ich" dem „historischen" Jesus zuschreibt; und man wird vielleicht nachsichtig lächeln, wenn er in Bezug darauf vom „Blitzstrahl momentaner intellectuellen Anschauung" spricht und dies Wort als „die auflodernde Flammenspitze eines Bewußtseins" charakterisiert, „das mit der wachsenden Anfechtung in seiner Selbsterfassung erst sich auswächst, und so in diesem Augenblick durchzuckt wird von der Anschauung seines Ewigkeitscharakters gegenüber allen – auch den höchsten – rein-zeitlichen Erscheinungen in der Geschichte" (LJ II 364). Aber man muss doch auch fragen, was ihn zu so hochgespannten Aussagen über eine Gestalt treibt, die er historisch zu rekonstruieren gedenkt. Dieses treibende Motiv ist ja kein anderes als sein theologisches Interesse. Weil er den Glauben an dem von ihm rekonstruierten „historischen" Jesus festmachen will und der Glaube einen festen Grund braucht, macht Beyschlag über den „historischen" Jesus solche Aussagen von absoluter Einzigartigkeit, die er historisch zu verifizieren meint. Aber das gelingt nicht. Kann historische Jesusforschung, die zugleich theologisch sein will, aus diesem Dilemma herauskommen? Diese Frage wird bei späteren Versuchen im Auge zu behalten sein.

*e) Wie Beyschlag historisch arbeitet*

Schon am Beginn seines Vorworts lässt Beyschlag seine Leser und Leserinnen wissen, dass er Strauß überwinden will, und erklärt im Weiteren, dass mit solcher Überwindung der Widerspruch gegen den Christenglauben überwunden, ja dessen Wahrheitsbeweis erbracht sei. Von daher sollte man erwarten, dass er sich gründlich mit Strauß auseinandersetzte. Das ist jedoch nicht der Fall. Viel intensiver diskutiert er Einzelprobleme unter Bezug auf das wenige Jahre vor seinem „Leben Jesu" unter demselben Titel erschienene Werk von Bernhard Weiß, das er von „nah-verwandten theologischen Grundanschauungen" ausgehen sieht (LJ I VI), aber in vielen Einzelheiten seine Kritik herausfordert. Auf Strauß will er „an den Hauptpunkten" eingehen (LJ I VII). Aufs Ganze gesehen, geschieht das aber nicht besonders häufig; und die Stellen, an denen er es tut, werden in der Regel nicht als

„Hauptpunkte“ deutlich. In den meisten Fällen ist die Auseinandersetzung kaum anders als mit Weiß, Reimarus und Hase. Das ist auch nicht verwunderlich, wenn man fragt, *welchen* Strauß Beyschlag anführt, nämlich fast durchgehend den des „Leben Jesu, für das deutsche Volk bearbeitet“ von 1864, das Albert Schweitzer zusammen mit den Werken von Beyschlag, Bernhard Weiß und anderen unter den „liberalen Leben-Jesu“ bespricht. Hier hatte Strauß vieles von seiner radikalen Kritik zurückgenommen, indem er etwa Jesus als „religiöses Genie“ verstand, vielleicht sogar das größte. Das ist zwar immer noch etwas anderes als die absolute Einzigartigkeit, in die Beyschlag Jesus versetzt, aber es lag doch eine Annäherung vor. Möglicherweise sah sich Beyschlag durch Straußens Zugeständnisse der Notwendigkeit enthoben, sich mit der radikalen Kritik des „Leben Jesu“ von 1835 eingehender auseinanderzusetzen. An einer Stelle (LJ I 12–14) findet sich der Ansatz einer grundsätzlichen Auseinandersetzung und dort tritt auch hervor, dass Beyschlag die unterschiedlichen Ausrichtungen der Straußschen „Leben Jesu“ von 1835 und 1864 kennt.[118] Als Vertreter der „reinhistorischen Kritik“ führt er Reimarus, Strauß und Renan an, vergleicht sie in kurzen Strichen und stellt dabei heraus, dass sie zu völlig unterschiedlichen Ergebnissen kamen, womit er „das Märchen von einer ‚reinhistorischen Methode‘, die aufs Leben Jesu anzuwenden sei und mit demselben fertig zu werden vermöge“, gründlich zerstört sieht (13). Auf den Gedanken, dass mit derselben Argumentation auch die von einer weitgehend gleichen Basis ausgehenden, aber doch zu sehr unterschiedlichen Ergebnissen gelangenden „Leben Jesu“ von Bernhard Weiß und ihm selbst getroffen werden könnten, kommt Beyschlag nicht. Er setzt stattdessen den Fall, wenn „vom Standpunkt des Glaubens und der Theologie“ abgesehen werde. Auch dann müsse man von der Geschichtswissenschaft fordern, „daß eine der unleugbaren geschichtlichen *Wirkung* entsprechende *Ursache* nachgewiesen werde; daß der weltgeschichtlichen Erscheinung des Christenthums in dem Bilde des Stifters ein Ursprung zuerkannt werde, welcher dieselbe wirklich erklärt“ (ebd.). Hier wird als selbstverständlich vorausgesetzt, dass Jesus der Stifter des Christentums war und also die weithin im 19. Jahrhundert als

[118] Das Straußsche „Leben Jesu“ von 1835 wird einmal im Text erwähnt (1, 102) und zweimal zitiert mit der zusätzlichen Angabe „der dritten Auflage“ (LJ I 50 mit Anm. 2; 448 mit Anm. 1). Die Zitate stimmen mit der 1. Auflage überein, nicht aber die angegebenen Seitenzahlen. Hat Beyschlag also die 3. Auflage von 1838 benutzt, die auch schon eine abgemilderte Fassung bot, die Strauß in der 4. Auflage von 1840 wieder verwarf, als sich die Berufung nach Zürich 1839 endgültig zerschlagen hatte?

schlechthin überragend eingeschätzte Bedeutung des Christentums sich schon in Jesus abbilden muss. Im Klartext heißt das, dass Beyschlag das von ihm selbst rekonstruierte Jesusbild zum Kriterium der Beurteilung macht. Auf das Straußsche „Leben Jesu" von 1835 angewandt, ist damit dessen radikale Kritik schnell erledigt, da Strauß dort „den Urheber des Christenthums und der Kirche überhaupt nicht ins geschichtliche Licht, vielmehr ins geschichtliche *Dunkel* zu setzen gesucht hat" (LJ I 14).

Strauß zu überwinden, heißt also für Beyschlag: Gegenüber dessen radikaler Skepsis, aus den Evangelien über „das einfache historische Gerüste des Lebens Jesu" hinaus ein Lebensbild Jesu historisch rekonstruieren zu können, muss eben gerade das doch zustande gebracht werden. Es gilt also für ihn, mit historischen Mitteln an den Texten der Evangelien nachzuweisen, dass sie hinreichend historische Tatsachen berichten, die es erlauben, eine historische Rekonstruktion des Lebens Jesu zu bieten. Wie meint er, das zu vermögen und also Strauß überwunden zu haben? Es deutete sich schon an, dass der wichtigste Hebel dafür ein theologisches Postulat ist. Das eben genannte historische Postulat, Jesus sei der Stifter des Christentums, ist insofern mit einem theologischen Postulat verbunden, da dieser Stifter als Gegenstand des Glaubens von absoluter Einzigartigkeit sein muss. Und diese postulierte Einzigartigkeit generiert in der Argumentation Beyschlags immer wieder in den Evangelien Erzähltes als historische Tatsachen.

Bevor ich dafür einige Beispiele anführe, sei noch einmal herausgestellt, dass die Projektion der von Beyschlag außerordentlich hoch eingeschätzten weltgeschichtlichen Bedeutung des Christentums auf seinen vermeintlichen „Stifter" in der Tat ein zentraler Punkt für ihn ist. Bereits im 1. Kapitel über „Allgemeine Vorfragen" betont er: „Aber wir sind doch Christen [...]; wir stehen doch in dem Segensstrom, der von jenem Jesusleben ausgegangen ist und die Völker, die sich von ihm auch nur benetzen ließen, zu Erstlingen der Menschheit gemacht hat trotz Buddha und Muhammed. Und wir müssen uns sagen, daß *wenn* irgend eine geschichtliche Erscheinung eine *religiöse* Bedeutung für uns haben soll, dieselbe den Charakter des Übernatürlichen und Wunderbaren, des Einzigartigen und Vollkommenen nothwendig tragen müsse" (LJ I 8). Und an anderer Stelle „bedarf es keines Beweises", dass das Christentum das Judentum sowohl sittlich als auch religiös überrage; „und die Ursache des einen wie des andern liegt in dem Bewußtsein des Stifters vollkommen klar vor Augen" (LJ I 190). Was Beyschlag alles über das „Ursprungsgeheimniß des Lebens Jesu" aus den Anfängen des Matthäus- und Lukasevangeliums herausgefunden hat, lasse sich, gibt er zu, „wissenschaftlich nicht begründen auf die schwanken Überlieferungen der Vorgeschichte, sondern nur auf die Thatsache des eigenthümlichen Selbstbewußtseins Jesu, insofern es sich etwa als nöthigender Rückschluß aus demselben ergibt“ (LJ I 175). Das Postulat, dass Jesus als einzigartige Persönlichkeit Eindruck auf seine Schüler gemacht und so das Christentum gestiftet habe, woraus sich als Aufgabe ergibt, seine Persönlichkeit in lebendiger Anschauung den eigenen Zeitgenossen rekonstruierend vor Augen zu stellen, bestimmt auch die Einschätzung der Evangelien als Quellen: Diejenigen, die selbst zutiefst von Jesus beeindruckt worden sind, können es nicht geduldet haben, „daß diese heiligen Thatsachen mit willkürlichen frommen Phantasieen vermischt würden bis zur Unkenntlichkeit von Wahrheit und Dichtung“ (LJ I 107f.). Wahrheit ist hier also bezogen auf Historizität. Dementsprechend meint er z.B. einen „sicheren Beweis“ dafür liefern zu können, dass die synoptischen Evangelien „unverfälscht Geschichtliches geben und nicht Theologisches eintragen“ (LJ I 111). Weil er in dieser Weise „Geschichtliches“ und „Theologisches“ im Gegensatz zueinander sieht, weil er das Theologische im Historischen, eben im „historischen“ Jesus, sucht, ergibt es sich geradezu zwanghaft, dass er in den Evangelien möglichst viel historisch zu „retten“ versucht.

Da Jesus für „die Fülle der Gottheit“ (Kol 2,9) „ein vollkommen entsprechendes Gefäß und Werkzeug“ sei, würde er, was „nicht vielen Beweises“ bedürfe, „bei aller seiner Zugehörigkeit zur Menschheit [...] bis in den Naturgrund seiner Entstehung hinein die absolute Ausnahme, also das Wunder aller Wunder sein“ (LJ I 41). Von daher hält er die meisten von Jesus erzählten Wunder für historisch verifizierbar, sogar die drei Totenerweckungen. Bei der Besprechung der Auferweckung des Lazarus projiziert er in Jesus, wie er sich selbst die Sache zurechtzulegen versucht: „Nach dem Wie jener Auferweckung, nach den Mitteln und Wegen Gottes, das entschwundene Leben ohne Unnatur herstellbar zu erhalten, hat Jesus auch hier nicht gefragt; er handelte darin wie bei allen seinen Wundern im Kindesglauben an seinen himmlischen Vater“ (LJ II 412). Er hält es „vielleicht“ für „die schrifttreueste und zugleich für unser Denken befriedigendste Vorstellung von Jesu Wundern, ihnen in seiner Persönlichkeit eine irgendwie natürliche Grundlage zu geben, welche aber jedesmal nur durch einen Act seines höheren Lebens in Bewegung gesetzt wird“ (LJ II 145f.). Bei einigen Wundern macht er jedoch Zugeständnisse an die Kritik – und verfährt mit ihnen auf geradezu rationalistische Weise: mit dem Weinwunder in Kana (LJ I 328f.; II 137), der wunderbaren Speisung (LJ I 330; II 262–264) und mit Sturmstillung (LJ I 323f.; II 197f.) und Seewandel (LJ I 324f.; II 264). In analoger Weise wie bei den meisten Wundern wird auf die Sündlosigkeit Jesu als ein historisch feststellbares Faktum geschlossen (LJ I 56; 71f.; 185f.).[119] Sich dieses Faktums bewusst, geht Jesus zur Taufe des Johannes als der Gottesknecht von Jesaja 53, der die Schuld anderer trägt (LJ II 108f.). „Jesus hätte nicht Jesus sein müssen, um vor allem und ohne Weiteres den äußeren Ritus zu suchen, und nicht zuerst den Herzensaustausch, die Aussprache über den großen Gottesrathschluß, der sie beide erfüllte“ (LJ II 109). Überhaupt ist in diesem Zusammenhang als auffällig festzuhalten, wie außerordentlich häufig Beyschlag formuliert, dass etwas geschehen „musste“ oder „ohne Zweifel“ geschehen sei. Eine Spitzenformulierung in dieser Hinsicht bietet er bei den Erwägungen über Jesu Vorauswissen, das er als „ein im höchsten Sinne prophetisches, übernatürliches Vorwissen und Vorschauen dessen, was ihm nahte“ versteht (LJ I 408), das ihm „kraft einer göttlichen Erleuchtung“ zuteilwurde: „Und diese göttliche Erleuchtung mußte sich auch auf solche Umstände des göttlichen Verhängnisses erstrecken, welche – wie die Thatsache seines Sterbens auf den Passahtag oder die Verrätherei des Judas und die Untreue des Petrus – behufs eines vollbewußten frei-vollkommenen Thuns und Leidens vorgewußt werden mußten“ (LJ I 409).

Für das historische Arbeiten von Beyschlag charakteristisch ist sein harmonisierender Umgang mit den unterschiedlichen Angaben der Evangelien. Selbstverständlich macht er das nicht mehr wie die Supranaturalisten, die versuchten, sämtliche Aussagen der Evangelien in- und nacheinander in einen historischen Geschehensablauf zu verschachteln. Das war durch Strauß – und hätte man ihn lesen können – auch schon durch Reimarus unmöglich geworden, jedenfalls für solche, die auch nur ein wenig kritischer Argumentation zugänglich waren. Strauß hatte immer wieder die Unvereinbarkeit zwischen den Evangelien herausgestellt, zunächst in der Gegenüberstellung eine Version als historisch nicht zutreffend erwiesen und anschließend die andere meistens auch noch. Beyschlag schilt ihn deswegen, dass er „die Evangelisten verhört nicht wie Geschichtszeugen, sondern wie Delinquenten, denen man aus dem geringsten Widerspruch den Strick der Unglaubwürdigkeit dreht“ (LJ I 102). Er selbst fügt die Angaben der Evangelisten wieder harmonisch in- und nacheinander, jedoch nicht alle. Was sich seiner

---

[119] An anderer Stelle versucht er sie historisch so zu verifizieren, dass „sie sich nicht sowohl aus einzelnen Selbstaussagen, als aus seiner ganzen unwillkürlichen Lebenshaltung, insonderheit aus seinem Sohnes- und Heilandsbewußtsein unwidersprechlich ergibt“ (L II 220).

Rekonstruktion sperrt, gilt als unhistorisch. Das bringt ihn allerdings in ein gespanntes Verhältnis zu den Evangelisten. Einerseits muss er ihre Glaubwürdigkeit als historische Informanten außerordentlich hoch ansetzen. Andererseits kann er ihnen nicht in allem folgen, wobei es sich bei den ihnen anzulastenden Mängeln oft genug nicht um Kleinigkeiten handelt. Um „aus den viererlei Erzählungen, welche uns die Evangelisten in der Einfalt ihres phantasievollen Kinderglaubens gegeben haben, eine einheitliche, nach unseren heutigen wissenschaftlichen Maaßstäben haltbare Geschichte Jesu herzustellen“, bedarf es der historischen Kritik (LJ I XLVI). Der moderne Kritiker muss es notgedrungen immer wieder besser wissen als die als historische Zeugen beanspruchten Evangelisten. Auf diese Arbeit zurückblickend, meint Beyschlag: Das öffentliche Leben Jesu „war zunächst in seinem Pragmatismus klarzustellen, in der von den Evangelisten zerstückten oder verwirrten Reihenfolge der Begebenheiten, welche sich indeß nach den in ihnen selbst enthaltenen Spuren hinreichend widerherstellen ließ“ (L I 525). Am konkreten Beispiel sei das am Umgang mit den unterschiedlichen Erzählungen über Jesu Taufe kurz gezeigt. Zunächst wird die als Möglichkeit erwogene Annahme, „nicht nur Johannes, sondern auch Jesus“ habe „hier geschaut und vernommen“ und Lukas und Markus hätten „nur eben in leicht erklärlichem Mißverständniß das innere Schauen und Vernehmen Jesu für ein äußeres Erleben wunderbarer Dinge genommen“, mit dem Argument zurückgewiesen: Visionäres Schauen „als eine immerhin unvollkommene Vermittlungsform göttlicher Offenbarung“ passe nicht zur „stätigen und vollkommenen Gottesgemeinschaft“ Jesu. Als „letzte Quelle“ der Taufgeschichte sei „der Täufer Johannes zu betrachten“, der sie seinen dann zu Jesus übergehenden Jüngern erzählte. Die Evangelisten waren nun „überzeugt, daß in jenem Vorgang nicht blos Johannes, sondern Jesus selbst etwas erlebt, daß er ebendas wirklich *erlebt* und *erfahren* habe, was der Täufer über ihn schaute und vernahm. Und da sie nun keine eigene Darstellung Jesu über jenes sein Erlebniß besaßen, so stellten sie dasselbe einfach so dar, daß sie das von Johanes Geschaute und Vernommene zugleich von Jesu geschaut und vernommen werden ließen, aber nicht visionär, sondern real, weil es ja ein reales Erlebniß Jesu sein sollte“ (LJ I 219). Für die seltsame Blüten treibende historisierende und oft genug auch psychologisierende Harmonistik Beyschlags sei zum einen noch auf seine Behandlung der Vorgeschichten im Matthäus- und Lukasevangelium hingewiesen (LJ I 148–174; II 44–65). Er versteht es, außerordentlich viel daraus historisch zu verifizieren, fast wie in einem Krippenspiel. Er konzediert zwar z.B. als unhistorisch, dass Josef und

Maria wegen eines Zensus von Nazaret nach Betlehem gegangen wären. Aber die Geburt im Stall von Betlehem ist dennoch historisch: Als frommer Davidide, der zu den „Stillen im Lande“ gehörte, hatte Josef zusammen mit Maria die stille Hoffnung, dass ihr Erstgeborener doch der erhoffte Messias sein möge; und weil Josef wusste, dass nach Micha 5,1 der Messias in Betlehem geboren werden sollte, zog er mit Maria vor deren Niederkunft dorthin. Schließlich sei noch genannt, was in meinen Augen die Höchstleistung in dieser Hinsicht ist: der Ausgleich zwischen der Datierung des Todes Jesu am 14. Nissan im Johannesevangelium und am 15. Nissan in den synoptischen Evangelien. Weil Jesus wusste, dass er die Feier von Pessach nicht mehr erleben würde, sie aber unbedingt begehen wollte, hat er sie einfach für sich und die Seinen um einen Tag vorverlegt (LJ I 398; 407f.; II 434f.)

Die eigene Fixiertheit auf Historie und die von daher bestimmte Voraussetzung, die Evangelisten wollten „echte“ Geschichte bieten, verhindern es, die Evangelien in ihrer jeweiligen literarischen Besonderheit wahrzunehmen und damit als Texte, die es verstehend auszulegen gilt. Sie werden als „Quellen“ verstanden, die man erst noch auswerten muss, als disparates „Material“, das historisch stimmig zu machen ist. Und das geschieht – und kann auch nur so geschehen – durch eklektische Benutzung der in den Evangelien gemachten Angaben, die ausmalend in Möglichkeiten oder auch Unmöglichkeiten umgesetzt werden. In einer Generation stehen dann unterschiedliche Möglichkeiten nebeneinander, deren Verfasser sich heftig, aber vornehm befehden, wie das etwa Beyschlag und Bernhard Weiß tun. Ihre Setzungen leuchten ihren Zeitgenossen mehr oder weniger ein, weil trotz aller Unterschiede zwischen ihnen der rekonstruierte Jesus in der Hauptsache das diesen Zeitgenossen Angenehme verkörpert. In der nächsten Generation – und besonders Forschergeneration – „glaubt“ kaum noch jemand an diese Rekonstruktionen. Im Blick auf Beyschlag und Bernhard Weiß kann man das daran sehen, wie Albert Schweitzer sie rezipiert. Ihre in epischer Breite geschriebenen und von den Verfassern als so gegensätzlich angesehenen „Leben Jesu“ werden von Schweitzer im Inhaltsverzeichnis als Paar zusammengestellt und schnurren in seiner Darstellung auf nicht einmal drei Seiten zusammen.[120]

In dem inzwischen so großen zeitlichen Abstand erscheint die Rekonstruktion des „historischen“ Jesus durch Beyschlag als willkürlich; und das ist sie auch. Aber es stellt sich die Frage, ob angesichts der Quellenlage nicht

120 Schweitzer, Geschichte, S. 214–216.

auch jede andere und spätere Rekonstruktion gar nicht anders als willkürlich sein kann. Es scheint nur, dass das für je gegenwärtige Versuche nicht so klar wahrgenommen wird, wie es dann mit einigem Abstand vor Augen tritt.

Hinsichtlich der Frage, wie Beyschlag historisch arbeitet, bleibt noch ein Aspekt zu beachten, der zugleich auf ein nicht lösbares Problem der Suche nach dem „historischen" Jesus hinweist. Es ist schon im Titel angezeigt, den viele solche Bücher im 19. Jahrhundert trugen: „Das Leben Jesu". Es soll also eine Lebensgeschichte Jesu geboten werden. Die Lebensgeschichte einer Person erstreckt sich von ihrer Geburt bis zu ihrem Tod. So müsste auch ein „Leben Jesu" dessen Entwicklung, Schicksale, Unternehmungen von Geburt bis Tod darstellen. An einer solchen Aufgabe gemessen, weisen die Evangelien als einzige Quellen gewaltige Lücken auf. Sie erzählen im Grunde nur von einer relativ kurzen Wirksamkeit Jesu vor seinem Tod. Es wurde schon vermerkt, dass Beyschlag aus den Vorgeschichten im Matthäus- und Lukasevangelium über die Geburt Jesu und die unmittelbar anschließende Zeit sehr viel Historisches zu gewinnen meint und dass die eine nur im Lukasevangelium begegnende Szene über den zwölfjährigen Jesus im Jerusalemer Tempel für ihn von fundamentaler Bedeutung ist. Aber über die zehn Jahre davor und die achtzehn Jahre danach gibt es keinen einzigen Text. Da hilft dann offenbar die „Divination". Aus ihr heraus weiß Beyschlag z.B. aus „Jesu Jugendleben"[121], „daß Joseph ohne Zweifel nach der Weise seines ländlichen Gewerbes von Zeit zu Zeit arbeitsuchend durch's Land zog: da wird er den acht- oder zehnjährigen Knaben an die Hand genommen haben, und so ward derselbe, ohnedies ein überall gern gesehener Liebling der Menschen, mit Land und Leuten weiterhin bekannt" (LJ II 53). Über Jesu „verborgenes Reifen" nach dem Durchbruch seines einzigartigen Sohnesbewusstseins bei jenem Besuch im Tempel weiß Beyschlag über 30 Seiten zu füllen (LJ II 66–98). Den pragmatischen Zusammenhang in der öffentlichen Wirksamkeit Jesu sucht er so zu gewinnen, dass er im Wesentlichen den chronologischen und topographischen Angaben des Johannesevangeliums folgt und in diesen Rahmen die synoptischen Berichte einordnet.

Für die Darstellung einer historischen Person ist ihre Entwicklung ein wichtiger Gesichtspunkt. Das kann beim „historischen" Jesus nicht anders gewesen sein. Auch er, selbst in seinem Verhältnis zu Gott, ist nicht zu denken „ohne fortwährendes *Lernen* aus der Erfahrung, also auch nicht ohne

---

[121] So der Titel des 4. Kapitels in Band II (S. 44–66).

erhebliche Berichtigung von Vorstellungen und Erwartungen, welche er aus seiner israelitischen und alttestamentlichen Vorbildung mitbringen mußte" (LJ II 123). Nach Beyschlag „kann kein Zweifel sein: das öffentliche Leben Jesu hat unter anderen Gestirnen begonnen, als unter der Erwartung des Kreuzestodes" (LJ I 239). So mag es gewesen sein. Das Problem ist nur, dass die Evangelisten darüber nichts berichten. Beyschlag muss selbst zugeben, dass „deren Sache es nicht ist, inneren Entwickelungen Jesu nachzugehen" (LJ II 164). Das liegt an ihrem Konstruktionspunkt, der sie so ganz anders darstellen lässt, als es eine Lebensbeschreibung erfordert. Und so müssen ihnen Spuren abgewonnen werden, die sich für die Annahme einer Entwicklung auswerten lassen. Diese Spurensuche und ihre Auswertung vollziehen sich allerdings als ein Erraten, dessen Ergebnisse auf willkürlichen Entscheidungen beruhen. Auch dabei muss es der moderne Historiker wieder besser wissen als seine Quellen, was skurrile Formen annehmen kann. So kritisiert Beyschlag, dass die synoptischen Evangelien „schon sofort nach dem Gespräche von Cäsarea Philippi" Jesus den Schülern gegenüber seinen Tod ankündigen lassen, worauf dann die Verklärungsgeschichte folgt: „Indeß kann man nicht wohl annehmen, daß Jesus zu seinen Jüngern über etwas geredet haben sollte, womit er selbst noch nicht im Reinen war, und wäre er schon vorher über seine durch den Tod hindurch zu erringende Verklärung im Reinen gewesen, so hätte die Verklärungsgeschichte für ihn keinen Sinn" (2, 305 Anm. 1).[122]

Beyschlag ist sich der Schwierigkeiten bewusst und zählt auch einige auf, meint dann aber doch: „Die Sache liegt dennoch so schlimm nicht wie es scheint" (LJ I 256). Dass er an „die Ausfindung des pragmatischen Zusammenhangs und Entwicklungsganges" als Aufgabe herantritt, ist darin begründet, dass dadurch aus „Einzelzügen erst ein wirklicher Geschichtsverlauf" wird und dass, wer „auf diesen Versuch verzichtet, freilich ebendamit auf ein Element des historischen Verständnisses verzichtet, das uns geradezu unerläßlich dünkt" (ebd.). Diese Einsicht rechtfertigt es, auf die unhaltbaren Rekonstruktionen von Beyschlag hingewiesen zu haben. *Wenn* man nach dem „historischen" Jesus fragt, ist es kein Mutwille, den pragmatischen Zusammenhang und die Entwicklung seiner Lebensgeschichte erkennen zu wollen, sondern nur folgerichtig. Eine historische Person kann nur verstan-

---

[122] Hierauf trifft Kählers allgemein gehaltener Vorwurf zu: „Erst wird dieser Gang (im Fortschritt des Bewusstseins Jesu) aus den Quellen erraten; dann werden diese Quellen nach ihm zeitlich zurecht gerückt, weil sie nicht dazu stimmen; und jedem Forscher schieben sie sich anders" (Jesus$^2$, S. 134).

den werden in ihren geschichtlichen Zusammenhängen. Dazu gehört das Milieu, aus dem sie kommt, in dem sie entweder bleibt oder aus dem sie sich – aufgrund welcher Einflüsse? – löst. Dazu gehören die Umstände und Bedingungen, in und unter denen sie lebt und wirkt und sich ihr besonderer Charakter ausbildet; sie ist also nicht ohne Entwicklung vorstellbar. Beyschlags und anderer Gelehrter Rekonstruktionen der Lebensgeschichte Jesu zeigen, dass dieser Versuch angesichts der Quellenlage nur scheitern kann. So wird er auch seit fast hundert Jahren von ernsthafter Wissenschaft so gut wie nicht mehr unternommen. Wenn nun bei der „neuen Frage" und der „dritten Suche" nach dem „historischen" Jesus auf die Rekonstruktion einer solchen Lebensgeschichte Jesu verzichtet wird und lediglich die Verkündigung des „historischen" Jesus eruiert werden soll, so mag das auf den ersten Blick einsichtsvoll und bescheiden erscheinen. Aber es ist doch auch sofort an die eben genannte Einsicht Beyschlags zu erinnern, was dieser Verzicht bedeutet. Wie soll denn aus isolierten Sprüchen und kurzen Redestücken ein historisch nachvollziehbares Verständnis von der Verkündigung einer Person gewonnen werden, über deren Lebensgeschichte man nur fragmentarisch informiert ist und über deren Entwicklung man gar nichts weiß? Das unlösbare Problem der Rekonstruktion der Lebensgeschichte und Entwicklung Jesu weist also entschieden daraufhin, dass die Frage nach dem „historischen" Jesus in jeder Form auf historisch ganz enge Grenzen stößt und nicht über das Straußsche „einfache historische Gerüste des Lebens Jesu" hinauskommen kann – außer durch phantasievolles Raten, durch „Wildern und Bildern" auf dem Feld der Geschichte, wie es Martin Kähler treffend genannt hat.[123]

In dem vorher gebrachten Zitat Beyschlags über Jesu „fortwährendes Lernen aus der Erfahrung" deutete sich schon an, dass er eine Entwicklung bei ihm annimmt, die sich von „seiner israelitischen und alttestamentlichen Vorbildung" zunehmend wegbewegt. Darauf sei im letzten Abschnitt dieses Kapitels eingegangen.

### *f) Beyschlags Bild vom Judentum und von Jesus als einem Juden*

Wie das auch schon bei Reimarus und Strauß der Fall war, teilt Beyschlag das allgemein christliche negative Klischee von den Pharisäern und verbreitet es kräftig weiter. Im Unterschied zu Reimarus und Strauß bedient er sich nicht einmal der „Billerbecks" seiner Zeit, sondern hat seine „Kenntnisse"

---

[123] Vgl. u. S. 122.

ausschließlich aus der Sekundärliteratur und aus den vorurteilsvoll gelesenen Evangelien. So erkennt er bei den Pharisäern „eine äußere Rechtgläubigkeit und Werkheiligkeit ohne innere Beugung vor der heiligenden Wahrheit“ (LJ II 357f.), „Selbstrechtfertigung und Gerichthalten über die Andern“ (LJ I 194); „ihr System“ sei „ein durchgängiges Gewebe innerer Unwahrhaftigkeit und Heuchelei“ (LJ II 355), was „an die spätere Jesuitenmoral“ erinnere (LJ II 356), ein „Zerrbild des ächten Israelitismus, welches im schnurgraden Gegensatz gegen den Geist der alten Propheten das Wesen der Jehovahreligion aus dem Kern in die Schale verlegte“ (LJ II 21). Selbst die in Lk 13,31 gegebene Mitteilung, dass Pharisäer Jesus vor einem Anschlag auf sein Leben durch den Landesfürsten Herodes Antipas warnten, wird von Beyschlag völlig ins Negative verdreht (LJ II 296.410f.), sodass er behaupten kann, „die Pharisäer und die auf's engste mit denselben verbundenen Schriftgelehrten“ (LJ II 354) hätten im Blick auf Jesus „aus fanatischem Haß seinen Tod angestrebt“ (LJ I 292).

Entsprechend negativ fällt sein Urteil über den Talmud aus. Er enthalte „wohl manches Wort ächter Weisheit, Gottesfurcht und Menschenfreundlichkeit, aber das sind einzelne Goldkörner in Massen von Sand: das Pedantische, Abgeschmackte, Verbohrte ist doch weit überwiegend“ (LJ II 32). Die „alttestamentliche Religion“ sei hier „zur rabbinischen Mumie erstarrt“ (LJ II 35).[124] Er diagnostiziert „den Krankheitsproceß einer absterbenden, sich mißverstehenden und verknöchernden Religion, die dennoch ewige Wahrheit umschließt“ (LJ II 32), und erkennt „doch einen sehr ernsten praktischen Hintergrund“ der „pharisäische(n) Schriftgelehrsamkeit“ an: „Sie rang mit allen ihren Spitzfindigkeiten und immer neuen Fündlein dem Ideal nach, das ganze Leben des jüdischen Volkes in religiöse Vorstellungen und Ausübungen zu kleiden und dieses so in ihrem levitisch-pharisäischen Sinne zu heiligen, ein wirkliches Gottesvolk aus ihm zu machen.“ Das hält er für „der Arbeit des modernen Romanismus und Jesuitismus am katholischen Volke vergleichbar“ (LJ II 33).[125]

[124] Den „Judaismus“ hatte schon Schleiermacher „eine tote Religion“ genannt und gemeint: „diejenigen, welche jetzt noch seine Farbe tragen, sitzen eigentlich klagend bei der unverweslichen Mumie, und weinen über sein Hinscheiden und seine traurige Verlassenschaft“ (Friedrich Schleiermacher, Über die Religion. Reden an die Gebildeten unter ihren Verächtern, hg.v. Hans-Joachim Rothert, Hamburg 1958, S. 159 [= S. 286 der Erstveröffentlichung von 1799]).

[125] Eine Parallelisierung von Katholiken und Pharisäern einerseits sowie Jesus und Protestanten andererseits nimmt Beyschlag LJ II 271f. vor. Vgl. zu diesem Schema den Bericht über Ferdinand Weber bei Wengst, Völker, S. 14–25.

Im bisher Dargestellten klang schon eine negative Wertung des Judentums im Ganzen durch Beyschlag an. Er teilt das gängige Bild einer Verfallsgeschichte. Was bei den Propheten „Geist und Leben gewesen, das wird im Volksleben Ritus und Sitte"; das Judentum sei „Gesetzesvolk" geworden (LJ II 20), in dem eine „Formen- und Buchstabenknechtsschaft" herrschte (LJ II 181), sodass er nur „eine in todte Formen des Denkens und Handelns versteinerte Frömmigkeit" erkennen kann (LJ II 178), zumal er weiß, dass „das Durchschnittsmaß" religiöser Bildung in Israel „über todtes Lippenwerk und äußere Schulung nicht weit hinausreichte" (LJ II 58). Dass Beyschlags Verhältnis zum Judentum nicht frei von einem negativen Affekt gewesen zu sein scheint, wird deutlich, wenn er hinsichtlich des Claudius-Ediktes gegen die römische Judenschaft von „einer Ausweisung des ohnehin bedrohlich angewachsenen jüdischen Elementes aus der Hauptstadt" spricht (LJ I 60).

Er erkennt es als „die Eigenart dieses israelitischen Volkes unter den Völkern der alten Welt, daß es [...] in der unmittelbaren Beziehung zu *Gott* seine einzigartige Anlage und Bestimmung hat; daß es das *Religionsvolk* der alten Welt ist" (LJ I 178). In ähnlicher Weise spricht er an späterer Stelle vom „eigenthümlichen Genius des hebräischen Volkes", dort aber eingeschränkt auf „nur eine kleine Schaar auserlesener Persönlichkeiten", die im Volk keinen großen „Resonanzboden" hatten (LJ II 13). Dieses „Religionsvolk" sei „berufen in ebendem, was es vor allen Völkern voraus hat, die Schranken seines Volksthums ins Klassische und Universale aufzuheben, und in seinem nationalen Glauben die Religion der Menschheit vorzubereiten" (LJ I 178f.). Diese ihm von Beyschlag zuerkannte Aufgabe, sich selbst aufzuheben, hat Israel nicht erfüllt; das habe Jesus getan, der somit „in jener ausschließlich religiösen Bestimmtheit seines Wesens geradezu der ideale Israelit" gewesen sei und also „am Schlußpunkt der lebendigen Geschichte seines Volkes steht [...], um die religiöse Entwickelung Israels mit Vollendung zu krönen und in dieser Krönung zum Erbtheil aller Völker zu machen" (LJ I 179; vgl. II 11).

Weil Israel Jesus „verschmähte und verwarf", sieht Beyschlag „dessen Schicksal besiegelt" (LJ I 388); „das auserwählte Volk Gottes, das seinen Messias verwarf, ward ebendamit das von Gott verworfene Volk" (LJ II

317).[126] Er hält das für die letzte und größte Krise „für die alttestamentliche Religion“, in der „das unsterbliche Theil derselben sich zur neuen Weltreligion entfaltet, das zeitliche und vergängliche aber mit dem israelitischen Volksthum sein Geschick erfüllt und dem Gericht verfällt“ (LJ II 19).

Dass Jesus Jude war, der in der Tradition seines Volkes aufwuchs, ist Beyschlag selbstverständlich. Aber – das deutete sich schon an – er lässt ihn sich aus dem Judentum hinaus entwickeln. Es ist ihm gewiss, dass Jesus sich aus der „h. Schrift und Überlieferung seines Volkes“ nur nimmt, was seiner Einzigkeit entspricht (LJ I XXVIII); und wie Jesus die Schrift gelesen haben soll, hat eine verblüffende Ähnlichkeit mit dem, wie Beyschlag dieses Geschäft versteht. Natürlich weiß er, dass Jesus „keineswegs nach den Gesetzen unserer grammatisch-historischen Exegese“ auslegte (LJ II 72). Aber er stellt dann doch fest, Jesus vollziehe in seiner „Art die Schrift zu lesen […] an ihr in unmittelbarster Weise, fast unbewußt, eine Unterscheidung, zu welcher wir Heutigen auf mühseligem Umweg haben gelangen müssen, die Unterscheidung des eigentlichen Gotteswortes in ihr und der menschlichen Schalen und Schranken, in welche sich dasselbe behufs seiner geschichtlichen Vermittelung und schriftthümlichen Beurkundung zu fassen gehabt hat“ (LJ II 73).

Wie sich Jesus aus dem Judentum hinaus entwickelt habe, legt Beyschlag vor allem an der Vorstellung vom Messias dar, verbunden mit der vom Reich Gottes, die von ihm umgestaltet worden seien. „Jesus will der Messias Israels sein, aber in einem anderen Sinne als den das Volk insgemein mit diesem Namen verbindet“ (LJ II 127). Er habe „die messianische Idee […] unleugbar von seinem persönlichen Bewußtsein aus umgestaltet, vertieft und verklärt“ (LJ I 215). Die „Idee des persönlichen Messias“ habe „in einer Ausprägung“ vorgeherrscht, „die Jesum nur zurückstoßen konnte, in der Gestalt des politisch-aufrührerischen Befreiers“ (LJ I XXXI). Dieses „Messiasideal, welches der Volks- und Zeitgeist ihm entgegenbrachte“, habe er gleich zu Beginn seiner Wirksamkeit „Schritt für Schritt durchgeprüft“ und als satanisch abgewiesen (LJ I 236; vgl. 251–253). Entsprechend sei Jesu Anschauung vom Reich Gottes zu diesem Zeitpunkt die überlieferte gewesen – „nur befreit von der unmittelbar politischen Zuthat und Herbeiführung“ (LJ II 124). Das Erlebnis von der Festnahme Johannes des Täufers habe Jesu Vorstellung verändert: „Ein Schleier, der ihm auf dem Entwicke-

[126] In der Szene mit Jesus und Barabbas vor Pilatus sieht Beyschlag „in der That dem auf das Fest versammelten Gesammtisrael die Entscheidung über seinen Messias in die Hände“ gelegt (LJ II 462).

lungsgesetz des Himmelreiches bisher gelegen, fiel dahin" (LJ II 162). Er erkannte das „Kommen des Reiches" als eins „im Verborgenen, in unscheinbarer Gestalt"; darin habe sich „der Reichsgedanke Jesu erst zu jener vollen neutestamentlichen Lebendigkeit" entfaltet: „das Reich ist künftig und gegenwärtig zugleich, denn es ist ein *werdendes*, ein Saatkorn, das in die Erde gesenkt sich wachsthümlich zu entfalten und seine endliche Herrlichkeitserscheinung als Blüthe und Frucht selbst hervorzutreiben hat" (LJ II 163). Das gibt sich recht deutlich als Projektion der eigenen Sicht in Jesus zu erkennen, wenn es anschließend als „ein Gedanke von unermeßlicher Fruchtbarkeit" bezeichnet wird, „das ganze Eingehen der Offenbarung in die Geschichte, die ganze Vermittelung von Zeit und Ewigkeit, die ganze christliche Weltgeschichte in sich tragend" (LJ II 164). Diese Projektion zeigt sich weiter, wenn „alles Bauen des Gottesreiches auf Erden [...] damit beginnen (mußte), daß diese seine innere Gottgemeinschaft sich überpflanzte in empfängliche und neuwerdende Herzen" (LJ II 371) und so „im Reiche Christi [...] die sittliche Idee in ihrer *höchsten* Form sich verwirklichen (sollte), als freie Innerlichkeit, als Glaube und Liebe" (LJ II 388).

Im Bekenntnis des Simon zu Jesus als dem Gesalbten sieht Beyschlag „nicht mehr bloße jüdische Messiashoffnung, – hier war, wenn auch noch von manchem Schleier jüdischer Denkart umwoben, wenn auch noch schwach und unentwickelt wie ein neugeborenes Kind, – *der erste christliche Glaube*" (LJ II 291). Dem Simon werde „der Petruscharakter mit allen seinen Folgerungen zugesprochen [...] in der allerpersönlichsten Eigenschaft *des ersten christlichen Gläubigen und Bekenners*" (LJ II 292) – „der Erste und bis dahin Einzige, welcher den Bann des Judenthums mit seiner fleischlichen Messiashoffnung durchbrochen hat und im wahrhaft geistlichen, christlichen Sinne zum Glauben an Ihn als den Gesalbten Gottes durchgedrungen ist" (LJ II 293). So wird der das Judentum transzendierende Jesus zum Stifter des Christentums, das dem Judentum weit überlegen ist (LJ I 190).[127]

Das alles ist schon im ersten Absatz des Werkes von Beyschlag enthalten: „Der persönliche Eindruck, den Jesus in seinem geschichtlichen Leben auf die empfänglichen Kreise seines Volkes machte, hat den christlichen

[127] Entsprechend wird auch Jesu Schülerschaft vom Judentum distanziert, indem Beyschlag herausstellt, „daß die Urapostel, wenn Jesus sie trotz seiner Nichterfüllung der volksthümlichen Messiaserwartungen durch die Macht seines Geistes zu Jüngern gewonnen hatte, unmöglich auf dem religiösen Standpunkt des Volkes, welches ihn verwarf und kreuzigte, verblieben sein konnten" (L II 184).

Glauben und die christliche Kirche ins Dasein gerufen, und derselbe Eindruck ist es bis heute, der lebendiges Christenthum immer von neuem erzeugt. Auf diese ursprüngliche und fortdauernde Grundlage von Christenthum und Kirche macht die wissenschaftliche Bearbeitung des Lebens Jesu eine für unsere Zeit unerläßlich gewordene Probe" (LJ I 1). Beyschlag war überzeugt, eine stichhaltige Probe geliefert zu haben. Das nimmt ihm lange schon niemand mehr ab. In der über ihn hier gegebenen Darstellung könnte aber auch deutlich geworden sein, dass das nicht in einem persönlichen oder wissenschaftlichen Unvermögen begründet ist, sondern in der Fragestellung selbst, die angesichts der Quellen und deren so ganz anderen Ausrichtung gar nicht zum Ziel führen kann. Das hat schon zur Zeit von Beyschlag in aller Klarheit Martin Kähler herausgestellt.

# 5. „… und man ist eben auf dem Holzwege“ Radikale theologische Kritik der Leben-Jesu-Forschung MARTIN KÄHLER (1835–1912)

*a) Was Beyschlag und Kähler unterscheidet*

Aus dem eigenen theologischen Interesse heraus, die Absolutheit Jesu historisch-wissenschaftlich zu erweisen, sieht sich Beyschlag zu historisch-kritischer Arbeit an den Evangelien verpflichtet. Diese Arbeit treibt er so, dass er die Evangelien als Quellen betrachtet, hinter denen die historische Gestalt Jesus zu suchen ist, und sie also als Materialien auswertet, aus denen diese Gestalt rekonstruiert werden muss. Demgegenüber hat Kähler ein völlig anderes Verhältnis zum Text der Evangelien. Er erkennt ihren theologischen Charakter und nimmt ihn ernst; er macht sich ihren theologischen Ansatzpunkt, den sie mit dem gesamten Neuen Testament teilen, zu eigen, dass es ihnen beim Erzählen der Geschichte Jesu durchgängig zugleich um das Zeugnis von Jesus als dem Gekreuzigten und Auferweckten geht. Von daher ergibt sich ihm, dass die Evangelien für die historische Rückfrage ein Trümmerfeld bieten, aus dem sich nur wenig Verlässliches gewinnen lässt, und dass diese Rückfrage als theologisches Unternehmen eine Unmöglichkeit darstellt.

Dass die zeitgenössischen Leben-Jesu-Forscher Kählers Anfragen abgewiesen haben, ist nachvollziehbar. Beyschlag z.B., der in der dritten Auflage seines „Leben Jesu“ wiederholt und relativ ausführlich auf Kählers Vortrag von 1892 eingeht, versteift sich auf die eigene Position. Wer lässt sich schon gerne den Ertrag seiner Lebensarbeit radikal in Frage stellen? Weniger einzusehen ist, dass Kähler bei den folgenden Unternehmungen der Jesus-Suche – bis heute – in der Regel entweder völlig ignoriert oder nur oberflächlich wahrgenommen wurde.

*b) Skizze seines Lebens und Wirkens*

Martin Kähler wurde am 6. Januar 1835 geboren, als sein Vater Landpfarrer in der Nähe von Königsberg war. In Königsberg selbst wirkte sein Großvater Ludwig August Kähler als Theologieprofessor.[128] Die harte, aber erfolgrei-

---

[128] Von ihm stammt aus dem Jahr 1828 der wunderbare Satz: „Ich sehe ein, warum jede neu aufkommende Zeit einer neuen Theologie mit der kühnen Verwerfung der vorhergehen-

che Behandlung eines schweren asthmatischen Leidens, das Martin Kähler mit knapp einem Jahr befiel, hatte lebenslange Folgen mit geringer Resistenz gegen Erkältungen, häufigen Kopfschmerzen und immer wieder auftretenden Erschöpfungszuständen. So körperlich beeinträchtigt, führte das schon beim Kind zu reger geistiger Betätigung. Als er sechs Jahre alt war, zog die Familie nach Preußisch Holland, sieben Jahre später nach Königsberg, wo Martin Kähler schon vorher zum Schulbesuch weilte. Die in der Kindheit eingeprägten „tiefen Gefühle der Vaterland- und Königsliebe“[129] gaben die Perspektive für die Wahrnahme der Ereignisse von 1848 vor und führten zu einer lebenslangen Abneigung gegen Liberalismus, Parlamentarismus und Demokratie.[130] Zur Enttäuschung seines Vaters studierte er zunächst Jura. Die Erfahrung einer lebensbedrohlichen Typhuserkrankung im Winter 1852/53 und die ihm sich dabei stellende „Frage nach dem, was auch im Tode Stich halte“[131], bewog ihn, zum Studium der Theologie zu wechseln, das er in Königsberg begann, aber schon im Wintersemester 1853/54 in Heidelberg fortsetzte, wo ihn vor allem Richard Rothe beeindruckte. Ein Freund veranlasste ihn, ein Jahr später nach Halle zu wechseln. Dort wurde Tholuck sein wichtigster Lehrer, der ihn für die wissenschaftliche Laufbahn bestimmte. Bei ihm war er 1857/58 für ein gutes Jahr Amanuensis und lernte so die Praxis wissenschaftlichen Arbeitens kennen. Zum Wintersemester 1858/59 ging er nach Tübingen, wo er sich, wenn auch in gewisser Distanz, tief von Johann Tobias Beck beeindrucken ließ. Was ihm von dort blieb, war „die Lust am Neuen Testament und das Zutrauen zu seinem Inhalte“.[132] Er blieb dort auch zunächst zum Sommersemester, brach es aber nach kurzer Zeit ab, „nicht mehr imstande, Vorlesungen zu hören“, weil er „des Neuen und Fördernden zu wenig“ fand.[133] Er ging zurück nach Halle, schrieb seine Dissertation, wurde promoviert und zugleich habilitiert und hatte bereits mit dem Beginn des Sommersemesters 1860 selbst zu lehren, zunächst jahrelang nur Neues Testament. Bereits für diese Zeit sagt er im autobiographischen Rückblick: „Was ich glühend haßte, war das Reden zum Text, ohne ihn zu

---

den anfängt und mit beschämender Selbstverteidigung gegen die folgende endet“ (Kähler, Theologe, S. 12).

129 A.a.O., S. 61.

130 Vgl. a.a.O., außer S. 61 weiter S. 91.195.198.352f.

131 A.a.O., S. 78.

132 A.a.O., S. 171. Dankbarkeit gegenüber Beck in dieser Hinsicht äußert Kähler in Jesus², S. 12.

133 A.a.O., S. 175.

Worte kommen zu lassen."[134] 1864–1867 war er a.o. Professor in Bonn und kehrte anschließend als Inspektor des neu gegründeten Schlesischen Konvikts und a.o. Professor nach Halle zurück. Die Arbeit als Inspektor nahm er außerordentlich ernst; sie beanspruchte ihn so sehr, dass er zunächst keine größere Veröffentlichung vorlegte. Das führte dazu, dass er an der Fakultät bei der Vergabe ordentlicher Professuren übergangen wurde. Erst nachdem er 1878 seine Dissertation als Buch ausgearbeitet und veröffentlicht hatte, wurde er 1879 ordentlicher Professor für Systematik und Neutestamentliche Exegese sowie Ephorus der Konvikte. Hier entfaltete er bis zu seinem Tod am 7. September 1912 unter großer literarischer Produktivität als Lehrer und auch Seelsorger seiner Studenten eine segensreiche Tätigkeit.

Im Zusammenhang der vorliegenden Arbeit ist von zentraler Bedeutung sein am 7. August 1891 in Wuppertal gehaltener und 1892 veröffentlichter Vortrag „Der sogenannte historische Jesus und der geschichtliche, biblische Christus". 1896 erschien eine beträchtlich erweiterte zweite Auflage, die um den ursprünglichen Vortrag herum drei weitere einschlägige Abhandlungen gruppierte. Im Vorwort dazu sagt Kähler, dass er hier „in gewisser Richtung den Ertrag meines theologischen Lebens im Auszuge" wiedergebe (IV). 1953 gab Ernst Wolf den Vortrag neu heraus, in den Anmerkungen ergänzt um zeitgenössische Einwände gegen Kähler, vor allem von Beyschlag, und Kählers Antworten darauf, 1969 in vierter Auflage herausgekommen, ab der zweiten Auflage ergänzt um die in Kählers zweiter Auflage vorangestellte Abhandlung. Ich zitiere hier nach Kählers erster und zweiter Auflage, ohne – wie Wolf – dessen Schreibweise zu modernisieren; deren Seitenzahlen sind bei Wolf am inneren Rand notiert.

### *c) Die Frage nach dem „wirklichen Christus" als dem Grund des Glaubens*

Das „Und" im Titel von Kählers Vortrag ist kein verbindendes, sondern bezeichnet im Gegenteil einen scharfen Gegensatz. Julius Schniewind, ein Schüler Kählers, hat das in einer Würdigung seines Lehrers so formuliert: „Der in der Geschichte wirksame Christus ist der von den Aposteln als der Gekreuzigte und Auferstandene verkündete, und nicht ein ‚historischer' Jesus, den erst unsere wissenschaftliche Technik mühsam hinter den Urkunden neu entdecken müßte."[135] Kähler selbst gibt gleich zu Beginn seines Vortrags

---

[134] A.a.O., S. 186. Auf derselben Seite sagt er, seinen Hörern habe er oft eingeprägt: „Sie sollen hier und überhaupt nicht Exegese anderer auswendig lernen, sondern lernen, wie man selbst exegesiert."

[135] Zitiert im Vorwort von Ernst Wolf: Kähler (Wolf), Jesus, S. 8.

an, er wolle „von dem Bekenntnis zu dem lebendigen Christus" reden. Weil er das für sein Thema hält, sieht er einen „Gegensatz" zwischen dem „sogenannten historischen Jesus" und dem „geschichtlichen, biblischen Christus". Dieses Thema „soll eben in möglichster Schärfe einer überaus bestrickenden Verwechselung zweier grundverschiedener Dinge entgegentreten" (3); und so spitzt er sofort zu: „*Der historische Jesus der modernen Schriftsteller verdeckt uns den lebendigen Christus*" (4).[136]

Kähler beobachtet, dass die Evangelisten ihre Darstellungen sozusagen von hinten her konzipiert haben. „Die Apostel haben schon an Christum geglaubt, als sie von ihm schrieben; ihr Zeugnis ist mithin bereits Dogmatik" (5). Er betont, dass man den von ihnen gezeichneten Christus „nur verstehen kann, wenn man die Betrachtungsweise unsrer Evangelien billigt und sein irdisches Leben von seiner Vollendung aus auffaßt" ($^{2}$45 Anm. 2). Von ihm ist in aller Deutlichkeit gesehen: „die Schilderung der Evangelien mündet nicht nur in die Ostergeschichte aus, sondern schildert von vornherein im Blick auf dieselbe" ($^{2}$108). Die „Offenbarung des Auferstandenen" hat aber keineswegs „das irdische Leben aus dem Bewußtsein der Jünger verdrängt, sondern […] es erst in das rechte Licht gestellt und zu ihrem unveräußerlichen, verstandenen, angeeigneten Inhalte gemacht". Da sie ihn als „zu wirksamem Leben Erhöhten" bekennen, „gewinnt sein Sterben und Auferstehen im Neuen Testament die Bedeutung eines Anfanges, statt bloß der würdige Abschluß seines Erdenwandels zu sein" ($^{2}$106). So kann sich Kähler „jenes Wort aneignen: der Christus der Evangelien ist ‚das Transparent des Logos', nur daß dieses durchlässige Mittel nicht eine nebelhafte Legende ist, sondern ein greifbares Mannesleben, reich und bestimmt, wenn auch kurz und knapp bemessen. Das ist freilich zu wenig für eine vollständige Biographie Jesu von Nazareth; aber es ist genug für Predigt und für Dogmatik" (45).

Unter Verweis auf die hier eingespielten Stellen „Johannes 1 und 1. Johannes 1,1f." hatte Kähler schon im Anfangsteil seines Vortrags Luthers Wort angeführt, „daß man Gottes Sohn gar nicht tief genug in unser Fleisch, in die Menschheit hineinziehen könne", und war fortgefahren: „Aber dies Wort hat ja nur dann einen Sinn, wenn dieser Christus mehr ist als ein Mensch" (5f.). Er macht diese Aussage in Abgrenzung gegenüber solchen, „welche behaupten und nachweisen wollen, uns liege an ihm nicht mehr, als

---

[136] In der zweiten Auflage bemerkt Kähler an späterer Stelle, dass dieser Satz vor allem gelte von dem „in seinem Werden gemalten Jesus, von dieser Unterschiebung des Christusbewußtseins an Stelle der Handlung und Lehre unsers Erlösers", wie die Evangelien sie darstellen (135f.).

an irgend einem andern wirksamen Menschen der Vergangenheit". Die Aussage, dass Christus „mehr ist als bloßer Mensch", versucht Kähler im Folgenden zu erläutern. Wenn er zunächst sagt: „mehr seinem Wesen" nach, scheint mir dieser Begriff „Wesen", der kein biblischer ist, nicht hilfreich zu sein.[137] Neutestamentlich begegnet dieses „Mehr" in dem Anspruch, dass in diesem Menschen kein geringerer als Gott selbst begegnet, in seinem Reden, Tun und Erleiden zum Zuge kommt. Kähler bringt das schließlich auf den Begriff „übergeschichtlich" und erklärt ihn in der zweiten Auflage mit einem Zitat aus seiner Wissenschaft der christlichen Lehre: „Dieser Ausdruck ist gebildet, um das zu bezeichnen, ‚was zwar ohne die Geschichte gar nicht vorhanden wäre, aber dessen Bedeutung nicht aufgeht in die eines Gliedes in der Kette geschichtlicher Wirkungen oder auch eines geschichtlichen Ansatzes, weil in ihm sich das Allgemeingiltige mit dem Geschichtlichen zu einem Wirksam-Gegenwärtigen zusammenschließt'" ($^{2}$48 Anm. 1). Unter der Voraussetzung des Glaubens an den so verstandenen *„übergeschichtlichen* Heiland", folgert Kähler, „bekommt der geschichtliche Jesus jenen unvergleichlichen Wert, so daß wir vor seinem Bilde bekennen: ‚meine Seele soll sich daran nähren, meine Ohren nie was Liebers hören'. Jeder Zug, den man von ihm erfahren kann, wird uns teuer und bedeutsam" (6).

Der Beobachtung, dass die Evangelisten ihre Werke von hinten konzipiert haben, dass das Zeugnis von der Auferweckung Jesu als literarischer Abschluss zugleich den sachlichen Grund ihres Schreibens bildet und dieses somit von Anfang an bestimmt, entspricht die andere, dass genau dieses Zeugnis auch die geschichtliche Wirkung Jesu begründet und so auch in dieser Hinsicht ein Anfang ist. Die von Jesus hinterlassene Wirkung ist *„laut Bibel und Kirchengeschichte keine andre als der Glaube seiner Jünger"* (19); und die Gewissheit dieses Glaubens ist *„urkundlich gebunden gewesen an die andre, daß er der Lebendige sei, der Gekreuzigte und Auferstandene"*.[138] Daher gilt: „Der auferstandene Herr ist nicht der historische Jesus

[137] Als problematisch empfinde ich es auch, wenn Kähler ganz selbstverständlich von der „Gottheit Christi" spricht (z.B. $^{2}$109; Testament, S. 38). Heinzelmann weist jedoch darauf hin, dass Kähler „keine Christolatrie" treibt: „Weil Kähler die Gottheit Jesu streng von der Offenbarung aus verstand, gab es für ihn keine Verdoppelung der Anbetung." Mit seinem Glauben an den Sohn ehrte er den Vater (Wort, S. 19).

[138] Vgl. Jesus$^{2}$, S. 105, wo Kähler auf die Tage unmittelbar nach Jesu Tod hinweist, „in denen ihr (der Jünger) Glaube für sie in Verleugnung, Zweifeln und Enttäuschung untergegangen und nur eine klagselige Liebe übrig geblieben war. […] Er selbst hat sie über diese Kluft gehoben […]: indem er sich ihnen lebendig bezeugte; und daß er eben dieses gewirkt hat, das gehört mit zu der geschichtlichen Größe, die wir Jesus den Christ heißen. […] Und ohne das wüßten wir überhaupt nichts von ihm."

*hinter* den Evangelien, sondern der Christus der apostolischen Predigt, des ganzen Neuen Testamentes“ (20). Wenn man „in Briefen und Evangelien und zu allererst in Predigten daran ging, diese Messianität glaubhaft zu machen, so waren es immer zwei Beweistümer, deren man sich bediente: persönliche Bezeugung seiner Auferstehung aus Erfahrung und – *Schrift*. [...] Und darum sprechen auch wir von *dem geschichtlichen Christus der Bibel*. So gewiß *nicht* der historische Jesus, wie er leibte und lebte, seinen Jüngern den zeugniskräftigen Glauben an ihn selbst, sondern nur eine sehr schwankende, flucht- und verleugnungsfähige Anhänglichkeit abgewonnen hat [...], ebenso gewiß waren sie auch erst dann im stande, sein Sein und Behaben, sein Thun und sein Wort als die Darbietung der Gnade und Treue Gottes zu erfassen, da er vollendet vor sie trat“ (21). Weil Jesus auf diese Weise wirksam war, „daß er seinen Jüngern den Glauben abgewann“ – nämlich als auferweckt Bezeugter – und „daß dieser *Glaube bekannt* wird“, woran „die Geschichte der Christenheit (hängt)“, kommt Kähler zu seiner zentralen These: *„der wirkliche Christus ist der gepredigte Christus*“ (22). Und die Predigt von diesem Christus wirkt bis in die Gegenwart: „Nun liegt doch auf der Hand, daß der geschichtliche Jesus zunächst zu meiner Wirklichkeit gehört, weil er als geschichtliche Thatsache bis zu mir *wirkt*; eben durch die Kirche; *in* der Kirche aber wieder wesentlich durch die Verkündigung, durch das Wort, [...] Gottes Wort“ ($^{2}$181).

Schon vor dieser Aussage hatte er gefragt: „Was haben wir an unserm Jesus?“ und darauf mit dem Zitat aus Eph 1,7 geantwortet: „Die Erlösung durch sein Blut, die Vergebung der Sünden“ (16). Dafür brauche man nicht „mehr von ihm zu wissen“ als das, was nach 1Kor 15,3–5 „Paulus den Korinthern ‚zuvörderst gegeben hat, welches er auch empfangen hat, daß Christus gestorben sei für unsre Sünden nach der Schrift und daß er begraben sei und daß er auferstanden sei am dritten Tage nach der Schrift und daß er gesehen worden ist‘ [...] Dazu brauche ich keine genaue Kenntnis von den Lebensumständen des Gekreuzigten“ (16f.). Daran anschließend stellt sich Kähler jedoch die Frage: „Aber wozu dann die Evangelien?“ Er antwortet: „Wir brauchen und glauben und haben den lebendigen Christum; und wir glauben ihn, *weil* wir ihn kennen; wir haben ihn, *wie* wir ihn kennen; wir kennen ihn, weil er unter uns gewohnet hat, voll Gnade und Treue, und sich seine Zeugen erwählt hat, durch deren Wort wir an ihn glauben sollten [...]. Also *deshalb treiben wir Verkehr mit dem Jesus unsrer Evangelien, weil wir da eben den Jesus kennen lernen, den unser Glaubensauge und unser Ge-*

*betswort zur Rechten Gottes antrifft*" (17).[139] Genau das gibt allen Einzelabschnitten der Evangelien ihre innere Einheit. Kähler stellt das an anderer Stelle in einem Vergleich so heraus: „In jedem Tropfen der betaueten Wiese spiegelt sich widerstrahlend der Sonne Licht; so tritt uns in jeder kleinen Geschichte die volle Person unsers Herrn entgegen."[140] Weil das so ist, braucht man sich nicht zu sorgen „um Chronologie und Pragmatismus, um Bewußtseinsentwicklung und feststellbaren Fortschritt" (34). Vor allem wäre positiv hinzuzufügen: Weil dem so ist, taugt jedes einzelne Stück als Predigttext – wenn man es denn im Zusammenhang des jeweiligen Evangeliums und dieses als Teil der ganzen Schrift versteht.

Was allem Einzelnen Einheit und Zusammenhang gibt, ist Gottes Handeln am hingerichteten Jesus. Kähler spricht unter nochmaliger Aufnahme von 1Kor 15,3–5 davon, Gott habe „in dem Lebensausgange Jesu […] in einer Thatensprache geredet, die unverwischlich geblieben ist. Diese Thatsachen bedürfen keiner Urkunden, um unvergessen zu bleiben, denn das dankbare Bekenntnis trägt sie durch die Jahrtausende. Ja, für diese Thatsachen, nämlich für ihren eigentlichen Gehalt, für ihren bleibenden Wert *kann* es gar keine geschichtlichen Urkunden geben, sondern nur Zeugnis und Glauben. Und darum: unsern Glauben an den Heiland weckt und trägt die kurze und bündige apostolische Verkündigung von dem erhöhten Gekreuzigten" (46). Deshalb weigert sich Kähler, „auf irgend eine Weise den *geschichtlichen Christus von seinem biblischen Bilde zu unterscheiden*" ($^2$188). Dieses Bild stellt in den Evangelien den irdischen Jesus dar, wie er in der Perspektive des Zeugnisses von seiner Auferweckung mit Hilfe der Schrift gezeichnet wird. Wenn christlicher Glaube so auf das im Wort der Schrift bezeugte Handeln Gottes bezogen ist und dann doch auch christliche Theologie davon als ihrem Grund ausgehen müsste, hat das erhebliche Konsequenzen für die Suche nach dem „historischen" Jesus, indem sie historisch als wenig aussichtsreich und theologisch als unmöglich erscheint. Beides hat Kähler in großer Deutlichkeit herausgestellt.

---

139 Vgl. auch Jesus$^2$, S. 23, was „Zweck der Evangelien sei" und was nicht.

140 Denselben Sachverhalt hat viel später Gollwitzer so ausgedrückt, indem er über die „neutestamentliche Berichterstattung von Jesus" sagt: „In jedem Einzelbericht stellt sie vor den ganzen Jesus Christus mit seinem ganzen Anspruch, jede Einzelüberlieferung ist durch die Perspektive der Auferstehung so sehr bestimmt, daß sie ohne Verzerrung nicht mehr aus ihr herausgelöst werden kann" (Glaube, S. 113).

### *d) Die sich der Rekonstruktion eines „Leben Jesu" entgegenstellenden Schwierigkeiten*

Kähler kann es würdigen, was der „historische Jesus" in wissenschaftlicher Intention ursprünglich bedeutete: „Zu allererst hat er den biblischen Christus dem dogmatischen entgegenstellen wollen, nämlich den lebensvollen, anschaulichen Menschensohn in seinem Thun, Reden und Erleben jener Zeichnung in Begriffen, welche in dünnen Umrissen die dem Denken so schwer vereinbaren Grundlagen dieses einzigen Lebens aufzeigen sollte" (4). Er sieht die „Leben-Jesu-Bewegung" „durchaus im Rechte, sofern sie Bibel wider abstrakten Dogmatismus setzt" (5).

Das zugestanden, sind dann aber nüchtern die Möglichkeiten abzuschätzen. Ich hatte schon im 2. Kapitel das Kählersche Zitat von der Bescheidenheit als „Tugend echter Geschichtsforschung" gebracht[141] – einer Bescheidenheit, die vom Bescheid Wissen über die Quellen kommt. Darauf bezogen, stellt Kähler bündig fest: „Wir besitzen keine Quellen, für ein Leben Jesu, welche ein Geschichtsforscher als zuverlässige und ausreichende gelten lassen kann. Ich betone: für eine Biographie Jesu von Nazareth nach dem Maßstabe heutiger geschichtlicher Wissenschaft." Geht man hier „den geschichtswissenschaftlichen Weg", „sucht man urkundlich nachweisbare Wirklichkeiten und kommt dabei in Verlegenheiten, welche maßvolle Skepsis abnötigen oder ein Anlehen bei künstlerischer Phantasie" ($^2$113). Es ist zu beherzigen: „Man stellt nicht Ansprüche an diese Quellen, für deren Befriedigung sie nicht geartet sind" ($^2$125). Sie lassen sich „nicht mit Sicherheit auf Augenzeugen" zurückführen, meinte Kähler noch vorsichtig formulieren zu müssen, und „berichten überdem nur von dem kürzesten letzten Abschnitt seines Lebens" (7). In dem, wiederum, liegt der Schwerpunkt auf dem allerletzten Abschnitt. In diesen Zusammenhang gehört der wohl meistzitierte Satz Kählers, wobei man sich häufig dessen ursprünglicher Intention nicht bewusst ist: „Etwas herausfordernd könnte man sie (die Evangelien) Passionsgeschichten mit ausführlicher Einleitung nennen" (33 Anm. 1), die über einen pragmatischen Geschehenszusammenhang und gar eine Entwicklung im Bewusstsein Jesu[142] nichts erkennen lassen. Obwohl die letzte Woche im Leben Jesu „der am reichsten bezeugte Abschnitt dieses Lebens" ist, hat sich dennoch „ihr Verlauf den Augenzeugen mit so geringer Bestimmtheit einge-

---

141 Vgl. o. S. 44f.

142 Zu den diesbezüglichen psychologisierenden Rückschlüssen bemerkt Kähler: „Allerdings halte ich die psychologische Analyse in diesem Falle für ohnmächtig und ihre Ergebnisse für Seifenblasen" ($^2$128) – die ja auch in der Tat zerplatzt sind.

prägt, daß der Nacherzähler sich immer wieder vergeblich am Zusammenpassen der einzelnen Vorgänge und Berichte müht und fast jeder es anders macht als sein Vorläufer“ (8 Anm. 1). Was von einer Biographie verlangt werden muss – und also auch von einer über Jesus und was seine Biographen auch bieten –, „daß man sein Werden verstehe, die langsame Entwickelung seiner religiösen Genialität, das Durchbrechen seiner sittlichen Selbständigkeit, das Aufdämmern und Aufleuchten seines messianischen Bewußtseins“, davon enthalten die Quellen „nichts, auch garnichts“ (9). Kähler merkt dazu an: „Ich kann aber überhaupt von der Ansicht nicht loskommen, daß die Geschichtsforschung durchaus an den Quellen hängt; sobald man von der Schätzung der Berichte als solcher absieht, und die Stoffe ohne Rücksicht auf ihre Herkunft in betreff ihrer Geschichtlichkeit zu werten beginnt, bewegt man sich lediglich auf dem Gebiete schwankender Vermutung“ (9 Anm. 1).[143]

Gemessen an dem, was der Kritiker selbst intendiert, sieht er sich damit angesichts der Evangelien „vor einem großen Trümmerfelde von einzelnen Überlieferungen“ und mithin vor der Aufgabe, „aus den einzelnen Stücken ein neues Gebilde hervorzuzaubern“ (8). Das „Trümmerfeld“ ist allerdings insofern noch größer, als der „historische“ Jesus „hinter den urchristlichen Berichten“ gesucht werden muss. Man „beginnt, an der Bibel herum zu schneiden und zu reißen“ (5) und muss dann zusehen, wie man die „von der Übermalung befreiten“ Fetzen wieder „zusammenstoppelt“ ($^2$46 Anm. 2 von S. 45). Dafür „muß eine gestaltende Macht über die Trümmer der Überlieferung kommen. Diese Macht kann allein die Einbildungskraft des Theologen sein, die an der Analogie des eignen und des sonstigen Menschenlebens gebildete und genährte Einbildungskraft“ (12f.). Hinzu kommt, „daß die ordnende und gestaltende Einbildung noch von einer andern Macht gelenkt wird, nämlich von einer vorgefaßten Meinung über die religiösen und sittlichen Dinge. Mit andern Worten: Der ausmalende Biograph Jesu ist immer irgendwie Dogmatiker im verdächtigen Sinne des Wortes“ (13). Was dabei

143 Kähler registriert: Wenn den Vertretern historischer Kritik „die Unsicherheit ihrer Ergebnisse vorgehalten wird, weisen sie mit einer gewissen Entrüstung auf eine Reihe von Urteilen über die Quellen und damit auch von Annahmen betreffend die vergangene Wirklichkeit hin, in denen die weitaus meisten Mitarbeiter zusammenstimmen. Diese Ergebnisse sind, sofern sie sicher sind, zu nicht geringem Teile verneinende; sie beseitigen die überlieferten Meinungen. Über das, was an die Stelle zu setzen sei, pflegt – zumal wenn es sich um das einzelne handelt, in dem doch alles Wirkliche allein sein Leben hat – die Verhandlung tastend und streitend immer weiter zu gehen – sehr erklärlicher Weise, wenn urkundlicher Anhalt fehlt“ ($^2$123).

als angebliches Bild Jesu herauskommt, „ist zumeist der Herren eigner Geist, in dem Jesus sich spiegelt“ (14).[144] So sieht Kähler in dieser Rekonstruktion „nur eine moderne Abart von Erzeugnissen menschlicher erfindender Kunst, nicht besser als der verrufene dogmatische Christus der byzantinischen Christologie“ (4); sie ist willkürlich. Man wollte „hinter dem Bilde, welches das N. Testament darbietet, [...] den *wirklichen* Jesus herausholen, wie er leibte und lebte“ (15). So „versenkt man sich in sein Thun und Lassen; man sucht es zu verstehen; man verfolgt es in seine Voraussetzungen; man versenkt sich in sein Bewußtsein; in sein Werden, ehe er hervortrat – man geleitet den jugendlichen Jesus durch die Klüfte und Felder, an der Mutter Schoß, in des Vaters Werkstatt und in die Synagoge – – und man ist eben auf dem Holzwege“ (6).[145] Er sieht, dass auf diesem Holzweg „die Phantasie, welcher das Feld der Spekulation verleidet ist, sich jetzt auf ein andres Feld geworfen hat, auf die grüne Weide angeblicher Wirklichkeit, auf das Geschäft der vermutenden Geschichtsschreibung oder der sogenannten positiven Kritik. Und auf diesem Felde wildert und bildert man mit derselben Neubegier und Selbstzuversicht umher, wie es ehedem irgend die philosophische oder theosophische Spekulation gethan hat, mit Rothe der guten Zuversicht, das fromme Denken könne Gott sezieren wie der Anatom einen Frosch“ (6f.).

### *e) Die Suche nach dem „historischen“ Jesus: ein theologisch unmögliches Unternehmen*

Führt das für die Suche nach dem „historischen“ Jesus methodisch notwendige Hintergehen der Evangelien in historischer Hinsicht auf ein Trümmerfeld, so schaltet es in theologischer Hinsicht genau den Punkt aus, ohne den die Evangelisten – wie auch alle anderen neutestamentlichen Autoren – gar

---

[144] Kähler spielt hier auf die Szene „Nacht“ in Goethes Faust an. In ihr sagt Wagner: „Verzeiht! Es ist ein groß Ergetzen sich in den Geist der Zeiten zu versetzen, zu schauen wie vor uns ein weiser Mann gedacht, und wie wir's dann zuletzt so herrlich weit gebracht.“ Darauf antwortet Faust: „O ja, bis an die Sterne weit! Mein Freund, die Zeiten der Vergangenheit sind uns ein Buch mit sieben Siegeln; was ihr den Geist der Zeiten heißt, das ist im Grund der Herren eigner Geist, in dem die Zeiten sich bespiegeln.“ (Faust I 570–579) – Beyschlag hatte sich vor allem im Blick auf seinen zweiten Band, dem künstlerisch darstellenden, gegenüber Kähler durch einen Vergleich mit Leonardo da Vincis Abendmahlsbild verteidigt, das von solcher Kritik doch auch getroffen wäre. Demgegenüber stellt Kähler fest, er könnte sich „sehr erleichtert dadurch finden, daß H. D. Beyschlag hier durch die Vergleichung ausspricht, er betrachte seinen zweiten Band nur als die künstlerische Ausgestaltung *seines* Idealbildes von Jesu. Dies zu entwerfen, will ich niemandem verwehren“, aber das sollte sich nicht „in das Glauben weckende Zeugnis und in den wissenschaftlichen Bericht einmischen“ (Jesus$^2$, S. 137).

[145] Schon vorher hatte Kähler kategorisch geurteilt: „Ich sehe diese ganze ‚*Leben-Jesu-Bewegung*‘ für einen Holzweg an“ (5).

nicht erst zur Feder gegriffen hätten, ohne den es nach Jesu Tod keine auf ihn bezogene Gemeinschaft, keine daraus entstandene christliche Kirche gegeben hätte und also auch keinen christlichen Glauben und keine christliche Theologie. Kähler sagt, er befehde deshalb „die construierende kritische Biographie", weil sie „nach dem Grundzuge ihres Auffassens mit dem Neuen Testament im Widerspruch steht" ($^{2}$96). Der irdische Jesus ist in den Evangelien aufgehoben in erzählender Verkündigung und verkündigender Erzählung. Versucht man, daraus einen „historischen" Jesus heraus zu präparieren, ignoriert man, was bleibend Glauben veranlasst hat. Kähler formuliert das so: „Erinnerung an die Tage seines Fleisches und Bekenntnis zu seiner ewigen Bedeutung und zu dem, was wir an ihm haben, im neuen Testamente ungeschieden in einander verwoben, wenn auch nach mehr oder minder auf die beiden Gattungen urchristlicher Zeugnisse[146] verteilt, diese zwei Arten der Bekundung gehören zusammen, um die Voraussetzung für eine Glaubensschätzung seines Bildes zu bieten" (36).

Der für das neutestamentliche Zeugnis über Jesus entscheidende Punkt ist in dem, wie er selbst verstanden sein will, historischer Forschung unzugänglich. Das zeigt Kähler an der Art des für Jesus erhobenen messianischen Anspruchs. Sie „muß jedem nicht gläubigen Denken als Wahnsinn erscheinen. Eine Bedeutung, nicht nur für die folgende Geschichte in wachsender Umfassung, sondern eine Bedeutung für jeden einzelnen aller Zeiten als solchen sich beizumessen, das ist für unser Urteil unerträglich, wenn wir nicht an irgendwelche Gleichartigkeit dieser Person mit Gott glauben; jede sonstige Ausnahme von dem Durchschnitte des Menschenlebens, selbst dem höchstgegriffenen, reicht dafür nicht zu. Wenn jemand ohne Glauben den Mann mit diesem Anspruch als geschichtliche Thatsache vorfindet, und jenen Glauben inbetreff Jesu nicht gewinnt, so wird diese Verneinung sein Urteil *nötigen*, dem solcher Überspannung fähigen Jesus auch die Gesundheit des persönlichen Lebens abzusprechen; denn sie kann ja der Sache nach als geschichtliche Thatsache nicht zwingend erwiesen werden, und vollends bei unsrer begrenzten Bekanntschaft mit diesem Leben" ($^{2}$161).

Die Suche nach dem „historischen" Jesus ist auch deshalb eine theologische Unmöglichkeit, weil sie nie und nimmer dem Glauben zureichenden Grund geben kann. „Der Glaube hängt gewiß nicht an einem christologischen Dogma. Allein ebenso wenig darf dann der Glaube abhängen von den unsicheren Feststellungen über ein angeblich zuverlässiges Jesusbild, das mit

146 Gemeint sind Evangelien und Briefe.

den Mitteln der spät entwickelten geschichtlichen Forschung herausgequält wird – gleich aussichtslos in seinem Gelingen, wie jener aus bloßen Begriffen gebildete Schattenriß des Dogma" (26).[147] Kähler betont die Unsicherheit der Rekonstruktionen, die „zu Recht der unendlichen wissenschaftlichen Untersuchung unterworfen bleiben" (26f.), und weist darauf hin, was „doch aus den Darstellungen selbst in die Augen (springt), daß sie im großen wie im einzelnen Versuche sind, die Vergangenheit zu erfassen; sie müssen sich auf Schritt und Tritt mit andern, ebenso fleißigen und ehrlichen Versuchen auseinandersetzen. Oder, wenn sie das nicht thun, gewinnen sie den Schein der Sicherheit durch ein zeitweiliges Vergessen und Verschweigen; und diese Täuschung kann nicht lange vorhalten. Wenn diese Arbeit dafür gelten soll, den ‚Grund zu legen', außer welchem es keinen gibt, so wird sie nur klar machen, daß diesem Grunde die Tragfähigkeit fehlt" (27).[148]

In diesem Zusammenhang gibt Kähler auch zu bedenken, „gegenüber dem Christus, den wir glauben sollen und dürfen, muß der gelehrteste Theologe nicht besser und nicht schlechter stehen als der einfältigste Christ" (26). Schon vorher hatte er im Kontext solcher Erwägungen den impliziten Hochmut historischer Kritik in dieser Frage gegenüber allen in der eigenen Tradition vorangegangenen Generationen und gerade auch gegenüber der ersten herausgestellt. Er setzt hypothetisch den Fall, „die Kunst moderner Historik" vermöchte wirklich Späteres vom Ursprünglichen zuverlässig abzuheben, anders formuliert, „wir vermöchten heute jene Trübungen der Überlieferung zu beseitigen – wie stünde es doch um die Brüder jener ersten Zeit? Wenn sie den Jesus dieser Evangelien anschauten und anbeteten in eben jener Trübung, welche man meint in ihren Schriften zu finden und erst beseitigen zu müssen, so hätten sie ja wohl ihren Heiland nicht gekannt! Und so weiter alle Folgenden bis auf uns. Ja, meine Herren und Brüder, wir selbst? wie stünde es mit uns? Wo lernen wir diesen Jesus kennen? Die we-

---

[147] Im Rückblick auf die im zweiten Semester bei Rothe gehörte Vorlesung über das „Leben Jesu" sagt Kähler, dass sich ihm von da an die Frage stellte: „wie kann Jesus Christus der eigentliche Gegenstand für den Glauben aller Christen sein, wenn doch das, was und wer er eigentlich war, nur durch eine kunstvolle Untersuchung herzustellen ist, und wenn sich dieser Aufgabe erst die Wissenschaft unsrer Zeit gewachsen zeigt" ($^{2}$3). Eine Seite weiter fragt er: „wie kann diese erst jetzt kunstvoll aus dem Nebel hervorzuholende Gestalt, wie kann dieser unsichere Rest des kritischen Substractionsexempels der Gegenstand für den Glauben aller Christen sein? und vollends, wie kann sie es bisher trotz dieser Verhüllung gewesen sein, welche abzustreifen man erst jetzt so glücklich ist?" ($^{2}$4).

[148] An anderer Stelle formuliert Kähler, der „Leben-Jesu-Bewegung" sei „es nun einmal in die Wiege gelegt [...], den ‚Jesus der Geschichte', welchen erst sie selbst entdeckt, an die Stelle des geglaubten Christus zu setzen" ($^{2}$99).

nigsten können die Arbeit der Historik vollziehen, nur wenige kraft ihrer Bildung diese Arbeit in etwa beurteilen. Des Ansehens der Bibel wären wir dann freilich enthoben, aber dem Ansehen – nicht einer arbeitenden Wissenschaft, sondern – der angeblichen Ergebnisse dieser Wissenschaft wären wir unterworfen“ (18).

Es gilt also: Wer theologisch nach Jesus fragt, wird auf das Zeugnis der Evangelien verwiesen. Und es ist ja keineswegs so, als hätte an diesem Ort historisch-kritische Arbeit nicht hinreichend zu tun. So stellt Karl Barth nach einer knappen und präzisen Würdigung von Kählers Vortrag mit der Betonung, „daß der wirkliche geschichtliche Christus kein anderer sei als der biblische, der von den neutestamentlichen Schriftstellern bezeugte“, fest: „Es ist nicht einzusehen, warum die historisch-kritische Bibelforschung nicht ebensowohl der Erforschung und Darstellung dieses geschichtlichen Christus des Neuen Testaments dienen sollte, statt – historisch-wissenschaftlich und theologisch-wissenschaftlich gleich eigenmächtig – dem Phantom eines historischen Jesus im leeren Raum hinter dem Neuen Testament nachzujagen.“[149]

### *f) Ein offenes Problem: Kähler über Jesus als Juden und über das Judentum*

Kähler weiß, dass „Jesus selbstverständlich als Messias nirgend auftreten konnte, außer unter den Juden“ (37), und er hält es an einer Stelle mehr nebenbei als „unverkennbar“ fest, „daß die alttestamentliche Schrift und die Denkweise seines Volkes den Anschauungsstoff Jesu bestimmt haben“ (10). Diese Formulierung hält die Möglichkeit einer Distanzierung offen. Sie wird hinsichtlich „seines Volkes“ wahrgenommen. Nachdem Jesus hingerichtet worden war, „glücklich dem Volkswohl zum Opfer gefallen [...] (Joh. 11,49f.)“, meint Kähler, „gährt und tobt das Judenvolk seinem staatlichen

---

149 Karl Barth, Kirchliche Dogmatik I 2, Zürich [5]1960, S. 71. Am Schluss eines Artikels über Martin Kähler bedauert es Hans-Joachim Kraus, dass „Barth sich nur selten und peripher auf Kähler bezogen“ habe (Kähler, S. 514). Von späteren Neutestamentlern ist Kähler meiner Beobachtung nach vor allem von Eichholz wahrgenommen worden (Frage, S. 96–101.108–111), wenn er ihn auch etwas zu stark als Vorläufer der Formgeschichtler stilisiert. Von dieser Wahrnahme Kählers dürften die klaren Einsichten inspiriert sein, die Eichholz dann im Weiteren formuliert: „Die Frage nach dem historischen Jesus als einer Gestalt der Vergangenheit fragt insofern an dem Jesus der Evangelien vorbei, als der Jesus der Evangelien für die Evangelisten der Herr der Gegenwart ist“ (119). Es „dürfte für den Horizont der Christologie der Synoptiker, des Paulus und des Johannes gelten, daß immer Gott selbst in Jesus von Nazareth und in seiner Geschichte handelt, daß diese Geschichte Gottes Geschichte mit dem Menschen ist. [...] Im Menschen Jesus begegnet uns Gott [...] so, daß Gott in Jesus für uns handelt und sich dieser Welt annimmt“ (148).

Untergange zu" (20). In diesem Zusammenhang erwähnt er zweimal abschätzig „die jüdische Theologie" und dazu einmal auch „ihre Eschatologie" (19f.). Daraus, besonders aus letzterer, wird Jesus herausgenommen. Dabei verfällt Kähler, den eigenen besseren Einsichten zuwider, ganz in den Stil der von ihm bekämpften Leben-Jesu-Schreiber: „Wir wissen doch, wie schwer der unscheinbare Rabbi zu ringen hatte mit den irdischen Hoffnungen auf einen weltlich-strahlenden Davidssohn, der die Reiche der Welt und ihre Herrlichkeit seinem Volke zu Füßen legen sollte." Dass davon auch das Neue Testament nicht frei ist, scheint ihn peinlich zu berühren, wenn er fortfährt: „Was dann von Zügen jener Bilderwelt jüdischer Erwartung in die bilderreiche Darstellung christlicher Hoffnung übergegangen ist, das macht noch heute die Anstöße aus, an denen der hoffende Glaube so leicht mit sich selbst in Widerspruch gerät" (20).

Kähler macht diese distanzierenden Aussagen in Abgrenzung gegenüber den Versuchen, sich für das aus den Trümmern der Überlieferung zu gestaltende und auszumalende Bild des „historischen" Jesus Farben aus der jüdischen Zeitgeschichte zu besorgen. Aber wie er das tut, zeigt doch an, dass er mit der Jüdischkeit Jesu, die ja nicht erst hinter den Texten der Evangelien hervorgeholt werden muss, sondern gerade in ihren Darstellungen klar vor Augen liegt, nichts anzufangen weiß. Er distanziert ihn von dem ihm zeitgenössischen Judentum, wobei er wiederum in den Stil der Leben-Jesu-Schreiber verfällt, wenn er behauptet, dass „seine Durchführung des ihm obliegenden Berufes einen der Stimmung und Erwartung seiner Volksgenossen durchaus fremden Zug (trug); Jesus wußte sich als Retter der ganzen Menschenwelt. Das widerspricht dem Stolze der Abrahamskinder." Jesus sei sich „bewußt gewesen, nicht bloß für Israel, ja sogar dem Erfolge nach gar nicht für Israel, sondern unter Verwerfung Israels für die Menschheit da zu sein. Dieses Bewußtsein hat sich ihm einfach über dem Alten Testament erschlossen."[150] Auch im ursprünglichen Vortrag ist diese Distanzierung an einer Stelle besonders markant, an der er Semler erwähnt, der „längst vor Baur das ‚Judenzen' der altchristlichen Schriftsteller entdeckt" habe, und dann fortfährt: „in seiner Schule jedoch nahm man Jesum von dieser Befan-

[150] Kähler, Testament, S. 21. Vgl. S. 15: „[…] man geht heutzutage mit Vorliebe auf das Judentum in Jesu Zeiten zurück, um ihn und seine Jünger geschichtlich verständlich zu machen; aber es bleibt doch dabei, daß eben dieses Judentum ihn nicht verstand und anerkannte. Wenn moderne jüdische Gelehrte seine Lehre für die alten jüdischen Weisen reklamieren, so finden sich doch keine Spuren davon, daß die mitlebenden Juden seine Lehre für Geist von ihrem Geist erkannt hätten." Vgl. dagegen nur Mk 12,32–34; Lk 10,26f.

genheit (!) in dem Judentume aus; war das nur Vorurteil?" Anschließend führt er den Strauß des „Leben Jesu" von 1864 an, der „in Jesu Erscheinung etwas Hellenistisches" finde, „jedenfalls also nichts mit dem späteren Judentume Verwandtes", und fährt danach selbst fort: „Wenn man nun den Jesus unsrer Evangelien mit Saul von Tarsus vergleicht, so springt in der That ein weiter Abstand zwischen dem Schüler der Pharisäer und zwischen dem Meister ins Auge; dort der leibhaftige Jude, auf den die Bildungsmächte seines Volkes und seiner Zeit so unverkennbar tief und nachhaltig gewirkt haben; hier der Menschensohn, dessen Gestalt und Thun einen anmutet, als bewegte man sich in der geschichtslosen Zeit der Patriarchen" (12).

Mit dem Alten Testament bringt Kähler Jesus als den Gesalbten in einen ganz engen Zusammenhang. Es sei keineswegs „so, daß lediglich Christus sein Licht auf das alte Testament werfe". Vielmehr „wird es dabei bleiben, daß man Christum ohne das alte Testament nicht zu schätzen vermag". Wir würden ihn „ohne die Erziehung am alten Testamente garnicht zu schätzen wissen" (37) und „den geschichtlichen Christus nicht zu schildern vermögen, ohne ihn am alten Testament auszuweisen, ohne den alttestamentlichen Hintergrund, aber auch die alttestamentliche Färbung seines Lebens" (38).[151] Allerdings findet sich auch bei Kähler die traditionelle christologische Engführung im Verstehen des Alten Testamentes. Nach der Anführung einiger neutestamentlicher Stellen, die sich auf Schriftworte beziehen, schreibt er: „Wir lernen daraus jedenfalls, daß es einen Weg durch Christum zum Verständnisse der Schrift gibt" (28). Dass er damit nicht einen Weg neben anderen meint, sondern *den* Weg, erhellt daraus dass er einige Sätze vorher rhetorisch fragte: „Was hat denn den Juden ihr Pochen auf die Schrift geholfen?" „Zwei Grundanschauungen des Neuen Testamentes" stehen ihm diskussionslos fest: „erstens daß in Christo die ewigen Gedanken Gottes sich abschließend verwirklichen, und sodann daß eben in dieser Verwirklichung das Ziel der Geschichte des Alten Bundes erreicht wird."[152]

So hält Kähler zwar Altes und Neues Testament als ganze Bibel entschieden zusammen[153] und kann sogar hinsichtlich des Gebrauchs des Alten Testaments in der Kirche von uns Christenmenschen sagen: „Wir sind alle

---

151 Vgl. Kähler, Testament, S. 14: „Was Jesus uns sein will und kann, nämlich die Veranschaulichung seines Vaters im Himmel, Joh. 14,9, das kann niemand fassen, dem nicht das prophetische Verständnis der Thaten Gottes im Alten Bunde sein Licht auf ihn wirft."

152 Kähler, Testament, S. 13.

153 Vgl. auch a.a.O., S. 31f.

semitisiert".[154] Aber im Blick auf Jesus folgert er, wenn er „nicht das Ja auf die große umfassende Verheißung jener Geschichte" wäre, „dann ist alles Jüdische in seinem Denken und Lehren geschichtliche Schlacke".[155] Mit diesem Jüdischen kann er eben positiv nichts anfangen. Die einseitige Lektüre der beiden Testamente der christlichen Bibel im Schema von Verheißung und Erfüllung und die Herauslösung Jesu aus dem ihm zeitgenössischen Judentum führen zu einer Verabsolutierung der Christologie und lassen den in der Schrift bezeugten Gott nicht mehr als Israels Gott erkennen. Diese Verabsolutierung der Christologie dürfte es sein, die an einer Stelle der Sache nach auch Kähler von einer Einzigartigkeit Jesu in der Weise reden lässt, wie die Leben-Jesu-Schreiber es tun, nämlich nicht bezogen auf ein Handeln Gottes an ihm: „Wer sich überlegt, was er *findet*, wenn er die Evangelien liest, wird sagen: so hat noch nie kein Mensch geredet, so hat noch nie kein Mensch gehandelt, so ist keiner gewesen. Nicht: *das* hat noch nie einer geredet – er hat manches wiederholt aus Schrift und Mund der Frommen vor ihm; aber es wird ein andres in seinem Munde.[156] Nicht: alles, was er thut, ist unvergleichlich – er steht in einer Reihe mit der Wolke von Zeugen. Und doch, *wie* er es thut, ist etwas ganz Unvergleichliches, denn so ist keiner *gewesen*" (16).

Die in diesem Abschnitt an Kähler zu übende Kritik kann es jedoch nicht wieder eintrüben, was er in großer Klarheit über den theologischen Charakter der Evangelien und die sich daraus ergebenden Konsequenzen für die Suche nach dem „historischen" Jesus in historischer und theologischer Hinsicht ausgeführt hat.

---

[154] A.a.O., S. 16.

[155] A.a.O., S. 66. Dasselbe Bild gebraucht er an anderer Stelle, wenn er behauptet: „Die Juden haben ihr Erbe in der abschreckenden Verschlackung des Talmudismus vergraben" (Bibel, S. 229).

[156] Kähler scheint in einer hierzu gemachten Anmerkung den bloßen Hinweis auf das Unservater im Vergleich mit jüdischen Gebeten und auf Jesu Schriftbenutzung für evident zu halten.

## 6. „… eine einzigartig große Wahrhaftigkeitstat" Darstellung der Geschichte der Leben-Jesu-Forschung als „Irrewerden an dem historischen Jesus" – und die dennoch behauptete Lösung ALBERT SCHWEITZER (1875–1965)

### *a) Biographische Notiz*

Da Albert Schweitzer eine bleibend bekannte und populäre Person ist, notiere ich nur kurz die Stationen bis zu seiner hier interessierenden „Geschichte der Leben-Jesu-Forschung".[157] Schweitzer wurde am 14. Januar 1875 in Kaysersberg geboren und wuchs in Günsbach (Elsass) auf. Sein Vater war liberaler Pfarrer. Ihm hat er als „dem feinsinnigen Kenner der Leben-Jesu-Forschung" die erste Auflage seiner Darstellung ihrer Geschichte gewidmet. Ab 1893 studierte er Theologie und Philosophie in Straßburg, Paris und Berlin. Zwischendurch, 1894/95, leistete er Kriegsdienst in Straßburg. 1896 legte er ein Gelöbnis ab, sich nach dem 30. Lebensjahr einem „unmittelbar menschlichen Dienen zu weihen". 1899 wurde er zum Dr. phil. promoviert mit einer Dissertation über die Religionsphilosophie Kants. Nach Ablegen der beiden theologischen Examina und der anschließenden Ordination war er von 1900–1912 Vikar in Straßburg. 1900 erfolgte auch die Promotion zum Licentiaten der Theologie mit einer Arbeit über das Abendmahlsproblem in der Forschung des 19. Jahrhunderts. 1901 schloss sich die Habilitation an. Die im selben Jahr veröffentlichte Habilitationsschrift (Das Messianitäts- und Leidensgeheimnis. Eine Skizze des Lebens Jesu) bildet die Voraussetzung und auch den Angelpunkt seiner Darstellung der Leben-Jesu-Forschung. Sie erschien in 1. Auflage 1906 unter dem Titel: „Von Reimarus zu Wrede. Eine Geschichte der Leben-Jesu-Forschung". Ab 1902 wirkte Schweitzer in Straßburg auch als Privatdozent. Ab 1905 studierte er Medizin aufgrund des ein Jahr vorher gefassten Entschlusses, für die Pariser Missionsgesellschaft in Afrika zu arbeiten. 1912 gab er seine wissenschaftliche Karriere auf, studierte noch ein Jahr Tropenmedizin und ging 1913 zum ersten Mal nach Lambarene im heutigen Gabun, wo er ein Urwaldhospital aufbaute. 1913 erschien die stark erweiterte 2. Auflage seiner Darstellung der Leben-Jesu-Forschung – unter Streichung des ursprünglichen Titels und

---

[157] Zur weiteren Information sei auf Gräßer, Schweitzer, verwiesen, der eine große Fülle von Literatur anführt.

Übernahme des bisherigen Untertitels, gekürzt um den unbestimmten Artikel: „Geschichte der Leben-Jesu-Forschung“. In dieser Fassung erlebte das Buch im Lauf der Jahrzehnte unveränderte weitere Auflagen. Der 6. Auflage von 1951 stellte Schweitzer noch einmal ein 1950 in Lambarene geschriebenes umfangreiches Vorwort voran.[158] Er starb am 4. September 1965.

*b) Das nur eingeschränkte „Todesurteil“ über die Leben-Jesu-Forschung: Wie Schweitzer seine Forschungsgeschichte organisiert*[159]

In meiner Studienzeit habe ich von meinen neutestamentlichen Lehrern gehört, Schweitzer habe mit dem Schreiben der „Geschichte der Leben-Jesu-Forschung“ dieser Forschung den Totenschein ausgestellt. Günther Bornkamm hat dem gleich im ersten Absatz seines Jesusbuches Ausdruck gegeben, wenn er meint, am Ende von 200 Jahren Leben-Jesu-Forschung stehe „die Erkenntnis ihres eigenen Scheiterns. Albert Schweitzer hat ihr in seinem klassischen Werk […] ein Denkmal gesetzt, aber zugleich die Grabrede gehalten.“[160] Das ist schön formuliert, trifft aber nicht zu. Schweitzer selbst gebraucht den Begriff „Totenscheine“ an einer Stelle im Referat über Strauß, an der er „die radikalen Resultate der Kritik der supranaturalistischen und rationalistischen Erklärung des Lebens Jesu“ erwähnt und von den entsprechenden „Abschnitten“ sagt, sie hätten „das Terrain geschaffen, auf dem die heutige Forschung sich bewegt“, und enthielten „die Totenscheine einer Reihe von Erklärungen, die auf den ersten Blick ganz lebensfähig erscheinen und es doch nicht sind. Wenn sie noch heute in der Theologie herumspuken, sind es bloß Gespenster, die man durch das einzige Wort David Friedrich Strauß in die Flucht treiben kann, und die gar nicht umgingen, wenn diejenigen der Theologen, die auf Strauß als ein überwundenes Buch zurückblicken, sich die Mühe gäben, es zu lesen“ (R 82 = G 85). Hinsichtlich seines eigenen Werkes schreibt Schweitzer gegen Schluss des Vorworts zur 1. Auflage von 1906: „Dieses Buch kann zuletzt nicht anders, als dem Irrewerden an dem historischen Jesus, wie ihn die moderne Theologie zeichnet, Ausdruck zu geben, weil dieses Irrewerden ein Resultat des Einblicks in den

---

158 Die Lektüre dieses Vorworts zeigt im Vergleich mit dem der 1. Auflage von 1906, wie sehr das o. S. 113f. Anm. 128 zitierte Bonmot des Großvaters von Martin Kähler zutrifft.

159 Die im Text mit Seitenzahlen angegebenen Werke Schweitzers werden wie folgt abgekürzt: R = Von Reimarus zu Wrede, G = Geschichte der Leben-Jesu-Forschung (die 2. und 6. Auflage, ansonsten identisch, werden nur bei Zitaten aus den Vorworten eigens genannt); ML = Das Messianitäts- und Leidensgeheimnis. Geringe Abweichungen im Wortlaut zwischen der 1. und 2. Auflage werden nichts eigens vermerkt.

160 Bornkamm, Jesus, S. 11.

gesamten Verlauf der Leben-Jesu-Forschung ist“ (R VIII). Es ist zu betonen, dass sich die Aussage vom Irrewerden auf den historischen Jesus bezieht, „*wie ihn die moderne Theologie zeichnet*“. Von ihm sagt Schweitzer schließlich: „Der Jesus von Nazareth, der als Messias auftrat, die Sittlichkeit des Gottesreiches verkündete, das Himmelreich auf Erden gründete und starb, um seinem Werke die Weihe zu geben, hat nie existiert. Er ist eine Gestalt, die vom Rationalismus entworfen, vom Liberalismus belebt und von der modernen Theologie mit geschichtlicher Wissenschaft überkleidet wurde“ (R 396 = G 631). Das ist im Blick auf Jesus „die modern-historische Geschichtsauffassung“, die Schweitzer für „total ruiniert“ hält (R 328).[161] Diese Einschätzung hat ein Vertreter der so angegriffenen Forschung, Schweitzers Lehrer Heinrich Julius Holtzmann, dem er „Das Messianitäts- und Leidensgeheimnis“ gewidmet hatte, ironisch als „Todesurteil“ bezeichnet – und dagegen „Revision“ eingelegt (Bewusstsein, S. 8 Anm. 2).

Schweitzer selbst ist, wie noch herauszustellen sein wird, aufgrund seiner Arbeit überhaupt nicht am „historischen“ Jesus irre geworden, im Gegenteil. In der Fortsetzung des Zitates über das Irrewerden gibt er der Hoffnung Ausdruck, dass der von ihm gegebene „Anstoß“ einer „zu neuem, selbständigem Denken und Forschen“ sei – über den „historischen“ Jesus. Er spricht noch einmal vom „Irrewerden an dem historischen Jesus“, das „unserer Kultur“ nicht erspart werden dürfe, sondern „durch das sie hindurch muß, um zum ewigen Jesus zu gelangen“ (R 318 = G 352). Wie sich dieser „ewige Jesus“ aus dem „historischen“ ergibt, wird im dritten Abschnitt zu fragen sein. Jedenfalls wird hier schon deutlich, dass Schweitzer keineswegs ein „Todesurteil“ über die Leben-Jesu-Forschung als solche spricht. Seine Kritik betrifft diese Forschung nicht grundsätzlich, sondern nur ihre bisherigen Ergebnisse – mit einer Ausnahme, wie gleich zu zeigen ist.

Zuvor seien noch andere Aspekte genannt, die erkennen lassen, dass Schweitzer keinen fundamentalen Angriff auf die Leben-Jesu-Forschung beabsichtigt. Das ist schon damit angedeutet, wenn er in der Widmung seinen Vater als „feinsinnigen Kenner“ dieser Forschung bezeichnet. Es tritt klar hervor in der außerordentlichen Hochschätzung, die er ihr bekundet. Als „die größte Tat der deutschen Theologie“ charakterisiert er gleich zu Beginn „die Erforschung des Lebens Jesu. Was sie hier geschaffen hat, ist für das religiöse Denken der Zukunft grundlegend und verbindlich“ (R 1 = G 1).

---

161 In G 369 hat er es wieder etwas sanfter ausgedrückt: Sie sei „um ihren Besitzstand gebracht“.

Das ist nun in der Tat alles andere als das Ausstellen eines Totenscheins. Er preist die Leben-Jesu-Forschung als ein Unternehmen größter Wahrhaftigkeit: „Die Erforschung des Lebens Jesu war für die Theologie die Schule der Wahrhaftigkeit" (R 5 = G 5), nennt sie „die großartige Wahrhaftigkeitsarbeit der liberal-kritischen Schule" (R 220 = G 221). Im Schlussteil meint er: „Man kann es nicht hoch genug anschlagen, was die Leben-Jesu-Forschung geleistet hat. Sie bedeutet eine einzigartig große Wahrhaftigkeitstat, eines der bedeutendsten Ereignisse in dem gesamten Geistesleben der Menschheit" (G 632).[162] Noch im Vorwort zur 6. Auflage nannte er die Leben-Jesu-Forschung „eine Wahrhaftigkeitstat des protestantischen Christentums" ($G^6$ XVIII). Nach seiner Einschätzung hat man es hierbei sogar „mit dem Zentralproblem der ganzen historischen Theologie, der Theologie überhaupt", zu tun (R VII). Dann muss diese Arbeit natürlich getan und darf keinesfalls grundsätzlich in Frage gestellt werden. Schweitzer hatte sich schon an ihr beteiligt, bevor er ihre Geschichte schrieb, und mit seiner Habilitationsschrift von 1901 „eine Skizze des Lebens Jesu" vorgelegt. Diese eigene Arbeit unterzieht er nicht der Kritik. Sie hat er vielmehr im Blick, wenn er an einer Stelle Phänomene erwähnt, „die die historische Wissenschaft verhinderten, die Lösung des Problems des Lebens Jesu zu finden", und sagt, was stattdessen für diese Lösung zu tun ist (R 237f. = G 234). Noch im Vorwort zur 6. Auflage, ein halbes Jahrhundert nach Erscheinen der „Skizze", meint er: „Das geschichtliche Problem des Lebens Jesu, wie es sich der wissenschaftlich verfahrenden Forschung enthüllt hat, darf also durch die aus der spätjüdischen Eschatologie gewonnene Erkenntnis als im wesentlichen gelöst angesehen werden" ($G^6$ XII).

Die eigene Rekonstruktion des „historischen" Jesus als Lösung des Problems – das ist das organisierende Prinzip der „Geschichte der Leben-Jesu-Forschung". Nach Schweitzer „fehlt ein Versuch, Ordnung in das Chaos der Leben-Jesu zu bringen" (R 11 = G 12). Diesen Versuch will er unternehmen. Er beobachtet also, was nur mit völlig verschlossenen Augen verkannt werden könnte, dass die vorliegende Literatur der Leben Jesu chaotisch ist. Aber wie kann in ein solches Chaos Ordnung gebracht werden? Literarische Behandlungen eines Problems können ja nicht verändert werden; sie liegen geschichtlich vor.[163] Bilden sie ein Chaos, kann Ordnung nur

[162] In R 397 hatte an dieser Stelle „die Leben-Jesu-Forschung" noch das Attribut „deutsche".

[163] Wenn in meinem Keller Chaos entstanden ist, kann ich Ordnung hineinbringen, indem ich mir überflüssig Erscheinendes als Müll entsorge und das Verbleibende gruppiere und

durch die Behauptung hergestellt werden, das Chaos sei lediglich ein scheinbares, als solches nur wahrgenommen von erster oder oberflächlicher Betrachtung, in ihm erschließe sich aber genauerer Beobachtung ein verborgener Richtungssinn. So hilft dann die Idee vom „Fortschritt der Wissenschaft", der ein schließlich zu erreichendes Ziel impliziert. Das ist in der Tat das Modell, mit dem Schweitzer des Chaos Herr wird. Er entdeckt „zuletzt in schwankenden Umrissen (!) den Gang des Fortschrittes in der Erfassung des Lebens Jesu" (R 9 = G 10).[164]

Dass er der Leben-Jesu-Forschung einen Richtungssinn unterlegt, zeigt schon der Titel der 1. Auflage, der eben nicht lautet: „Von Reimarus bis Wrede", sondern: „Von Reimarus *zu* Wrede". Dabei entspricht die Zielangabe mit „Wrede" nicht dem, was im Buch tatsächlich geschieht. Der Zielpunkt ist selbstverständlich nicht Wredes These, die Schweitzer als „konsequenten Skeptizismus" kennzeichnet, sondern die eigene „Lösung" des Problems, von ihm als „konsequente Eschatologie" benannt. Ein treffender Titel wäre daher gewesen: „Von Reimarus zu mir" bzw. „zu Schweitzer". Von sich spricht Schweitzer nicht in der 1. Person, auch nicht – außer bei Literaturangaben – mit seinem Namen, sondern entweder mit der Angabe des Untertitels seiner Habilitationsschrift („Skizze des Lebens Jesu") oder mit dem Begriff, auf den er seine Lösung brachte: „konsequente Eschatologie". Das ist die „nach objektiven Prinzipien orientierte kritische Auffassung der Leben-Jesu-Forschung", die er durchführt (R VIII). Von ihr her wird als „das fundamentale Problem" ($G^6$ V) bzw. „das historische Hauptproblem des Lebens Jesu" bestimmt, „welche Bedeutung der Eschatologie in seiner Vorstellungswelt zukommt" (R 10 = G 10), wobei er die Möglichkeit ausschließt, „zwischen eschatologisch und uneschatologisch zu vermitteln" (G 590). Was auf die „konsequente Eschatologie" hinführt, ist „Fortschritt"; alles andere wird als „Stillstand" oder „Rückschritt" gewertet. So sieht er bei Reimarus eine „elementare Erkenntnis" in Bezug auf die Eschatologie Jesu. Daran gemessen, sei „die ganze Theologie bis Johannes Weiß Rückschritt". Das versteht er in einen eindrücklichen Vergleich zu fassen: „So sieht der Wanderer in der Ebene die ferne Gebirgskette. Dann verliert er sie aus dem

---

übersichtlich anordne. Aber ist das ein Modell für den Umgang mit literarischen Dokumenten zu einem bestimmten Problem?

164 Stegemann stellt heraus, „dass es nicht ‚*die*' Geschichte der Leben-Jesu-Forschung gibt, sondern deren viele. Anders: Es gibt unterschiedliche Versuche, die bunten und vielfältigen Produktionen im Diskurs über den historischen Jesus zu strukturieren und ihrem Verlauf (nachträglich!) Sinn oder Ordnung zu geben" (Jesus, S. 74).

Auge. Der Weg windet sich durch Täler langsam aufwärts, nähert sich den Gipfeln immer mehr, bis dieselben, bei einer Biegung des Pfades, vor ihm liegen, nicht in der Perspektive, in der sie ihm in der Ebene erschienen, sondern in ihren wirklichen Formen. Also erging es der Theologie mit der Eschatologie. Reimarus war der erste, der nach achtzehn Jahrhunderten wieder ahnte, was Eschatologie sei; dann verlor die Theologie sie aus den Augen, um sie erst mehr denn hundert Jahre nachher in ihrer wahren Form, soweit sie historisch bestimmbar ist, zu erkennen" (R 23 = G 23f.).

Schweitzer bringt Ordnung in das Chaos, indem er immer wieder Verbindungslinien zu sich selbst herstellt oder auch zu Johannes Weiß, der vor ihm Jesus einseitig als Künder des kommenden Reiches herausgestellt hatte (Die Predigt Jesu vom Reiche Gottes, 1892). Dass letzterer sich mit Reimarus in Beziehung gesetzt findet, wurde bereits vermerkt. Schon früher im Buch hieß es, Johannes Weiß habe „die radikale Geltendmachung der Eschatologie des Reimarus" erneuert (R 10 = G 10). An diese vermeintliche Brücke Reimarus-Weiß wird noch einmal erinnert (R 238 = G 234). Schweitzer lobt des Reimarus „unfehlbares Empfinden für lapidare Stellen, wie Mt 10,23 und Mt 16,28" (R 24 = G 25) – keineswegs zufällig Stellen, die in seiner eigenen Konstruktion Schlüsselpositionen einnehmen. Selbst Bahrdts und Venturinis phantastische Kombinationen werden „als historische Leistungen" gewürdigt unter dem Aspekt, „daß man den Zusammenhang der Ereignisse im Leben Jesu erst schaffen müsse, und daß die Evangelien nur eine Reihenfolge bieten, aber keine Erklärung, wie alles so gekommen ist" (R 47 = G 47). Genauso verfährt Schweitzer selbst. In dem Punkt, dass sie Jesus „in einer gewissen Passivität darstellen", werden sie „hundert Jahre später durch die eschatologische Schule glänzend gerechtfertigt [...]. Bahrdt und Venturini sind die ersten, welche den Gedanken durchführen wollen, daß Jesu eigenste Aktivität sein Tod war, weil er durch diesen das Reich herbeiführen wollte" (R 47 = G 47f.).[165] Entsprechend deute der Rationalist H. E. G. Paulus „den Tod richtig als eine Leistung, mit der Jesus die Menschensohn-Messianität zu erwerben gedachte" (R 55 = G 56f.). Hases „Hinweis auf die zentrale Stellung der Offenbarung der Messianität zu Cäsarea Philippi", ein für Schweitzers eigene Konstruktion entscheidender Punkt, gilt zugleich als „ein Hinweis auf die kommende Leben-Jesu-Forschung" (R 61 = G 63). Zu der anderen schon erwähnten für Schweitzer fundamentalen

---

165 Analog verfährt er mit Ghillany, einem Nachfahren der romanhaften Jesus-Schreiber (R 170 = G 172).

Stelle Mt 10,23 findet er bei Strauß eine „hingeworfene Bemerkung“, deren Bedeutung dieser allerdings nicht „ahnt“ (R 89 = G 93). Wie Reimarus wird Strauß als Vorläufer „zur wirklichen Erfassung des eschatologischen Problems“ reklamiert (R 91 = G 94), wogegen der Strauß-Biograph Ziegler Protest einlegt.[166] Schweitzer entdeckt in Strauß nicht nur das Destruktive, sondern auch „das Historisch-Positive, sofern die historische Persönlichkeit, welche aus dem Mythus herausragt, ein jüdischer, in einer rein eschatologischen Gedankenwelt lebender Messiasprätendent gewesen sein soll. Strauß ist nicht nur ein Zerstörer unhaltbarer Lösungen, sondern auch der Prophet einer kommenden Wissenschaft“ (R 93f. = G 97). Wie Schweitzer Reimarus und Strauß auf sich hin ausrichtet, führt er zusammenfassend so aus: „Darin teilte Strauß das Los des Reimarus: die positiven Lösungen, die im Umriß hinter ihren negativen Ausführungen sichtbar wurden, wurden über dem Anstoß, den das Negative erregte, nicht beachtet und die Autoren selbst ahnten ihre Tragweite nicht“ (R 119 = G 123). Die „liberal-kritischen Leben-Jesu“ kann er so einordnen, „daß sie eine höhere geschichtliche Einsicht unbewußt herbeizwangen“ (R 220 = G 220).

An einer Reihe von Stellen beschreibt Schweitzer das Phänomen, dass sich in den Darstellungen des „historischen“ Jesus die eigenen Gedanken der Autoren und ihrer Zeit wiederfinden. Bei denen der liberalen Leben Jesu bemerkt er, ihre „ganze Diskussion über die Quellen“ stünde „mit der tatsächlichen Gewinnung des Bildes Jesu nur in losem Zusammenhang; dieses stand eben für alle von vornherein fest, sofern es durch die geistige Atmosphäre und die religiösen Horizonte der sechziger Jahre bestimmt war“ (R 199 = G 200). Darin ist es begründet, dass die „Anerkennung von seiten der Zeitgenossen [...] dieser Forschergeneration in einem Maße zuteil (wurde), wie sonst keiner andern. In den Kreisen der Gebildeten war man überzeugt, ihr den authentischen Jesus zu verdanken, und freute sich, daß er in den Hauptpunkten als moderner Mensch und Verkündiger der freisinnigen Religiosität erkannt worden war“ (G 221). Über „Schenkels Charakterbild Jesu“, das in diesen Zusammenhang gehört, kann Schweitzer spotten: „Die Schlagworte jagen sich und fallen ins Ohr, denn es sind die Schlagworte, um welche die religiöse Diskussion jener Zeit sich drehte. Die Geschichte führt immer gleich ihre gute Moral an der Hand und der geschilderte Jesus ist so, daß er auf jeder Pastorenkonferenz alsbald in die Debatte eingreifen könnte“ (R 206 = G 207). Analoges konstatiert er für die „modern-historische Theo-

[166] Ziegler, Strauß, S. 176.

logie“ um die Jahrhundertwende: „Nur die Schlagwörter, mit der man die Darstellung belebt, haben gewechselt, sofern sie nun zum Teil von Nietzsche bezogen werden. An die Stelle des liberalen Jesus ist der germanische getreten. Mit der Markushypothese an sich hat er ebensowenig etwas zu tun wie der liberale seinerzeit, sonst könnte er den Untergang des Markusevangeliums als Geschichtsquelle nicht so gut überleben. Das beweist nur, daß dieser vorgeblich historische Jesus nicht ein rein geschichtliches sondern künstlich in die Geschichte verpflanztes Gebilde ist. Wie einst in Renan der romanische Geist die Persönlichkeit Jesu nach seiner Ähnlichkeit geschaffen hat, so bildet heute der germanische Geist den Herrn nach seinem Bilde um. Als historisch besteht, was unser Zeitgeist aus den Berichten an sich reißen kann, um es sich zu assimilieren und eine lebendige Gestalt daraus hervorgehen zu lassen“ (R 306 = G 339). Auch diese „zuversichtliche, unbewußt modernisierende Forschung“ habe „das große Verdienst, gewissen gebildeten Kreisen Jesus nähergerückt und sympathisch gemacht zu haben“ (R 308 = G 341). Aber ist das ein Verdienst? Schweitzer kann jedenfalls gleich anschließend wieder spotten: „Wenn der von der Markushypothese aus der modernen Psychologie gezeugte Jesus unsere Welt regenerieren könnte, hätte er es schon lange getan, denn er ist bald an die sechzig Jahre alt“ (ebd.). Er tadelt es, dass die Theologie „sich den historischen Jesus gleichgestaltet“ (R 309 = G 342). In der Weiterführung seines Berichts in der 2. Auflage konstatiert er bissig, „die meisten modernen Theologen“ zeichneten mit ihrem Jesus „eine Persönlichkeit, die so viele moderne Züge aufwies, daß es fast leichter war ihre Ungeschichtlichkeit als ihre Geschichtlichkeit darzutun“ (G 555). Im Schlusskapitel nennt er es „geradezu ein Verhängnis der modernen Theologie, daß sie alles mit Geschichte vermischt vorträgt und zuletzt noch auf die Virtuosität stolz ist, mit der sie ihre eigenen Gedanken […] bei Jesus findet und von ihm aussprechen läßt“ (R 398f. = G 633).[167]

Dieses Problem der Selbstspiegelung hatte sich, als Schweitzer seine „Geschichte“ schrieb, offenbar herumgesprochen. So meint Holtzmann im Anschluss an Jülicher: „In der Tat liesse sich leicht nachweisen, dass jeder, der es unternahm (ein Leben Jesu zu schreiben), in die Lage kam, unbewusst ein Stück seiner Theologie, manchmal sogar überhaupt seiner Individualität, mit in das entworfene Bild aufzunehmen.“[168] Er setzt sofort hinzu: „Das aber

[167] In der 2. Auflage ist das, was in der gekennzeichneten Auslassung gestanden hat, von Schweitzer gestrichen und das darauf Folgende umformuliert worden: „in der Vergangenheit wiederfindet“.

[168] Holtzmann, Bewusstsein, S. V.

ist es ja gerade, was möglichst vermieden werden sollte.“ Dass es sich nicht ganz vermeiden lässt, gesteht er auf der nächsten Seite mit Hinweis auf „die vielen Punkte“ ein, an denen er „nur eine relativ oder vermutungsweise richtige Entscheidung zu treffen im Stande war“. Das beobachtete Phänomen führt also nicht zu einer Infragestellung des Unternehmens selbst. Man macht so weiter, aber will sich noch mehr Mühe geben, es besser zu machen. Auch bei Schweitzer lässt dieses Phänomen nicht grundsätzlich fragen, aber er geht damit anders um als sein Lehrer. Er meint, vor Selbstspiegelung im rekonstruierten Jesus dadurch gefeit zu sein, dass er diesen als einen der modernen Welt ganz fremden Menschen darstellt.[169] „Das ist nämlich nicht das geringste Verdienst der eschatologischen Schule, daß sie die moderne, Geschichte treibende Theologie zwingt, ihr Eigenes als Eigenes zu offenbaren. Mit der Eschatologie wird es eben unmöglich, moderne Ideen in Jesus hineinzulegen und sie von ihm durch die neutestamentliche Theologie wieder als Lehen zurückzuempfangen [...] Vor der eschatologischen Erkenntnis war die kritische Theologie doch in letzter Linie prinziplos, sofern sie kein Scheidungsmittel besaß, das moderne und neutestamentlich-antike Gedanken unfehlbar sicher auseinandergelöst hätte“ (R 248f. = G 244). In der 1. Auflage hatte Schweitzer am Ende des darauf folgenden Absatzes noch hinzugefügt: „Es brandet jetzt eben alles Moderne wider die scharfen Klippen der geschlossenen, eschatologischen Weltanschauung Jesu. Mit andern Worten: Die moderne Theologie wird einmal ganz ehrlich werden. Doch dies ist eine Prophezeiung auf die Zukunft.“ Von dieser Aussage her mag man allerdings nach dem Wert dessen fragen, dass Schweitzer die Leben-Jesu-Forschung insgesamt so überschwänglich als Tat der „Wahrhaftigkeit“ gelobt hatte.

Im Untertitel der 1. Auflage seines Werks hatte es Schweitzer „eine Geschichte der Leben-Jesu-Forschung“ genannt. Ich betone: *eine* Geschichte der Leben-Jesu-Forschung, nämlich *seine* Darstellung dieser Geschichte. Wie sehr es die seinige ist, dürfte im Vorangehenden deutlich geworden sein. Bei der Beförderung des Untertitels zum alleinigen Titel in der 2. Auflage fiel der unbestimmte Artikel weg. Wenn und wo in der folgenden Rezeption dieses Werk als *die* Geschichte der Leben-Jesu-Forschung gilt, sind Fehldeutungen kaum vermeidbar.

---

169 Vgl. Robinson, Kerygma, S. 46: Schweitzer „versuchte selber eine Rekonstruktion des Lebens Jesu, die er einfach deswegen für objektiv hielt, weil er die für die damalige Forschung charakteristische Modernisierung Jesu vermieden zu haben glaubte“.

c) *„Die Lösung der konsequenten Eschatologie“*[170]

Als Ausgangspunkt dient Schweitzer ein Widerspruch, den er in den Quellen zu beobachten meint: „Sie behaupten, daß Jesus sich als Messias gefühlt habe, und schildern doch sein Leben so, daß er niemals wirklich als Messias aufgetreten sein kann“ (R 7 = G 7f.). An der liberalen Leben-Jesu-Forschung kritisiert er, dass in ihr „über das Warum jener kontradiktorischen beiden Tatsachen, daß Jesus Messias sein wollte und doch nicht als solcher auftrat, nicht weiter reflektiert“ wurde (R 219f. = G 220). Anders als Wrede, nach dem Jesus die Messiaswürde erst nachösterlich zugeschrieben worden ist, er selbst aber ein unmessianisches Leben geführt hat,[171] geht Schweitzer von einem tatsächlichen Messiasbewusstsein des „historischen“ Jesus aus, das allerdings zunächst sein persönliches Geheimnis gewesen und bis zu seinem Tod nur wenigen gelüftet worden sei. Von daher stellt sich ihm die Frage: „Hielt sich Jesus wirklich für den Messias, wie kommt es, dass er wirkt, als wäre er nicht der Messias?“ (ML V) Das führt zu dem Postulat: „Geschichtlich ist nur diejenige Auffassung, welche begreiflich macht, *wie Jesus sich für den Messias halten konnte, ohne sich genötigt zu sehen, dieses sein Selbstbewusstsein in seiner öffentlichen Wirksamkeit auf das messianische Reich hin zur Geltung zu bringen, ja, wie er geradezu gezwungen war, die messianische Würde seiner Person zu verschweigen! Warum war seine Messianität Geheimnis?* – dieses erklären heisst das Leben Jesu begreifen“ (ML VII; vgl. S. 38).

Jesus habe von anderen auch gar nicht als Messias wahrgenommen werden können. Schweitzer dekretiert für das Judentum der Zeit Jesu: „Der Messias wird nicht als in der irdischen Welt in Menschengestalt auftretend erwartet“ ($G^6$ XI); er ist „eine übernatürliche, am Ende der Tage offenbar werdende Persönlichkeit“ (G 418). Außerdem sei der Messias mit dem kommenden Reich verbunden gewesen; das aber wurde von Jesus erwartet, nicht als gegenwärtig praktiziert. Entsprechend rede er „von dem Messias als futurischer Persönlichkeit in der dritten Person“ (ML 38). So konnte das Volk den wundertätigen Jesus nur für den Vorläufer, den Elija, halten und den nicht wundertätigen Johannes den Täufer lediglich für einen Propheten. Für Schweitzer hat sich aus der „Auseinanderhaltung von Synoptikern und viertem Evangelium“ die Erkenntnis „der unbedingten Anerkennung des rein

---

170 So formuliert Schweitzer selbst die Überschrift von Kapitel XXI (G 390). Im Folgenden gebe ich lediglich eine grobe Skizze.

171 Vgl. William Wrede, Das Messiasgeheimnis in den Evangelien. Zugleich ein Beitrag zum Verständnis des Markusevangeliums, Göttingen $^4$1969 (= 1901).

eschatologischen Grundcharakters der Lehre und des Wirkens des markinischen und matthäischen Jesus“ ergeben (R 219 = G 219) und d.h. für ihn des „historischen“. Nach ihm „steht fest: Während der Taufe ging ihm das Geheimnis seines Daseins auf, dass er nämlich derjenige sei, den Gott zum Messias bestimmt hatte. *Mit dieser Offenbarung ist er fertig; eine Entwicklung hat er nicht mehr durchgemacht.* Denn nun stand ihm fest, dass er bis zum nahen Anbrechen der messianischen Ära, wo seine Würde ihm in Herrlichkeit zufiel, als der unerkannte und verborgene Messias auf das Reich hin zu wirken habe und sich mit den Seinen in der Enddrangsal bewähren und läutern müsse“ (ML 98f.).[172] Dieses Wissen, „daß er erwartet beim Anbrechen des Reiches Gottes in den Messias-Menschensohn verwandelt und als solcher offenbar zu werden“ ($G^6$ IX), sei „die für uns weiter nicht zu erklärende Tat seines Selbstbewußtseins“ (R 363). Das „Problem der Probleme in der Geschichte der spätjüdischen[173] Eschatologie“ bestehe in der „Vollziehung der Synthese zwischen der prophetischen und der danielischen Eschatologie“ (G 286). Jesus habe in seiner Person dieses Problem so gelöst, „daß die Existenz des Messias zuerst in einer irdischen Seinsweise verläuft, in der er aus Davids Geschlecht seinen Ursprung nimmt, sodann aber in eine überirdische übergeführt wird, wobei die mit der natürlichen Abstammung gegebenen Konsequenzen in Wegfall kommen“ (G 316). Schweitzer führt „Voraussetzungen“ an, unter denen „es bis zu einem gewissen Grade begreiflich“ werde, „daß eine hervorragende religiöse Persönlichkeit davidischer Abstammung sich für den Erwählten halten konnte, der bei der großen Verwandlung zur Würde des Messias-Menschensohnes erhoben werden sollte“ (G 396).

---

[172] Später hinterfragt er, „ob das Erlebnis bei der Taufe wirklich die Geburtsstunde des Messianitätsbewußtseins Jesu bedeutet“, mit der Begründung: „Die moderne Psychiatrie und Psychologie sind nicht geneigt, einmaligen Sinnestäuschungen eine so große umwälzende Bedeutung für das Ich-Bewußtsein und überhaupt die ganze Vorstellungswelt eines Menschen beizulegen“ (G 392). Stattdessen versucht er von „allgemeinen und speziellen Voraussetzungen und Erwägungen“ her aufzuzeigen, wie dieses Selbstbewusstsein bei Jesus entstehen konnte (G 392f.).

[173] Am Anfang des 20. Jahrhunderts verdrängen die Begriffe „spätjüdisch“ (vgl. o. S. 78 Anm. 91) und „Spätjudentum“ den früheren Sprachgebrauch vom „späteren Judentum“, der eine Relation zum „früheren Judentum“ in der an das Exil anschließenden Zeit herstellte. Schon dieser relationale Begriff war angesichts des weiter existierenden und zeitgenössisch erfahrbaren Judentums fragwürdig. Die indiskutable Redeweise vom „Spätjudentum“ wurde erst aufgegeben nach dem Erschrecken über den Massenmord an den jüdischen Männern, Frauen und Kindern Europas durch Deutschland und dem dadurch ausgelösten Bedenken der christlichen Schuldgeschichte gegenüber dem Judentum.

Das Besondere sei nun, dass Jesus das Reich Gottes nicht nur erwartet, sondern auf sein Kommen eingewirkt habe. In dieser Weise interpretiert Schweitzer den Spruch Mt 11,12: „Die Busse und sittliche Erneuerung auf das Reich Gottes hin sind gleichsam ein Druck, der ausgeübt wird, *um es zu zwingen, in die Erscheinung zu treten.* Diese Bewegung hat eingesetzt mit den Tagen des Täufers. Darum wird von da an dem Reich Gottes Gewalt angethan. Die Gewaltthätigen, die es an sich reissen, sind diejenigen, welche die sittliche Erneuerung leisten. Sie ziehen es mit Macht auf die Erde herunter“ (ML 27; vgl. R 354 = G 404). Von daher versteht Schweitzer die Forderungen der Bergpredigt als „Interimsethik“. Dieser Ausdruck „besagt, daß die sittlichen Forderungen Jesu allesamt auf die innere Bereitung auf die Zugehörigkeit zum kommenden Reich abzielen und im letzten Grunde die Rechtfertigung beim Gericht bezwecken“ (G 595; vgl. ML 18f.). Auf das Kommen des Reiches einzuwirken, ist auch Zweck der Dämonenbekämpfung. Deshalb werden die Jünger bei der Aussendung auch mit der Vollmacht über die Dämonen ausgestattet. „In jenem Augenblick der höchsten eschatologischen Erwartung sendet er sie als die Gewaltthätigen aus, welche die letzten Streiche führen sollen. Die Busse, welche durch ihre Predigt gewirkt wird, und die Überwindung der widergöttlichen Macht in den Dämonischen nötigen zusammen das Reich herbei“ (ML 43). Als das den Täufer Johannes und Jesus von allen anderen Unterscheidende hebt Schweitzer hervor: „Sie selber bringen die Zeit in Bewegung, indem sie handeln, eschatologische Tatsachen schaffen“ (R 367). Er hat das in einem ebenso eigenartigen wie eindrücklichen Bild zum Ausdruck gebracht, das in die 2. Auflage nicht übernommen wurde:

„Stille ringsum. Da erscheint der Täufer und ruft: Tuet Buße! das Reich Gottes ist nahe herbeigekommen! Kurz darauf greift Jesus, als der, welcher sich als den kommenden Menschensohn weiß, in die Speichen des Weltrades, daß es in Bewegung komme, die letzte Drehung mache und die natürliche Geschichte der Welt zu Ende bringe. Da es nicht geht, hängt er sich dran. Es dreht sich und zermalmt ihn. Statt die Eschatologie zu bringen, hat er sie vernichtet. Das Weltrad dreht sich weiter und die Fetzen des Leichnams des einzig unermeßlich großen Menschen, der gewaltig genug war, um sich als den geistigen Herrscher der Menschheit zu erfassen und die Geschichte zu vergewaltigen, hängen noch immer daran. Das ist sein Siegen und Herrschen“ (R 367).

Mit dem Kommen des Reiches ist die ihm vorangehende Zeit endzeitlicher Drangsal verbunden. Sie kündigt Jesus seinen Jüngern bei der Aussendung an. Bei den in Mt 10 und Mk 8,34–9,1 vorausgesagten Leidenserfahrungen handle es sich nicht um *vaticinia ex eventu*, sondern „um Behauptungen, die der empirischen Grundlage entbehren, um Gewitterprophezeiungen unter blauem Himmel“ (G 388 = R 347). Jesus erwarte nicht, dass die von ihm Ausgesandten zurückkämen; sie würden ja „mit den Städten Israels nicht zu Ende kommen“, bevor das Reich Gottes eintrifft und er in den Messias-Menschensohn verwandelt wird (Mt 10,23).

Dass die Jünger doch zurückkommen, bedeutet „die erste Parusieverzögerung“ (G 407 = R 356). Jesus muss sich umorientieren. Die endzeitliche Drangsal ist nicht eingetroffen, die Ausgesandten haben sie nicht erlitten, „sondern gesund und frisch, voll stolzer Genugtuung kehrten die Jünger zum Herrn zurück“ (G 411). Die letzte Bitte des Vaterunser sei offenbar erfüllt worden; ihnen bliebe die Drangsal erspart, Jesus allein müsse sie auf sich nehmen, wie er aufgrund von Jes 40–66 im Ganzen und Jes 53 im Besonderen erkenne, um so das Reich Gottes herbeizuzwingen. Das sei sein Leidensgeheimnis, das er den Jüngern in den Leidens- und Auferstehungsankündigungen offenbare. Zunächst jedoch kämen „die drei Intimen“ durch die „Verklärung“ zur Erkenntnis der Messianität Jesu. „Die Verklärung war die Offenbarwerdung des Messiasgeheimnisses an die drei Intimen gewesen. Und zwar hatte es Jesus ihnen nicht offenbart, sondern in einem gemeinsamen Zustand der Verzückung, in dem sie den Meister in verklärtem Licht, mit Moses und Elias redend erblickten, hatten sie eine himmlische Stimme vernommen, die sprach: ‚Dies ist mein lieber Sohn, höret auf ihn‘“ (G 430f.). Den gemeinsam erfahrenen „Zustand der Verzückung“ meint Schweitzer damit erklären zu können, „daß Jesus und die Seinen [...] von der intensivsten eschatologischen Erwartung erregt waren“, in der sie „stündlich das Reich und die Offenbarung des Menschensohnes (erwarteten)“. Das „waren die psychischen Voraussetzungen“ für solche „Sinnestäuschungen“ (G 431). An dieser Stelle nimmt Schweitzer eine Umstellung vor, indem er die Verklärung vor das Petrusbekenntnis bei Cäsarea Philippi platziert. Nur so sei das Wissen des Petrus um die Messianität Jesu zu erklären, das er nun den anderen Jüngern „verrät“.

Von Cäsarea Philippi aus, vom Norden, gehe Jesus nach Jerusalem, um mit seinem Tod die endzeitliche Drangsal auf sich zu ziehen und mit der zugleich damit erbrachten Sühneleistung, die allerdings als auf die Prädestinierten eingeschränkt gilt, das Kommen des Reiches Gottes und seine eigene Verwandlung in den Messias-Menschensohn zu bewirken. Der Einzug in Jerusalem erfolge nicht als ein messianischer; Jesus gelte vielmehr als „der Prophet aus Nazaret in Galiläa“ (Mt 21,11). Mit seinen Drohreden in Jerusalem wolle er „den Tod herbeizwingen“ (G 381). Den Prozess vor dem Synhedrium hält Schweitzer für historisch. Entscheidend sei das vom Hohenpriester erfragte Messiasbekenntnis Jesu gewesen. Das Messiasgeheimnis Jesu habe dieser durch Judas erfahren. Dessen Preisgabe nämlich sei Inhalt des Verrats gewesen, nicht die Angabe eines Ortes. „Das Entscheidende ist [...] die Preisgabe des Messianitätsgeheimnisses. Jesus starb, weil zwei seiner Jünger das Schweigegebot gebrochen hatten: Petrus, der das Messianitätsgeheimnis den Zwölfen zu Cäsarea Philippi kundtat; Judas Iskariot, der es dem Hohenpriester zu wissen gab“ (R 394 = G 442). Das Volk komme am nächsten Morgen nur deshalb zu Pilatus, „um nach der Gewohnheit einen Gefangenen auf das Fest loszubitten“ (G 442f. = R 394). Dessen Absicht Jesus freizugeben, werde durch die Priester vereitelt. „Sie mischen sich alsbald unter das Volk und stimmen es um, daß es dem Vorschlag des Landpflegers kein Gehör gibt. Wodurch? Indem sie ihm sagen, warum er verurteilt worden ist. Sie geben der Menge das Messianitätsgeheimnis preis. Dadurch wird er für sie aus dem gefeierten Propheten ein Gotteslästerer“ (G 443 = R 394).

Schweitzer beendet seine Konstruktion mit einer Notiz über den Tod Jesu: „Am Nachmittag desselben Tages schrie Jesus laut auf und verschied. Er hatte den Betäubungstrank zurückgewiesen (Mk 15,23), um bis zuletzt bei klarer Besinnung zu bleiben“ (G 443; vgl. R 395; ML 109).

Im Schlusskapitel seiner „Geschichte der Leben-Jesu-Forschung“ blickt Schweitzer zurück. Aufgrund der einerseits von ihm in der Forschung kritisch herausgestellten Modernität des „historischen“ Jesus, die nicht beanspruchen kann, wirklich historisch zu sein, und andererseits im Blick auf seine eigene Rekonstruktion, nach der Jesus „für unsere Zeit immer etwas Fremdes und Rätselhaftes“ behalte (G 631),[174] zeichnet er einmal mehr ein eindrückliches Bild:

> „Es ist der Leben-Jesu-Forschung merkwürdig ergangen. Sie zog aus, um den historischen Jesus zu finden, und meinte, sie könnte ihn dann, wie er ist, als Lehrer und Heiland in unsere Zeit hineinstellen. Sie löste die Bande, mit denen er seit Jahrhunderten an den Felsen der Kirchenlehre gefesselt war, und freute sich, als wieder Leben und Bewegung in die Gestalt kam und sie den historischen Menschen Jesus auf sich zukommen sah. Aber er blieb nicht stehen, sondern ging an unserer Zeit vorüber und kehrte in die seinige zurück. Das eben befremdete und erschreckte die Theologie der letzten Jahrzehnte, daß sie ihn mit allem Deuteln und aller Gewalttat in unserer Zeit nicht festhalten konnte, sondern ihn ziehen lassen mußte. Er kehrte in

[174] Vgl. R 397: „Der historische Jesus wird unserer Zeit ein Fremdling oder ein Rätsel sein.“

die seine zurück mit derselben Notwendigkeit, mit der das befreite Pendel sich in seine ursprüngliche Lage zurückbewegt" (G 631f. = R 397).

Aber nun belässt es Schweitzer nicht bei dieser Feststellung. Offensichtlich will er nicht bloß Historiker, sondern auch Theologe sein. Was fängt er mit dem von ihm fremd und rätselhaft dargestellten, der eigenen Zeit so fernen „historischen" Jesus an?

*d) Vom eschatologischen Jesus zur Jesus-Mystik: Was Schweitzer mit seiner Rekonstruktion anfängt*

Im Vorwort zur 6. Auflage erklärt es Schweitzer als die „Hauptfrage für die jetzige und die kommende Zeit [...], in welcher Weise und mit welchem Ergebnis sich der christliche Glaube mit der historischen Wahrheit über Jesus auseinandersetzt". Mit „der historischen Wahrheit über Jesus" meint er offenbar sein Rekonstrukt. Ein paar Sätze weiter schreibt er: „Die Lage, in der sich der Glaube befindet, nötigt ihn, zwischen dem Wesen und der Gestalt der religiösen Wahrheit zu unterscheiden" ($G^6$ XVI). Das Verhältnis zwischen „religiöser" und „historischer Wahrheit" ist danach wohl so gedacht, dass letztere, hier also der „historische" Jesus in seiner Fremdheit, die Gestalt der religiösen Wahrheit ist, diese Gestalt aber nicht in ihrer bloßen Historizität aufgeht, sondern darüber hinaus etwas enthält, das „wesentlich" ist. Dementsprechend legt Schweitzer dem „historischen" Jesus und besonders seinem Messianitätsbewusstsein eine außerordentlich hohe Bedeutung bei. Er setzt als selbstverständlich voraus: „Unser Glaube baut sich auf der Persönlichkeit Jesu auf" (ML 97). Nach ihm „darf man nicht vergessen, dass wenn Jesus sich selbst nicht für den Messias gehalten hat, dies den Todesstoss für den christlichen Glauben bedeutet. Das Urteil der urchristlichen Gemeinde ist für uns nicht bindend. Die christliche Religion erbaut sich *auf dem messianischen Selbstbewusstsein Jesu*, wodurch er selbst seine Persönlichkeit aus der Reihe anderer Verkündiger der religiösen Sittlichkeit *in einzigartiger Weise* scharf heraushebt. Hielt er *sich selbst* nun nicht für den Messias, so beruht das ganze Christentum [...] auf einem *‚Werturteil' der Anhängerschaft Jesu von Nazareth nach seinem Tode!*" (ML VIs.) Zugleich wird deutlich, dass Schweitzer Jesus zu einer Einzigartigkeit hochstilisiert. Das geschieht noch an einer Reihe weiterer Stellen. Er gilt ihm nicht nur „als der Größte der Rabbinen" (G 316) und eine „gigantische Persönlichkeit" (ML 39), sondern er sei geradezu *„eine übermenschliche Persönlichkeit aus einem Guss*" (ML 97). Mit ihm stünden wir „im innersten Kreise der Weltgeschichte. Es kam ein Mensch, die Welt zu beherrschen", der „fort und fort als der einzig Große und einzig Wahre in einer Welt herrscht, deren Fortbestehen er verneint hat“ (R2 = G 2).

Wie das Messianitätsgeheimnis Jesu „das Fundament des Christentums“ sei, wird von Schweitzer auf eigentümliche Weise beschrieben, indem er die von Jesus vertretene Eschatologie zugleich in ihrer Konsequenz als Enteschatologisierung begreift. In einer in der 2. Auflage gestrichenen Passage heißt es: „Jene Tat des Selbstbewußtseins Jesu, da er sich in seiner irdischen Existenz als den zukünftigen Messias erkannte, ist die Tat der größten Selbstbejahung der Eschatologie, zugleich aber auch, da sie das Kommende geistig in die unveränderte Gegenwart dieses Äons hineinzog, der Eschatologie Ende, ihre ‚Vergeistigung‘; eine Vergeistigung, deren letzte Konsequenz darauf führen würde, alles ‚Übersinnliche‘ nur in der gegenwärtigen irdischen Geistigkeit als real zu erleben und alles, was als transzendent-übersinnlich bejaht wird, als die stehengebliebenen Trümmer einer eschatologischen Weltanschauung zu betrachten. Das Messianitätsgeheimnis ist das Fundament des Christentums, als der Entnationalisierung und Vergeistigung der jüdischen Eschatologie“ (R 281). In dem darauf folgenden Absatz sieht Schweitzer mit „dem Messianitätsbewußtsein des einzig großen Menschen von Nazareth […] jene selbstherrliche Vergewaltigung des Jenseits durch das Diesseits eingeleitet, welche wir rückblickend als die Geschichte des Christentums erfassen, die wir an uns selbst als das Wesen des religiösen Fortschreitens und Erlebens erleben, deren Ende wir nicht absehen noch ahnen. In diesem Sinne war Jesus ‚weltbejahend‘, in Spannung mit dem Judentum. […] In gewaltiger Revolution wurde, im Geiste der Urtat des Selbstbewußtseins Jesu, im Widerspruch mit gewissen der gewissesten seiner Worte die Ethik weltbejahend. Gewaltiger aber wird die Revolution sein, wenn die letzten stehengebliebenen Trümmer der jenseitig-übersinnlichen Weltanschauung werden abgetragen werden, um den Platz für die rein-diesseitig wirkliche geistige Welt freizulegen. […] Bei dem letzten Schrei am Kreuz ist die ganze eschatologisch-übersinnliche Welt in sich selbst zusammengestürzt, und als reale geistige Welt blieb nur die diesseitige, an die Sinnlichkeit gebundene, die Jesus mit seinem allmächtigen Wort in der Welt, die er verneinte, erschaffen hatte. Sein letzter Ruf, mit dem verzweifelten Aufgeben der eschatologischen Zukunft, ist seine Weltbejahung. Der ‚Menschensohn‘ ward begraben in den Trümmern der zusammenstürzenden eschatologischen Welt; lebendig blieb nur Jesus ‚der Mensch‘“ (R 281f.). Schon vorher hatte Schweitzer – in einem ebenfalls in der 2. Auflage gestrichenen Absatz – über das Sterben Jesu und mit ihm der Eschatologie als

„Tragik“ geschrieben: „nicht eine Tragik für Theologenseufzer, sondern befreiend und lebenspendend, wie jede große Tragik: denn sterbend gebar die Eschatologie vom griechischen Geiste die wunderbare, mystisch-sinnliche, altchristliche Unsterblichkeitslehre, und weihte das Christentum für eine langsam dahinsterbende Kultur zur Religion der Unsterblichkeit“ (R 252). Der entscheidende Punkt, Jesu Eschatologie positiv verstehen zu können, liegt für Schweitzer in dem, worin er sie als schöpferisch versteht, nämlich „nicht darin, daß sie dies oder jenes der Räder der eschatologischen Maschinerie herausnimmt, sondern sie, was noch keiner getan hatte, durch sittlich religiöse Kräfte in Gang setzt“ (G 249 = R 253). Das geschieht insbesondere durch Jesu Leidensgeheimnis, die Art, wie er seinen Tod versteht und betreibt. Dadurch trägt die endzeitliche „Drangsal [...] die konkreten Züge eines bestimmten Ereignisses. *Aus dem messianischen Enddrama zieht er (Jesus) sie gleichsam in die menschliche Geschichte herunter*“ (ML 91). „Dieses gewaltsame Hineinzerren der Eschatologie in die Geschichte ist zugleich ihre (der Eschatologie) Aufhebung; ein Bejahen und Preisgeben zugleich“ (R 388 = G 437). So konnte Schweitzer schon in seiner „Skizze des Lebens Jesu“ dessen Ethik sogar als „modern“ charakterisieren, „nicht etwa, weil die Eschatologie dabei Begleitgedanke ist, sondern gerade, weil sie von dieser Eschatologie vollständig abhängig ist! Diese Eschatologie selbst, wie sie sich in dem Geheimnis des Reiches Gottes darstellt, ist nämlich durchaus modern, indem sie von dem Grundgedanken beherrscht wird, dass auf die religiös-sittliche Erneuerung hin, welche die Gläubigen leisten, das Reich Gottes eintreten wird. *Jede sittlich-religiöse Bethätigung ist also Arbeit am Kommen des Reiches Gottes*“ (ML 32).

Es wurde schon deutlich, dass die Kategorie der Vergeistigung eine Brücke bildet, über die Schweitzer den in seine Zeit zurückgekehrten „historischen“ Jesus wieder in die moderne Zeit gelangen lassen kann. So schreibt er im Vorwort der 6. Auflage: „Die Vergeistigung der Vorstellung des Reiches Gottes und die des Messias nehmen ihren Anfang mit Jesus. Er hat in die spätjüdische Vorstellung vom Reiche Gottes seine gewaltige Ethik der Liebe hineingestellt, indem er die Zugehörigkeit zum Reiche Gottes von dem Erfülltsein von der Liebe und seiner Betätigung abhängig macht. Damit hat er die spätjüdische Idee des Reiches Gottes mit ethischen Energien geladen, die sie umgestalteten und zu der geistig ethischen Größe werden ließen, die sie für uns ist“ ($G^6$ XVII). „Als der geistige Herrscher des geistigen Reiches Gottes auf Erden, ist er der Herr der in unseren Herzen herrschen will“ ($G^6$ XVIII). So ist zuletzt „nicht der historisch erkannte, sondern nur der in den

Menschen geistig auferstandene Jesus" derjenige, der „unserer Zeit etwas sein und ihr helfen (kann)" (R 399). Jesus sprach seine Worte aus einem Geist heraus, für den die damalige Welt nicht mehr existierte. „Sie passen daher, wie sie sind, in jede Welt, denn in jeder Welt heben sie den, der ihnen ins Auge zu sehen wagt und nicht daran deutelt und dreht, aus seiner Zeit und seiner Welt heraus und machen ihn innerlich frei, daß er geschickt wird in seiner Welt und seiner Zeit schlichte Kraft Jesu zu sein" (R 400).

Hier ist schon angelegt, was Schweitzer in der 2. Auflage ausführlich als positive Rezeption des „historischen" Jesus darlegt, nämlich „ein Verstehen von Wille zu Wille" (G 639). „Was ist uns der geschichtliche Jesus, wenn wir ihn von aller falschen Zurechtlegung der Vergangenheit für die Gegenwart frei halten? Wir haben das unmittelbare Empfinden, daß seine Persönlichkeit, trotz alles Fremdartigen und Rätselhaften, allen Zeiten, so lange die Welt steht, mögen sich die Anschauungen und Erkenntnisse noch so sehr wandeln, etwas Großes zu sagen hat und darum eine weitgehende Bereicherung auch unserer Religion bedeutet" (G 633f.). Dieses „Große" versucht Schweitzer so herauszufinden, dass er zwischen dem „Willen" Jesu und dem zeitbedingten Vorstellungsmaterial unterscheidet. Gegenüber letzterem behauptet er nämlich: „Aber der Wille selbst ist zeitlos. Er offenbart das unergründliche und primäre Wesen einer Persönlichkeit und bedingt auch die letzte und grundlegende Bestimmtheit ihrer Weltanschauung" (G 634). Zwar: „Die primitive, spätjüdische Metaphysik, in der Jesus seine Weltanschauung ausspricht, erschwert die Übersetzung seiner Ideen in die Formeln unserer Zeit in außerordentlicher Weise" (G 635). So muss gefragt werden, wie der „Wille Jesu sich in unserem Vorstellungsmaterial ausleben und aus ihm eine Weltanschauung so sittlicher und so gewaltiger Art gestalten (würde), daß sie als das moderne Äquivalent derjenigen gelten könnte, die er in der spätjüdischen Metaphysik und Eschatologie geschaffen hat?" (ebd.) Als grundlegend erkennt er Jesu „natürliche und tiefe Sittlichkeit", die „eine ethische Weltvollendung" intendiert (ebd.), „die sittliche Endvollendung der Welt" (G 636), „eine sittliche Endvollendung der ganzen Menschheit" (G 637). Schweitzer diagnostiziert den „Mangel an innerlicher Gleichgestimmtheit des Wollens, Hoffens und Sehnens, der eine wirkliche Erkenntnis des historischen Jesus und eine umfassende religiöse Beziehung auf ihn unmöglich machte" (G 637). Demgegenüber gewinnt er eine Beziehung zu ihm „in der Erkenntnis eines gemeinsamen Wollens", wodurch „unsere Religion, insoweit sie sich als spezifisch christlich erweist, […] nicht so sehr Jesuskult als Jesusmystik" sei (G 641). So käme es darauf an, mit ihm zu erfassen, „daß wir uns aus den gegenwärtigen Zuständen durch ein gewaltiges, den Dingen, wie wir sie sehen, Hohn bietendes Hoffen und Wollen des Reiches Gottes erlösen, in dem Glauben an die unüberwindliche Macht des sittlichen Geistes Halt, Freiheit und Frieden finden“ (G 638). Entscheidend sei das schon genannte „Verstehen von Wille zu Wille, bei dem das Wesentliche der Weltanschauung unmittelbar gegeben ist“, nicht aber, dass Jesus die Endvollendung übernatürlich erwartete, „während wir sie nur als Resultat der sittlichen Arbeit begreifen können“ (G 639).

Auch wenn es an manchen Stellen so scheinen könnte, hat Jesus für Schweitzer keine fundamentale Bedeutung; er ist nur ein Element, wenn auch ein wichtiges. In der 2. Auflage diskutiert er in einem eigenen Kapitel ausführlich die Bestreitungen der Existenz Jesu (G 498–564). In diesem Zusammenhang kritisiert er, dass „man sich einseitig auf das historische Widerlegen“ dieser These verlegte, und meint dann: „Viel wichtiger und eindrucksvoller wäre es aber gewesen, wenn die Theologie zugleich hätte dartun können, daß sie für den Fall des Mißlingens des von ihr geforderten Nachweises in der Persönlichkeit Jesu zwar viel, aber bei weitem nicht alles verlöre und das freisinnige Christentum dann eben aus den Erkenntnissen und Energien der unmittelbaren, von jeder historischen Begründung unabhängigen Religion weiterleben würde“ (G 511). Und weiter: „Der Herr kann immer nur ein Element der Religion sein; nie aber darf er als Fundament ausgegeben werden“ (G 512). Das hängt für Schweitzer wieder damit zusammen, dass er Jesus als den fremden Jesus erkannt hat. So stellt er den Verteidigern der Geschichtlichkeit Jesu die Möglichkeit vor Augen, „daß sie für die historischen Rechte einer Persönlichkeit eintreten, die sich vielleicht ganz anders erweist, als sie sich bei der Verteidigung vorstellten. [...] Der wirkliche Jesus kann sich [...] in seiner ganzen Vorstellungswelt als so zeitlich bedingt erweisen, daß unsere Beziehung auf ihn zu einem Problem wird“ (G 515). So stellt er „gewisse fremdartige Züge an ihm“ heraus, „die störend und sogar sittlich und religiös anstößig wirken können“. Seine Ethik sei „unvollständig, als sie Arbeit, Erwerb, Wirken und so viele andere Größen entweder nicht in Betracht zieht oder direkt entwertet“.[175] Darüber hinaus werde sie „durch Verwendung des krassen Lohngedankens gefährdet, durch jüdisch-partikularistische Anschauungen eingeengt und durch die Annahme der Prädestination durchkreuzt. Dazu kommt der primitive Charakter

---

[175] Nebenbei wird hier deutlich, dass Schweitzer Jesus weithin isoliert von seiner jüdischen Bibel und Tradition betrachtet.

der metaphysischen Vorstellungen Jesu“ (G 516). Moderne Ethik und Weltanschauung müssten „sich nach ihren natürlichen und immanenten Gesetzen aufbauen. Jesus vermag ebensowenig das Fundament unserer Ethik zu werden, wie er das unserer Religion ist. Er kann nur ein Element, wenn auch ein machtvoll bestimmendes, abgeben“ (G 596).

*e) Kritische Würdigung*

Schweitzer bietet keine radikale – keine an die Wurzeln gehende – Kritik der Leben-Jesu-Forschung, nicht in historischer und schon gar nicht in theologischer Hinsicht. Daher unterscheidet er sich von den von ihm kritisch Dargestellten allenfalls graduell, aber nicht grundsätzlich.

Im Blick auf die Quellenfrage sieht er durch Strauß eine Alternative zwischen Johannes und den Synoptikern gestellt und zugunsten der letzteren entschieden. Was das literarische Verhältnis der Synoptiker untereinander betrifft, stimmt er der zwei-Quellen-Hypothese zu, die, wie er meint, nach der einschlägigen Arbeit von H. J. Holtzmann kaum noch eine Hypothese zu nennen sei. In seiner faktischen Arbeit orientiert er sich jedoch keineswegs an ihr.[176] Unter der Voraussetzung, dass „man sich einmal bescheidet, nicht ein Leben-Jesu, sondern nur eine Darstellung seiner öffentlichen Wirksamkeit zu geben“, findet er „die Quellen an sich […] nicht schlecht“ (R 6 = G 6). Für seine Rekonstruktion sind das Markus- und Matthäusevangelium bestimmend, die ihm als die beiden ältesten Evangelien gelten. Sie werden als im Wesentlichen geschichtlich angesehen. Im Einzelnen sieht dabei Schweitzer, was die Unterschiede in der Abfolge der Ereignisse und im gemeinsam Dargestellten angeht, lieber nicht so genau hin. Er meint: „Man kann das ‚Leben Jesu‘ nicht aus der Ordnung eines Evangeliums gewinnen, sondern nur aus der in den beiden ältesten Synoptikern besser oder schlechter erhaltenen Tradition.“ Genauer: Der „Gang der Ereignisse“ sei nur hypothetisch zu gewinnen „durch experimentelles Rekonstruieren nach inneren Notwendigkeiten“ (R 391f. = G 441). Das heißt im Klartext: Entscheidend ist schließlich, was dem Rekonstrukteur als wahrscheinlich erscheint. Man darf das auch Willkür nennen. Sähe hier Schweitzer genauer hin, könnten ihm Reimarus und Strauß in die Parade fahren.[177] Er urteilt, „daß man die

[176] Täte er es, hülfe das auch nichts. Zum unbegründeten Optimismus der historischen Jesusforschung aufgrund der Zwei-Quellen-Hypothese s. o. S. 86f. und u. S. 206f.217.

[177] Wie sehr Schweitzer die historische Kritik des Reimarus unterschätzt, zeigt sich schlaglichtartig daran, wenn er im Blick auf dessen kritische Analyse des Durchgangs der Israeliten durch das Rote Meer meint, „nur daß Reimarus die wirkliche Lösung des Problems, die Quellenscheidung, nicht im entferntesten ahnt“ (R 15 = G 15).

Vorzüge des Markus erst erkennt, wenn man auf den historischen Plan und den inneren Zusammenhang der Perikopen ausgeht“ (R 86f. = G 90). Diesem „Plan“ des Markus folgt Schweitzer in seiner Darstellung des öffentlichen Wirkens Jesu als einem historischen. Aus dem Matthäusevangelium braucht er für seine Konstruktion vor allem die ersten drei großen Redeblöcke. „*Die Bergpredigt, die Aussendungsrede und die Würdigungsrede über den Täufer sind keine ‚Redekompositionen‘, sondern sie sind in der Hauptsache so gehalten, wie sie uns überliefert sind*“ (ML VIIs). Die in ihrer Machart davon nicht unterschiedene Endzeitrede gilt dagegen, weil sie im Widerspruch zum Leidensgeheimnis Jesu stünde, als „unhistorisch“ (ML 95).

Es braucht heute nicht mehr darüber diskutiert zu werden, dass damit Schweitzers Ausgangslage für seine Rekonstruktion von vornherein brüchig ist und somit sein Unternehmen nicht erfolgversprechend sein kann. Nur sollten heutige Jesussucher nicht meinen, sie hätten bessere Voraussetzungen. Bei Schweitzer mag man den Optimismus noch verstehen, die öffentliche Wirksamkeit Jesu rekonstruieren zu können – angesichts seiner Annahme, mit den vermeintlich ältesten Evangelien zugleich auch zuverlässige historische Informationen zu haben. Aber wieso kann man meinen, besser daran zu sein als er, wenn erkannt ist, dass alle Evangelien in Aufbau und Gestaltung durchgehend von der Intention ihres jeweiligen Verfassers bestimmt sind?

So sehr Schweitzer für seine These einerseits auf die Voraussetzung historischer Zuverlässigkeit des Markus- und Matthäusevangeliums angewiesen ist, muss er es doch andererseits immer wieder besser wissen als die Evangelisten, nämlich entweder mehr, als sie sagen, oder anders, als sie es tun. Er beobachtet im Text der Evangelien „unzusammenhängende Episoden“. Sie finden sich jedoch nicht deshalb, weil die Evangelisten „aus einem vollständigen Material nur dies und jenes herausgegriffen haben, sondern weil die Tatsachen selbst sich so und nicht anders verhalten“ (G 399). Schweitzer fragt daher nicht nach einem möglichen Zusammenhang auf der literarischen Ebene, sondern muss einen pragmatischen Zusammenhang auf der Ebene der vermeintlichen Tatsachen konstruieren. Um dieses pragmatischen Zusammenhangs willen müssen die „klaffenden Lücken“ in der Darstellung des Wirkens Jesu in den Evangelien ausgefüllt werden: „Im schlimmsten Falle mit Phrasen, im besten mit historischer Phantasie. Es gibt wirklich kein anderes Mittel, die Aufeinanderfolge und den inneren Zusammenhang der Tatsachen des Lebens Jesu zu begreifen, als das historische Experimentieren“

(R 7 = G 7).[178] Im Blick auf die Ereignisfolge in einer für Schweitzers Rekonstruktion zentralen Textpassage stellt er fünf Fragen und hält anschließend sofort fest: „Auf diese Fragen geben die Berichte keine Antwort“ (ML 52f.). Aber er findet sie (ML 53–60). Innerhalb der Textpassage, die hier im Blick ist, nimmt er die schon genannte Umstellung vor, indem er die Verklärung vor das Petrusbekenntnis bei Cäsarea Philippi stellt. Er spricht dabei von dem „vorliegenden, unmöglichen litterarischen Zusammenhang“ (ML 59). Aber dessen „Unmöglichkeit“ ergibt sich nicht aus Beobachtungen am Text, sondern aus dem postulierten pragmatischen Zusammenhang der vermeintlichen „Tatsachen“.[179] In Mk 1,38 spreche Jesus „nicht seinen eigentlichen Gedanken aus“ (G 398) – aber Schweitzer kennt ihn ebenso wie Jesu Leidensgeheimnis, während sich die Jünger nach Jesu Tod „die Thatsachen nach den Andeutungen, die sie im Gedächtnis hatten, zurechtlegten“ (ML 92f.). Aber genau aus dem, was sich die Jünger so mühsam „zurechtlegten“, hat Schweitzer seine genaue Kenntnis. Wenn eine Aussage der Evangelien nicht zur eigenen Theorie passt, hat der Evangelist Unrecht (G 419 zu Mt 11,2; vgl. ML 46) oder ist der Text sekundär (ML 34f.68f.70).

Es geht mir hier nicht um billig zu bekommende Kritik an einem hundert Jahre alten Werk. Aber in diesem großen Abstand werden die Willkür des Verfahrens und die dabei sich einstellenden Fehlurteile besonders deutlich. Daraus kann sich auch ergeben, dass der Grundfehler nicht in irgendeinem mangelnden Vermögen der Forschenden liegt, sondern dass die Fragestellung nach dem „historischen“ Jesus selbst angesichts der Quellenlage eine Struktur vorgibt, in der man sich prinzipiell gar nicht anders bewegen kann. Diejenigen, die je gegenwärtig nach dem „historischen“ Jesus suchen, sollten sich daher nicht einbilden, bei ihnen ginge es anders zu. Man ist eben gegenüber sich selbst relativ blind.

Ein strukturelles Problem der Fragestellung zeigt sich auch in einem anderen von Schweitzer angesprochenen Aspekt, wenn er betont, er vermöge mit der konsequenten Eschatologie „in der Hauptsache alles, was in den beiden ersten Evangelien über das Auftreten Jesu zu lesen steht, als geschichtlich anzuerkennen und zu erklären“. Dagegen würden die Vermitt-

---

178 Schon eine Seite vorher hatte er als „Methode“ angeführt „ein fortgesetztes Experimentieren […], wobei der leitende Gedanke zuletzt auf einer historischen Intuition beruht“, und nach S. 9 tritt „an die Stelle der historischen Forschung das historische Experiment“. Das alles fand sich so schon bei Beyschlag.

179 Wiederum verzichtet Schweitzer auf den Vermerk, dass er auch hier Beyschlag zum Vorläufer hat (s.o. S. 106).

lungen zwischen eschatologisch und uneschatologisch „mit Opfern an Text bezahlt“ (G 597). Diese „Opfer“ gibt es natürlich auch bei ihm, nämlich zwei ganze Evangelien und an den verbleibenden beiden alles, was sich der „Hauptsache“ nicht einfügt, die nichts anderes als seine eigene Rekonstruktion ist. Gegenüber dem Reichtum der Evangelien verlangt jede Jesussuche „Opfer an Text“ und ist daher notwendig eine Verarmung.

Schweitzer lässt die radikale historische Kritik von Strauß nicht an sich herankommen. Die eigene Fragerichtung ist ihm so selbstverständlich, dass er meint, auch bei Strauß müsste es doch eine „Auffassung des Lebens Jesu“ geben. Das zeigt sich an einem völlig verqueren Satz über das „Leben Jesu“ von Strauß von 1835, in dem dreimal das Wort „eigentlich“ begegnet: „Die rein kritisch zerlegende Tendenz des Werkes, welches auf jede pragmatische Ergänzung mit Ostentation verzichtet, und nicht minder die Beurteilung der Synoptiker als bloßer Erzählungs- und Redebündel, machen es schwierig, ja eigentlich unmöglich, die eigentliche straußische Auffassung des Lebens Jesu festzustellen und zu sehen, was sich denn eigentlich hinter dem mythischen Vorhang bewegt“ (R 88 = G 92). Ein paar Seiten vorher hatte er gemeint, Strauß habe „nur die Grenze des Mythischen so weit vorgeschoben, als es irgendwie anging“, und dann ohne jede Diskussion als Selbstverständlichkeit angeschlossen: „Daß er zu weit gegangen, ist klar“ (R 82 = G 85).

Schweitzer beobachtet bei Markus ein Ineinander – wie er es ausdrückt – von „Natürlichem und Übernatürlichem“. Eine Scheidung zwischen ihnen wäre „Willkür, weil das Übernatürliche bei ihm zur Geschichte gehört“. Er erkennt in dieser Art der Darstellung jedoch keine theologische Intention, sondern meint, die „von ihm berichteten übernatürlichen Szenen“ müssten „noch irgendwie mit der ursprünglichen Geschichtsüberlieferung zusammenhängen“ (R 305 = G 338). Was er unter dem „Übernatürlichen“ versteht und wie er es aufzulösen gedenkt, wird an anderer Stelle deutlich, wenn er zum selben Problem formuliert: „Eine reinliche Scheidung zwischen dem, was der Geschichte angehört, und dem, was primären Mißverständnissen und phantasievoller Erklärung und Ausschmückung entstammt, ist nicht möglich“ (G 554f.: Anm. 1 von S. 554). Hier ist angedeutet, dass Schweitzer in der Ausführung des „Irgendwie“ hinter Strauß zurückfällt, nämlich – was ja auch heute wieder geschieht[180] – in rationalistische Erklärungen. Das zeigte sich schon bei seinem Umgang mit der Erzählung von der Verklärung Jesu, wo er einen gemeinsam erfahrenen „Zustand der Verzückung“ postu-

---

[180] Vgl. u. S. 262 und 282.

lierte, und tritt besonders klar bei seiner Deutung der Geschichten von Speisung und Seewandel hervor. Zur Speisung meint er: „Historisch ist daran alles, nur nicht die Schlußbemerkung, daß sie alle satt wurden. Jesus ließ die Speise, die er und die Jünger bei sich hatten, unter das Volk verteilen, also daß jeder ein Stücklein bekam, nachdem er zuvor eine Danksagung darüber gesprochen. […] Weil er der kommende Messias ist, wird dieses Mahl, ohne daß sie es wissen (aber Schweitzer weiß es), zum messianischen Mahl. Mit dem Stücklein Brot, das er ihnen durch die Jünger austeilen läßt, weiht er sie zu Teilnehmern am kommenden messianischen Mahle“ (R 373 = G 421). „Dieses unverstandene Mahl wurde in der Überlieferung zum Wunder umgebildet“ (G 424 = R 376). Dafür macht Schweitzer u.a. die „fieberhafte eschatologische Spannung“ verantwortlich, „die damals alle beherrschte“. Sie erklärt auch gleich noch das folgende Wunder: „Glaubten doch die Jünger an demselben Abend, als sie Jesum, der am Gestade entlang gewandelt war, ins Schiff nehmen sollten, um ihn nach Bethsaida überzusetzen, ihn auf den Wellen des Meeres ihnen entgegenkommen zu sehen“ (R 377 = G 424). „Fieberhafte eschatologische Spannung“ – das ist der Schlüssel, mit dem Albert Schweitzer meinte, das Leben Jesu rekonstruieren zu können.

Fragt man, welche Relevanz die Rückfrage nach Jesus für Schweitzer theologisch hat, so scheint sie einerseits außerordentlich hoch zu sein, wenn er das Christentum insgesamt vom Nachweis des Messianitätsbewusstseins Jesu abhängen lässt. Andererseits ist aber auch deutlich geworden, dass er die Möglichkeit, Jesus habe historisch gar nicht existiert, unbeeindruckt theoretisch ins Auge fassen kann und dass Jesus, der höchst wahrscheinlich existiert hat, für das „freisinnige Christentum“ nur *ein* Element sei. Dabei zeigt sich auch bei Schweitzer wie bei vielen der von ihm Kritisierten eine Fixierung auf die „Persönlichkeit“ Jesu. Es geht nicht um die in den Evangelien dargestellte Person und ihre dort erzählte Geschichte, sondern um die sich darin zeigende „Persönlichkeit“, um den „Eindruck“, den sie macht. So kann Schweitzer die von ihm betont herausgestellte Eschatologie, die Jesus so fremd erscheinen lässt, zugleich auch wieder loswerden: „Wir glauben, dass in seiner ethisch-religiösen Persönlichkeit, wie sie sich in seinem Wirken und Leiden offenbart, der Messias und das Reich gekommen sind“ (ML 96). Und genau damit kann er Jesus einen Juden in den Vorstellungen seiner Zeit sein lassen und sogleich in seiner Rezeption alles Jüdische von Jesus abstreifen. Im Blick auf das „Urchristentum“ nach Jesus spricht er geradezu von einer „Entchristlichung“ der Eschatologie. Als „christlich“ gilt ihm das Leidensgeheimnis Jesu, dass er als der zukünftige Messias die endzeitliche

Drangsal für die Gläubigen erdulde. Da denen Jesu Leidensgeheimnis nicht bekannt war, erwarten sie nach Jesu Tod die Drangsal vor dem Erscheinen des Messias und fallen so auf die zeitgenössische jüdische Vorstellung zurück. Ihre Eschatologie sei daher nur durch die Person Jesu „‚christlich‘, nicht mehr durch seinen *Geist*“. Den reklamiert Schweitzer für sich, weil er das Leidensgeheimnis Jesu kennt (ML 94f.). So zeigt sich bei ihm eine erstaunliche strukturelle Parallele zu Reimarus. Beide stellen, gewiss auf unterschiedliche Weise, Jesus ganz und gar in die ihm zeitgenössische jüdische Endzeiterwartung hinein, wobei auch noch festgehalten werden muss, dass Schweitzer im Unterschied zu Reimarus kein Antisemit war, wenn sich auch gelegentlich abwertende Aussagen gegenüber dem Judentum finden. Worin jedoch Jesus positiv für sie eine Rolle spielt, ist nichts Jüdisches mehr.

Anders als Reimarus hält Schweitzer, ohne dessen Argumente zu diskutieren, die Leidens- und Auferstehungsankündigungen Jesu für authentisch. Letztere versteht er von der erwarteten Verwandlung Jesu in den Messias-Menschensohn her. Gerade deren Nichteintreten lenkt zurück auf die im Leidensgeheimnis enthaltenen ethischen Energien der Persönlichkeit Jesu. Mit dem Zeugnis von der Auferweckung Jesu kann Schweitzer nichts anfangen. Aus wissenschaftlicher Perspektive erscheint es ihm offenbar als abstrus. Das zeigt sich, wenn er einen etwas abschätzigen Seitenblick auf „Autoritäten“ wirft, „die das Bekenntnis zu einer leiblichen oder geist-leiblichen ‚Auferstehung‘ mit ihrem wissenschaftlichen Gewissen für vereinbar halten“, und diesbezüglich vom fehlenden Vermögen spricht, „in Dingen der Weltanschauung sachlich und konsequent zu denken“ (G 630). Damit mag es zusammenhängen, dass er – was schon öfters vermerkt wurde – in seiner „Geschichte der Leben-Jesu-Forschung“ Martin Kähler vollständig ignoriert. Dass er von dessen einschlägiger Schrift nichts gewusst habe, ist angesichts von deren Verbreitung und Diskussion unwahrscheinlich. Sie muss ihm von seiner eigenen Position her als so abständig erschienen sein, dass er eine Auseinandersetzung mit ihr als nicht lohnend einschätzte.[181]

---

181 Erich Gräßer diagnostiziert „ein elementares Defizit an wirklich *theologischer* Hermeneutik“ bei Schweitzer und fügt diesem Urteil hinzu: „Kaum etwas ist signifikanter für dieses theologische Defizit als das Verschweigen Martin Kählers“ (Theologe, S. 86). Allerdings zeigt sich Gräßer keineswegs von Martin Kähler beeindruckt. Auf S. 115 vermutet er als „Grund für die Nichterwähnung von Martin Kähler in Schweitzers Geschichte der Leben-Jesu-Forschung“: „Der Zugang zu Jesus wird im Überspringen der Historie und nicht durch sie hindurch gesucht.“ Aber dieser Zugang zu Jesus durch die Historie hindurch ist ja nichts anderes als die immer wieder unternommene und immer wieder gescheiterte Suche nach dem „historischen“ Jesus. In ihr ist auch Gräßer befangen, wenn er meint, Kä-

Schweitzer nimmt positiv von Jesus auf, dass er ihm zum Bürgen für „die Idee der sittlichen Weltvollendung“ und zum Mithelfer an deren Verwirklichung wird (G 640); er rezipiert die von ihm ausgehenden „sittlich-religiösen“ Impulse. Damit entgeht auch er trotz seiner Betonung des fremden Jesus nicht dem, was er an den von ihm Dargestellten beobachtet hat, dass der „historische“ Jesus sich im Bild seines Rekonstrukteurs spiegelt. Aber die nicht zuletzt in der Begegnung mit Jesus gefällte eigene Lebensentscheidung Schweitzers und sein von daher geprägter Lebensweg nötigen allen Respekt ab. So seien an den Schluss dieses Kapitels über ihn die schönen Sätze gestellt, mit denen er seine „Geschichte der Leben-Jesu-Forschung“ abschließt: „Als ein Unbekannter und Namenloser kommt er zu uns, wie er am Gestade des Sees an jene Männer, die nicht wußten wer er war, herantrat. Er sagt dasselbe Wort: Du aber folge mir nach! und stellt uns vor die Aufgaben, die er in unserer Zeit lösen muß. Er gebietet. Und denjenigen, welche ihm gehorchen, Weisen und Unweisen, wird er sich offenbaren in dem, was sie in seiner Gemeinschaft wirken, kämpfen und leiden dürfen, und als ein unaussprechliches Geheimnis werden sie erfahren, wer er ist …“ (R 401 = G 642).

---

semann habe gegen Kähler und Bultmann mit der „*neue*(n) Frage nach dem historischen Jesus […] der geschichtlichen Arbeit das ihr gebührende Recht zurückgegeben“ (S. 116). Zu Käsemann vgl. u. Kap. 8 und zum Zugang zu Jesus durch die Historie dort besonders den Exkurs zu Robinson.

## 7. „Das Entscheidende ist schlechthin das Daß“ Der „historische“ Jesus in existentialer Interpretation RUDOLF BULTMANN (1884–1976)

### *a) Biographische Notiz*[182]

Rudolf Bultmann wurde als Sohn eines Pfarrers in Wiefelstede geboren. Von 1896–1903 besuchte er das humanistische Gymnasium in Oldenburg, studierte anschließend bis 1906 sieben Semester Theologie, wobei er auch philosophische Vorlesungen hörte, in Tübingen, Berlin und Marburg. Wichtige Lehrer waren für ihn der Alttestamentler Hermann Gunkel und der Kirchengeschichtler Adolf von Harnack in Berlin sowie die Neutestamentler Adolf Jülicher und Johannes Weiß und der Systematiker Wilhelm Hermann in Marburg. Von 1906 bis 1907 wirkte Bultmann als Lehrer in Oldenburg und legte 1907 vor dem dortigen Konsistorium das erste theologische Examen ab. Danach konnte er in Marburg eine Repetentenstelle übernehmen, die ihm die Möglichkeit zur Ablegung von Promotion (1910) und Habilitation (1912) gab. Mit Wilhelm Heitmüller, Nachfolger des 1908 nach Heidelberg gewechselten Johannes Weiß, entwickelte sich ein freundschaftliches Verhältnis. Während dieser Marburger Jahre verbrachte Bultmann auch viel Zeit im Haus von Martin Rade, dem Herausgeber der liberalen „Christlichen Welt“. Von 1916–1920 war er a.o. Professor in Breslau, wurde 1920 o. Professor in Gießen und kehrte als solcher schon 1921 nach Marburg zurück, wo er 1951 emeritiert wurde.

Von 1923–1928 lehrte der Philosoph Martin Heidegger in Marburg; mit ihm kam es zu einem intensiven Austausch. Dadurch lernte Bultmann „die Arbeit der Existentialphilosophie“ kennen, die für ihn „von entscheidender Bedeutung“ wurde, da er hier die Begriffe fand, „mit denen es möglich wurde, angemessen von menschlicher Existenz und damit auch von der Existenz des Glaubenden zu sprechen“.[183] Seit ihrer Gründung im Jahr 1934 gehörte Bultmann der Bekennenden Kirche an. In ihr war er zusammen mit dem neutestamentlichen Kollegen und Freund Hans von Soden darum bemüht, „daß die freie Gelehrtenarbeit ihren eigenen Platz in ihr erhielt“.[184] Zuvor war es auch zur Begegnung mit der „dialektischen Theologie“ und zur Mit-

---

182 Ich folge in diesem Abschnitt Bultmanns eigenen autobiographischen Angaben in: Jaspert, Briefwechsel, S. 313–324.

183 A.a.O., S. 320.

184 A.a.O., S. 316.

arbeit in ihr gekommen. Bultmann betont, dass ihn das „jedoch nicht zu einer leichtfertigen Verurteilung der ‚liberalen' Theologie geführt" habe. „Im Gegenteil: durch meine ganze Arbeit versuchte ich die Tradition der historisch-kritischen Forschung, wie sie in der ‚liberalen' Theologie praktiziert wurde, weiterzuführen und sie für unsere gegenwärtigen theologischen Kenntnisse möglichst fruchtbar zu machen".[185]

*b) Das Ende der Leben-Jesu-Forschung und die weitere Produktion von Jesusbüchern*

1922 gab Karl Ludwig Schmidt das zuerst 1904 erschienene Jesusbüchlein von Wilhelm Bousset in 4. Auflage heraus und versah es mit einer Einführung.[186] In ihr kontrastiert er Boussets Buch mit den „Leben Jesu" der vorausgegangenen Forschergeneration, repräsentiert durch Heinrich Julius Holtzmann, „der mit dem Aufriß des Markusevangeliums auf gesichertem Boden zu stehen und auf ihm der Entwicklung Jesu bis in die kleinsten Details nachgehen zu können meinte". Demgegenüber habe Bousset „im ganzen intuitive Zurückhaltung" gezeigt, indem er es für angebracht hielt, „allen Versuchen eines ‚Lebens' oder einer ‚Geschichte" Jesu den Abschied zu geben". Er meinte stattdessen: „Wenn wir das Leben Jesu nicht im Zusammenhang seines Verlaufes zu erkennen vermögen, so können wir doch seine Gestalt gleichsam auf eine Fläche aufgetragen erfassen."[187] Diese Sicht Boussets, meinte Karl Ludwig Schmidt in der Einführung, sei durch „die neuere formgeschichtliche oder stilkritische Betrachtungsweise […] im einzelnen unterbaut und gerechtfertigt" worden. Dafür führte er die drei Werke an, die bis heute als die Klassiker der formgeschichtlichen Methode gelten.[188] Schmidt selbst hatte den Rahmen der Geschichte Jesu im Markusevangelium als redaktionelle Gestaltung des Evangelisten erwiesen. Dibelius und Bultmann hatten in unterschiedlicher, aber sich ergänzender methodischer Akzentsetzung aufgezeigt, dass die der Verschriftlichung vorausliegende mündliche Überlieferung aus kleinen Einheiten bestand. Unter diesen Voraussetzungen war es unmöglich geworden, ein Leben Jesu in seiner ge-

---

185 A.a.O., S. 320.

186 Wilhelm Bousset, Jesus, mit einer Einführung von Karl Ludwig Schmidt, Tübingen $^4$1922.

187 Bousset, a.a.O., S. 10.

188 Karl Ludwig Schmidt, Der Rahmen der Geschichte Jesu. Literarkritische Untersuchungen zur ältesten Jesusüberlieferung, Berlin 1919 (reprografische Nachdrucke Darmstadt 1964 und 1969); Martin Dibelius, Die Formgeschichte des Evangeliums, Tübingen 1919; $^2$1933; $^3$1959 (=$^4$1961; $^5$1966) mit einem Nachtrag von Gerhard Iber hg.v. Günther Bornkamm; Bultmann, Geschichte.

schichtlichen Entwicklung zu schreiben. Das bedeutete aber keinesfalls das Ende der historischen Jesusforschung. Im Gegenteil: Man wird geradezu sagen müssen, dass auch diese neue Methode ganz in ihrem Dienst stand. Und so ist es nicht verwunderlich, dass die Produktion von Jesusbüchern nicht abriss. Das zeigt sich ja schon daran, dass Karl Ludwig Schmidt das Boussetsche Jesusbuch neu herausgab, das er bereits auf der Linie dieser neuen Forschungsrichtung liegen sah, und dass sowohl Bultmann als auch Dibelius je ein Jesusbuch schrieben.[189] Gegenstand der Darstellung Jesu – so formuliert Bultmann – ist „nur seine ‚Lehre', seine Verkündigung". Darüber meint er sich „ein zusammenhängendes Bild" machen zu können (J 14).[190]

Bevor ich Bultmanns Jesusdarstellung und ihre Voraussetzungen bespreche, sei auf die grundsätzliche Problematik auch der formgeschichtlichen Methode hinsichtlich der Rückfrage nach Jesus eingegangen. Als ein einsehbares Ergebnis hat sich erwiesen, dass „der Rahmen der Geschichte Jesu" in allen Evangelien von den jeweiligen Evangelisten gestaltet worden ist. Daher kann aus dem Aufbau keines Evangeliums auf einen historischen Ablauf im „Leben Jesu" geschlossen werden. Gleichsam als Pendant dieser Einsicht kann gelten, dass die mündliche Überlieferung aus kleinen Einheiten bestand. Das heißt natürlich nicht, dass alles, was nicht zum Rahmen gehört, solche Überlieferung ist. In ihrer genauen Abgrenzung und ihrem Wortlaut müssen die kleinen Einheiten erst hypothetisch aus ihrer Bearbeitung und Einarbeitung durch die Evangelisten herausgelöst werden. Nachvollziehbar ist, dass sie ihre Form durch Wiederholung in wiederkehrenden Situationen der überliefernden Gemeinschaft erhalten haben („Sitz im Leben"). Bultmann beschreibt den hier waltenden Zirkel so: „Aus den Formen der literarischen Überlieferung soll auf die Motive des Gemeinschaftslebens zurückgeschlossen werden, und aus dem Gemeinschaftsleben heraus sollen die Formen verständlich gemacht werden." (G 5) Theoretisch scheint das einleuchtend zu sein. Allerdingst treten sofort auch Probleme auf. Von keiner Seite dieses Zirkels ist ein wirklich klarer Einstieg möglich. Weder enthalten die kleinen Einheiten deutliche Hinweise auf ihren „Sitz im Leben" noch wissen wir hinreichend Genaues über das Gemeinschaftsleben der frühen auf Jesus als Messias bezogenen Gemeinden. Es handelt sich eher um

---

189 Bultmann, Jesus; Martin Dibelius: Jesus, Berlin 1939 ($^4$1966, mit einem Nachtrag von Werner Georg Kümmel).

190 Die Angabe von Zitaten im Text aus den im Literaturverzeichnis angeführten Werken Bultmanns in diesem Kapitel erfolgt noch einmal abgekürzt: G = Geschichte; J = Jesus; S = Schniewind; U = Urchristentum; T = Theologie; V = Verhältnis.

ein Erraten als um ein Erkennen. Und mit den in der Gemeindeüberlieferung geformten kleinen Einheiten, die sich nur hypothetisch erschließen lassen, ist man noch nicht beim „historischen" Jesus angelangt. Hat man einen „Sitz im Leben" der Gemeinde postuliert, muss er für die Rückführung auf den „historischen" Jesus notwendigerweise sofort wieder fallen gelassen werden. Hinsichtlich der „Streit- und Schulgespräche" urteilt Bultmann: „Im allgemeinen haben die Worte eine Situation erzeugt, nicht umgekehrt" (G 20; vgl. 51), nämlich in der Überlieferung der Gemeinde; und so spricht er von „situationslosen Herrenworten" (G 58). Um sie als Teile des Wirkens des „historischen" Jesus verstehen zu können, müssen aus ihnen – wiederum hypothetisch – Situationen und Zusammenhänge erschlossen werden oder man muss, wie es Bultmann „fast bei allen Bildworten" tut, zugeben, dass sich „nur der ganz allgemeine Sinn feststellen (läßt), nicht mehr die konkrete Bedeutung, die sie nach der Absicht Jesu (oder der Gemeinde) hatten" (G 182; vgl. 216). Die neue Bescheidenheit, sich mit der Ausarbeitung der „Lehre" oder der „Verkündigung" des „historischen" Jesus zu begnügen, nachdem man es aufgeben musste, ein „Leben Jesu" zu rekonstruieren, ist daher keineswegs so bescheiden, wie sie vorgibt. Im Grunde muss hier noch viel mehr aus dem Nichts heraus postuliert werden, als es die Konstrukteure der „Leben Jesu" getan haben.

*c) Bultmanns Umgang mit den Quellen*

„In den Synoptikern", so beschreibt Bultmann die Aufgabe, ist „durchweg zwischen alter Tradition, Gemeindebildung und evangelistischer Tradition zu scheiden" (T 2). Diese Sonderung der „Schichten" hat er in seiner „Geschichte der synoptischen Tradition" durchgeführt. Als Ziel gilt, „zu erkennen, welches die alte geschichtliche Tradition ist" (G 1) bzw. die „ursprüngliche Form eines Erzählungsstückes, eines Herrenwortes, eines Gleichnisses" (G 7). Das Wort „ursprünglich" wird in diesem Buch besonders häufig, geradezu inflationär gebraucht.

So gewiss die vorliegenden Evangelientexte von ihren Verfassern nicht allein aus ihren eigenen Gedanken heraus geschaffen worden sind, so gewiss sie Tradition verwandt haben, so ungewiss sind doch die Ergebnisse einer solchen Textarchäologie, die meint, Schichten voneinander abheben und einen „ursprünglichen" Bestand herausarbeiten zu können. Ja, man kann sie geradezu als eine Vermutungswissenschaft bezeichnen. Das mag ein kleines Wörterbuch vermutender Formulierungen, von denen eine ganze Reihe mehrfach begegnen, zeigen, zusammengestellt aus Bultmanns „Geschichte der synoptischen Tradition", das keineswegs den Anspruch auf Vollständigkeit erhebt: „augenscheinlich", „wirkt deplaziert", „darf" „dürfte", „man hat den Eindruck", „macht den Eindruck", „entsprechen durchaus", „erscheint mir", „darf man fragen", „mag man fragen", „man könnte freilich fragen", „man ist auch geneigt", „glaube ich", „ich glaube", „irgendwie", „kann m.E. den höchsten Grad der Echtheit beanspruchen", „kaum", „klingt, als gäbe", „könnte sehr wohl", „legt die Vermutung nahe", „wäre freilich nicht möglich", „man kommt hier freilich kaum viel über die Möglichkeit hinaus", „mit der Möglichkeit rechnen", „möglicherweise", „nicht unmöglich", „müßte", „muß", „mutmaßlich", „offenbar", „würde gut passen", „passen nicht recht zueinander", „scheint (mir)", „schwerlich", „sicher", „sicherlich", „nicht mit Sicherheit", „sieht stark aus nach", „unsicher", „man könnte vermuten", „man möchte vermuten" „ich vermute also", „vermutlich" „Vermutung", „vielleicht", „wahrscheinlich", „am wahrscheinlichsten", „aller Wahrscheinlichkeit nach", „wohl", „man wird also wohl", „höchst zweifelhaft".

Als nur ein konkretes Beispiel sei eine Passage aus einer späteren Veröffentlichung Bultmanns zitiert: „*Wenn man* Mt 11,11–13 bzw. Lk 16,16 als echtes Jesuswort ansehen und es so interpretieren *darf*, daß der Täufer der Schlußpunkt des alten Äons ist, so *würde folgen*, daß Jesus in seinem Auftreten das Anbrechen des neuen Äons gesehen hat. Das *mag zweifelhaft* bleiben" (V 457).[191] Bultmann fährt dann fort: „Aber jedenfalls darf man sagen, *daß er sich selbst sozusagen als eschatologisches Phänomen verstanden hat*" (ebd.). Wer oder was erlaubt diese Folgerung aus unsicheren Voraussetzungen?

Die Unsicherheit betrifft nicht nur den letzten Schritt, die Rekonstruktion der „alten geschichtlichen Tradition", der „ursprünglichen Form", sondern schon die Trennung der „Reihe von Schichten". Bultmann überspielt dieses Problem, wenn er nur zugibt, dass diese Trennung „in manchen Einzelheiten [...] schwierig und zweifelhaft" sei, unmittelbar vorher aber – in einer die Unsicherheit doch wieder hervortreten lassenden Formulierung – behauptet, dass die Schichten „im groben (!) ziemlich sicher (!) voneinander gesondert werden können" (J 14f.). Auch dafür ein Beispiel: Die mehrdimensionale, an einer wichtigen Schaltstelle des Evangeliums stehende Erzählung von der Verklärung Jesu in Mk 9,1–8 wird von Bultmann unter Berufung auf Vorgänger als „ursprüngliche Auferstehungsgeschichte" behauptet (G 278). Ihre „Zurückdatierung [...] in das Leben Jesu" sei „wohl erst

[191] Hervorhebungen von mir.

von Mk vorgenommen". Von ihm sollen auch die Verse 5 und 6 stammen; denn einerseits habe es die Zurückdatierung nahegelegt, „die Jünger nicht nur als passive Zuschauer, sondern als handelnd zu beteiligen", und andererseits zeige V. 6 „noch die Verlegenheit des Verf.s bei dem Versuch, dies zu gestalten" (G 280). „Die beiden neben Jesus erscheinenden Gestalten sind vermutlich ursprünglich zwei unbestimmte himmlische Wesen (Engel oder Selige), die die Staffage zu dem in die himmlische Herrlichkeit erhöhten Herrn bilden", die „dann (von Mk?) nach einem Gesetz volkstümlicher Erzählungsweise identifiziert und differenziert wurden" (G 279). Ich sehe nicht, was mit solcher „Analyse" gewonnen wäre.

An anderer Stelle kann Bultmann auch Texte zusammensetzen, um „Ursprüngliches" zu gewinnen. Zur Erzählung vom Petrusbekenntnis im Markusevangelium meint er, dass sie „fragmentarisch" sei, „da eine Stellungnahme Jesu zu dem von ihm provozierten Bekenntnis ursprünglich erzählt gewesen sein muß" (G 276). Was bei Markus folgt, komme „als ursprüngliche Fortsetzung nicht in Betracht. Ich glaube, daß der ursprüngliche Schluß Mt 16,17–19 erhalten ist. Mk hat ihn weggebrochen und im Zusammenhang damit eine Polemik gegen die judenchristliche, durch Petrus repräsentierte Anschauung vom Standpunkt des hellenistischen Christentums der paulinischen Sphäre aus angebracht (8,32f.)" (G 277). Von einer höchst hypothetischen Sicht der Geschichte auf Jesus bezogener Gemeinden her werden hypothetische Urteile über die Textgeschichte gefällt. Es ist deutlich: Was als „ursprünglich" erschlossen wird und also die Basis für eine Darstellung der Verkündigung Jesu bilden soll, ist – um mit dem Schluss der Bergpredigt zu sprechen – nicht Fels, sondern Sand.

Nach Bultmann zeigt die „kritische Analyse" der synoptischen Evangelien, „daß der wesentliche Bestand dieser drei Evangelien aus der aramäischen Überlieferung der ältesten palästinensischen Gemeinde übernommen worden ist". Aus diesem Bestand sei noch das als sekundär auszuscheiden, „was spezifische Interessen der Gemeinde verrät oder die Züge einer fortgeschrittenen Entwicklung trägt". Dann ergibt sich: „Man kommt so [...] zu einer ältesten Schicht, auch wenn man diese nur mit relativer Sicherheit abgrenzen kann. Natürlich hat man erst recht keine Sicherheit, daß die Worte dieser ältesten Schicht wirklich von Jesus gesprochen sind" (J 15). Das sei, meint Bultmann weiter, „für unseren Zweck [...] nicht von wesentlicher Bedeutung. Denn der Komplex von Gedanken, der in jener ältesten Schicht der Überlieferung vorliegt, ist der Gegenstand unserer Darstellung. [...] Als der Träger dieser Gedanken wird uns von der Überlieferung Jesus genannt;

nach überwiegender Wahrscheinlichkeit war er es wirklich“ (J 15f.). Und so kann er den Rat geben: „Wer dieses ‚Jesus‘ für sich immer in Anführungsstriche setzen und nur als abkürzende Bezeichnung für das geschichtliche Phänomen gelten lassen will, um das wir uns bemühen, dem ist es unbenommen“ (J 16).

Bultmann kann auf eine genaue Identifizierung des innerhalb der „ältesten Schicht“ dem „historischen“ Jesus Zugehörigen deshalb verzichten, weil er diese Schicht für unmessianisch, für unkerygmatisch hält. Das wird jedoch nicht an den Texten aufgewiesen, sondern gilt ihm als sichere Voraussetzung. Er führt sie an einer Stelle als Argument an: „denn die älteste Auffassung vom Leben Jesu, die den synoptischen Stoff fast durchweg beherrscht, ist die unmessianische“ (G 267). Die hier gemachte Voraussetzung ist jedoch völlig unwahrscheinlich. Für eine unkerygmatische Tradition gibt es keine vorstellbare Trägergruppe. Wer sich nach Jesu Tod auf ihn bezog und von ihm erzählte, tat das nur deshalb, weil er ihn nicht als einen ein für allemal Toten ansah, sondern aufgrund des Zeugnisses, dass Gott ihn von den Toten auferweckt und ihn damit in eine endzeitliche Würdestellung versetzt habe, für einen Lebendigen hielt.[192] Der Ort des Erzählens war die versammelte Gemeinde, sodass diese Tradition in ihr von vornherein in der Perspektive von Ostern ausgebildet wurde.

Es war jedoch schon deutlich geworden, dass Bultmann nicht die von ihm eruierte „älteste Schicht“ insgesamt Gegenstand seiner Jesusdarstellung sein lässt. Aus dieser „Schicht“ war das auszuscheiden, was die Interessen der überliefernden Gemeinde zeigt oder Anzeichen späterer Entwicklung an sich trägt.[193] Er benennt jedoch noch ein weiteres Kriterium. Ein erster Hinweis darauf zeigt sich, wenn er „die Wahrscheinlichkeit, manche eigenen Prägungen Jesu unter den Logien zu besitzen“, umso größer hält, „je individueller ihr Gehalt ist, je charakteristischer für Jesus als den Prediger der Buße und der kommenden Gottesherrschaft, als den Forderer der Wahrhaftigkeit“ (G 106). Allerdings ist deutlich, dass hier bei dem über die „Echtheit“ Befindenden bereits ein bestimmtes Jesusbild vorausgesetzt ist. Das wird im Folgenden bei einigen konkreten Urteilen auch ersichtlich. Zu Mt 5,42/Lk 6,30 bemerkt Bultmann: „In der alttestamentlichen Spruchweisheit würde das Wort völlig organisch empfunden werden; zwischen den Worten von der Wiedervergeltung und der Feindesliebe steht es wenig am Platz“ (G

---

192 Vgl. hierzu auch Schellong, Rückfragen, S. 21–24.
193 Vgl. dazu weiter Bultmann, Geschichte, S. 130.135.163; Jesus, S. 106.108.

107). Die „goldene Regel“ in Mt 7,12/Lk 6,31 wird als „die Moral eines naiven Egoismus“ abgetan (ebd.). Zu Lk 14,12–14 schreibt er: „das Wort entspricht mehr der Ressentimentstimmung etwa der letzten Kapitel des äthiopischen Henoch als der Verkündigung Jesu“ (G 108), wobei auch die Charakterisierung des nach Recht und Gerechtigkeit schreienden letzten Teils dieses Buches als „Ressentimentstimmung“ aufschlussreich ist. Über die in diesem Zusammenhang angeführten zahlreichen Jesusworte aus den Evangelien sagt Bultmann zusammenfassend: „Alle diese Worte sind wenig oder gar nicht charakteristisch für eine neue und individuelle Frömmigkeit, die über das Judentum hinauswächst“ (G 108). Hier wird das Kriterium erstmals ausdrücklich genannt: die Unterschiedenheit vom Judentum. Von daher werden im Folgenden weitere Worte der Evangelien Jesus abgesprochen oder zugewiesen. Über letztere heißt es abschließend: „All diese Worte [...] enthalten etwas Charakteristisches, Neues, was über Volksweisheit und Volksfrömmigkeit hinausgeht und doch ebensowenig spezifisch schriftgelehrt-rabbinisch oder jüdisch-apokalyptisch ist. Also wenn irgendwo, so muß hier das Charakteristische der Verkündigung Jesu zu finden sein“ (G 110). Entsprechend sucht Bultmann „den Gottesgedanken Jesu zu erfassen, indem wir ihn in den Zusammenhang der jüdischen Gottesvorstellung hineinstellen und zugleich von ihr abheben“ (J 114). Das Kriterium wird auf den Begriff „unjüdisch“ zugespitzt, wenn es zu Lk 6,20f., verstanden als „auf die Gegenwart bezogen“, heißt: „Und insofern dies eschatologische Bewußtsein etwas Neues ist im Unterschied vom Judentum, sind diese Makarismen jedenfalls unjüdisch“ (G 133).[194] Wird umgekehrt etwas als „ein spezifisch jüdischer Gedanke“ identifiziert, so gilt, dass „dessen Fassung schwerlich auf Jesus oder die Gemeinde zurückgeführt werden kann“ (G 220).

Was später im Blick auf die Erkenntnis von „echtem“ Jesusgut als doppeltes Differenz- oder Dissimilitätskriterium bezeichnet und angewandt wurde, findet sich zuerst bei Bultmann am Schluss des Abschnitts über die Gleichnisse formuliert: „Wo der Gegensatz zur jüdischen Moral und Frömmigkeit und die spezifisch eschatologische Stimmung, die das Charakteristikum der Verkündigung Jesu bilden, zum Ausdruck kommt, und wo sich andrerseits keine spezifisch christlichen Züge finden, darf man am ehesten urteilen, ein echtes Gleichnis Jesu zu besitzen“ (G 222).

---

[194] Im Blick auf das Wort in Mt 12,28/Lk 11,20 sagt Bultmann, es sei „erfüllt von dem eschatologischen Kraftgefühl, das das Auftreten Jesu getragen haben muß“ (Geschichte, S. 174).

Das Kriterium der Unterschiedenheit vom Judentum bis zum Gegensatz hat zwei Implikate. Einmal wird mit ihm der Sache nach Jesus aus dem Judentum hinausgeführt, auch wenn man festhält, dass er Jude war. Denn in dem, was für ihn charakteristisch ist, was er „eigentlich" wollte, muss er notwendig unjüdisch sein. Da Jesus in dem ihm Eigenen selbstverständlich positiv dargestellt wird, heißt das zum anderen aber auch, dass das Judentum zur negativen Folie gerät, von der er sich abhebt. Und so wird das Judentum negativ gezeichnet und verzeichnet. Beiden Punkten ist im Folgenden nachzugehen, zunächst der negativen Darstellung des Judentums durch Bultmann.

*d) Bultmanns Zeichnung des Judentums*

In der negativen Darstellung des Judentums geht Bultmann keine neuen Wege. Er ist hier schlicht Exponent einer langen christlich-wissenschaftlichen Tradition. Ich führe zunächst eine Reihe Zitate aus einem Abschnitt seiner Theologie des Neuen Testaments an, aus der die wesentlichen Punkte seiner Sicht des Judentums deutlich werden, und gebe jeweils in Klammern oder Anmerkungen Hinweise auf entsprechende Aussagen in anderen Werken. Danach „ist Jesu Verkündigung ein großer *Prostest gegen die jüdische Gesetzlichkeit*, d. h. gegen eine Frömmigkeit, die im geschriebenen Gesetz und in der dieses auslegenden Tradition den Willen Gottes ausgesprochen sieht, und die sich bemüht, durch die peinliche Erfüllung der Vorschriften des Gesetzes das Wohlgefallen Gottes zu erringen. [...] Was Religion und Sittlichkeit verlangen, wird vom Gesetz vorgeschrieben, und andrerseits gelten bürgerliches Recht und Strafrecht als göttliches Gesetz. Die Folge ist nicht nur, daß eine Menge von gesetzlichen Bestimmungen, die den Sinn, den sie unter früheren Lebensbedingungen hatten, verloren haben, in Kraft bleiben und durch künstliche Interpretation für die Gegenwart zurechtgebogen werden müssen (vgl. J 20); nicht nur, daß für neue Lebensbedingungen aus dem alten Gesetz durch künstliche Ableitung Bestimmungen, die der Gegenwart entsprechen, herausgeholt werden müssen. Die Folge ist auch nicht nur, daß eine Fülle von kultischen und rituellen Geboten als Forderung Gottes oder als sittliche Forderungen gelten (vgl. J 59; U 62) und die eigentlichen Forderungen des Guten vielfach überschatten. Die Folge ist vor allem, daß das Motiv zur sittlichen Tat verdorben wird. Nicht nur, insofern weithin der Vergeltungsgedanke zum Motiv wird, sondern auch dadurch – und das ist das für das Judentum Charakteristische –, daß der Gehorsam, den der Mensch Gott und der Forderung des Guten schuldet, als ein rein formaler verstanden wird, d. h. als ein Gehorsam, der die Forderung des Buchstabens erfüllt, der dem Gebot gehorcht, weil es geboten ist, ohne nach dem Warum, dem Sinn der Forderung, zu fragen (vgl. J 60.80). [...] Der Fehler der jüdischen Gesetzlichkeit zeigt sich endlich in Folgendem. Ein juristisches Gesetz kann nie, wie die sittliche Forderung, alle individuellen Lebenssituationen umfassen; es bleiben vielmehr naturgemäß viele Fälle frei, für die kein Gebot oder Verbot besteht; damit aber bleibt nicht nur Raum für alle jeweiligen Lüste und Leidenschaften, sondern auch – und das ist wieder für das Judentum charakteristisch – für überpflichtige Leistungen“ (T 10–12).[195] Das negative jüdische Gegenüber Jesu ist prägnant auf die Formel von der „jüdischen Gesetzlichkeit“ gebracht, die von Bultmann öfters wiederholt wird.[196] Mit ihr sind vor allem die beiden Punkte gemeint, die er selbst in dem zitierten Zusammenhang als für das Judentum charakteristisch behauptet, dass nämlich der Gehorsam gegenüber dem Willen Gottes als bloß formaler gegenüber Rechtsvorschriften verstanden sei, der Raum für überpflichtige Leistungen lasse, die als Verdienste, als Anspruch gegenüber Gott geltend gemacht werden könnten. Hinzu kommt, dass Bultmann „die unendlich vielen Forderungen“ beim gleichzeitigen „Fehlen großer sittlicher Grundsätze“ beklagt (J 61; vgl. U 61f.). Allerdings räumt er ein, es fehle „freilich nicht an *Besinnung auf beherrschende Forderungen*“ (U 62) und „die alten Forderungen der Redlichkeit, Zuverlässigkeit und Treue“ stünden „in Kraft“. Doch wird das gleich wieder eingeschränkt mit der Behauptung: „Aber da große Lebensaufgaben nicht im Gesichtskreis des frommen Juden liegen, erhält das sittliche Leben einen Charakter der Ängstlichkeit und Kleinlichkeit“ und zum anderen und vor allem gilt ihm als negativ, dass „die sittlichen Gebote ungeschieden in ihrer göttlichen Autorität neben den Forderungen des Kults und des Ritus“ stünden (U 63). So diagnostiziert er den „Standpunkt *kultischer Ethik*“, der sich „in all den rituellen Vorschriften“ zeige, „die das Leben des einzelnen belasten“ (J 59). Neben der „sittlichen Erziehung“ stehe

[195] Besonders dieser letzte Punkt wird von Bultmann wieder und wieder herausgestellt. Da der Wille Gottes als „die formale Autorität der Schrift“ verstanden werde, sei die Folge „der Glaube an die *Verdienstlichkeit* des gesetzesgemäßen Handelns“. So habe „das Rechnen mit guten Werken, der Stolz auf gute Werke im späten Judentum offenbar eine verhängnisvolle Rolle gespielt. Der Fromme meint, Gott gegenüber auf seine Verdienste hinweisen zu können, er meint, Gott gegenüber einen Anspruch zu haben“ (J 63). Der Mensch sei „nach rabbinischer Ansicht in der glücklichen Lage, *mehr* zu tun, als verlangt ist, überpflichtige Werke zu tun“ (J 69; vgl. weiter J 81; 124; U 64.67).

[196] „Die jüdische Gesetzlichkeit“ ist die Überschrift des ersten Abschnitts in der Darstellung des Judentums in seinem Buch „Das Urchristentum im Rahmen der antiken Religionen“ (S. 54).

„beherrschend der Ritualismus“, der „den Abschluß gegen die sozialen und kulturellen Aufgaben zur Folge“ habe (U 57). So spricht er von der „Erstarrung der Frömmigkeit im Ritualismus“ (T 21).

Im Blick auf den „Gottesgedanken“ meint Bultmann, im Judentum sei Gott „der in die transzendente Ferne gerückte Gott, der sein Weltregiment durch Engel ausübt und dessen Bezug zum Menschen durch das Gesetzbuch vermittelt wird“ (U 75; vgl. 73f.). „Seine Transzendenz ist die der überlegenen kosmischen Macht und der bloßen Entferntheit und Andersartigkeit gegenüber allem Innerweltlichen“ (U 56). Dem entspricht die Behauptung, dass Gott „mit starker Einseitigkeit“ als „der Gott der Zukunft“ gelte, während „die Gegenwart als von Gott verlassen“ erscheine (J 120). Damit aber sei „der Gottesgedanke überhaupt gefährdet; denn er hat seinen Sinn verloren, wenn Gott nicht mehr als die den Menschen in seiner gegenwärtigen Existenz bestimmende Macht gedacht ist“ (J 121). Gott erscheine *„als der zukünftige Richter der Gegenwart“* (J 123) und sei so „im wesentlichen der Gott der Zukunft, und die Zukunft ist ganz ungewiß“ (J 124). Denn im Gericht würden „die Werke gezählt und gewogen, und wehe dem, dessen Waagschale mit den bösen Taten das Übergewicht hat!“ So gäbe es eine „große Heilsunsicherheit“ (U 66; vgl. J 125). Da „die Möglichkeit guter Werke“ bestehe, sei *„der Gedanke der Sünde* [...] nicht radikal gedacht“, ebenso wenig *„der Gedanke der Gnade Gottes*; denn Gottes Gnade“ erscheine „hier als freundliches Übersehen der Sünden“, nicht als Vergeben (J 125f.; vgl. 167).

Bultmanns Darstellung des Judentums beruht nicht auf eigener Arbeit an den Quellen. Er ist vor allem abhängig von Boussets Buch „Die Religion des Judentums im späthellenistischen Zeitalter“, das 1925 von Hugo Gressmann „in dritter verbesserter Auflage“ neu herausgegeben wurde. So werden auch nur wenige Quellentexte angeführt, vor allem Zitate aus dem 4. Esrabuch, die dann für „das Judentum“ stehen müssen. Aber auch bei ihnen geht es nicht um ein verstehendes Nachvollziehen ihrer Aussagen, sondern sie dienen als Belege innerhalb einer negativ wertenden Darstellung. Die gelegentlich angeführten rabbinischen Texte stammen aus zweiter Hand. Schon von daher ist das Bemühen um ein Verstehen in ihrem eigenen Kontext ausgeschlossen; sie stecken von vornherein in den Schubladen traditionell christlicher Abwertung. Diese Darstellung des Judentums hat ja auch keine andere Funktion, als die dunkle Folie zu bilden, von der Jesus abgehoben werden kann.[197] Und Juden zu fragen, wie sie denn selbst ihre Texte verstehen, war in der Zeit Bultmanns und davor ein offenbar sehr fernliegender Gedanke. So ist es nicht verwunderlich, dass sich in Bultmanns Darstellung des Judentums auch eine Reihe herabsetzender Charakterisierungen finden. Er erkennt in Mt 23,16–19 Jesu „Entrüstung über eine alberne Kasuistik“ (G 142). Im Blick auf diejenigen Gebote, die die spezifisch jüdische Lebensweise betreffen, urteilt er: „Die Kleinlichkeit der Vorschriften geht ins Absurde und Lächerliche“ (G 461). Er behauptet eine „herrschende Frömmigkeit, die sich breitmacht und mit ihrer Korrektheit prunkt“, verbunden mit dem „Geist der Selbstgerechtigkeit und des Stolzes“ (J 71). In Lk 16,19–26 macht er „die jüdische Ressentiment-Stimmung“ aus (G 220). Die Methode der rabbinischen Exegese nennt er „primitiv“ (U 59), ebenso die Vorstellungen von rein und unrein (J 59). Dem „Lehrbetrieb“ wird unterstellt, er vollziehe sich „nicht so, daß der Schüler gefragt und zu selbständigem Denken erzogen“ werde (U 60). Diese Darstellung des Judentums ist – wie schon in der christlichen Tradition, aus der sie sich speist – üble Nachrede. Indem ich das sage, muss ich mich allerdings zugleich selbst dieser üblen Nachrede bezichtigen, da ich sie bis in den Anfang der 80er Jahre hinein ebenfalls getrieben habe, bevor ich, in anderer Zeit und unter anderen Umständen lebend, in einen neuen Lernprozess hineingekommen bin.

Wird Jesus vom Judentum als dunkler Folie abgehoben, wird sein eigenes Judesein irrelevant. Daher sei im nächsten Abschnitt darauf eingegangen, in welcher Weise Bultmann Jesus als Juden darstellt.

*e) Jesus, der radikale Jude, der das Judentum überwindet*

Bultmann setzt Jesus ganz selbstverständlich als Juden voraus. In seinem Jesusbuch hat er einen eigenen Abschnitt unter der Überschrift „Jesus als Rabbi“ (J 52–56), in dem er betont herausstellt, „*daß Jesus in der Tat als jüdischer Rabbi gewirkt hat*“ (J 53). Auch sei „ihm mit seinen Zeitgenossen selbstverständlich gewesen“, „*daß die Gottesherrschaft für das jüdische Volk kommen werde*“ (J 40). Die damit zusammenhängende „Beschränkung der Predigt auf die Juden“ und die Voraussetzung, „daß das auserwählte Volk mit seinen Heroen den Mittelpunkt in der Gottesherrschaft bildet“, bezeichnet er beide als „naiv“ (J 41) und distanziert die Erwartung Jesu von der „*nationalen* Hoffnung“ (T 3), ohne ihn dabei „einen Universalismus vertreten“ zu lassen (J 40). Eine weitere Distanzierung zeigt sich, wenn Bultmann

---

[197] Nicht anders verhält es sich im Paulusteil von Bultmanns „Theologie des Neuen Testaments“. Vgl. dazu Wengst, Völker, S. 44–46.

das „für Jesu Auffassung von der Gottesherrschaft [...] Charakteristische" mit der eigenartigen Formulierung bezeichnet: „der Jude als solcher hat keinen Anspruch vor Gott" (J 42). Da überhaupt gilt, „daß der Mensch keinen Anspruch vor Gott vorbringen kann" (J 66), hat er damit eine Kategorie gefunden, unter der das Judesein grundsätzlich relativiert werden kann.

Im vorigen Abschnitt über Bultmanns Darstellung des Judentums war angeführt worden, dass dort „der Gottesgedanke überhaupt gefährdet" sei, ja „seinen Sinn verloren" habe. Nach Ausführungen über den „Gottesgedanken Jesu" stellt er fest, damit stehe „Jesus im *Rahmen des echten Judentums*, und seine Eigenart besteht nicht darin, daß er besonders originelle Gedanken über Gott und Welt vorgetragen hätte, sondern darin, daß er den Gottesgedanken des Judentums in seiner Reinheit und Konsequenz erfaßt hat" (J 131). Was „echtes Judentum" in Hinsicht auf den Gottesgedanken sei, wird hier in der Rekonstruktion des „Gottesgedankens" Jesu dekretiert. Entsprechend gilt, dass „der Gedanke der Sünde" und „der Gedanke der Gnade Gottes", die im Judentum nicht radikal gedacht worden seien, von Jesus radikal gedacht würden (J 166–170).

Zum Juden Jesus gehört, „daß *die Autorität des (alttestamentlichen) Gesetzes* für ihn selbstverständlich ist" (J 56). Er habe es nicht bekämpft, sondern erklärt, wobei freilich gleich als „eine andere Sache" angemerkt wird, dass „diese Erklärung den ursprünglichen Sinn des Gesetzes oft sprengte, daß Jesu eigenes Verhalten dem Gesetz gelegentlich widersprach" (J 57). Jesus habe nämlich „die Bindung an eine formale Autorität" der Schrift abgelehnt und innerhalb ihrer kritisch unterschieden (J 66; vgl. U 69; T 15). Der Inhalt „entscheidet, ob ein Schriftwort Gottes Gebot ist" (J 67). Mit dem Ausspruch in Mk 7,15 sei „die ganze Reinheitsgesetzgebung [...] über den Haufen geworfen" (J 68).[198]

Der wesentliche Punkt ist jedoch, dass dieser radikale Jude Jesus gegen die von Bultmann konstatierte und für das Judentum charakteristisch gehaltene „jüdische Gesetzlichkeit" protestiert (U 67; T 10). Wie aber steht es mit dem Judesein Jesu, wenn das angeblich charakteristisch Jüdische für ihn nicht zutrifft? Es bezeichnet allenfalls eine historische Herkunftsangabe, die sachlich nichts weiter besagt. Das wird deutlich in einer späteren Auseinandersetzung Bultmanns mit seinen Schülern. Es war ihm vorgeworfen worden, dass er die Verkündigung Jesu im Buch über das „Urchristentum" in

198 „Tatsächlich ist die alttestamentliche Gesetzgebung, soweit sie aus kultischen und rituellen Vorschriften besteht, durch Jesus aus den Angeln gehoben worden" (T 17; vgl. 12; V 470).

das Kapitel „Judentum“ gestellt und dass er sie in seiner „Theologie des Neuen Testaments“ unter deren „Voraussetzungen“ eingeordnet hatte. Demgegenüber habe er, antwortet Bultmann, „zunächst einfach zu fragen: war Jesus – der historische Jesus! – denn ein Christ?“ (V 448f) Er führt dann Käsemanns Argument dagegen an, „daß man Jesus dem Judentum zurechnen darf, da er doch die Grenzen der jüdischen Religion entscheidend durchbrochen habe“, und bemerkt dazu, „daß er nur als Jude das Judentum radikal überwinden konnte“. Er fügt hinzu: „Es scheint mir dann ein Wortstreit zu sein, ob man ihn als Juden bezeichnet oder nicht“ (V 449). In der Tat – wenn Jesus das Judentum überwunden hat, dann ist er aus seinem Volk herausgelöst, dann ist damit sein Judesein belanglos und besagt theologisch nichts.

*f) Bultmanns existentiale Interpretation Jesu*

Als der historisch-kritischen Methode verpflichteter Theologe versteht sich Bultmann nicht so sehr als Ausleger kanonischer Texte, sondern viel stärker in bestimmter Weise als Historiker, insofern „echte Geschichts-Interpretation das damalige Jetzt zum heutigen macht“ und „also der Historiker auf Grund seiner existentiellen Begegnung mit der Geschichte Jesu seinen Hörer (oder Leser) in die Situation der Entscheidung gegenüber Jesus führen kann“ (V 465). Mit solchen Überlegungen über die „Art der Betrachtung“ hatte er sein Buch über Jesus begonnen. In diesem Buch sei „der Blick […] einzig auf das gerichtet, was er *gewollt* hat und was deshalb als Forderung seiner geschichtlichen Existenz Gegenwart werden kann“ (J 11). Bei der Betrachtung „bedeutsamer geschichtlicher Gestalten“ habe ihr „Werk“ zu interessieren als „eine Sache […], für die sie sich einsetzten“, also „das ‚Werk‘ von *ihrem* Blickpunkt aus gemeint als das, was sie eigentlich gewollt haben. Und in *dieser* Hinsicht sind sie der eigentliche Gegenstand der geschichtlichen Forschung, wenn anders die Befragung der Geschichte keine neutrale Orientierung über objektiv feststellbare Vorgänge in der Vergangenheit ist, sondern von der Frage bewegt ist, wie wir selbst, die wir in der Bewegung der Geschichte stehen, zur Erfassung unserer eigenen Existenz gelangen können, d. h. Klarheit gewinnen können über die Möglichkeiten und Notwendigkeiten unseres eigenen Wollens“ (J 12f.). Da Jesus durchs Wort gewirkt hat, geht es um Jesu „Gedanken“, „als das verstanden, was sie in der konkreten Situation eines in der Zeit lebenden Menschen sind: als die Auslegung der eigenen, in der Bewegung, in der Ungesichertheit, in der Entscheidung befindlichen Existenz“. Und so begegnen Jesu Worte „uns als Fragen, wie wir selbst unsere Existenz auffassen wollen“ (J 14). Mit James M. Robinson lehnt Bultmann „ein Entweder-Oder zwischen der objektivierenden und existentialen Interpretation ab. Diese setzt jene voraus (zB in der Frage nach der Echtheit der überlieferten Jesus-Worte); jene steht im Dienste dieser, die die eigentlich und letztlich objektive (!) Interpretation ist" (V 464 Anm. 67).

Als für Jesus zentral hält Bultmann die Verkündigung vom Hereinbrechen der Gottesherrschaft. Durch sie sei der Mensch „vor das große *Entweder-Oder* gestellt, ob er sich für die Gottesherrschaft entscheiden und dann ihr alles zum Opfer bringen will" (J 30). Diese Gottesherrschaft sei „das *eschatologische* Heil, das allem irdischen Wesen ein Ende macht" (J 33). Zwar erwarte Jesus „wie seine Zeitgenossen ein gewaltiges eschatologisches Drama" (J 36). Aber: „Im Grunde verwirft er alle Vorstellungen, die sich menschliche Phantasie von der Gottesherrschaft machen kann, völlig" (J 37). So stellt Bultmann als „die eigentliche Bedeutung" der Gottesherrschaft heraus, dass sie „den Menschen in die Entscheidung hineinstellt" (J 38), „in die Entscheidung zwingt" (J 46). Jesus sehe „den Menschen in der Entscheidung" (J 44). Es käme darauf an, „daß der Mensch dies als sein eigentliches Wesen erfasse, in der Entscheidung zu stehen" (J 47). „Und diese *Situation der Entscheidung* erwächst für den Menschen daraus, daß auf ihn die Zukunft der Gottesherrschaft trifft" (J 49). Was „eigentlich in Jesu Verkündigung gemeint ist", sei „seine Auffassung vom Menschen als in die Entscheidung gestellt durch Gottes zukünftiges Handeln". Bultmann weiß, was Jesus „eigentlich" gewollt hat, dass nämlich „der Mensch" sich als „in der Entscheidung" stehend erkenne und sich also entscheiden müsse (J 50).

Nichts anderes ergibt sich bei der Besprechung des Willens Gottes in Jesu Verkündigung. Dadurch dass Jesus „den Gedanken des Gehorsams radikal zu Ende denkt", indem er „den Menschen von der Abhängigkeit von einer formalen Autorität befreit", schiebe er ihm die Last der Verantwortung zu und lehre so „die Menschen, sich zu sehen als in die *Entscheidung* gestellt" (J 73). Jesus sehe „den Menschen und seine Existenz [...] *in einer absoluten Ungesichertheit* gegenüber dem, was ihm begegnet. Der Mensch kann nicht vorher verfügen über die Möglichkeiten dessen, was es zu tun gilt; er kann sich nicht im Augenblick der *Entscheidung* auf Grundsätze, auf eine allgemeine ethische Theorie zurückziehen, die ihn der Verantwortung der Entscheidung enthöbe; sondern jeder Moment der Entscheidung ist wesenhaft neu" (J 74f.).[199] Die Forderungen Gottes sind nicht autoritativ vorge-

[199] Etwas weiter im Text sagt Bultmann, für Jesus sei „der Mensch in dem absoluten Moment der Entscheidung gesehen" (J 75). Abgesehen davon, dass diese Sicht „des Menschen",

geben, sondern „erwachsen sehr einfach aus der Situation der Entscheidung“, weil „dieser Moment der Entscheidung alles enthält, was für die Entscheidung notwendig ist, sofern in ihr das Ganze der Existenz auf dem Spiele steht“ (J 76). „*Jetzt* gilt es zu wissen, was zu tun und zu lassen ist, und irgendwelche Maßstäbe aus dem Früher oder aus dem Allgemeinen gibt es nicht. *Das* bedeutet Entscheidung“ (J 77).

Die Verkündigung der hereinbrechenden Gottesherrschaft und die Forderung des Gehorsams gegenüber dem Willen Gottes laufen „auf das gleiche hinaus“ (J 105). Nach Bultmann besteht „ein innerer Zusammenhang: beide, die eschatologische Verkündigung wie die sittliche Forderung verweisen den Menschen auf sein Gestelltsein vor Gott, auf Gottes Bevorstehen; sie weisen ihn in sein Jetzt als in die Stunde der Entscheidung für Gott“ (T 21). Bultmann räumt ein, dass „Jesus nicht theoretische Reflexionen vorträgt“; deshalb bedürfe es für die Interpretation „der Besinnung auf die Grundanschauung, die hinter seinen Worten steht“ (J 105).

Das „den andern gegenüber“ geforderte Verhalten lasse „sich zusammenfassen in *das Gebot der Liebe*“ (J 95). Jesu „Liebesforderung“ füge sich „ganz in die allgemeine Forderung, den Willen Gottes zu tun; oder besser gesagt: diese Forderung läßt sich, sofern sie das Verhalten zu den andern Menschen bestimmt, als das Gebot der Liebe bezeichnen“ (J 95f.). Und so gewinne das Doppelgebot der Liebe „im Zusammenhang mit der Verkündigung Jesu […] seinen vollen Ernst“. Es sei „das oberste Gesetz dies: Gott zu lieben, den eigenen Willen in Gehorsam dem göttlichen beugen. Und dies erste Gebot bestimmt den Sinn des zweiten. Nämlich so, daß die Haltung, die ich zum Nächsten einnehme, bestimmt ist durch die Haltung, die ich vor Gott einnehme: als Gott gehorsamer, der seinen selbstischen Willen überwindet, auf die Ansprüche seines Selbst verzichtet, stehe ich dem Nächsten gegenüber, zum Opfer bereit wie für Gott so für den Nächsten. Und umgekehrt bestimmt das zweite Gebot den Sinn des ersten: indem ich den Nächs-

---

der sich ständig neu entscheiden muss, eine völlige Abstraktion ist, unterstellt sie implizit, dass im Judentum mit der Autorität der Tora und ihrer Vorschriften keine Wahrnahme von Verantwortung möglich sei. Das trifft selbstverständlich nicht zu. Der einzelne Mensch wird hier nicht isoliert. Er ist Teil einer Gemeinschaft in der Folge von Generationen, in der Erfahrungen des Mitseins Gottes gemacht wurden, die von Generation zu Generation weitergegeben werden. Sie haben sich vor allem verdichtet in der Tora und ihrer Auslegung. Der in christlicher Auslegung oft getadelte „Zaun um die Tora“ (mAv 1,1) eröffnet einen Spielraum möglicher Auslegungen und damit auch möglicher Lebensgestaltungen. Die Tora und ihre Vorschriften samt den halachischen Auslegungen sind vom Wortsinn von *torah* her Wegweisungen zu einem guten und Gott gefallenden Leben, das im eigenen Gehen eines Weges zugleich gewonnen und geschenkt wird.

ten liebe, bewähre ich meinen Gehorsam gegen Gott" (J 98f.). Dafür genüge es, „daß der Mensch wisse, daß Gott ihn in seiner konkreten Lebenssituation, im Hier und Jetzt, in die Entscheidung gestellt hat. Und dies bedeutet eben, daß er selbst wissen muß, was von ihm gefordert ist" (J 94). Er braucht dafür „keine besonderen Vorschriften; sein Verhalten ist bestimmt durch den Verzicht auf den eigenen Anspruch" (J 95; vgl. T 18). Dafür führt Bultmann mehrfach „das Beispiel des ‚barmherzigen Samariters'" an (z.B. U 71).

Obwohl Bultmann an einer Stelle hinsichtlich der Verkündigung Jesu feststellt: „Nicht der einzelne, sondern die Gemeinde ist berufen, *ihr* gilt die Verheißung" (J 43), ist im bisher Dargestellten deutlich geworden, dass gleichwohl der Einzelne – „der Mensch" – im Zentrum seiner Interpretation steht.[200] Dieser Einzelne findet sich in einer Aufeinanderfolge atomisierter Augenblicke der Entscheidung vor. Für Jesus sei „der Sinn der menschlichen Existenz, [...] *in der Entscheidung zu stehen vor Gott*, vor die Forderung des Willens Gottes gestellt zu sein, den es im konkreten Moment zu erfassen, dem es zu gehorchen gilt, [...] denn jede konkrete Situation ist ein Augenblick der Entscheidung" (J 88f.).[201]

In seiner methodischen Reflexion am Beginn des Jesusbuches hatte Bultmann für seine „Geschichtsbetrachtung" angegeben, in ihr solle „das, was am Betrachter das Relative ist, nämlich all die Voraussetzungen, die er aus seiner Zeit und seiner Schulung und seiner individuellen Haltung in ihnen mitbringt, preisgegeben werden, und die Geschichte soll wirklich reden" (J 8). Angesichts der im Vorangehenden skizzierten Jesusdarstellung Bultmanns muss die Frage erlaubt sein: Was gibt er preis? Lässt er „die Geschichte" reden? Lässt er Jesus reden? Sind die aus den Evangelien gebrachten Zitate nicht viel eher bloße Belegstellen für das jeweils vorher theoretisch von ihm Erörterte? Zeigen sich darin nicht in deutlicher Weise „all die Voraussetzungen, die er aus seiner Zeit und seiner Schulung und seiner individuellen Haltung in ihnen mitbringt"? Das tritt besonders an einer Reihe von Sätzen hervor, bei denen es überhaupt nicht auffallen würde, wenn in ihnen der Name „Jesus" durch den Namen „Bultmann" ersetzt würde. Genauer: Erst in diesem Fall werden sie einsichtig. „Von Gott redet Jesus nur,

---

200 Vgl. auch Jesus, S. 93f., dass es Jesus „nur darauf ankommt, die Stellung des Menschen vor Gott zu kennzeichnen". Vgl. weiter, Theologie, S. 25.

201 Wenn man den Anspruch Gottes hört, ist der „Charakter des Menschen [...] das eigentliche Leben selbst, das sich in jedem Augenblick vollzieht. Also in jedem Augenblick entsteht dieser Charakter des Menschen aufs neue, weil in jedem Augenblick der Anspruch Gottes an den Menschen ergeht. Das aber bedeutet es ja, daß der Mensch in seinem Hier und Jetzt in der Entscheidung steht" (J 164f.).

sofern der Mensch in seinem Willen durch Gott beansprucht und in seiner gegenwärtigen Existenz durch seine Forderung, sein Urteil, seine Gnade bestimmt ist. Der ferne Gott ist für ihn also *zugleich der nahe*, da seine Wirklichkeit nicht erfaßbar ist, indem der Mensch aus seiner konkreten Wirklichkeit herausgeht, sondern gerade indem er sich ihr zuwendet. Nicht in allgemeinen Wahrheiten, in Lehrsätzen redet Jesus von Gott, sondern nur so, daß er davon spricht, wie Gott für den Menschen ist, wie er am Menschen handelt. […] Er redet von Gott, indem er vom Menschen redet und ihm zeigt, daß er in der letzten Stunde steht, in der Entscheidung, daß er in seinem Willen von Gott beansprucht ist“ (J 128).[202] Es ergeht Bultmann also nicht anders als anderen Jesusschreibern, dass er sich nämlich in der eigenen Jesusdarstellung spiegelt. Das Besondere ist hier lediglich, dass es jemand tut, der zuvor emphatisch vom Preisgeben der eigenen Voraussetzungen gesprochen hat.

Der Mensch in der Entscheidung – dieses von Bultmann proklamierte und für seine Interpretation zentrale Existential – ist eine ebenso radikal klingende wie inhaltsleere Abstraktion. Das Reden von „konkreten Lebenssituationen“, von „Alltag“, von „konkreter Begegnung“ meint immer wieder nur den Augenblick der Entscheidung, in dem der und die Einzelne aus der Situation heraus schon wisse, was zu tun und zu lassen sei. Diese Situation wird mit radikalen Begriffen beschrieben als „das große Entweder-Oder“, wo in der Entscheidung für die Gottesherrschaft dieser „alles zum Opfer“ zu bringen, wo jeder eigene Anspruch aufzugeben sei, wo alles auf dem Spiel stehe. Es wurde schon deutlich, dass das in methodischer Hinsicht von Bultmann geforderte Preisgeben aller Voraussetzungen von ihm selbst keineswegs praktiziert wurde. Auch die Erfahrung einschneidender geschichtlicher Ereignisse hat auf seine verfehlte Sicht des Judentums keinerlei Auswirkung gehabt. Er stellt es nach 1945 ebenso negativ dar, wie er es vor 1933 getan hatte. Ja, da die entsprechenden Abschnitte im „Urchristentum“ und in der „Theologie“ wesentlich kompakter sind als das Jesusbuch, wirkt die Negativzeichnung noch stärker. Die konkrete Situation des von den Beamten nach dem Tod des Reichspräsidenten Hindenburg mit Gesetz vom 20. August 1934 geforderten Eides auf Adolf Hitler hat Karl Barth als die eines Entweder-Oder verstanden, in der die Ansprüche auf dem Spiel standen, die er als Beamter rechtens beanspruchen konnte und die er dann auch verloren

[202] Als weitere Beispiele sei auf den schon vorher zitierten Satz aus Jesus, S. 88f., sowie auf Jesus, S. 130 und S. 144 verwiesen.

hat, nicht aber – zusammen mit so gut wie allen anderen – Rudolf Bultmann.[203]

*g) „Historischer Jesus" und „Christuskerygma" – die Behauptung des bloßen „Daß"*

1960 hielt Bultmann vor der Heidelberger Akademie der Wissenschaften einen Vortrag über „das Verhältnis der urchristlichen Christusbotschaft zum historischen Jesus",[204] in dem er in Kritik und Zustimmung das Gespräch mit seinen Schülern aufnahm. Jetzt gebraucht er häufiger den Begriff „historischer Jesus", während er vorher meistens einfach von „Jesus" sprach. Hier gibt er auch eine Definition „der historischen Person Jesu": „so wie die synoptischen Evangelien sie für den kritischen Blick erkennen lassen" (V 446). Dass dem „kritischen Blick" solches Erkennen möglich sei, ist kein Diskussionsgegenstand, sondern wird von Bultmann als selbstverständlich vorausgesetzt. Schließlich hatte er bereits in den 20er Jahren ein Jesusbuch geschrieben und später in seine Bücher über „das Urchristentum im Rahmen der antiken Religionen" und die „Theologie des Neuen Testaments" prägnante Kapitel über Jesus eingefügt. Und es ist auch keineswegs so, dass er der Rückfrage nach Jesus theologische Relevanz abstritte und in dieser Hinsicht irgendein Verbot ausspräche. Im ersten Satz seiner Theologie des Neuen Testaments sagt er, dass die Verkündigung Jesu zu deren Voraussetzungen gehöre und nicht Teil dieser selbst sei (T 1). Er begründet dieses Urteil lediglich formal-historisch damit, dass die neutestamentliche Theologie in der Entfaltung der Gedanken des christlichen Glaubens bestehe, es diesen Glauben aber erst mit dem christlichen Kerygma gebe, das Jesus als Gekreuzigten und Auferstandenen verkünde (T 1f.). Walter Schmithals formuliert im Blick auf diese Ausführungen Bultmanns: „Persönlichkeit, Verkündigung und Verhalten des irdischen Jesus gehören für Bultmann nur zu den Voraussetzungen der christlichen Theologie."[205] Allerdings: Das „Nur" ist von Schmithals hinzugefügt; es steht nicht bei Bultmann und darf auch nicht als implizit von ihm gemeint hinzugedacht werden. Nach der Feststellung: „Erst mit dem Kerygma der Urgemeinde [...] beginnt das theologische Denken, beginnt die Theologie des NT" fährt Bultmann fort: „Zu seinen geschichtli-

---

[203] Vgl. dazu die Briefe und Dokumente bei Jaspert, Briefwechsel, S. 155–158.262–279.

[204] Im selben Jahr legte Bultmann seine Position in prägnanter Kürze – auf nur zweieinhalb Seiten – in „Christuskerygma" dar.

[205] Schmithals, Bultmann, S. 391. Analog äußert sich Robinson. Nach Bultmann gehöre die Verkündigung Jesu „lediglich zu den Voraussetzungen der neutestamentlichen Theologie" (Kerygma, S. 34; vgl. S. 110).

chen Voraussetzungen gehört freilich das Auftreten und die Verkündigung Jesu; und in diesem Sinne *muß* die Verkündigung Jesu *in die Darstellung der neutestamentlichen Theologie einbezogen* werden" (T 2; Hervorhebung von mir). Wie wenig im Übrigen „die Verkündigung Jesu" gegenüber dem „Kerygma der Urgemeinde" als *nur* eine Voraussetzung verstanden ist, zeigt sich daran, dass sich sowohl dieses Kerygma als auch das „der hellenistischen Gemeinde vor und neben Paulus" im Anschluss an „die Verkündigung Jesu" im ersten Teil der Theologie finden, also ebenfalls unter den „Voraussetzungen und Motive(n) der neutestamentlichen Theologie". Eine nicht geringe Anzahl neutestamentlicher Schriften bringt Bultmann im dritten Teil als „Entwicklung zur Alten Kirche", sodass als „Theologie des Neuen Testaments" nur Paulus und Johannes übrig bleiben. Warum er so verfährt, lässt er in einer kleinen Notiz erkennen: „Wirkliche existentiale Dialektik liegt m.E. nur bei Paulus und Johannes vor."[206]

Nun führt freilich Schmithals für seine Deutung eine eigene Aussage Bultmanns an: „So wenig mein Jesusbuch Kerygma ist, so wenig begegnet im Kerygma der historische Jesus; in ihm begegnet vielmehr Jesus als der Christus, als eschatologisches Phänomen" (S 133). Allerdings hatte Bultmann in seinem Jesusbuch Jesus gerade als „eschatologisches Phänomen" zu verstehen gegeben. Die hier jetzt vorgenommene Abgrenzung versteht sich allein im Gegensatz zu Schniewinds Ausführungen, auf die sie antwortet. Schniewind hatte Bultmanns Jesusbuch dafür angeführt, „daß ein Mensch, der der historischen Forschung mit ihren Zweifeln und Analogieschlüssen ausgeliefert ist, dennoch die einmalige Epiphanie Gottes ist. Es wäre zu behaupten, daß sorgfältige historische Forschung den Spuren dieser Epiphanie begegnen muß; daß, wo deren Spuren verschwinden, auch die historische Arbeit nicht stimmt" (Julius Schniewind, Antwort an Rudolf Bultmann. Thesen zum Problem der Entmythologisierung, in: Kerygma und Mythos, hg.v. Hans-Werner Bartsch, Hamburg-Bergstedt $^{4}$1960 (S. 77–121), S. 108; 1. Auflage 1948).

Dass Bultmann der historischen Rückfrage nach Jesus theologische Relevanz beimisst, zeigt sich schon daran, dass er dem Mythos des „Ursprünglichen" verhaftet ist. Das „Ursprüngliche" ist das Relevante, das Hinzugekommene „sekundär" – auch im Sinn von nachrangig bis unerheblich. In der „Geschichte der synoptischen Tradition" ist der Begriff „ursprünglich" einer der am häufigsten gebrauchten. Es ist nicht davon auszugehen, dass ein Theologe sich der Mühe unterzieht, das in den Evangelien „Ursprüngliche" zu rekonstruieren und auf dieser Basis ein Jesusbuch zu schreiben, wenn er das für eine theologisch überflüssige historische Spielerei hielte. Von der Schätzung des „Ursprünglichen" her ergeben sich immer wieder negative Urteile

---

[206] Bultmann, Verhältnis, S. 465 Anm. 72.

über das Hinzugefügte bzw. über diejenigen, die hinzugefügt haben. So sei der Bericht Mk 15,33–39 „von der Legende entstellt" (G 295). „Die ursprünglichen Osterereignisse sind […] so gut wie ganz durch die Legende überdeckt worden" (G 314). Die „älteste Gemeinde", die „mit großer Treue am Gesetz festhielt", hat „die zweischneidige Stellung gewisser Jesusworte zum Gesetz nicht verstanden" (J 108). In Mk 14,22–25 liege „sicher eine Entstellung der ursprünglichen Überlieferung" vor (J 130). Über den Schluss von Mt 23,23 („Dieses sollte man tun und jenes nicht lassen" – also auch Minze, Dill und Kümmel verzehnten) – heißt es: „Der Satz scheint aber im ursprünglichen Lukastext gefehlt zu haben[207] und dürfte ein Zusatz des Evangelisten Matthäus sein" (U 201 Anm. 32) – und gilt deshalb als irrelevant. An einer Stelle wird dreimal kurz hintereinander als Kriterium angeführt, ob etwas „im Sinne Jesu", des „historischen" Jesus, sei (J 178f.),[208] und als theologisches Argument, nicht als historisches Urteil der Satz gebraucht, dass „Jesus nicht von seinem Tod und seiner Auferstehung und von ihrer Heilsbedeutung geredet" habe (J 178).

Es kann also kein Zweifel bestehen, dass Bultmann die Rückfrage nach Jesus theologisch positiv wertet, und zwar in der Weise, dass nach seiner Interpretation – der Satz wurde schon zitiert – Jesus „*sich selbst sozusagen als eschatologisches Phänomen verstanden hat*" (V 457). Und „insofern Jesus sich als ‚eschatologisches' Phänomen verstand, kann man sagen, daß seine Verkündigung eine Christologie implizierte" (ebd.). Dann aber stellt sich die Frage „warum […] der Verkündiger zum Verkündigten werden (mußte)",[209] ob „das Christuskerygma […] nicht überflüssig geworden (ist)" (V 465). Bultmann antwortet darauf unter Aufnahme einer Aussage Käsemanns: „Die Lösung des Problems liegt darin, daß das Kerygma das ‚Einmal' des historischen Jesus in das ‚Ein-für-allemal' verwandelt hat; anders ausgedrückt, daß die älteste Gemeinde […] *die Geschichte Jesu als das entscheidende eschatologische Ereignis verstanden* hat, das als solches nie zu einem bloß vergangenen werden kann, sondern *präsent* bleibt, und zwar *in der Verkündigung*" (V 467). Unter der Hand geht hier der „historische Je-

---

207 Er wird allerdings nur von einer einzigen Handschrift nicht geboten.

208 Die Wendung „im Sinne Jesu" findet sich auch auf S. 144 und 145.

209 Schon in seinem Brief vom 10.12.1926 an Karl Barth bezeichnete es Bultmann als „eine bestimmte Absicht" seines Jesusbuches, das Problem anzugehen, „das als das Verhältnis von Johannes zu den Synoptikern bezeichnet werden kann oder auch als die Frage: wie es zu verstehen (natürl[lich] nicht: kausal zu erklären!) ist, daß aus dem Verkündiger Jesus der verkündigte Jesus Christus wird", das ihm „*das* Problem der neutest(amentlichen) Theologie überhaupt zu sein scheint" (Jaspert, Briefwechsel, S. 63).

sus“, nach Bultmanns eigener Definition also die Person, „so wie die synoptischen Evangelien sie für den kritischen Blick erkennen lassen“, über in „die Geschichte Jesu“, wie „die älteste Gemeinde“ sie sieht. Dabei bleibt ausgeblendet, was das für diese Gemeinde grundlegende Zeugnis von der Auferweckung Jesu von den Toten als einer neuen Tat Gottes für ihre Sicht der „Geschichte Jesu“ bedeutet und bewirkt. Die Identität des „historischen Jesus“ mit der „Geschichte Jesu“ ist hier vorausgesetzt. Sie wurde vorher gewonnen durch existentiale Interpretation. Bultmann hatte gefragt, wie „von einer Gleichheit des Wirkens Jesu mit dem Kerygma die Rede sein (kann) in dem Sinne, daß in Jesu Tat und Wort das Kerygma schon in nuce enthalten ist“ (V 458f.), und geantwortet, „wenn die objektivierende historisch-kritische Betrachtung des Wirkens Jesu [...] ergänzt oder weitergeführt wird durch eine *Interpretation der Geschichte, die auf der geschichtlichen, dh existentiellen Begegnung mit der Geschichte beruht.* Sie sucht das Selbstverständnis zu erfassen, das hinter den für das objektivierende Sehen wahrnehmbaren geschichtlichen Phänomenen liegt“ und „(hält) sich offen [...] für die sich in der Geschichte anbietenden Möglichkeiten des Selbstverständnisses als Möglichkeiten des eigenen Selbstverständnisses“ (V 459). Durch die „existentiale Interpretation des Wirkens Jesu wie des Kerygmas“ wird der „Gehalt der verschiedenen kerygmatischen Formen“, wie Bultmann Braun zustimmend referiert, „auf das Selbstverständnis des Menschen vor Gott reduziert“. Diese Reduktion lässt dann „das Selbstverständnis des Glaubenden“ als „die Konstante“ erscheinen (V 463). Bultmann stimmt auch Robinson darin zu, „daß Jesu Wirken in Wort und Tat den Menschen in gleicher Weise vor die Entscheidung stellt wie das Christus-Kerygma“ (V 464). Inhaltlich kennzeichnet er dieses „Existenzverständnis“ als „den Bruch mit dem alten Äon und die Bereitschaft für den neuen schon anbrechenden Äon, die Beugung unter Gottes Gericht und den Empfang der Gnade Gottes“ (ebd.). Sachlich bedeutet das „die Offenheit für die neue Möglichkeit der Existenz“ (V 467 Anm. 79). Die Frage nach dem Selbstverständnis ist für Bultmann der Universalschlüssel, der alles aufschließt – und alles auf dasselbe hinauslaufen lässt: den in die Entscheidung gestellten Menschen, der sich offen halten soll für die Zukunft.

Da Bultmann alles, was die Evangelien konkret über Jesus erzählen und was sie ihn konkret fordern lassen, immer wieder auf die Situation des Menschen in der Entscheidung zurückführt, kann er im Blick auf die Gestalt Jesu als einzig relevant „das unzweifelbare Faktum“ bezeichnen, „daß im Kerygma die Historizität Jesu vorausgesetzt ist“, also „das *Daß* seiner Ge schichte“ (V 449). Schon früher hatte er formuliert: „Damit Jesus als eschatologisches Phänomen verstanden werde [...], bedarf es nur dessen, daß das Daß seines Gekommenseins verkündigt werde“ (S 133f.).[210] Das Interesse der Gemeinde an der Geschichte Jesu gehe nicht „über das Interesse am Daß hinaus“ (V 462). Dafür „daß man über das Daß nicht hinauszukommen *braucht*“, werden besonders Paulus und Johannes angeführt und schließlich wird dekretiert: „Das Entscheidende ist schlechthin das Daß“ (V 450).

*h) Weitere Probleme*

Der Bultmannsche Interpretationsansatz und seine Sicht des „historischen“ Jesus sind im Vorangehenden bereits mehrfach problematisiert worden. Abschließend seien noch zwei Problembereiche besprochen. Am zweiten kann deutlich werden, warum Bultmanns Schüler „die neue Frage nach dem historischen Jesus“ gestellt und forciert haben.

Zunächst sei jedoch auf eine Reihe von Formulierungen hingewiesen, die zeigen, dass hinsichtlich der synoptischen Evangelien Bultmanns Versuch einer Verhältnisbestimmung von „historischem“ Jesus und verkündigtem Christus auf unstimmigen Voraussetzungen beruht. Er sagt, in diesen Evangelien seien „die Geschichte des historischen Jesus und der Christus des Kerygmas in eigentümlicher Weise kombiniert“ (V 450), in ihnen gäbe es „die Kombination von historischem Bericht und kerygmatischer Christologie“ (V 453). „Der Christus des Kerygmas“ habe „den historischen Jesus sozusagen verdrängt“ (V 458), das Kerygma „sich an die Stelle des historischen Jesus gesetzt“ (V 468). Man braucht für den „historischen Jesus“ nur Bultmanns eigene Definition einzusetzen, um die anachronistische Seltsamkeit dieser Formulierungen zu erkennen. Die ersten beiden Sätze suggerieren zudem, als könne der moderne Forscher „die Kombination“ wieder auseinandernehmen und also den „historischen“ Jesus finden. Die Evangelisten haben nicht „kombiniert“, sondern von ihrem Glauben her, dass Gott Jesus von den Toten auferweckt hat, die Geschichte dieses irdischen Menschen als die eines lebendig Gegenwärtigen erzählt. Und das „Christuskerygma“ bezieht sich nicht auf eine isoliert vorzustellende Himmelsgestalt, sondern

---

[210] Bultmann fügt hinzu: „wie das bei Johannes mit voller Deutlichkeit geschieht“ – und nimmt damit nicht ernst, dass das Johannesevangelium bei aller Andersartigkeit gegenüber den synoptischen Evangelien doch auch eine Geschichte mit einzelnen Ereignissen erzählt. Schon im Brief an Karl Barth vom 10.12.1926 hatte er gemeint, Johannes sage nur, „*daß* Jesus sich als den Offenbarer dargestellt“ habe, und nicht, „*wie*“ (Jaspert, Briefwechsel, S. 64).

bezeugt eben diesen Menschen mit seiner bestimmten Geschichte als den von Gott zum Messias Erhöhten.

Bultmann war mündlich übermittelt worden, dass Karl Barth nicht verstünde, was er mit seinem Jesusbuch wolle.[211] Deshalb schreibt er den schon zweimal erwähnten Brief vom 10.12.1926. In ihm gibt er Kierkegaard grundsätzlich recht, „wenn er […] sagt, als Überlieferung von Jesus genüge völlig: ‚wir haben geglaubt, daß anno soundsoviel Gott sich in geringer Knechtsgestalt gezeigt, unter uns gelebt u(nd) gelehrt hat u(nd) darauf gestorben ist'".[212] Bultmann stellt demgegenüber zu Recht fest: „Aber faktisch überliefern die Synoptiker ja *mehr*, als Kierkegaard für nötig hält, u(nd) da dieses *Mehr* überliefert *ist*, halte ich es für ein theolog(isches) Anliegen, sich für dieses Mehr zu interessieren u(nd) es einmal für sich darzustellen."[213] Auf der Seite vorher hatte er gemeint, „das Problem am dringendsten" herauszustellen, „wenn man unter Rücksicht auf die histor(ische) Kritik rein herauszustellen versucht, *was* denn Jesus gesagt habe". Er bemerkt nicht, dass die Evangelien – und zwar alle – mit diesem „Mehr" im Lichte des Zeugnisses von der Auferweckung Jesu erzählte Geschichte *als* messianische Verkündigung bieten. Stattdessen meint er aufgrund der Fiktion, in den synoptischen Evangelien liege eine „Kombination von historischem Bericht und kerygmatischer Christologie" vor, dieses „Mehr" als dem „historischen" Jesus zugehörig erschließen zu können und zu müssen. Wie er damit hinsichtlich der Lehre und Verkündigung Jesu umgeht – in der ständigen Zuspitzung auf die Situation der Entscheidung und der damit einhergehenden

---

[211] Jaspert, Briefwechsel, S. 63.

[212] A.a.O., S. 65. Die Kierkegaard-Stelle lautet im Zusammenhang: „Das Historische, daß Gott in menschlicher Gestalt Dasein gehabt hat, ist die Hauptsache; das übrige historische Detail hat auch nicht die Wichtigkeit, wenn von einem Menschen statt von Gott die Rede wäre. Die Juristen sagen, daß ein Kapitalverbrechen alle kleineren Verbrechen in sich aufsaugt / so ist es mit dem Glauben; seine Absurdität saugt all das Kleinliche in sich auf. Differenzen, die sonst störend wirken, stören hier nicht und tun nichts zur Sache. Dagegen tut es sehr viel zur Sache, ob einer durch kleinliches Kalkulieren den Glauben an den Meistbietenden versteigern will; dies macht so viel zur Sache, daß er gar nie zum Glauben kommt. Hätte die gleichzeitige Generation nichts hinterlassen als die Worte: ‚wir haben geglaubt, daß anno soundsoviel Gott sich in geringer Knechtsgestalt gezeigt, unter uns gelebt und gelehrt hat und darauf gestorben ist' / das wäre mehr als genug. Das gleichzeitige Geschlecht hat das Nötige getan; denn dieses kleine Avertissement, dies weltgeschichtliche N(ota)B(ene) reicht hin, für den Späteren Veranlassung zu werden; und der weitläufigste Bericht kann ja in alle Ewigkeit für den Späteren nicht mehr werden" (Sören Kierkegaard, Philosophische Brocken / Abschließende unwissenschaftliche Nachschrift / Erster Teil, Gesammelte Werke 6, übers. v. H Gottsched und Chr. Schrempf, Jena 1925, S. 94f.).

[213] Ebd.

Verdampfung alles Konkreten zum bloßen „Daß“ –, habe ich nachzuzeichnen versucht.

In der Auseinandersetzung mit seinen Schülern geht er über die Rekonstruktion der Verkündigung Jesu noch einen kleinen Schritt hinaus und sagt, die Synoptiker ließen „doch vom Wirken Jesu so viel erkennen, daß indirekt einige Züge seines Wesens sichtbar werden“. „Mit einiger Vorsicht“ meint er, „über das Wirken Jesu Folgendes sagen (zu) können: Charakteristisch für ihn sind Exorzismen, der Bruch des Sabbatgebotes, die Verletzung von Reinheitsvorschriften, die Polemik gegen die jüdische Gesetzlichkeit, die Gemeinschaft mit deklassierten Personen wie Zöllnern und Dirnen, die Zuneigung zu Frauen und Kindern; auch ist zu erkennen, daß Jesus nicht wie Johannes der Täufer ein Asket war, sondern gerne aß und ein Glas Wein trank. Vielleicht darf man noch hinzufügen, daß er zur Nachfolge aufrief und eine kleine Schar von Anhängern – Männern und Frauen – um sich sammelte“ (V 451f.). Ist es von ungefähr, dass sich in dieser Beschreibung sofort Züge des Bürgerlich-Behaglichen finden? Doch will Bultmann kein „Charakterbild“ Jesu rekonstruieren. Das sei vor allem deshalb nicht möglich, weil „wir nicht wissen können, *wie Jesus sein Ende, seinen Tod, verstanden hat*“ (V 452). So resümiert er: „Aber wie viel auch durch die historisch-kritische Forschung über die ‚Gestalt‘ Jesu zu gewinnen sein mag, [...] – was ist damit erreicht? Wirklich eine Legitimation des Kerygmas, das den historischen Jesus als den Christus verkündigt, der für uns gestorben ist?“ (V 453) So schief diese Formulierung – das „Kerygma“ verkündigt nicht den „*historischen*“ Jesus, „so wie die synoptischen Evangelien sie (die Person Jesu) für den kritischen Blick erkennen lassen“ – wie ebenfalls die Redeweise von der „Kombination von historischem Bericht und kerygmatischer Christologie in den Synoptikern“ auch sind, so verfolgt Bultmann damit doch eine richtige Intention, wenn er den Sinn letzterer nicht darin sieht, „das Christus-Kerygma durch die Historie zu legitimieren, sondern umgekehrt, die Geschichte Jesu als messianische sozusagen zu legitimieren, indem sie sie in das Licht der kerygmatischen Christologie stellt. Die kritisch-historische Forschung entfernt gerade diese Beleuchtung, um im objektivierenden Sehen, die ‚objektive Geschichtlichkeit‘ der Person und des Wirkens Jesu aufzuzeigen“ (V 453f.). Aber warum beteiligt er sich dann am Ausschalten dieser „Beleuchtung“? An anderer Stelle sagt er, „die Anerkennung Jesu als dessen, in dem Gottes Wort entscheidend begegnet“, sei „ein reiner Glaubensakt, der von der Beantwortung der historischen Frage, ob Jesus sich für den Messias gehalten habe, unabhängig ist. Diese Frage kann nur der

Historiker beantworten – soweit sie überhaupt beantwortbar ist; und von seiner Arbeit kann der Glaube als persönliche Entscheidung nicht abhängig sein" (T 27). Von den hier vorgenommenen Abgrenzungen her, dass historische Feststellungen über Jesus unmöglich die auf ihn bezogene Verkündigung legitimieren können, wird es jedenfalls deutlich, warum Bultmann das bloße „Daß" postuliert. Zugleich ist dann aber auch zu hinterfragen, dass er das von ihm eruierte „Ursprüngliche" als Kriterium einsetzt.[214]

Gegenüber diesen Abgrenzungen hat Käsemann moniert, „daß Bultmann sich hier nicht eigentlich seinen Schülern, sondern den Vertretern der traditionellen Jesusforschung zuwendet".[215] Ihm und anderen gilt das „Mehr" der synoptischen Evangelien, das Bultmann gegenüber Kierkegaard reklamierte, auch gegenüber dem Rückzug Bultmanns auf das bloße „Daß" und sie entfalten es in Darstellungen des „historischen" Jesus. Wenn Käsemann sich von Bultmanns rhetorischer Frage, ob denn historisch über Jesus Gewonnenes das Kerygma legitimieren könne, nicht betroffen sieht, wie versteht er dann die Rückfrage nach Jesus theologisch?

---

[214] Über Bultmanns Umgang mit der Frage nach dem „historischen" Jesus vgl. auch die kritische Darstellung bei Eichholz, Frage, S. 123–143.

[215] Käsemann, Sackgassen, S. 52f.

# 8. „Die theologische Relevanz des Historischen“ Die „neue Frage“ nach dem „historischen“ Jesus ERNST KÄSEMANN (1906–1998)

*a) Bigraphische Notiz*

Ernst Käsemann wurde am 12. Juli 1906 im westfälischen Ruhrgebiet in Dahlhausen (jetzt zu Bochum gehörig) geboren; er wuchs im benachbarten rheinischen Ruhrgebiet in Essen auf, studierte Theologie ab 1925 in Bonn, Marburg und Tübingen, promovierte 1931, war ab 1933 Pfarrer in Gelsenkirchen-Rotthausen, wurde nach dreijährigem Kriegsdienst und Gefangenschaft 1946 Professor für Neues Testament in Mainz, ging 1951 nach Göttingen und 1959 nach Tübingen, wo er bis 1971 lehrte und am 17. Februar 1998 starb.

Theologisch wurde er vor allem von Rudolf Bultmann geprägt, den er für den Lehrer hielt, mit dem zu streiten es sich am meisten lohnte. Daneben ließ er sich von Erik Peterson beeinflussen, was ihn über Bultmanns am einzelnen Menschen orientierte Sicht Kirche und Gesellschaft in den Blick nehmen ließ. Petersons Weg in die katholische Kirche war ihm jedoch schlechterdings keine Versuchung. Im auch kirchlich restaurativ gewordenen Westdeutschland der Nachkriegszeit verstand er sich im unübersichtlich gewordenen theologisch-kirchlichen Dschungelkampf als Partisan, der die Kirche weder Pietisten noch Konformisten überlassen wollte. Sein letztes Buch trägt den bezeichnenden Titel „Kirchliche Konflikte“ (1982). In deutschnationaler Prägung aufgewachsen, fand er dennoch im Kirchenkampf zur Bekennenden Kirche. 1937 wurde er von der Kanzel weg verhaftet. In der Gefängniszelle konzipierte er sein Buch über den Hebräerbrief : Das (in die Freiheit!) wandernde Gottesvolk (1939, $^{4}$1961). Als ab 1967 die Studenten revoltierten, gehörte er zu den wenigen Professoren, die sich mit ihnen solidarisierten.

Gegenüber Bultmanns Rückzug auf „das bloße Daß des Gekommenseins Jesu“ stellte Käsemann in einem Vortrag 1953 „das Problem des historischen Jesus“ neu zur Debatte. Dessen Veröffentlichung 1954 löste eine Flut von Literatur aus. Den größten und bedeutendsten Teil seines wissenschaftlichen Wirkens nimmt seine Paulusauslegung ein (vgl. seinen Aufsatzband „Paulinische Perspektiven“ [1969] und den Kommentar zum Römerbrief [1973, $^{4}$1980]). Gegen Bultmann stellte er als zentral die Christologie heraus und bot von daher in den Bahnen lutherischer Rechtfertigungslehre eine gegen den frommen und sich gerade so selbst behauptenden Menschen gewandte eindrucksvolle Deutung unter der Frage, wer mein Herr sei, in der Spannung von Gehorsam und Freiheit. Auch in der Auslegung des Johannesevangeliums stritt Käsemann gegen seinen Lehrer Bultmann in einer eigentümlichen Wiederaufnahme der liberalen Deutung des johanneischen Jesus als des „über die Erde schreitenden Gottes“ (Jesu letzter Wille nach Johannes 17, 1966, $^{4}$1980). Schon seine Göttinger Antrittsvorlesung 1951 über den 3. Johannesbrief hatte er unter die Überschrift „Ketzer und Zeuge“ gestellt. Dem entspricht es, dass er im neutestamentlichen Kanon nicht die Einheit der Kirche, sondern die Vielfalt der Konfessionen begründet sah. Zu diesem Problem hat er Stellungnahmen einschließlich seiner eigenen herausgegeben und analysiert (Das Neue Testament als Kanon, 1970). Als eine Summe seiner Arbeit kann seine „Streitschrift, aus der Krankenstube in zwei Wochen aufs Papier geworfen“, gelten: Der Ruf der Freiheit (1968; $^{5}$1972). Den leidenschaftlich kämpferischen Theologen Käsemann lässt besonders das Vorwort zur 1. Auflage erkennen, geschrieben „am Reformationsfest 1967“.

*b) Eine „neue Frage“ nach dem „historischen“ Jesus?*

Mit Käsemanns Vortrag „das Problem des historischen Jesus“, gehalten im Herbst 1953 auf einer Tagung der „alten Marburger“, 1954 zuerst veröffentlicht, wird der Beginn „der neuen Frage nach dem historischen Jesus“ datiert. Das ist insofern berechtigt, als damit in der Tat – zumindest in Deutschland – eine Flut von Jesusliteratur ausgelöst wurde. Doch wird zugleich damit der Eindruck suggeriert, als habe die Suche nach dem „historischen“ Jesus jahrzehntelang geruht und sei erst jetzt unter veränderten Bedingungen wieder neu aufgenommen worden. Das war ein Eindruck, den Beteiligte selbst hatten. So schreibt Käsemann am Beginn seines zweiten Beitrags zur Sache: „Wer die Debatte um den historischen Jesus in dem letzten Jahrzehnt verfolgt hat, erfuhr erstaunt oder erschreckt, daß wie in einem vulkanischen Felde plötzlich die Erde überall Feuer, Dampf und schwerere oder leichtere Lavabrocken ausspie, wo eine Generation hindurch bis dahin an alten Kraterhängen freundliche Gärten angelegt worden waren“ (S 31).[216] Der hier

[216] Bei im Text belegten Zitaten Käsemanns stehen die gebrauchten Abkürzungen für die folgenden Beiträge: P = Problem; S = Sackgassen; F = Jesus-Frage; J = Jesus. – Angemerkt sei allerdings auch Käsemanns wenige Sätze später ausgesprochenes nüchternes Urteil: „Es hat freilich den Anschein, als sollte auch hier das Ergebnis im umgekehrten Verhältnis zum Aufwand an Leidenschaft mager bleiben, nämlich nur in allgemeiner Verwirrung bestehen.“

ausgesprochene Eindruck trifft nur partiell zu. Die Suche nach dem „historischen“ Jesus hat nur kurze Zeit geruht und auch nur innerhalb der Bultmannschule. Da nach dem 2. Weltkrieg die meisten neutestamentlichen Lehrstühle an Evangelisch-Theologischen Fakultäten in Deutschland mit Schülern Bultmanns besetzt wurden, konnte man hier den Eindruck gewinnen, als ruhe sie tatsächlich. Dass dieser Eindruck falsch war, mag schlaglichtartig ein kleiner Hinweis zeigen. In seiner 1950 geschriebenen Vorrede zur 6. Auflage seiner „Geschichte der Leben-Jesu-Forschung“ verweist Albert Schweitzer auf die seit der 2. Auflage 1913 „unterdes erschienene Leben-Jesu-Literatur“, die er nicht neu einbeziehen will; er überlasse „es einem anderen, in das Chaos der neuesten Leben-Jesu Ordnung zu bringen, wie ich es für das der früheren getan habe“.[217] Käsemann selbst registriert in seinem Vortrag „ein bestürzendes Durcheinander von angeblich zuverlässigen Jesusbildern“, das er auf einen Mangel an radikaler Kritik zurückführt (P 204). Die von ihm dann ausgelöste Flut von Stellungnahmen zum „historischen“ Jesus, die weithin mit radikaler Kritik arbeiteten, hat das Chaos nicht geordnet oder gar beseitigt, sondern im Gegenteil vergrößert. Käsemann urteilt in seinem Rückblick zur „neuen Jesus-Frage“ im Jahr 1975: „Tatsächlich mündete der neue Anstoss wieder in die Tendenzen des vorigen Jahrhunderts, und das Chaos widersprechender Meinungen ist nicht geringer geworden“ (F 49).

Die Kennzeichnung dieser Debatte als „die neue Frage nach dem historischen Jesus“ ist wahrscheinlich durch eine Titelformulierung von James M. Robinson veranlasst worden. Er hatte 1957 in Oxford einen Vortrag gehalten über *The Kerygma and the Quest oft the Historical Jesus* und ihn zu einem Buch erweitert, das 1959 unter dem Titel erschien: *A New Quest of the Historical Jesus*. Es sollte „als Forschungsbericht die leitenden Gesichtspunkte der seit 1953 in Deutschland neu lebendig gewordenen Diskussion über die Frage nach dem historischen Jesus dem englischen Sprachbereich zugänglich machen“.[218] Dieses Buch wiederum bearbeitete und erweiterte er 1960 in einer deutschen Fassung und gab ihr in Anlehnung an den ursprünglichen Vortrag den Titel: *Kerygma und historischer Jesus*. Aus „*einer* neuen Frage nach dem historischen Jesus“ wurde also zur Kennzeichnung der gesamten Debatte „*die* neue Frage nach dem historischen Jesus“.

---

217 Schweitzer, Geschichte$^{6}$, S. XV.
218 Robinson, Kerygma, S. 5.

Aber worin besteht ihre Neuheit? Ein wesentlicher Punkt ist dabei die Abkehr von der Leben-Jesu-Forschung des 19. Jahrhunderts. Sie zeigt sich in zwei Aspekten. Einmal wird die Einsicht betont, dass die Quellen es nicht erlauben, ein Leben Jesu, eine Biographie zu schreiben. Aber ist diese Einsicht „neu"? Ihr ist im Wesentlichen schon Rechnung getragen in dem ein Jahrzehnt vor dem 1. Weltkrieg erschienenen Jesusbuch von Wilhelm Bousset, weshalb Karl Ludwig Schmidt es nach Erscheinen der grundlegenden Monographien zur Formgeschichte noch einmal neu herausgeben konnte.[219] Dieser Aspekt ist dann auch in Bultmanns Jesusbuch konsequent durchgeführt worden. Zum anderen vollzieht sich nach Robinson die Abkehr in einem anderen als positivistischen Geschichtsverständnis, das an Wilhelm Dilthey anschließt. Auch dieser Aspekt ist nicht neu, sondern schon lange vor 1953 von Bultmann programmatisch in seinem Jesusbuch für die Theologie rezipiert und als existentiale Interpretation ausgestaltet worden. Von daher ist es auch alles andere als verwunderlich, dass Bultmann in der Antwort auf seine Schüler Robinson außerordentlich zustimmend referiert.[220]

An dieser Stelle sei in einem Exkurs darauf eingegangen, warum Robinson „eine neue Frage nach dem historischen Jesus" für möglich, theologisch legitim und notwendig hält. Aufschlussreich ist zunächst, wie er den „theologischen Ausgangspunkt" dafür bestimmt. Er erblickt ihn – und damit „den Sinn und die Richtung der neuen Frage nach dem historischen Jesus" – „in der Frage nach der Berechtigung der kerygmatischen Identifizierung des Erhöhten mit Jesus" (Kerygma 28). Mit „Jesus" ist der „historische Jesus" gemeint, also „alles das, was der Historiker mit den Mitteln wissenschaftlicher Methodik über Jesus von Nazareth erfassen kann" (40). Im Klartext heißt das: Ob die Evangelisten zu Recht die Geschichte Jesu als eine Geschichte des Mitseins Gottes mit Jesus bis in seinen Tod hinein erzählen und so schon im Erzählen dieser Geschichte den Gekreuzigten als von Gott Erhöhten verkündigen, soll durch historische Forschung erwiesen werden, und zwar so, dass beim „historischen" Jesus dasselbe Existenzverständnis aufgezeigt wird wie im „Kerygma". Bei aller Abgrenzung gegenüber der Leben-Jesu-Forschung des 19. Jahrhunderts, die Robinson immer wieder vornimmt: Was ist hier am entscheidenden Punkt der Sache nach anders als dort? Ich kann zwischen „Legitimierung" und dem Nachweis einer „Berechtigung" keinen grundlegenden Unterschied erkennen.

„Die Möglichkeit zur Wiederaufnahme der Frage nach dem historischen Jesus" sieht Robinson „mit dem radikal neuen Verständnis von Geschichte und menschlicher Existenz latent gegeben" (83). Er gewinnt sie mit einer *petitio principii*: „Das Material, das durch das kerygmatische Interesse bewahrt und durch den ‚Kerygmatisierungsprozess' nicht wesentlich verändert wurde, ist gerade das Material, das ausgezeichnet den Erfordernissen einer Forschung entspricht, die von der modernen

219 Vgl. o. S. 156.
220 Bultmann, Verhältnis, S. 463–465.

Sicht der Geschichte und der Person ausgeht. Denn das kerygmatische Interesse der Urgemeinde hat gerade jene Logien und Erzählungen im wesentlichen unverändert überliefert, in denen Jesus seine Intentionen und sein Existenzverständnis für sie am klarsten ausgedrückt hat“ (86f.). An früherer Stelle hatte Robinson die „Erkenntnis“ vermerkt, „dass *alle*[221] Überlieferung über Jesus uns nur dann erhalten geblieben ist, wenn sie im Leben und in der Frömmigkeit der Urgemeinde irgendeine Funktion hatte“ (51). Woher weiß er dann, was „nicht wesentlich verändert“ oder „im wesentlichen unverändert“ überliefert wurde? Er muss diejenigen Textstücke als solche behaupten, in denen er selbst das erwünschte „Existenzverständnis [...] am klarsten ausgedrückt“ findet. „Die Legitimität einer neuen Frage nach dem historischen Jesus“ erblickt er in dem aus solcher „Möglichkeit“ gewonnenen Ergebnis: „Der historische Jesus führt uns genau so zu einer existentiellen Entscheidung, wie es das Kerygma tut“ (95). Es bestehe „im Grunde eine Parallelität zwischen der Begegnung mit dem Kerygma und der Begegnung mit dem historischen Jesus“ (96). Mit all dem ist noch nicht „die Notwendigkeit einer neuen Frage nach dem historischen Jesus“ dargetan. Robinson sieht sie dadurch gegeben, dass die Theologie „einem Kerygma gegenübergestellt“ sei, „das als Ort des Heilsereignisses eine historische Person angibt, zu der wir durch die Entstehung wissenschaftlicher Historiographie seit der Aufklärung eine zweite Möglichkeit des Zugangs haben. Abgesehen von dieser konkreten Situation gibt es keine theologische Notwendigkeit für eine Frage nach dem historischen Jesus, da wir Jesus ja im Kerygma begegnen können“ (104). Dass eine behauptete historische Möglichkeit, die immer wieder, sobald sie ergriffen wurde, ins Scheitern führte, für Theologen eine Notwendigkeit sein soll, scheint mir nicht gerade evident zu sein.[222]

Käsemann hat in seinem zweiten Beitrag zum „historischen“ Jesus die Kennzeichnung der von ihm ausgelösten Debatte als „neuer Frage“ in bestimmter Weise aufgenommen: „Die ‚neue Frage‘ verdient nur deshalb neu genannt zu werden, weil die theologische Relevanz des Historischen in einem vorher ungekannten Ausmaße zu einem akuten und entscheidenden, aber im Grund völlig unbewältigten Problem geworden ist“ (S 31). In seinem dritten Beitrag hat er das so präzisiert, dass der Glaube um des *vere homo* willen „sich Rechenschaft über die Worte, Taten und das Geschick des

---

[221] Hervorhebung von Robinson!

[222] Als noch skurriler empfinde ich Robinsons Argumentation eine Seite weiter, wenn er durch den Versuch der Leben-Jesu-Forschung des 19. Jahrhunderts, „die historische Überlieferung von dem Kerygma wieder zu trennen“, die Kirche „in die ursprüngliche Situation zurückversetzt“ sieht, als die „ersten Jünger“ nach Ostern „ihre Erinnerungen (‚kerygmatisierten‘)“ und so „die synoptische Überlieferung entstand. In dieser uns vorgegebenen Rückkehr zu der ursprünglichen Situation der Jünger liegt die Notwendigkeit einer neuen Frage nach dem historischen Jesus begründet“ (96). Das ist in jeder Beziehung schief. Was „uns“ betrifft: Eine solche Rückkehr ist nicht „vorgegeben“, sondern wäre – ihre Möglichkeit vorausgesetzt – künstlich geschaffen. Was die „ersten Jünger“ betrifft: Sie haben nicht eine sozusagen objektiv vorliegende Historie kerygmatisiert, sondern ihre Erinnerungen wurden nach Ostern von vornherein durch dieses Datum bestimmt und von daher ausgeprägt.

irdischen Jesus zu geben" habe. „Wird die ‚neue Frage' so aufgeworfen, hat sie eine über bloss historische Interessen hinausgreifende dogmatische Dimension" (F 55). Es soll daher zunächst gefragt werden, warum er „das Problem des historischen Jesus" als ein theologisch relevantes wieder auf die Tagesordnung gesetzt hat.

### *c) „Das Problem des historischen Jesus" – ein theologisch relevantes?*

Käsemann spricht von „jener radikalen Kritik, welche in der Konsequenz ihres langen und mühsamen Weges nicht, wie sie ursprünglich gehofft hatte, beim historischen Jesus, sondern beim urchristlichen Kerygma als dem Urdatum evangelischer Tradition anlangte. Um dieser Problematik willen mußte sie den Versuch schließlich aufgeben, aus den Synoptikern ein Leben Jesu zu eruieren" (P 194). Dennoch meint er, in Fortführung eben „jener radikalen Kritik", wenn auch „nur durch das Medium der urchristlichen Botschaft", „zu diesem Jesus Zugang gewinnen" zu können (ebd.). Gemeint ist: zum „historischen" Jesus. Was treibt ihn, hinter etwas zurückzugehen, was er selbst als „Urdatum" bezeichnet hat? Am Ende seines Vortrags betont er noch einmal, dass es ihm keineswegs darum ginge, „so etwas wie ein Leben Jesu (zu) rekonstruieren". „Bei einem Leben Jesu kann man schlechterdings nicht auf äußere und innere Entwicklung verzichten. Von der letzten wissen wir jedoch gar nichts, von der ersten fast gar nichts außer dem Wege, der von Galiläa nach Jerusalem, von der Predigt des nahen Gottes in den Haß des offiziellen Judentums und die Hinrichtung durch die Römer führte" (P 212f.). Bei dem Wenigen, was er zu wissen meint, wird es, wie später zu erörtern ist, sofort wieder problematisch. Aber noch einmal: Warum will er in dieser Hinsicht überhaupt etwas wissen? Kein „Leben Jesu" schreiben, sondern „nur" die Verkündigung des „historischen" Jesus rekonstruieren zu wollen, ist ja ein bloß gradueller und kein grundsätzlicher Unterschied.

Die Frage, was Käsemann treibt, die Suche nach dem „historischen" Jesus neu aufzunehmen, wird von ihm selbst außerordentlich verschärft, und zwar durch eine Bemerkung, die er gegenüber Joachim Jeremias macht. Dieser hatte gemeint, es „getrost wagen" zu können, den Weg der Jesussuche zu gehen, „ohne befürchten zu müssen, daß wir uns in ein gefährliches, aussichtsloses Unternehmen einlassen". Dem widerspricht Käsemann: „Ganz im Gegenteil, es scheint mir harmloser, in ein Minenfeld mit verbundenen Augen hineinzulaufen" (S 36). Warum tritt er dennoch einen Weg an, dessen Ziel zu erreichen, nimmt man das Bild ernst, von äußerster Unwahrscheinlichkeit ist? Das Bild von den verbundenen Augen sei in anderer Weise etwas weitergeführt. Noch im ersten Teil seines Vortrags von 1953 meint Käsemann nach ersten kritischen Bemerkungen gegenüber Bultmann, „daß Kritik sich alsbald auch gegen Martin Kählers Buch ‚Der sogenannte historische Jesus und der geschichtliche, biblische Christus' wenden muß, das nach 60 Jahren an Aktualität noch kaum eingebüßt hat und trotz aller Angriffe und vieler möglicher Bedenken auch nicht wirklich widerlegt ist" (P 188). Allerdings setzt er sich weder in diesem Vortrag noch in den anderen Beiträgen zum „historischen" Jesus auch nur an einer einzigen Stelle mit den Argumenten Kählers auseinander. Er meinte wohl, diese Aufgabe in der Auseinandersetzung mit Bultmann implizit mit erledigt zu haben. Denn auf das eben gegebene Zitat über Kählers Buch fährt er unmittelbar fort: „Im Grunde hat Bultmann die Thesen dieses Buches nur auf seine Weise untermauert und präzisiert." Das ist jedoch eine völlige Fehleinschätzung.[223] Wer meint, mit Bultmann zugleich Kähler widerlegt zu haben, hat dessen Kritik nicht an sich herankommen lassen. Zu den „verbundenen Augen" gehört ebenfalls, dass Käsemann auch auf die radikale historische Kritik von David Friedrich Strauß nicht eingeht. So meint er, „zu einer auch historischen Skepsis" in der Jesusfrage sei es „erst auf Grund der radikal angewandten formgeschichtlichen Methode gekommen" (F 47), und dekretiert „mit Entschiedenheit", „dass gerade Historikern bei unserm Problem geschichtliche Skepsis verboten sein sollte" (F 50). Er ist der Ansicht, wir müssten das Erbe der liberalen Leben-Jesu-Forschung des 19. Jahrhunderts übernehmen, weil man „seine Väter" nicht verleugnen dürfe und sich andernfalls „selber in die leere Luft und den geschichtslosen Raum" stelle (S 36; vgl. P 195). Aber sollte man ein solches Erbe nicht besser ausschlagen, das dazu zwingt, unentwegt auf einem Holzweg weiterzugehen oder gar „in ein Minenfeld mit verbundenen Augen hineinzulaufen"?

Also noch ein weiteres Mal: Warum lässt sich Käsemann trotz alledem auf dieses Unternehmen ein? Ein erster Ansatzpunkt für ihn scheint mir „die Frage eines angemessenen Verständnisses von Geschichte und Geschichtlichkeit" zu sein. Von dieser Frage behauptet er unmittelbar anschließend, dass sie „sich beim Theologen notwendig und exemplarisch zu dem Problem

---

[223] Davon hoffe ich die Leserinnen und Leser des vorliegenden Buches durch die Kapitel über Kähler und Bultmann überzeugt zu haben. Auch Bultmann geht übrigens so gut wie nicht auf Kähler ein. In seinen von mir herangezogenen Arbeiten finden sich lediglich in der „Geschichte der synoptischen Tradition" zwei eher beiläufige Bezüge auf Martin Kähler: S. 6 Anm. 2; S. 355 Anm. 1.

des historischen Jesus und seiner Bedeutung für den Glauben konkretisieren muß" (P 189). Wieso? Was ist für Theologinnen und Theologen ein angemessenes Verständnis von Geschichte?[224] Ist für sie wirklich, wie Käsemann sagt, „jene auf den Blättern des NT erzählte Geschichte [...] zur Historie geworden" (P 190)?[225] Doch nur, wenn sie sich als Historikerinnen und Historiker verstehen. Die Evangelien erzählen die Geschichte Jesu eben nicht als abständigen historischen Bericht, sondern als vergegenwärtigende, ansprechende Erinnerung und so werden sie als Gebrauchstexte in der Auslegungsgemeinschaft der Kirche weiter rezipiert. Natürlich weiß auch Käsemann: Die in der Historie „geschehenen Fakten zu kennen, nützt uns allein sehr wenig" (ebd.). Darum habe auch „die Urchristenheit" gewusst, weshalb sie „die Evangelien nicht primär als Berichte verfaßte und ihr eigenes Kerygma das Bild des historischen Jesus geradezu überlagert und verdeckt" (P 191). Hier ist Zutreffendes eher angedeutet als klar ausgesprochen – als hätte die auf Jesus als Messias bezogene Gemeinschaft nach Ostern über historische Berichte[226] verfügt oder als hätte ihr gar „das Bild des historischen Jesus" vor Augen gestanden, die und das sie mit einem unabhängig von der Erinnerung an die Geschichte Jesu gewonnenen eigenen „Kerygma" überdeckte. Auf das hier angesprochene Problem wird im nächsten Abschnitt näher einzugehen sein. Aufschlussreich ist, wie Käsemann die eben zitierte Aussage fortsetzt: „uns als Historiker damit vor unermeßliche Schwierigkeiten und weithin vor die Unmöglichkeit einer Rekonstruktion stellend". Warum will der Theologe Käsemann Historiker sein und sich damit „unermeßliche Schwierigkeiten" zumuten? Liegt es daran, dass er meint, „die Sachfrage" erwachse „aus der Begegnung mit dem historischen Phänomen" (S 43)? Das hieße ja, aus der Begegnung mit dem, was historische Wissenschaft als wahrscheinlich stattgefundenes Geschehen zu rekonstruieren vermag. Entsteht nicht die theologische „Sachfrage" vielmehr aus der

---

224 Ich erlaube mir, in diesem Zusammenhang auf meine Abschiedsvorlesung hinzuweisen: Wengst, Geschichte(n) passim.

225 Schumann hatte über Kähler gesagt: „Er sieht, daß man eine sinnlose und daher unbeantwortbare Frage stellt, wenn man, von einem bestimmten, nämlich dem ‚modernen' Geschichtsbegriff ausgehend, fragt, was ein im Sinne dieses Geschichtsbegriffs ‚historisches' Faktum etwa für den Glauben bedeuten könne. [...] Man muß also, wenn man von dem ‚geschichtlichen' Jesus Christus als dem Gegenstand des *Glaubens* reden will, ohne sinnlos zu reden, dem Wort ‚geschichtlich' einen anderen Sinn ausarbeiten, als es der ist, welches das moderne Verständnis von ‚Historie' an die Hand gibt" (Gedächtniswort, S. 6f.).

226 An anderer Stelle fragt Käsemann, „welches Gewicht dem historischen Bericht über Jesus innerhalb der neutestamentlichen Verkündigung beigemessen wird" (S 33).

Begegnung mit dem Zeugnis der biblischen Texte? Ich frage nochmals: Was zwingt einen Theologen, dessen Aufgabengebiet das Neue Testament ist, sich in erster Linie als ein Historiker betätigen zu wollen? Wäre es nicht seine primäre Aufgabe, die ihm vorgegebenen Texte auszulegen, wobei dann die Historie eine nützliche Hilfswissenschaft sein kann?

Käsemann begründet seinen „Kurswechsel" und den anderer Schüler Bultmanns gegenüber dem Lehrer „teilweise in der Weiterführung der formgeschichtlichen Arbeit [...], in der sich das einigermaßen sichere historische Jesusgut schärfer abhob und neben den kerygmatischen auch die historisierenden Tendenzen wenigstens der Synoptiker deutlicher wurden. Da wir gelernt hatten, historische Einsichten mit der Frage nach deren theologischer Bedeutung zu verbinden [...], konnten wir nicht gut anders, als das theologische Problem des historischen Jesus und der Historisierung in den Synoptikern neu aufzurollen" (S 52). Die bloße Behauptung, „das einigermaßen sichere historische Jesusgut" identifiziert zu haben, träfe sie zu, würde zunächst nur die Möglichkeit der Rückfrage nach dem „historischen" Jesus erweisen. An *diesem* Punkt besteht kein Unterschied zu Bultmann. Schließlich hat dieser ein Jesusbuch geschrieben; und auch seine knappen Jesuskapitel im „Urchristentum" und in der „Theologie" sind deutlich umfangreicher als die Skizzen, die Käsemann in dieser Hinsicht geboten hat. Bultmann hatte das historisch für Jesus Gewonnene in existentialer Interpretation immer wieder auf die Situation der Entscheidung zurückgeführt und so behaupten können, dass auch das von den synoptischen Evangelien Gebotene nicht über „das Daß des Gekommenseins" Jesu hinausgehe. Genau dagegen richtet sich Käsemanns Protest. Für ihn ist dieses bloße „Daß" eine Spielart des Doketismus: „Es hat keine Bedeutung, ob man von einem irdischen Scheinleib des Erlösers oder vom ‚blossen Dass seines Gekommenseins' spricht" (F 52). Bissig merkt er gegenüber diesem „Daß" an: „Nicht einmal bei einem Gespenst kann man die Faktizität seines Kommens von den Modalitäten der Erscheinung trennen" (F 50). Was über den „historischen" Jesus gewonnen werden könne, lasse „sich schlechterdings nicht auf ein punctum mathematicum reduzieren" (ebd.; vgl. S 49). So nimmt er positiv die Intention der Aufklärungstheologen auf: „Sie kämpften, in den Stichworten des frühen christologischen Streites gesprochen, für das vere homo, das im Laufe der Kirchengeschichte weitgehend vom vere Deus aufgesogen worden war" (F 53; vgl. F 55; J 34f.). Der Rückgang auf den „historischen" Jesus erhält also die theologische Funktion, das tatsächliche Menschsein Jesu herauszustellen. „Der Himmelskönig hat kein Gesicht, wenn es nicht das des Nazareners ist"

(F 53). Schon „die Urchristenheit" sei „nicht willens" gewesen, „einen Mythos an die Stelle der Geschichte, ein Himmelswesen an die Stelle des Nazareners treten zu lassen" (P 196). Dafür führt Käsemann „die von den Evangelisten zweifellos behauptete Relevanz der Historie für den Glauben" an sowie die Identifizierung des „erniedrigten mit dem erhöhten Herrn" (ebd.; vgl. P 203.213). Ich sehe nicht, wo die Evangelisten eine „Relevanz der Historie" behaupteten, also irgendeines Geschehens im Leben Jesu, das abgesehen vom Glauben, dass Gott ihn von den Toten erweckt hat, für sich stünde. Das schließen schon die Anfänge und Schlüsse aller Evangelien schlechterdings aus. Mit dem „erhöhten Herrn" im Blick umschließen sie die Erzählungen der Geschichte Jesu. Im Glauben an den von Gott Erhöhten gewinnt der Irdische Relevanz und nur von daher wird seine Geschichte erzählt.

In der Intention, die in den Evangelien erzählte Geschichte Jesu nicht auf ein *punctum mathematicum* zu reduzieren und zum bloßen „Daß" zu formalisieren und also positiv das tatsächliche Menschsein Jesu in der Vielfalt seiner Aspekte zu betonen, ist Käsemann sofort Recht zu geben. Aber verfällt dem Verdikt des Doketismus, wer die Suche nach dem „historischen" Jesus historisch und theologisch in Frage stellt? Das tatsächliche Menschsein Jesu ist doch kein Fündlein erst historisch-kritischer Wissenschaft, dadurch dass sie seit der Aufklärung auf der Suche nach dem „historischen" Jesus ist. Gewiss, gegenüber einer orthodoxen Dogmatik, in der Jesu Menschsein formelhaft abgeblasst war, hat sie in dieser Hinsicht Verdienste gehabt. Aber woher hat sie denn dieses tatsächliche Menschsein Jesu anders gewonnen als aus den Evangelien, in denen es ausgesagt und ausgeführt ist? Das ist ja doch eine den Evangelisten und allen anderen neutestamentlichen Zeugen selbstverständliche Voraussetzung, dass ihr „erhöhter Herr" als der Mensch Jesus aus Nazaret in bestimmter Zeit im Lande Israel gelebt und gewirkt hat, beginnend in Galiläa und endend am Kreuz in Jerusalem. Kann denn diese Voraussetzung von uns nur so festgehalten werden, dass wir die grundlegende österliche Perspektive der neutestamentlichen Zeugen, in der allein sie dieses Menschenleben weiterhin betrachten können, zumindest zeitweise außer Kraft setzen und eine Verkündigung Jesu rekonstruieren, wie sie historisch tatsächlich gewesen sein soll – anstatt diese Voraussetzung schlicht zu teilen?

Vor allem sieht Käsemann das Recht zur Frage nach dem „historischen" Jesus durch das Neue Testament selbst gegeben, „sofern die Evangelien ihr Kerygma, woher immer es stamme, nun doch eben dem irdischen Jesus zuschreiben und ihm deshalb unverkennbar ausgezeichnete Autorität beimessen“ (P 195). Und an anderer Stelle schreibt er: „Der Kern unserer Problemstellung läßt sich nun schlicht dahin zusammenfassen: Rechnet das Kerygma des Neuen Testamentes den irdischen Jesus zu den Kriterien seiner selbst? Diese Frage ist ebenso schlicht und rund zu bejahen“ (S 53). In beiden Zitaten spricht Käsemann vom „irdischen Jesus“. In der Tat: Vom irdischen Jesus wird in den Evangelien erzählt, einem Menschen aus Fleisch und Blut, der als Jude vorrangig unter Juden wirkte, an den die Evangelisten als von Gott Erhöhten und deshalb Gegenwärtigen glauben, und von diesem Glauben her erinnern sie seine Geschichte. Aber wieso berechtigt das zur „Frage nach dem historischen Jesus“, einem Rekonstrukt moderner Historiker, das unter Absehen der für die Evangelisten entscheidenden Perspektive gewonnen wird? Diese Berechtigung ergibt sich nur dann, wenn „irdischer Jesus“ und „historischer Jesus“ einfach gleichgesetzt werden. Auf diese Problematik ist zu Beginn des nächsten Abschnitts einzugehen.

Käsemann führt einen letzten Aspekt für die Legitimität der „Frage nach dem historischen Jesus“ an. Sie sei „legitim die Frage nach der Kontinuität des Evangeliums in der Diskontinuität der Zeiten und in der Variation des Kerygmas“ (P 213). Dieser Satz funktioniert aufgrund einer bestimmten, nicht kenntlich gemachten Voraussetzung. Er setzt als selbstverständlich voraus, dass das, was unter methodischem Absehen vom Osterzeugnis höchst hypothetisch für den „historischen“ Jesus gewonnen wird, genauso Evangelium ist wie das, was die Evangelisten, ganz und gar vom Osterzeugnis bestimmt, als Evangelium erzählen. Ja, dieses Rekonstrukt ist sogar in einem höheren Sinn Evangelium, als die vorliegenden Evangelien es sind, da schon den „ersten Jüngern“ und erst recht den Evangelisten unterstellt wird, dass sie den „Meister“ nicht recht verstanden hätten oder ihm in seiner Radikalität nicht folgen wollten.[227] Die „Geschichte des Evangeliums“ sei „immer zugleich eine Geschichte der Mißverständnisse [...]. Und die Hoheit Jesu tritt dann am deutlichsten zutage, wenn seine ersten Jünger schon meinten, seine Worte abschwächen und korrigieren zu müssen, weil sie ihn anders nicht ertragen konnten“ (P 206; vgl. J 22.28.30). Entsprechend betont er an anderer Stelle „mit dem größten Nachdruck, daß Jesus für mich primär der ‚Evangelist‘ schlechthin war“ (S 61). So wird das in der eigenen Rekon-

---

[227] Entsprechend hatte Käsemann schon vorher gemeint, die „Variation der nt.lichen Botschaft“ äußere sich „am stärksten und in ihrer problematischsten Gestalt im Übergang von der Verkündigung Jesu zur Verkündigung von Jesus“ (P 192). Einen solchen Übergang gibt es allerdings in den neutestamentlichen Texten nicht; er ist historische Rekonstruktion.

struktion dem „historischen“ Jesus Zugeschriebene zum Kriterium. Damit will Käsemann wohl bejaht wissen, was er bei Bultmann verneint sieht, dass nämlich „der historische Jesus als solcher konstitutive Bedeutung“ für den christlichen Glauben habe (P 188). Er lehnt es vehement ab, wie die liberale Leben-Jesu-Forschung des 19. Jahrhunderts „die Legitimation des Kerygmas durch wissenschaftliche Forschung“ betreiben zu wollen (S 53). Aber ist es denn ein grundlegender Unterschied dazu, wenn er „durch wissenschaftliche Forschung“ ein „Kriterium des Kerygmas“ gewinnen will und wissenschaftlich Erforschtes in dieser Weise für den Glauben konstitutiv sein lässt? Wieso macht er dadurch den Glauben nicht von wissenschaftlicher Forschung abhängig? „Die Frage nach der Kontinuität des Evangeliums in der Diskontinuität der Zeiten und in der Variation des Kerygmas“ ist nicht erst künstlich durch einen selbstgemachten „historischen“ Jesus herzustellen; sie ist uns höchst real durch das Vorliegen vier unterschiedlicher Evangelien als kanonischer Texte längst vorgegeben.

### d) *Irdischer Jesus und „historischer“ Jesus – Kerygma und Geschichte Jesu*

Es ist im Vorangehenden schon angeklungen, dass Käsemann unter der Hand die Bezeichnungen „irdischer Jesus“ und „historischer Jesus“ in eins setzt.[228] Er gebraucht sie völlig gleichsinnig. So sieht er die Evangelien einig „in dem Urteil, daß die *Historie* Jesu für den Glauben konstitutiv sei, weil der *irdische* und der erhöhte Herr identisch sind. Der Osterglaube“ beziehe „die *irdische Geschichte* Jesu in seine Verkündigung“ ein. Deshalb könnten „auch wir die Identität des erhöhten mit dem *irdischen* Herrn nicht aufheben“ und sei es uns nicht erlaubt, „den erhöhten Herrn durch den *historischen* Jesus ersetzen zu wollen“. Dass die Evangelien in der Darbietung der „*irdischen Geschichte* Jesu“ „nicht zu einer einhelligen Auffassung gelangt“

---

[228] Diese „Gleichsetzung von ‚irdischem Jesus‘ und ‚historischem Jesus‘“ ist nach Schellong zu bestreiten. „Auf dieser Gleichsetzung beruht das Suggestive von Käsemanns theologischer Apologie des ‚historischen Jesus‘, sie ist aber weit darüber hinaus gängig – und verwirrt die Diskussion um unser Thema“ (Rückfragen, S. 35; vgl. die weiteren Ausführungen auf S. 35f.). Dieser suggestiven Gleichsetzung ist auch Eichholz in seiner instruktiven Studie trotz seiner guten Einsichten verfallen, wie das Schlusskapitel über Käsemann zeigt, dem er schließlich folgt (Frage, S. 151–157). Vgl. vor allem das Nebeneinander der folgenden Sätze auf S. 153: „Die Evangelien lassen ein Desinteresse am *historischen* Jesus nicht zu. […] Käsemann entnimmt den Evangelien […], daß der *irdische* Jesus zum ‚Kriterium‘ des Kerygmas wird. […] Weshalb kommt es zum Rückgriff auf die Geschichte des *irdischen* Jesus? Weshalb bezieht sich das urchristliche Kerygma auf die *Historie* Jesu? Das ist die Frage, die für Käsemann nach einer Antwort verlangt“ (Hervorhebungen von mir).

seien, beweise, „daß der Kampf um den *historischen* Jesus ein echtes theologisches Problem zu seinem Gegenstande hat“ (P 203). Indem die Gemeinde „die Identität des *irdischen* mit dem erhöhten festhielt, bekundete sie, daß eine allein auf den *historischen* Jesus gerichtete Fragestellung ihr als Abstraktion erschien“. Diese „Entscheidung der Urchristenheit“ dürfe „uns selbstverständlich nicht dazu veranlassen, die Frage nach dem *irdischen* Jesus trotz der Bedenklichkeit ihrer Fragestellung [...] und trotz der Schwierigkeit ihrer Beantwortung abzudrosseln“ (P 195). Johannes kleidete „das Kerygma [...] in die Gestalt eines Evangeliums vom *irdischen* Jesus“; man könne nicht sagen, Paulus und er „hätten sich um den *historischen* Jesus nicht nennenswert gekümmert“ (S 47).[229] Diese nicht diskutierte – gleichwohl undiskutable – Gleichsetzung des „irdischen Jesus“ mit dem „historischen Jesus“ hat die suggestive Wirkung, dass sie „die Frage nach dem historischen Jesus“ geradezu als eine sich von den Evangelien her ergebende Selbstverständlichkeit erscheinen lässt. Aber noch einmal: Der irdische Jesus der Evangelien, der unter der Perspektive des Osterglaubens dargestellte Mensch Jesus aus Nazaret, ist etwas kategorial anderes als der „historische“ Jesus, ein unter Absehen von diesem Glauben aus den Evangelien mit historischen Wahrscheinlichkeitsurteilen, die nahezu immer auch anders ausfallen können, rekonstruiertes Gebilde.[230]

Dass der irdische Jesus als „historischer“ Jesus verstanden wird, hat noch eine weitere folgenreiche Konsequenz. Für die Evangelisten gehören der irdische und der erhöhte Jesus in der Weise unlösbar zusammen, dass sie im Glauben an den von Gott erhöhten Jesus schon den irdischen Weg Jesu als Mitsein Gottes bis zum Tod am Kreuz darstellen. Damit ist die von ihnen erzählte Geschichte Jesu in jedem Stück zugleich Verkündigung.[231] In dieser Hinsicht gibt es keinen Unterschied zwischen den synoptischen Evangelien und dem Johannesevangelium. Weder dürften erstere „durchweg des guten Glaubens“ gewesen sein, „authentische Jesusüberlieferung (im Sinne mo-

---

[229] Hervorhebungen in der Reihe dieser Zitate von mir. Weitere Stellen, an denen Käsemann vom „irdischen Jesus“ spricht, aber damit ganz selbstverständlich den „historischen“ meint, sind: P 204.213; S 52f.; F 53.54.

[230] Vgl. Stegemann, Jesus, S. 103: „Der historische Jesus ist ein Ergebnis wissenschaftlicher Arbeit von Historikern und Historikerinnen, kurz: historisch-wissenschaftliches Konstrukt!“

[231] Bei Käsemann fällt das auseinander, wenn er über die Synoptiker sagt: „Zweifellos beherrscht sie das kerygmatische Interesse. Doch (?) geben sie dem in Gestalt von Evangelien Ausdruck, die als solche eben nicht Predigt, sondern Bericht sind“ (Sackgassen, S. 54).

derner Forschung!) darzubieten“,[232] noch wird für Johannes „die Historie […] nur insofern Interesse und Wert“ besessen haben, „als sie symbolisch die stets wiederkehrenden Erfahrungen christlichen Glaubens spiegelt“ (P 193). Auch Johannes erzählt eine Geschichte Jesu in ihrer Einmaligkeit. Aber für ihn wie für die Synoptiker ist klar, dass diese Geschichte Jesu von vornherein in der Dimension Gottes steht. In der Einmaligkeit der Geschichte Jesu, wie alle vier Evangelisten sie je unterschiedlich darstellen, geht es zugleich, was Käsemann nur für Johannes reklamiert, „um die Geschichte des Christus praesens“ für ihre Zeit. Er meint, mit der Identifizierung des „erniedrigten mit dem erhöhten Herrn“ bekunde „die Urchristenheit“, „daß sie nicht fähig ist, bei der Darstellung seiner Geschichte von ihrem Glauben zu abstrahieren“ (P 196). Ist das eine Frage der Fähigkeit? So kann nur formulieren, wer selbst diese Abstraktion will und sich dafür fähig hält.

Diese Abstraktion und also die Identifizierung des irdischen Jesus als des „historischen“ Jesus lässt die Geschichte Jesu und das „Kerygma“, die ihn als Wirken Gottes verstehende Verkündigung, auseinander treten. Beide geraten in Spannung zueinander, sodass das Verhältnis von Verkündiger und Verkündigtem, von „historischem“ Jesus und „christologischem Kerygma“ zu einem Problem wird. „Die Problematik unseres Problems besteht darin, daß der erhöhte Herr das Bild des irdischen fast aufgesogen und die Gemeinde dennoch die Identität des erhöhten mit dem irdischen behauptet“ (P 213). Das Problem dieser Formulierung liegt seinerseits darin, dass sie schon vom Interesse am „historischen“ Jesus her erfolgt, wie sich an den Worten „aufgesogen“ und „dennoch“ zeigt. Die Evangelisten wollten kein Bild des erhöhten Jesus malen, in dem das des irdischen „fast aufgesogen“ wäre, sondern die Relevanz des irdischen als des lebendig gegenwärtigen herausstellen. Und das konnten sie nur, indem sie ihn ausschließlich und durchgängig mit der Schrift unter der österlichen Perspektive darstellten. Die Identität ist für sie kein „Dennoch“, sondern – es sei noch einmal gesagt – selbstverständliche Voraussetzung.

Indem der in den Evangelien dargestellte irdische Jesus mit dem „historischen“ Jesus gleichgesetzt wird und so die Geschichte Jesu und das „Kerygma“ auseinander treten und in Spannung zueinander stehen, geraten die Evangelisten in eine tendenziell negative Bewertung. So wurde in dem eben gebrachten Zitat der Begriff „aufsaugen“ gebraucht. Das zeigt sich

---

[232] Wo vergleichend beobachtet werden kann, zeigt sich jeweils bewusste Gestaltung, die nicht vom Interesse an „Historie“ bestimmt ist, sondern von den Bedürfnissen der je eigenen Situation.

weiter, wenn zustimmend als Zweck der historischen Kritik genannt wird, „den irdischen Jesus aus der kirchlich-dogmatischen Übermalung schon im Neuen Testament zu befreien“ (S 40). „Die urchristliche Verkündigung“ habe „nach Ostern Wort, Tat und Geschick des irdischen Jesus aufs höchste verfremdet“ (F 50). An anderer Stelle ist vorausgesetzt, die Evangelisten hätten „überaus gewalttätig“ einen Bericht über Jesus übermalt und verändert (S 35). Das Bedauern des Historikers tritt hervor, wenn es heißt, dass „mit Jesu Geschichte auch sein Kreuz durch Mythologie und paränetische Applikation mehr verdeckt als historisch faßbar geworden“ sei (S 51).

Auf der anderen Seite entspricht dem eine starke theologische Gewichtung des für Jesus als historisch Rekonstruierten. Das zeigt sich an einer aufschlussreichen Formulierung im Kontext der Betonung notwendiger radikaler Kritik, „daß wir nicht mehr die etwaige Unechtheit, sondern gerade umgekehrt die Echtheit des Einzelguts zu prüfen und glaubhaft zu machen haben“ (P 203). Ziehe man das erste vor, so bedeute das, „daß man mit solcher Kritik nur zu einer Korrektur und Modifikation des Kerygmas, keineswegs aber zu Wort und Tat des irdischen Jesus selbst gelangt“ (P 204). Die sind offenbar von besonderer Relevanz. Von welcher?

*e) Theologische Relevanz des Historischen?*

Am Schluss des vorletzten Abschnitts war deutlich geworden, dass Käsemann mit dem Rückgang auf den „historischen“ Jesus keineswegs im Sinne der Leben-Jesu-Forschung des 19. Jahrhunderts den Glauben legitimieren will, und es war angeklungen – und auch schon problematisiert worden –, dass er stattdessen mit dem „historischen“ Jesus ein Kriterium zu gewinnen beabsichtigt. Darin erblickt er „die theologische Relevanz des Historischen“. Dem sei nun genauer nachgegangen. Er hatte gefragt, „ob der irdische Jesus (für ihn: der „historische“ Jesus) als Kriterium des Kerygmas gilt und wie weit das der Fall ist“, und diese Frage entschieden bejaht (S 53). Historisch begründet er diese Aussage mit der in keiner Hinsicht gesicherten These, nach der die Abfassung der synoptischen Evangelien eine Reaktion auf den Enthusiasmus sei: „Gegenüber der enthusiastischen Verkündigung in der hellenistischen Gemeinde bekommen die Überlieferungen der ersten Jünger und alles, was damit zusammengewachsen ist, für die ganze Christenheit eine ungewöhnliche theologische Bedeutung. Sie erlauben nach dem Verständnis dieser Christenheit, kritisch zwischen legitimer und illegitimer Botschaft zu unterscheiden und die Geister zu prüfen“ (S 55; vgl. S 61, wonach, „die theologische Relevanz der Historie in der Auseinandersetzung mit dem

Enthusiasmus […] entdeckt worden“ sei). Er betont dann noch einmal, worum es ginge, nämlich „kritisch rechte von falscher Botschaft zu trennen, und das geschieht eben mit Hilfe dessen, der damals der historische Jesus war und sein mußte“ (S 55). Das ist eine erstaunliche Formulierung. Die Angabe „damals“ bezieht sich auf die Zeit, als die Evangelisten schrieben; sie hätten sich mit Notwendigkeit der Hilfe des „historischen“ Jesus bedient, also des Jesus, wie er nach den Erkenntnismöglichkeiten historischer Wissenschaft tatsächlich gewesen sein soll. Wieder erfolgt hier die – im Blick auf die Evangelisten zudem anachronistische – Gleichsetzung von irdischem und „historischem“ Jesus. An dieser Stelle ist sehr klar zu sehen, wie Käsemann von den „Überlieferungen der ersten Jünger“ zum „historischen“ Jesus kommt und welches Interesse ihn dabei leitet. In ersteren sei es „der lehrende Christus“, der als „Kriterium des Geistes“ wirke, und dieser „lehrende Christus“ sei „nun aber der in der historischen Überlieferung redende Jesus“, der schließlich kurzerhand als „der historische Jesus“ identifiziert wird. Dieser „historische“ Jesus als „Maßstab“, meint Käsemann weiter, „dürfte denn auch nicht schlecht gewählt sein. Er ist für die Christenheit verbindlich geworden und, wie ich denke, weiterhin unentbehrlich“ (S 55). In ihm gegenwärtiger Auseinandersetzung hat Käsemann das so aufgenommen, dass die „kritischste Historie“ in dem Urteil, Jesus sei „liberal“ gewesen und hätte „wahrscheinlich sogar eben deshalb zum Kreuz zu gehen“ gehabt, „auf zuverlässigem Grunde“ stünde, und dann gemeint: „Hat die Historie Jesu überhaupt theologische Relevanz, kann man sich an diesem ‚Faktum‘ nicht vorbeischleichen“ (J 21). Von der Antwort auf die Frage, ob Jesus liberal war, hingen „gerade unter den heute von konservativer und kritischer Theologie wie der Gemeindefrömmigkeit anerkannten Maßstäben Wahrheit und Heil der Jüngerschaft, rechter und falscher Glaube ab“ (J 22). Also von einem historischen Urteil, das bestenfalls Wahrscheinlichkeitswert haben kann?

So verwundert es nicht, wenn Käsemann die Evangelien in dem Urteil einig sieht, „daß die Historie Jesu für den Glauben konstitutiv sei“ (P 203). Auch diese These gründet wieder in der Verwechslung des irdischen Jesus der Evangelien mit dem „historischen“ Jesus der modernen Theologie. Und wenn er diesen „historischen“ Jesus dafür ins Feld führt, dass die „Frage nicht verlorengehen und unbeantwortbar werden“ dürfe, „wer der Herr des Glaubens sei“ (S 51), ist weiter zu fragen, ob denn etwas, das ich selbst erst rekonstruiert habe, Herr meines Glaubens sein kann. Die von Käsemann rekonstruierte „Liberalität Jesu“ wird ihm „zum prägenden Merkmal einer rechten Kirchenlehre, des wahren Glaubens, des Gottesdienstes am Sonntag wie im alltäglichen Leben, infolgedessen der christlichen Ethik und nicht zuletzt Gegenstand, Grund und Ziel ökumenischer Einigung“ (J 25). Von daher kann er weiter folgern, es melde „sich mit dem Problem, worin die Eigenart Jesu besteht und ob zu ihr etwa auch die Liberalität seines Erdenlebens gehört, nicht nur die Frage nach dem rechten Wesen der Kirche, sondern tiefer noch und zuletzt die Gottesfrage“ (J 27). Darauf ist im letzten Abschnitt näher einzugehen. Hier sei nur festgehalten, dass er der historischen Forschung etwas auflädt, was sie nicht zu tragen vermag. Er tut es noch einmal, wenn er „den wirklichen Jesus“, womit er den „historischen“ meint, zum „Grund alles christlichen Glaubens“ erklärt (J 35). Verbindet ihn mit der liberalen Leben-Jesu-Forschung des 19. Jahrhunderts nicht doch mehr als nur das Stichwort „liberal“?

Käsemann weiß, „daß die christliche Botschaft auf dem Osterglauben beruht“ (P 195f.). Und so sieht er „die Urchristenheit“ in „der Meinung, daß man den irdischen Jesus nicht anders als von Ostern her [...] verstehen kann“, fügt aber sofort hinzu, „und daß man umgekehrt Ostern nicht adäquat zu begreifen vermag, wenn man vom irdischen Jesus absieht“ (P 196). Einige Seiten weiter schreibt er entsprechend: „Der Osterglaube hat das christliche Kerygma begründet, aber er hat ihm seinen Inhalt nicht erst und ausschließlich gegeben. Gerade er wurde vielmehr dessen inne, daß Gott gehandelt hat, ehe wir gläubig wurden, und er bezeugt das, indem er die irdische Geschichte Jesu in seine Verkündigung einbezieht“ (P 203). Selbstverständlich bezieht sich „Ostern“ auf den irdischen Jesus. Schließlich besteht es ja in der Aussage, „dass Gott *Jesus* von den Toten auferweckt hat“. Aber diese Selbstverständlichkeit meint Käsemann nicht. Ihm geht es ja um eine eigene Relevanz des „historischen“ Jesus; auf ihn müsse geblickt werden, um Ostern adäquat zu begreifen. Lässt sich das aus den Evangelien begründen? Der Blick auf Jesus vor Ostern – und das war zuletzt der Blick auf sein Ende am Kreuz – führte zur Annahme des Scheiterns Jesu, zu Rückzug und Resignation derjenigen, die ihm anhingen. Es waren der Blick in die Schrift und von daher als Begegnungen mit dem lebendigen Jesus gedeutete Erfahrungen, die nach seiner Kreuzigung „Ostern“ begreifen ließen. Und dass Gott längst vor ihrem Glauben gehandelt hat, war der auf Jesus bezogenen Gemeinschaft im 1. Jahrhundert auch schon schlicht von ihrer jüdischen Bibel her mit der in ihr bezeugten Geschichte Gottes mit seinem Volk Israel klar.

Wenn „der historische Jesus selbständige Bedeutung“ haben (S 62), wenn also mit ihm der Historie theologische Relevanz zukommen soll, muss sich diese zuletzt an der für Jesus behaupteten „Eigenart“ erweisen. So wird diese „Eigenart“ von Käsemann auch mehrfach betont. Den von ihm anerkannten Satz, „daß die christliche Botschaft auf dem Osterglauben beruht“, schränkt er vorher und nachher damit ein, dass man ihn weder verabsolutieren noch dass er „Resignation decken“ dürfe, „welche die Frage nach der Eigenart Jesu aufgegeben hat“ (P 195f.). So erkennt er in „Jesu Predigt“ „unverwechselbare Züge seiner Eigenart“ (S 67) und will „die Eigenart der Sendung Jesu“ darlegen (P 206). Er postuliert: „Ohne historische Forschung kann man des irdischen Jesus im Medium der kirchlichen Verkündigung nicht mehr glaubwürdig ansichtig werden. Theologisch ist solche Forschung sinnvoll, sofern sie die unverwechselbare Eigenart dieses irdischen Jesus zu erfassen strebt“ (F 53). Wieder meint Käsemann mit dem „irdischen Jesus“ den „historischen“. Dass der – wenn überhaupt – nur durch „historische Forschung“ ermittelt werden kann, ergibt sich von selbst. Aber dass dadurch kirchliche Verkündigung „glaubwürdig“ werden soll, ist ein Unding. Man kann es den Evangelien entnehmen und abnehmen, dass sie von dem jüdischen Menschen Jesus aus Nazaret erzählen. Aber das ist es nicht, wofür sie zum Glauben ermuntern; das ist – es sei noch einmal betont – schlichte Voraussetzung. Das „Historische“ als solches hat für sie keinerlei theologische Relevanz. „Glaubwürdig“ möchten sie in dem sein, was sie über Gottes Wirken in und mit dieser Person und ihrer Geschichte bezeugen. Und das ist etwas, das sich historischer Identifizierung schlechterdings entzieht. Käsemann pocht auf „die unverwechselbare Eigenart Jesu“, die sich historisch erschließen lasse. Wenn sie theologisch relevant sein soll, muss man sie zu einer Einzigartigkeit stilisieren, die fragen lässt, ob das nicht die Grenzen historischer Wissenschaft übersteigt. Außerdem provoziert die Rede von der „*unverwechselbaren* Eigenart Jesu“ angesichts der zahlreichen Eigenarten, mit denen der „historische“ Jesus in der Geschichte der Forschung ausgestattet wurde und die mit den Eigenarten seiner jeweiligen Rekonstrukteure in einem engen Zusammenhang standen, zu der Gegenrede, dass er vielmehr ein Wechselbalg sein müsse. Auf diesen Aspekt wird noch einmal im zweiten Teil einzugehen sein. Hier sei jetzt noch besprochen, was Käsemann als „Eigenart Jesu“ herausstellt und wie er das begründet.

### *f) Die behauptete Eigenart Jesu*

Wie Käsemann hier rekonstruiert und was er dabei gewinnt, ist historisch und theologisch höchst problematisch. Methodisch und in der Sache unterscheidet sich Käsemann bei der Rekonstruktion des „historischen“ Jesus weithin kaum von seinem Lehrer Bultmann. Von diesem wurde schon das doppelte Differenzkriterium gehandhabt; Käsemann bringt es auf eine prägnante Formulierung: „Einigermaßen sicheren Boden haben wir nur in einem einzigen Fall unter den Füßen, wenn nämlich Tradition aus irgendwelchen Gründen weder aus dem Judentum abgeleitet noch der Urchristenheit zugeschrieben werden kann, speziell dann, wenn die Judenchristenheit ihr überkommenes Gut als zu kühn gemildert oder umgebogen hat“ (P 205). Die Problematik des zweiten Kriteriums ist schon besprochen worden. Das erste setzt voraus, dass Jesus sich in entscheidenden Punkten vom Judentum seiner Zeit unterschied, sich davon abhob oder gar in Gegensatz zu ihm stand. So wird der unter dieser Voraussetzung gewonnene „historische“ Jesus notwendig antijüdische Spitzen haben, wenn nicht gar antijüdisch sein. Das wird von Käsemann auch pointiert ausgeführt.

Er geht von „der Authentie der ersten, zweiten und vierten Antithese der Bergpredigt“ (Mt 5,21–30.33–37) aus (P 206) und meint, mit dem „Ich aber sage“ sei von Jesus „eine Autorität beansprucht [...], welche neben und gegen diejenige des Moses tritt.“[233] Wer das tue, habe „sich aus dem Verband des Judentums gelöst“. Daher gelte, dass man Jesus „nicht der Darstellung spätjüdischer Frömmigkeit einordnen darf. Er ist wohl Jude gewesen und setzt spätjüdische Frömmigkeit voraus, aber er zerbricht gleichzeitig mit seinem Anspruch diese Sphäre“. Die dem angemessene Kategorie sei die des Messias, „unabhängig davon, ob er sie selber benutzt und gefordert hat oder nicht“ (P 206; vgl. J 31f.52.54). Aber wo gibt es auch nur einen Beleg dafür, dass der Messias die Sphäre jüdischer Frömmigkeit „zerbricht“?

An zweiter Stelle nennt Käsemann Jesu „Stellungnahme zum Sabbatgebot und den Reinigkeitsvorschriften“ (P 206).[234] Daraus gewinnt er als Ergebnis: „Jesus hat mit einer unerhörten Souveränität am Wortlaut der Tora und der Autorität des Moses vorübergehen können. Diese Souveränität erschüttert nicht nur die Grundlagen des Spätjudentums und verursacht darum entscheidend seinen Tod, sondern hebt darüber hinaus die Weltanschauung der Antike mit ihrer Antithese von kultisch und profan und ihrer Dämonologie aus den Angeln“ (P 208; vgl J 32f.). Mit letzterem wäre der „historische“ Jesus der erste moderne Mensch. Gravierender ist jedoch wieder die antijü-

---

233 In Mt 5,21–48 liegen keine Antithesen zum Gesetz vor, sondern Auslegungen der Tora; „ich aber sage“ ist zwar eine philologisch mögliche, aber vom Kontext her unzutreffende Übersetzung; die gegebenen Auslegungen sind Teil einer innerjüdischen Diskussion. Vgl. dazu ausführlich Wengst, Regierungsprogramm, S. 65–137.

234 Zu einer Interpretation der den Sabbat und die Reinheitsvorschriften betreffenden Erzählungen der Evangelien im jüdischen Kontext vgl. kurz Wengst, Jesus, S. 55–58.

dische Ausrichtung. In Israel und in der jüdischen Diaspora singt man bis heute: *am jisrael chaj*, „das Volk Israel lebt". Die schlichte Wahrnehmung gegenwärtiger jüdischer Existenz erlaubt es nicht, vom jüdischen Volk im 1. Jahrhundert als „Spätjudentum" zu sprechen, und schon gar nicht, dessen Tod zu konstatieren. Eine außerordentlich suggestive Entgegensetzung nimmt Käsemann vor, wenn er erklärt, von Jesus werde „die Forderung der sehenden Liebe erhoben, welche derjenigen des blinden Gehorsams im Rabbinat entgegengestellt ist" (P 210). Bei all dem zeigt sich so gut wie kein Umgang mit rabbinischen Texten und schon gar nicht ein verstehender.

Als besonders wichtig behandelt Käsemann „das vielumrätselte Logion" in Mt 11,12f./Lk 16,16. Lukas habe dessen „Sinn geändert", „Matthäus weiß mit dem Worte nichts Rechtes mehr anzufangen", aber Käsemann ergründet, was der „historische" Jesus damit gemeint hat (210f.). Im Klartext heißt das: Der moderne Ausleger sieht sich nicht imstande, einen Text in seinem Kontext verstehend nachzuvollziehen. So etwas kann geschehen – und liegt wahrscheinlich öfters vor, als wir es bemerken –, weil uns Voraussetzungen fehlen, die den antiken Autoren selbstverständlich waren. Aber anstatt das einzugestehen, wird der Text aus seinem Kontext isoliert, seinen antiken Autoren Unverständnis unterstellt und dem völlig kontextlos gewordenen Textstück eine notwendig hypothetisch bleibende Bedeutung für den „historischen" Jesus aufgeladen.

Die „Predigt" Jesu wird von Käsemann ähnlich charakterisiert wie von Bultmann. Jesus habe „von der Zukunft der Gottesherrschaft gesprochen", und zwar in dem Sinn, dass mit seinem „Wort die Basileia als sich auf Erden Bahn brechend, den Menschen vor ihre Gegenwart und in die Entscheidung zwischen Gehorsam und Ungehorsam stellend erscheint". Dafür führt er vor allem die Gleichnisse ins Feld. Er räumt zwar ein, dass „wir die Ursprungssituation der Gleichnisse zumeist auch nicht kennen", aber diesen Mangel sieht er kompensiert: „so kennen wir doch ihren Sprecher so weit, daß wir um die eschatologische Ausrichtung seiner Botschaft wissen". Einem unbekannten X wird mit einer sehr allgemeinen Aussage, also im Grunde mit einem unbekannten Y aufgeholfen. Und so stehen am Ende dieser Skizze der „Eigenart der Sendung Jesu" Sätze, die für Käsemanns eigene Theologie charakteristisch sind: Jesus sei gekommen, „um zu sagen, wie es sich mit der angebrochenen Basileia verhält, daß nämlich Gott dem Menschen in Gnade und Forderung nahegekommen sei. Er brachte und lebte die Freiheit der Kinder Gottes, die Kinder und frei nur bleiben, solange sie im Vater ihren Herrn finden" (P 212).

Mit all dem ist Käsemann wie Bultmann der Überzeugung, Jesus habe „tatsächlich das Judentum überwunden“ (S 48), ja sogar mit ihm gebrochen (S 60; J 37). Das ist für ihn darin „am sichtbarsten“, dass er „eine grundsätzliche Kritik der Tora und ihrer damit unlöslich verbundenen jüdischen Auslegung durch Jesus“ gegeben sieht (S 60). Von daher konstruiert er die Linie: Der liberale Jesus brach die Tora; das führte zur Empörung der Frommen; deren Hass brachte Jesus ans Kreuz (F 51f.; J 21; vgl. S 56).

„Aufs tiefste“ habe „die Frommen damals Jesu Umgang mit Sündern, Zöllnern und Huren erzürnt“ (J 36). Käsemann behauptet weiter: „Er verletzt erneut, was man für Gottes Willen hält, und scheint damit den Gott der Väter selbst anzugreifen. Tat er es, an der Überzeugung des frommen Juden im allgemeinen gemessen, nicht tatsächlich?“ (J 36f.) In der Sache wird diese Frage im Folgenden von Käsemann bejaht. An dieser Stelle zeigt sich dann auch die in meinen Augen größte Problematik seiner Deutung des „historischen“ Jesus. Auf eine sehr bestimmte Weise bringt er das erste Gebot ins Spiel.[235] Jesus lebe, „was er glaubt und predigt, weil er den Vater kennt und das erste Gebot zunächst als Verheißung, dann im Gehorsam erfüllt“ (J 40). Aus diesem ersten Gebot nimmt Käsemann aber nicht dessen grundlegende Aussage von der Befreiung Israels aus dem ägyptischen Sklavenhaus auf, sondern verbindet mit ihm andere biblische Aussagen: „Es gibt nur einen, der den Namen Gott verdient. Das ist der Schöpfer, der die Hochmütigen stürzt und den Demütigen Gnade schenkt und auf seine verlorenen Kinder wartet“ (J 40f.). Das so verstandene erste Gebot bringt er in einen exklusiven Zusammenhang mit Jesus: „Es ist aber unsere Überzeugung, daß Jesus nicht bloß dieses Gebot erfüllt hat, sondern es auch erst recht sehen, hören und tun läßt. Das erste Gebot ohne oder sogar gegen Jesus wird zum tötenden Gesetz, während es, durch Jesus interpretiert, zum Grunde christlicher Freiheit, zur Summe aller Theologie und rechten Frömmigkeit wird, sogar Augen und Vernunft für die Wahrheit öffnet“ (J 42). Unter dieser Prämisse kann Käsemann sogar „munter Marcion […] folgen“ und von der „Offenbarung des den Menschen immer fremden Gottes“ durch Jesus sprechen (J 47). Noch einmal sagt er ausdrücklich: „Marcion hatte ganz recht, als er von Jesus den unbekannten Gott offenbart werden ließ. Sein Unrecht bestand darin, daß er diesen unbekannten Gott von der Welt und den Menschen trennte, also von der Schöpfung“ (J 51). Recht hatte er dann offenbar darin, dass er ihn vom

[235] Im Neuen Testament wird es im Übrigen an keiner Stelle zitiert. Das bedeutet jedoch keineswegs, dass es in ihm nicht sachlich präsent wäre.

Gott Israels trennte. Das entspricht dem, wie Käsemann Jesus aus seinem Volk Israel herauslöst und in dieser Loslösung zum umfassenden Bezugspunkt macht, wenn er „klipp und klar“ erklärt: „Wir glauben an Jesus. Daraus ergibt sich alles andere, was wir glauben und nicht glauben, und deshalb können wir auch sagen: Wir glauben allein an Jesus.“ Von allem sonst, „von Schöpfung und Gottesvolk, Kreuz, Auferstehung, Himmelfahrt und Gericht, Kanon und Sakramenten“, sei „einzig so zu sprechen [...], wie wir es im Blick auf Jesus und von ihm her tun können“ (J 50). Und deshalb „können wir auf den irdischen Jesus nicht verzichten. Er gibt unserm Glauben das unverwechselbare Gegenüber“ (J 51). Es sei noch einmal herausgestellt: Dieser irdische Jesus ist der von Käsemann rekonstruierte „historische“ Jesus. Um der Einzigartigkeit willen muss sein liberaler Jesus dann „anders als alle anderen“ liberal gewesen sein (J 53). Am Schluss wird diese Einzigartigkeit eher hymnisch besungen, als dass sie historisch erwiesen wäre: „Er war einzigartig darin, daß er in der Freiheit der Gotteskindschaft stand, lebte und starb, handelte und sprach. Die Freiheit der versöhnten, aus der Verlorenheit zurückgerufenen Gotteskinder ist seine Offenbarung, seine Herrlichkeit, Gabe und Forderung. Seit ihm und durch ihn ist diese Freiheit der Gotteskinder die wahre Signatur des Evangeliums und das ausschlaggebende Kriterium für alles, was sich christlich nennt“ (J 54).

Ich denke nicht, dass diese Zuspitzung mit ihrem offenen Bekenntnis zu Markion so einzuschätzen ist, als habe Käsemann sich im Kampfgetümmel verrannt, da sein „Ruf der Freiheit“ in der Auseinandersetzung mit der „Bekenntnisbewegung ‚Kein anderes Evangelium‘“ geschrieben wurde. Sie ist die Konsequenz des von vornherein verfehlten Ansatzes, in und hinter den Texten der Evangelien einen „historischen“ Jesus zu suchen, dem irgendeine „theologische Relevanz“ zugeschrieben werden muss, wenn Theologen nicht nur Historiker sein wollen. Käsemann hätte es besser wissen können; es hat wirklich keinen Sinn, „in ein Minenfeld mit verbundenen Augen hineinzulaufen“.

# 9. Ergebnisse und Folgerungen

Zum Abschluss des ersten Teils soll nun versucht werden, aus dem an wenigen, aber prägnanten Beispielen von Reimarus bis Käsemann Dargestellten möglichst klar Einsichten zu formulieren und Konsequenzen zu ziehen. In der grundsätzlichen Problematik, die mit der Suche nach dem „historischen" Jesus von Anfang an gegeben ist, vermag ich keinen „Fortschritt der Wissenschaft" zu erkennen. Man kann diese Suche nicht besser und erfolgreicher gestalten, als es Vorangegangene unternommen haben. Sie wird notwendigerweise immer wieder scheitern. Deshalb sollte man sie unterlassen.

### *a) Die Widerständigkeit der Quellen gegenüber der historischen Rückfrage nach Jesus*

Die vier kanonischen Evangelien als die einzig relevanten Quellen für die Suche nach dem „historischen" Jesus sind auf einer sehr anderen Ebene verfasst worden als derjenigen, um die es dieser Suche geht. Ihr liegt an der „historischen Wahrheit", an der „nackten Wahrheit" als Faktizität, während die Evangelisten in der Perspektive des Glaubens, dass Gott Jesus von den Toten auferweckt hat, dessen Geschichte als Mitsein Gottes erzählen. Da Jesus in solcher Erinnerung als lebendig Gegenwärtiger erscheint, sind in ihre Darstellungen auch Erfahrungen der je eigenen Geschichte und Gegenwart eingegangen. Deshalb geraten die Evangelisten für die Suche nach dem „historischen" Jesus notwendig in ein negatives Licht. Es wird ihnen zwar nicht mehr wie bei Reimarus ein subjektives bewusstes Umbiegen als Umlügen der Geschichte Jesu am entscheidenden Punkt unterstellt, aber wie dieser von ihrem Schreiben als einem „Übertünchen" sprach, so wird es in der Folgezeit ganz analog bezeichnet als „übermalen", „überlagern", „verdecken", „verändern", „verdrängen", „entstellen", „nicht verstehen". Es kann sogar als „überaus gewalttätig" charakterisiert werden. Das sind Urteile, die vom historischen Interesse her gefällt werden, und dieses Interesse verhindert es, die Evangelisten in ihrer eigenen Intention wahrzunehmen.[236]

Nun sind aber die Evangelisten die einzigen Zeugen, die man hat. Vom historischen Interesse aus geurteilt, sind sie daher unglaubwürdige Zeugen; man kann sie nicht beim Wort nehmen, sondern muss hinter ihren Worten

---

[236] Nach Schellong haben die Evangelisten „für den Historiker, der es nur mit – wenn auch erinnerungswürdigen – Toten zu tun hat, alles verzerrt. Nun muß der ‚historische', der ‚vorösterliche' Jesus erst ‚rekonstruiert' werden, um in die ‚richtige' historische Perspektive zurückgestellt werden zu können: in die Reihe der Toten" (Rückfragen, S. 5).

und in ihnen versteckt nach der „Wahrheit“ suchen. Wie soll man aber von unglaubwürdigen Zeugen, die sich zudem auf dieser Ebene, der Ebene historischer Faktizität, auch noch ständig widersprechen, Verlässliches erfahren können? Der moderne Kritiker muss es notgedrungen immer wieder besser wissen als die als historische Zeugen beanspruchten Evangelisten. Aber wie?

Noch einmal: Die Evangelisten erzählen in bestimmter Perspektive Jesu Geschichte als Geschichte des Mitseins Gottes. In ihrem Erzählen ist die Geschichte Jesu unlösbar mit dem Zeugnis des in ihr wirkenden und zur Wirkung kommenden Gottes verbunden. Das lässt sich, wie es schon Strauß zitierte, „durch kein noch so scharfes kritisches Messer“ voneinander scheiden. Es liegt eben nicht, wie Bultmann meinte, eine „Kombination“ von „historischem Bericht“ und „Christuskerygma“ vor, die sich leichthin wieder auseinander nehmen ließe. Und auch der Optimismus des Reimarus, „diese neue Übertünchung rein wegwischen“ zu können, hat sich ja nicht als von Erfolg gekrönt erwiesen. Bei den Versuchen, die „Übermalungen“ wegzunehmen und die „Entstellungen“ zu korrigieren, ist man nicht auf das erhoffte „Ursprüngliche“ gestoßen, sondern hat Mutmaßungen über vermeintlich Ursprüngliches produziert.

Was man als „nackte Wahrheit“ findet, ist einerseits banal: vergangene Alltäglichkeiten oder vergangene Besonderheiten oder auch Absonderlichkeiten, in jedem Fall vergangen. Andererseits aber muss dem „historischen“ Jesus, wenn er denn theologisch relevant sein soll, eine so außerordentliche Bedeutsamkeit zugeschrieben werden, dass gefragt werden muss, ob so etwas durch historische Wissenschaft überhaupt festgestellt werden kann. Auf diesen Punkt ist später noch genauer einzugehen.

Das grundsätzliche Elend der historischen Jesussuche besteht schlicht darin, dass sie sich ihre Textgrundlage aus den Texten der Evangelien und gegen sie selbst zurechtbasteln muss. Und dieses Basteln fällt sehr unterschiedlich aus – je nach den Vorlieben, die jemand hat. Im Rückblick ist es völlig evident, dass die historische Jesussuche immer wieder und in jedem einzelnen Fall gescheitert ist. Nur wer jeweils gegenwärtig auf dieser Suche ist, scheint die Illusion zu haben, selbst nicht zu scheitern. Nach aller bisherigen Erfahrung wird ihm oder ihr das Scheitern im Rückblick ebenfalls bescheinigt werden. Wenn es sich aber so verhält, liegt dieses Scheitern nicht an einem persönlichen Unvermögen, sondern ist in der Unmöglichkeit des Unternehmens selbst begründet. Strauß war ein kluger Mann, indem er zeigte, „daß wir nichts darüber wissen können“. Wo er selbst über „das einfache historische Gerüste des Lebens Jesu“ hinausging, erwiesen sich seine

Aussagen sofort als unsicher, was er in der Regel auch durch seine Ausdrucksweise selbst kenntlich machte. Ich sehe nicht, dass die weitere Forschung in historischer Hinsicht über Strauß hinausgekommen wäre, und ich sehe auch nicht, wie sie das angesichts der Quellenlage je könnte. Von daher ist es mir aber auch begreiflich, dass die unverdrossen weitergehende Jesussuche es für opportun hält, Strauß zu ignorieren.

In diesem Abschnitt sei noch ein letzter Aspekt angesprochen. Im Blick auf andere Jesussucher, die in der Wertung der Quellen andere Entscheidungen getroffen hatten als er, hatte Schweitzer von „Opfern an Text“ gesprochen, die allerdings auch er brachte. Das ist ja ein notwendiges Implikat der historischen Jesussuche, dass sie – gemessen an den Evangelien als ihren Quellentexten – „Opfer an Text“ erfordert. Die Evangelien bieten allemal mehr. Sie sind spannungsvoller und spannender als jedes denkbare Rekonstrukt eines „historischen“ Jesus. Sie auszulegen, ist daher lohnender, als hinter ihren Texten im Nebel herumzustochern.

### *b) Die Hilflosigkeit der Methoden*

An der grundsätzlichen Problematik der historischen Jesussuche ändert sich durch die im Lauf der Zeit wechselnden methodischen Zugänge, in denen vor allem man den „Fortschritt der Wissenschaft“ erblickt, gar nichts. Reimarus hatte die Evangelien als historische Berichte gelesen, von dieser Voraussetzung her Widersprüche innerhalb ihrer und zwischen ihnen festgestellt, weshalb er sie für zum guten Teil bewusst gefälschte Berichte hielt. Durch Diskussion der Widersprüche meinte er, die Fälschung, die „Übertünchung“ durch die Evangelisten leicht abheben zu können, um so auf die tatsächliche „Lehre Jesu“ zu stoßen. Strauß hat demgegenüber gesehen, dass die Darstellungsweise der Evangelisten, von ihm als „mythisch“ charakterisiert, eine ganz andere als die des historischen Berichts ist. Diese Einsicht begründet seine Skepsis, in historischer Hinsicht über minimale Feststellungen hinauskommen zu können.

Strauß hatte aber auch deutlich zwischen dem Johannesevangelium und den synoptischen Evangelien differenziert und bei der Besprechung derjenigen Stellen, die im Johannesevangelium und in einem oder mehreren der synoptischen Evangelien begegnen, immer zuerst die johanneische Version als die im Vergleich offensichtlicher unhistorische destruiert, worauf dann allerdings in der Regel auch die Destruktion der synoptischen Version folgte. Das hat die Wirkung gehabt, dass bei den meisten Jesussuchern das Johannesevangelium als Quelle fallen gelassen wurde.[237] Als man meinte, das Markusevangelium als ältestes erwiesen zu haben, war man zugleich der Überzeugung, mit ihm eine gesicherte Grundlage für den Ablauf des Lebens Jesu zu haben. Diese Überzeugung dürfte ein wesentlicher Grund dafür gewesen sein, dass man sich so sicher darin war, historisch so viel mehr über Jesus sagen zu können, als es Strauß getan hatte.

Unter dem Gesichtspunkt gelesen, auf seiner Basis ein Leben Jesu zu rekonstruieren, enthält allerdings das Markusevangelium „klaffende Lücken". Die müssen ausgefüllt werden. Beyschlag und Schweitzer z.B. haben es getan, der eine mit „Divination", der andere mit „historischer Phantasie". Ob das zur historischen Wissenschaft gehört, mag man fragen. Was sie diviniert und phantasiert haben, hat sich jedenfalls nicht als gesicherte historische Erkenntnis etabliert. Im Kapitel über Beyschlag wurde allerdings auch deutlich gemacht, dass für die Frage nach dem „historischen" Jesus das Herstellen eines pragmatischen Zusammenhangs seines Lebens ein notwendiges Unternehmen ist. Und wenn sich die Herstellung eines solchen pragmatischen Zusammenhangs aufgrund der Quellenlage als unmöglich erweist, lässt das zugleich die gesamte Fragestellung nach dem „historischen" Jesus als wenig aussichtsreich erscheinen.

Mit der Herausstellung der Markuspriorität ist die Zwei-Quellen-Theorie verbunden, dass also die Verfasser des Matthäus- und Lukasevangeliums unabhängig voneinander neben dem Markusevangelium eine zweite Quelle benutzt hätten, die aus dem ihnen über das Markusevangelium hinausgehenden gemeinsamen Stoff bestanden hätte und die wegen ihres wesentlichen Inhalts Logien- odcr Spruchquelle (abgekürzt: Q) genannt wird. Diese Sicht des literarischen Verhältnisses der drei synoptischen Evangelien zueinander wird in Deutschland weithin so gehandhabt, als liege damit eine gesicherte Erkenntnis vor. Es wird dabei vergessen, dass es sich nur um eine – wenn auch wahrscheinliche – Hypothese handelt. Diese Hypothese vermag zwar hinsichtlich der Frage nach dem literarischen Verhältnis die meisten beobachtbaren Textphänomene zu erklären, aber leider nicht alle. Es müssen dann Folgehypothesen angeschlossen werden.[238] Sehr hypothetisch ist auch schon die Rekonstruktion der Logienquelle, nämlich in allen Teilen, in de-

---

[237] Das taten allerdings nicht alle. Beyschlag z.B. bleibt bei dem beliebten Verfahren, in der Rekonstruktion des Lebens Jesu die synoptischen Daten in den johanneischen Aufriss einzuschieben.

[238] Vgl. Schröter, Anfänge, S. 90: Die Zwei-Quellen-Theorie „produziert *weniger* Folgeprobleme als andere Benutzungshypothesen" (Hervorhebung von mir).

nen Matthäus und Lukas nicht wörtlich übereinstimmen. Nicht ausschließen lässt sich auch, dass sie übereinstimmende Texte aus anderen Quellen aufgenommen haben könnten und dass sich Texte aus der Logienquelle bei nur je einem von ihnen finden, die deshalb nicht als solche identifizierbar sind. Und auch der Charakter dieser Quelle lässt sich nicht eindeutig bestimmen, da über ihren Anfang und Schluss nichts Sicheres gesagt werden kann. Allerdings muss man darüber nicht trauern. Man braucht keine Theorie über das literarische Verhältnis der Evangelien zueinander. Sie liegen vor. So kann man auch ohne eine solche Theorie ihre Gemeinsamkeiten und Unterschiede beobachten und diese Beobachtungen Gewinn bringend für ihre Auslegung nutzen.

Mit dem Aufkommen der Formgeschichte nach dem 1. Weltkrieg fiel das Vertrauen, im Markusevangelium eine sichere Grundlage für die Rekonstruktion des Lebens Jesu zu haben, in sich zusammen. Der Rahmen der Evangelien wurde als von den Evangelisten geschaffen erkannt. So gab sich die Jesussuche bescheidener: Es sollte nicht mehr das Leben Jesu rekonstruiert werden, sondern nur noch seine öffentliche Wirksamkeit bzw. noch bescheidener seine Lehre oder Verkündigung. Die in den Rahmen der Evangelien eingestellten kleinen Einheiten wurden für sich wahrgenommen und unter ihnen wurde nach dem „Ursprünglichen" gesucht. Es hatte sich im Kapitel über Bultmann gezeigt, dass dessen Unterscheidung zwischen unterschiedlichen Schichten, um zum „Ursprünglichen" zu gelangen, eine – durch die gebrauchte Ausdrucksweise: eingestandenermaßen – Vermutungswissenschaft war. Aber selbst wenn die Ergebnisse sicherer wären, als sie sind und sein können, wäre damit für die Suche nach dem „historischen" Jesus nichts gewonnen. Bultmanns Behauptung einer „unkerygmatischen" ältesten Tradition ist hochgradig unwahrscheinlich, da es nach Jesu Tod keine vorstellbare Trägergruppe gibt, die ihn nicht vom Glauben an seine Auferweckung her erinnert hätte. Mit der formgeschichtlichen Methode kommt man bestenfalls zu in und von der an Jesus als Messias glaubenden Gemeinde geformten und gebrauchten kleinen Einheiten, für die man – recht vage bleibende – „Sitze im Leben" postuliert. Identifiziert man sie, mit welchen Kriterien auch immer, als dem „historischen" Jesus zugehörig, hat man nichts als situationslose Bruchstücke in der Hand. Schon Martin Kähler sprach in dieser Hinsicht mit Recht von einem „Trümmerfeld". Damit diese Bruchstücke aussagekräftig werden, muss man für sie Situationen im Leben Jesu (er)finden, muss Zusammenhänge herstellen, damit sie ein Ganzes bilden. Wie sollte das zustande gebracht werden können ohne „Divination" und „Phantasie"? Die größere Bescheidenheit gegenüber denen, die ein „Leben Jesu“ verfassten, ist daher nur eine angebliche.[239]

Wenn es sich aber so verhält, dass die Evangelien sich gegenüber der Suche nach dem „historischen“ Jesus als ausgesprochen widerständig erweisen und auch die im Lauf der Zeit sich ändernden Methoden dieses Grundproblem nicht überwinden konnten, erklärt sich ein anderes oft beobachtetes Phänomen aus dieser Sachlage, dass die Fragestellung gegenüber den Quellen unangemessen ist, nämlich das Phänomen der Selbstspiegelung im Bild des rekonstruierten „historischen“ Jesus.

*c) Das Problem der Selbstspiegelung*

Schon bei Reimarus als dem Anfang der historischen Jesussuche war zu beobachten, dass derjenige Teil der von ihm Jesus zugeschriebenen Lehre, den er als gut und wertvoll einschätzte, genau dem entsprach, was er selbst mit Vehemenz als ethische Religion und religiöse Ethik vertrat. Im Kapitel über Bultmann konnten von ihm formulierte Sätze zitiert werden, die Jesus zum Subjekt hatten, aber viel eher verständlich würden, wenn man als Subjekt den Namen Bultmann einsetzte. Albert Schweitzer hat in seiner „Geschichte der Leben-Jesu-Forschung“ immer wieder auf dieses Phänomen hingewiesen. Er hat auch kräftig darüber gespottet – und ist ihm schließlich doch selbst erlegen. Selbst der so kritische David Friedrich Strauß verfällt ihm an einer Stelle, an der er entgegen seinem sonstigen Verfahren meint, ein „echtes“ Jesuswort kreieren zu sollen.

Dass diejenigen, die einen „historischen“ Jesus rekonstruieren, sich in dem von ihnen selbst geschaffenen Bild dieses Jesus spiegeln, ist jedoch keineswegs in einer etwaigen charakterlichen Schwäche begründet. Angesichts der gekennzeichneten grundsätzlichen Problematik kann es gar nicht anders zugehen. Wenn man – unter dem Gesichtspunkt der eigenen Fragestellung – nur unglaubwürdige und sich widersprechende Zeugen hat, stellt sich die Frage, wo man einsetzen soll, um das „Wahre“, das „Authentische“ zu finden. Man wird bei dem einsetzen, was am meisten einleuchtet. Am

[239] Schellong hält fest, es bestehe kein Grund, „auf diese Demut stolz zu sein“, nämlich nicht wie die liberale Leben-Jesu-Forschung „ein *Lebensbild* Jesu“ konstruieren zu wollen. Er fährt fort: „Man weiß historisch nichts, wenn man nur einige Sätze oder Satzfetzen kennt (selbst wenn man die zuverlässig kennen würde). […] Faktisch bleibt es ja auch nicht aus, daß man […] um diese Aussprüche herum einen Zusammenhang ersinnt, sich ein Bild Jesu dazu denkt (wie einst in der Leben-Jesu-Forschung) und die wenigen Aussprüche, die man gelten läßt, ungeheuer preßt, damit sie eine mindestens in Grundzügen konturierte Vorstellung von Jesus hergeben“ (Rückfragen, S. 28).

meisten leuchtet ein, was einer Person besonders wichtig und besonders geläufig ist. Bei Bultmann konnte an einer Stelle deutlich gesehen werden, dass der über die Echtheit überlieferter Jesusworte Befindende bereits ein bestimmtes Jesusbild voraussetzt, das ihn über „echt“ oder „unecht“ entscheiden lässt. Da unterschiedlichen Menschen Unterschiedliches wichtig ist, verwundert auch ein weiterer Punkt nicht, dass nämlich immer wieder neu ein Chaos unterschiedlichster Jesusbilder entsteht.

*d) Die Permanenz des Chaos*

Albert Schweitzer hatte seine Darstellung der Geschichte der Leben-Jesu-Forschung damit begründet, dass ein Versuch fehle, „Ordnung in das Chaos der Leben-Jesu zu bringen“.[240] Im Rückblick war er überzeugt, eben das getan zu haben. Tatsächlich hat er diese Ordnung so geschaffen, dass er – höchst gewaltsam – das Chaos auf den eigenen Beitrag als endgültige Lösung des Problems ausrichtete. Dieser eigene Beitrag erwies sich aber keineswegs als Lösung, sondern lediglich als ein weiteres Teil im Chaos. Schweitzer selbst hat das freilich nicht so gesehen, sondern noch nach Jahrzehnten (1950) an seiner Lösung festgehalten, als er ein inzwischen neu entstandenes Chaos registrieren musste.[241] Ungefähr zur selben Zeit nimmt auch Käsemann „ein bestürzendes Durcheinander von angeblich zuverlässigen Jesusbildern“ wahr und findet sich dadurch „im allgemeinen Chaos“ vor. „Allein radikale Kritik“, ist er überzeugt, könne in dieser Lage weiterhelfen.[242] Zehn Jahre später jedoch muss er feststellen, dass „das Chaos [...] nicht geringer geworden“ sei.[243] Dass dieses Chaos ständig weiter entsteht, ist in der Regel nicht in einem mangelnden wissenschaftlichen Vermögen der zu ihm Beitragenden begründet. Wenn man von einem persönlichen Mangel reden will, dann ist es ein Mangel an Einsicht, dass es eben töricht ist, „in ein Minenfeld mit verbundenen Augen hineinzulaufen“. Aber sobald man es tut, ist ein weiterer Beitrag zum allgemeinen Chaos unvermeidlich.

*e) Die theologische Verwendung des „historischen“ Jesus*

Warum wurde, abgesehen von historischer Neugier, nach dem „historischen“ Jesus gesucht? Was war die treibende Kraft? Was fingen diejenigen, die sich auf die Suche begaben und meinten, gefunden zu haben, mit ihrem Fund an?

---

240 Schweitzer, Reimarus, S. 11 = Geschichte, S. 12.
241 Schweitzer, Geschichte$^6$, S. XVs.
242 Käsemann, Problem, S. 204.
243 Käsemann, Jesus-Frage, S. 49.

Prinzipiell gilt, was nach der Feststellung, dass sich die Suchenden im Gefundenen selbst spiegeln, nicht überrascht, dass der „historische“ Jesus auf ihrer Seite steht. So hatte ihn schon Reimarus, der sich selbst als einen vernünftigen Verehrer Gottes verstand, als Helfer für die vernünftigen Verehrer Gottes beansprucht – trotz allem Bedauern, dass Jesus noch mehr gesagt habe, als nur diese wunderbare Ethik zu vertreten. Reimarus sah sehr klar, dass „das gantze Christenthum auf diesem einen Facto beruhet“[244], nämlich dem von der Auferstehung Jesu, nach ihm in betrügerischer Absicht von den Aposteln fälschlich behauptet. So kann er sich mit Jesus von Christentum und Kirche distanzieren. Hier zeigt sich ein Phänomen, das in der weiteren Geschichte immer wieder begegnet, dass sich nämlich der „historische“ Jesus von nicht kirchlich Gebundenen gut dazu verwenden lässt, kirchenkritisch bis antikirchlich eingesetzt zu werden.

Der „historische“ Jesus ist natürlich auch innerkirchlich einsetzbar, so in der liberalen Leben-Jesu-Forschung gegen die „Orthodoxie“. In der Konsequenz davon muss bei Beyschlag historische Jesusforschung den Wahrheitsbeweis des Christentums erbringen. Das hat Nachwirkungen bis zu Bultmann und Käsemann. Entgegen einer breiten Rezeption Bultmanns ist festzuhalten, dass er den „historischen“ Jesus zum theologischen Kriterium machte. Er verstand ihn als „eschatologisches Phänomen“ und ließ diesen selbst sich so verstanden haben, wodurch er die von Jesus angesprochenen Menschen „in die Entscheidung gestellt“ sah. Dieses „Existenzverständnis“ fand er dann besonders ausgeprägt bei Paulus und Johannes wieder, wobei er sich allerdings in seinem Johanneskommentar den auszulegenden Text erst selbst erbastelte und entgegenstehende Passagen als einer „kirchlichen Redaktion“ zugehörig ausschied und seiner Konzeption sperrigen Aussagen bei Paulus mit „Sachkritik“ begegnete.

Dass Käsemann seinen „historischen“ Jesus in innerkirchlicher Auseinandersetzung einsetzte, zeigt besonders deutlich das erste Kapitel in seiner Kampfschrift „Der Ruf der Freiheit“. Gegenüber Bultmann wehrte er sich zwar entschieden gegenüber dessen Anfrage, mit historischer Jesusforschung das „Kerygma“ legitimieren zu wollen; von diesem liberalen Versuch sieht er sich grundsätzlich geschieden. Aber ist das wirklich der Fall? Wenn für ihn der „historische“ Jesus der Evangelist schlechthin ist, wenn er ihn zum Kriterium zwischen rechtem und falschem Glauben macht und so für den christlichen Glauben konstitutiv sein lässt, wird der Glaube von den immer

---

[244] Reimarus, Apologie II, S. 185; vgl. S. 194.

zweifelhaft bleibenden Ergebnissen wissenschaftlicher Forschung abhängig gemacht[245] und damit dieser etwas zugemutet, was sie nicht zu leisten vermag.[246]

Käsemann begründete die Notwendigkeit historischer Jesusforschung auch damit, dass sie das *vere homo*, das wahre Menschsein Jesu herausstelle und damit dem Doketismus wehre, der Jesus nur zu einem scheinbaren Menschen machte und ihn nicht einen wirklichen Menschen sein ließ. Aber bedarf es dazu historischer Jesusforschung? Woher weiß sie denn, dass Jesus wirklicher Mensch war? Doch nur aus den Evangelien. Keins der vier kanonischen Evangelien ist doketisch. Dass Jesus ein Mensch war, ist ihnen selbstverständlich.[247] Noch deutlicher tritt das gegenüber der Argumentation Eduard Schweizers hervor, wenn er in der Diskussion mit Tübinger Studierenden im Wintersemester 1963/64 für die historische Jesusforschung anführte, dass es doch nicht gleichgültig sei, ob Jesus als etwa 30jähriger am Kreuz hingerichtet oder ob er als 90jähriger Greis im Altersheim sanft entschlafen sei. Aber wer behauptet denn Letzteres? Alle vier kanonischen Evangelien erzählen, dass Jesus am Kreuz hingerichtet worden und auf diese Weise gestorben ist.

Wenn Theologen aus theologischen Gründen nach dem „historischen" Jesus suchen, ergibt sich zwangsläufig ein weiterer Aspekt, dass sie nämlich etwas höchst Bedeutsames, ja Einmaliges oder Absolutes finden müssen. So fand Beyschlag „die religiös-sittliche Absolutheit Jesu, wie sie eben in seinem Bewußtsein uneingeschränkter Gottessohnschaft sich ausdrückt". Dies ganz besondere Bewusstsein Jesu als Sohn im Verhältnis zu Gott als Vater, seine Gottverbundenheit und sein Gottesbewusstsein finden sich dann in der Folgezeit immer wieder, etwa bei Adolf von Harnack über Joachim Jeremias bis hin zu Papst Benedikt XVI. Bei Käsemann hebt der „historische" Jesus,

---

245 Schellong zitiert zustimmend Strauß (aus seinem letzten Werk: Der alte und der neue Glaube): „[...] der Jesus der Geschichte, der Wissenschaft, ist lediglich ein Problem, ein Problem aber kann nicht Gegenstand des Glaubens, nicht Vorbild des Lebens sein" (Rückfragen, S. 17).

246 Vgl. auch das o. S. 184f. zu Robinson Ausgeführte.

247 Schellong problematisiert den plakativ gebrauchten Begriff „Doketismus" – (und auch den des „Mythos") und stellt heraus, dass es beim Streit um den und mit dem Doketismus in der Alten Kirche um „die Wahrheitsfrage" ging als „eine Frage nach der Nähe und Anwesenheit Gottes: Ob bestimmte irdische Wirklichkeit mit Gott verbindet oder in Bezug auf Gott leer ist ..., während jetzt das Interesse an der Banalität hängt, ob etwas Irdisches ‚wirklich' im historischen, empirisch feststellbaren Sinne ist oder gewesen ist". Er fügt hinzu: „Man wird darüber nachzudenken haben, wieso man diese Banalität für Jesus immer wieder bestätigt sehen will ..." (Rückfragen; S. 7).

um ein anderes Beispiel zu nennen, „die Weltanschauung der Antike […] aus den Angeln“. Daran wird deutlich: Wer theologisch nach dem „historischen“ Jesus fragt, unterliegt dem Zwang, irgendetwas an dem Menschen Jesus, irgendetwas, das er gesagt oder getan hat, als so außerordentlich herauszustellen, dass es Relevanz für den Glauben haben kann. Da mag dann mit Recht gefragt werden, ob etwas so Außerordentliches von historischer Wissenschaft überhaupt festgestellt werden kann. Wiederum sei betont, dass die Evangelien anders vorgehen. Sie nehmen ihren Ausgangspunkt nicht bei irgendeinem Handeln des Menschen Jesus, sondern beim neuschöpferischen Handeln Gottes am toten Jesus, um dann von da aus auch dessen Geschichte als bedeutsam zu erkennen und entsprechend darzustellen.

Als theologisches Unternehmen ist daher historische Jesusforschung eine doppelte Unmöglichkeit. Sie hintergeht zum einen methodisch notwendig den sachlichen Ausgangspunkt der Evangelien und des ganzen Neuen Testaments, das Zeugnis von der Auferweckung Jesu durch Gott. Daher muss sie andererseits vom Menschen Jesus, um ihn „glaubwürdig“ zu machen, Außerordentliches aussagen. Der Glaube wird so aber abhängig von historischer Wissenschaft, die zudem in diesem Fall aufgrund der Quellenlage nur sehr Dürftiges mit großer Wahrscheinlichkeit sagen kann und darüber hinaus nur immer wieder wechselnde Hypothesengebilde bietet. Zudem wird fraglich, ob diese historische Wissenschaft überhaupt solche Aussagen machen kann, die Unvergleichliches von einem Menschen aussagen.

Der Zwang zur Hochstilisierung des Handelns und Redens des „historischen“ Jesus ins Außerordentliche, ins Einzigartige und Absolute hatte einen gravierenden Nebeneffekt. Da Jesus im jüdischen Kontext gelebt hat, musste sich sein Wirken um eben dieser Einzigartigkeit willen davon abheben, sodass es immer wieder antijüdisch akzentuiert wurde.[248]

### *f) Der unjüdische Jesus*

Bei Bultmann und Käsemann war deutlich geworden, dass schon der methodische Ausgangspunkt, „echtes“ Jesusgut vor allem an den Stellen zu vermu-

---

[248] Wenn „Jesus jemand Außerordentliches und Besonderes gewesen sei, der überzeitlich wichtig ist und schon inmitten seiner Zeitgenossen auffiel und herausragte“, dann muss diese Besonderheit „etwas allgemeinmenschlich Gutes sein“, und so „fällt im Kontrast dazu die Schilderung seiner Mitwelt notwendig ungut aus. Das hauptsächlich Ungute an ihr findet man meist in der jüdischen Torabindung“ (Schellong, Rückfragen, S. 11). Seim führt als Beobachtung Iwands an, dass das Aufgeben christologischen Redens zum Ergebnis hatte „die Stilisierung eines Jesus, der, wenn ihm Glauben entgegengebracht werden sollte, hoch über das Judentum gestellt werden musste“ (Predigen, S. 265).

ten, die nicht aus dem Judentum abgeleitet werden können, dazu führte, den „historischen“ Jesus unjüdisch, ja antijüdisch zu profilieren, jedenfalls sein Judesein bedeutungslos zu machen.[249] Dem ist jetzt noch hinzuzufügen: Der eben genannte theologische Zwang, dem „historischen“ Jesus eine höchst bedeutsame Einzigartigkeit zuzuschreiben, verhindert es, wesentliche Texte der Evangelien überhaupt in ihrem jüdischen Kontext wahrzunehmen; sie werden von vornherein als über das Judentum hinausgehend oder im Gegensatz zu ihm stehend verstanden. In diese Falle kann auch noch getappt werden, wenn man den methodischen Ausgangspunkt Bultmanns und Käsemanns nicht mehr vertritt.

[249] „Durch das Differenzprinzip wird die Eigenart des historischen Jesus prinzipiell als *unjüdisch* bestimmt.“ Die Ansicht, dass Jesus wesentlich aus dem Rahmen des Judentums herausgefallen sei, „ist kein Ergebnis der historischen Forschung, sondern liegt ihr voraus: Sie ist ein Postulat, um die Suche nach dem ‚historischen Jesus‘ überhaupt erst möglich und lohnend erscheinen zu lassen“ (Schellong, Rückfragen, S. 10).

ten, die nicht aus dem Judentum abgeleitet werden können, dazu führt, den „historischen" Jesus antijüdisch zu profilieren, jedenfalls sein Jüdischsein bedeutungslos zu machen. [illegible]

[illegible]

# II. Was gibt es Neues bei der „dritten Suche“ nach dem „historischen“ Jesus?

Meiner Einsicht nach lässt sich die über diesem zweiten Teil stehende Frage mit einem einzigen Wort beantworten: nichts. Damit könnte er auch schon beendet sein. Um aber diesem Urteil Nachdruck zu geben, sei diese Frage in sechs weitere Fragen auseiander gefaltet und in den damit jeweils angezeigten Aspekten erörtert. 1. Hat sich die Quellenlage durch Beibringen neuer Quellen geändert? 2. Erweisen sich neue methodische Zugänge gegenüber den bisher gescheiterten als erfolgreicher? 3. Ist das Herausstellen der Jüdischkeit Jesu ein Fund der „dritten Suche“? 4. Wie geht man bei dem an vergangenen Versuchen gut beobachtbaren Phänomen der Selbstspiegelung im rekonstruierten Bild Jesu beim je eigenen Unternehmen um? 5. Gibt es neue Erkenntnisse, die den Wahrscheinlichkeitsgrad des dem „historischen“ Jesus Zugeschriebenen deutlich zu erhöhen vermögen? 6. Gibt es neue theologische Argumente, die die historische Rückfrage nach Jesus als sinnvoll und notwendig erweisen könnten?

Diese Fragen kann und will ich nicht in einer umfassenden Besprechung der nach wie vor uferlosen Jesusliteratur erörtern. Ich beziehe mich auf nur vier bzw. fünf Autoren, auf Wolfgang Stegemann, Jens Schröter, Thomas Söding sowie Gerd Theißen und das Gemeinschaftswerk von Gerd Theißen und Annette Merz. Sie haben sich in den letzten knapp zwanzig Jahren in zugleich markanter und wissenschaftlich gründlicher Weise an der Jesussuche beteiligt.[250] Ich hoffe, dabei keine entscheidenden Argumente übergangen zu haben, und sehe mich auch deshalb in der Lage, mich in dieser Weise zu beschränken, weil Wolfgang Stegemann mit seinem 2010 erschienenen Buch über „Jesus und seine Zeit“ den Wegen der „dritten Suche“ reflektierend nachgegangen ist. Wo er diese Suche kritisiert, stimme ich ihm zu; wo er ihr ein relatives Recht zugesteht und sich selbst an ihr beteiligt, werde ich mich auch mit ihm auseinandersetzen.

Er meint, „dass die dritte Forschungsepoche in vielerlei Hinsicht andere und zum Teil auch detailliertere Einsichten und Erkenntnisse bzw. Antwor-

---

[250] Damit will ich keineswegs gesagt haben, die Arbeiten aller anderen seien keine markanten und wissenschaftlich gründlichen. – Wenn klar ist, aus welchem Werk Zitate entnommen sind, werden sie lediglich mit der Seitenzahl in Klammern angegeben. Bei den Arbeiten von Theißen und Schröter werden die im Literaturverzeichnis kursiv gesetzten Stichworte abgekürzt vorangestellt. Bei Schröter: A = Anfänge, J = Jesus, F = Frage, D = Diskussion; bei Theißen: S = Schatten, JB = Jesusbewegung, JF = Jesusforschung.

ten auf traditionelle Fragen und Forschungshypothesen“ biete und darüber hinaus auch „durch einige *typische Veränderungen* gegenüber den zwei vorangehenden geprägt“ sei (88). Aber welche je gegenwärtige Forschung behauptete das nicht von sich? Mir scheint, dass hier bei allen Veränderungen die grundsätzlichen Probleme doch dieselben geblieben sind.

Käsemann hatte die historische Rückfrage nach Jesus auch mit der Aussage begründet: „Niemand kann sich willkürlich und ungestraft jener Problematik entziehen, die ihm von den Vätern her überkommen ist.“[251] Die Verpflichtung gegenüber Vorangegangenen kann nicht bedeuten, das, was sie betrieben haben, unter veränderten Bedingungen einfach nur zu wiederholen oder weiterzuführen. Käsemann spricht ja auch von überkommener „*Problematik*“, der es sich zu stellen gilt. Das hat er freilich selbst bei dem hier behandelten Problem so gut wie nicht getan, indem er, was die „Väter“ betrifft, einen wesentlichen Aspekt liberaler Theologie positiv aufnahm, sich kritisch nur mit Bultmann auseinandersetzte und meinte, damit Kähler gleich mit erledigt zu haben. Das ist bei heutigen Protagonisten der historischen Jesussuche in der Regel nicht anders. Die in der Forschungsgeschichte zutage getretenen und herausgestellten Probleme werden kaum wahrgenommen. Gleichsam pflichtschuldig wird Reimarus als Beginn der Suche im deutschen Sprachraum angeführt. Gelesen wurden bestenfalls die beiden einschlägigen Fragment unter den von Lessing herausgegebenen „Fragmenten eines Ungenannten“.[252] In seiner Problematik erkennbar wird Reimarus aber erst durch die Lektüre seiner „Schutzschrift“, die seit 1972 in gedruckter Form zugänglich ist. Auf die radikale historische Kritik von David Friedrich Strauß geht kaum jemand ein. Martin Kählers theologische Kritik erscheint in verkürzter und verzerrter Form, sodass man schnell mit ihr fertig werden kann. Dazu wird er, wie schon bei Käsemann, in der Regel mit Bultmann in eine Reihe gestellt. Unbequemer Anfragen hat man sich auf diese Weise entledigt und so nimmt es nicht Wunder, dass der alte Holzweg immer und immer wieder aufs Neue beschritten wird.

---

[251] Käsemann, Problem, S. 195.

[252] Schröter und Stegemann zitieren nach den Exzerpten nur eines Fragmentes, die Manfred Baumotte herausgegeben hat: Die Frage nach dem historischen Jesus. Texte aus drei Jahrhunderten, Gütersloh 1984, S. 11–21.

## 1. Gibt es neue Quellen?

Was hinsichtlich der Quellenlage von Vertretern der „dritten Suche“ als neu behauptet wird, scheint mir eher Ausdruck einer ebenso verzweifelten wie zweifelhaften Kühnheit zu sein, als dass es auf gut begründeter Argumentation beruhte. Nach Wolfgang Stegemann, auf den ich mich in diesem Abschnitt im Ganzen beziehen kann, wird hier „die Bedeutung der Logienquelle, vor allem aber der Quellenwert apokrypher Evangelien [...] enorm gesteigert“ (118). Im Blick auf Robert W. Funk und das von ihm gegründete „*Jesus Seminar*“ sprach er schon vorher von „einem feurigen Optimismus in Bezug auf die verbesserten Möglichkeiten der Quellenlage und des methodischen Instrumentariums der gegenwärtigen Epoche der Jesusforschung“ (81). Demgegenüber äußert er Skepsis: „Die fundamentale Datenlage hat sich seit Beginn der Jesusforschung nicht radikal verändert“ (118). Probleme, die sich hinsichtlich der hypothetischen Logienquelle stellen, wurden schon am Ende des ersten Teils erörtert.[253] Stegemann bekundet Respekt gegenüber der von einer internationalen Forschergruppe vorgelegten Edition der Logienquelle[254], stellt aber gleichwohl die fundamentale Frage, die sich nicht mit Sicherheit bejahen lässt: „Hat es überhaupt die sog. Logienquelle gegeben?“ Sie bleibt „eine hypothetische ‚Quelle‘, aus der wiederum Hypothesen über den historischen Jesus gewonnen werden“ (128f.). Auch nach Schröter „bleiben die Mutmaßungen über ihren Umfang, ihren Inhalt und ihr literarisches Profil – letztlich auch ihre Existenz – weitgehend hypothetisch“ (J 49; A 116). Dennoch meint er, ließe „eine vergleichende Analyse von Mt- und Lk-Texten im Einzelfall (!) durchaus (!) Hypothesen (!) über die Gestalt des zugrundeliegenden Textes zu“ (A 117), und versichert, dass „die hierzu gerechneten Überlieferungen zu den wichtigsten Zeugen der ältesten Jesusüberlieferung (gehören)“ (J 50). Faktisch geht er dann mit den entsprechenden Texten so um, als handle es sich um eine gesicherte Quelle.

Noch viel problematischer ist der Bezug auf das Thomasevangelium. Als Ganzes ist dieses ‚Evangelium‘ nur in koptischer Übersetzung erhalten, überliefert im zweiten Kodex innerhalb der 1945 bei Nag Hammadi gefundenen Bibliothek. Griechische Papyrusfragmente aus Qxyrhynchus machen Griechisch als seine Ursprache wahrscheinlich. Es besteht aus aneinander

---

[253] Vgl. o. S. 206f.

[254] Robinson, James M./Hoffman, Paul/Kloppenborg, J. S. (Hg.): The Critical Edition of Q. Synopsis including the Gospels of Matthew and Luke, Mark and Thomas; with English, German, and French Translations of Q and Thomas, Leuven 2000.

gereihten Jesussprüchen und hat – aufs Ganze gesehen – einen gnostisierend-esoterischen Charakter. Voran steht der Satz: „Dies sind die geheimen Worte, die Jesus der Lebendige sagte und die Didymus Judas Thomas aufgeschrieben hat.“ Es zeigen sich eindeutige Bezüge auf redaktionelle Stellen der kanonischen Evangelien. Das widerspricht entschieden der Annahme, die diese Schrift das älteste Evangelium sein lassen will und sie in die Mitte des 1. Jahrhunderts datiert. Sie ist nach Stegemann wahrscheinlich „in Kenntnis aller bzw. einiger kanonischer Evangelien frühestens Ende des 2. Jahrhunderts in gnostischen Kreisen entstanden“ (145). Man kann dann allenfalls annehmen, dass einzelne alte Sprüche oder eine „ursprüngliche“ Sammlung von Sprüchen bei der Gesamtkomposition inkorporiert wurden. Dazu bemerkt Stegemann: „Auch hinsichtlich der Behauptung, dass (zumindest) Teile des Thomasevangeliums von den kanonischen Evangelien unabhängige Überlieferungen darstellen, die in die Mitte des 1. Jh.s zu datieren wären, bleiben m.E. nicht ausräumbare Zweifel“ (145). Tut man es und schreibt diese Sprüche dem „historischen“ Jesus zu, hat man zusammenhanglose und meist recht rätselhafte Worte in der Hand, die der Interpretation weiten Spielraum lassen, um sich einen neuen Jesus modellieren zu können und ihn dem Publikum als Ergebnis aktuellster Forschung vorzustellen.

Noch einmal unwahrscheinlicher sind die Schlüsse, die man aus weiteren apokryphen Evangelien gezogen hat.[255] So muss es bei dem Fazit bleiben, das Stegemann gezogen hat: „Mir scheint, dass am Ende auch in der gegenwärtig dritten Forschungsepoche sich an der grundsätzlichen Quellenlage gegenüber den Erkenntnissen, die seit der Mitte des 19. Jh.s gewonnen wurden, nicht viel geändert hat“ (145).[256] Das ist eher noch zu freundlich ausgedrückt. Die Antwort auf die im Titel dieses Abschnitts gestellte Frage: Gibt es neue Quellen? muss schlicht lauten: Nein, nur neue Hypothesen.

---

[255] Ich verweise dazu auf Stegemann, Jesus, S. 141–145.

[256] Zur Skepsis gegenüber den apokryphen Schriften als Quellen für die historische Jesusforschung vgl. auch Schröter, Anfänge, S. 67–71; Jesus, S. 53–61.335; Diskussion, S. 71.

## 2. Gibt es neue Methoden?

Dass bei der „dritten Suche" nach dem „historischen" Jesus neue Methoden angewandt werden, kann nicht bezweifelt werden. So ist die gestellte Frage selbstverständlich zu bejahen. Eine weitere Frage ist allerdings, ob sie helfen. Im zusammenfassenden Kapitel des ersten Teils habe ich von der „Hilflosigkeit der Methoden" gesprochen. Sie ergab sich aus der für die Jesussuche äußerst ungünstigen Quellenlage, woran der Wechsel methodischer Zugänge in den ersten 200 Jahren ihrer Geschichte nichts zu ändern vermochte. Warum sollte das bei wiederum neuen Methoden anders sein? Allerdings scheint ein jeweils neu ins Spiel gebrachter methodischer Zugang neuen Optimismus anzufachen, es doch besser machen zu können als die vorangegangenen gescheiterten Versuche. Jedenfalls registriert Wolfgang Stegemann bei der „dritten Suche" großen Optimismus nicht nur angesichts angeblich neuer Quellen, sondern auch hinsichtlich „des methodischen Instrumentariums" (81).[257]

### *a) Die Wende vom Differenz- zum Plausibilitätskriterium*

Jahrhundertelang war Jesus in der christlichen Tradition im Gegensatz zum Judentum verstanden worden. Bei der historischen Jesussuche fand das seinen methodischen Ausgangspunkt und festen Ausdruck in dem von Bultmann aufgebrachten und von Käsemann festgezurrten doppelten Differenzkriterium, dass solche Texte der Evangelien am ehesten „echtes" Jesusgut enthielten, die sich nicht aus dem Judentum ableiten bzw. sich nicht aus den Interessen der überliefernden Gemeinde erklären lassen. Der erste Aspekt führt notwendig zu einem unjüdischen oder einem das Judentum transzendierenden Jesus. Dieses Differenzkriterium wurde in der „dritten Suche" gewendet zum Plausibilitätskriterium, von Theißen/Merz so zusammengefasst: „Was im jüdischen Kontext plausibel ist und die Entstehung des Urchristentums verständlich macht, dürfte historisch sein" (29).[258] An späterer Stelle formulieren sie in apodiktischer Fassung: „Historisch ist in den Quellen das, was sich als Auswirkung Jesu begreifen lässt und gleichzeitig nur in einem jüdischen Kontext entstanden sein kann" (117).[259]

---

257 Vgl. auch Stegemann, Jesus, S. 80: „Im aktuellen Diskurs haben entscheidende Veränderungen in vielen inhaltlichen Bewertungen des Quellenmaterials gegenüber der früheren Forschung stattgefunden, nicht zuletzt bedingt auch durch neue methodische Ansätze."

258 Vgl. auch Theißens frühere Umformulierung des Differenzkriteriums: Schatten, S. 199.

259 In den folgenden Ausführungen auf S. 118f. wird die frühere Aussage: „dürfte" ebenso vorsichtig aufgenommen mit „kann" und „wahrscheinlich".

Aber ist dieses Kriterium überhaupt praktikabel? Das doppelte Differenzkriterium konnte funktionieren, solange man ein negatives und relativ undifferenziertes Bild vom Judentum hatte und so etwas wie einen Abfall von der vorausgesetzten Höhe Jesu zur „frühkatholischen“ Kirche um die erste Jahrhundertwende unserer Zeitrechnung postulierte. Mit dem Wegfall dieser Voraussetzungen greift es nicht mehr. Aber das vermag auch das Plausibilitätskriterium in keinem seiner beiden Aspekte. Historisch soll sein, was sich als Auswirkung Jesu begreifen lässt. Aber in den Evangelien ist alles als „Auswirkung Jesu“ dargestellt. Man müsste also schon vorgängig etwas über Jesus wissen, damit dieses Kriterium funktionieren kann. Aber dieses Wissen soll ja allererst mit Hilfe dieses Kriteriums erschlossen werden. Was den anderen Aspekt betrifft, dass historisch sei, was nur im jüdischen Kontext entstanden sein kann, so wird immer deutlicher: Nicht nur Jesus als einzelne Person gehört ins Judentum, nicht nur seine vorösterliche Anhängerschaft, sondern auch seine nachösterliche, zumindest noch im 1. Jahrhundert. Die Evangelien als ganze sind im jüdischen Kontext entstanden.[260] Die Rede von einem „Christentum“ im 1. Jahrhundert und die Charakterisierung der auf Jesus als Messias bezogenen Gemeinschaft und ihrer Lebensäußerungen als „christlich“ in diesem Zeitraum sind Anachronismen. Diese Gemeinden stehen noch im jüdischen Kontext, sodass rhetorisch gefragt werden muss: Was in den Evangelien ist denn nicht im jüdischen Kontext entstanden? Das aber heißt: Das doppelte Plausibilitätskriterium führt innerhalb der Evangelien zu keiner Differenzierung, die jedoch für die Jesussuche schlechterdings notwendig ist. Dementsprechend räumt Theißen auch ein: „Diese Neuformulierung der Kriterien zielt nicht darauf die alten Kriterien durch völlig neue zu (er)setzen. Wohl aber werden die Elemente des alten Kriterienkatalogs neu arrangiert und durch eine stärkere Berücksichtigung von historischem Kontext und historischer Wirkung ergänzt“ (JF 331). Damit aber stellen sich auch wieder die alten Probleme, die sich in dem Hang auswirken, den „historischen“ Jesus in eine überbietende Einzigartigkeit hinein zu stilisieren.

Man kann es daher verstehen, dass Wolfgang Stegemann lieber auf Authentizitätsnachweise für einzelne Texte verzichtet. Am Beispiel von Mt 12,28/Lk 11,20 kritisiert er die Isolierung dieses Verses aus seinen literari-

---

[260] Ich gebe jeweils nur einen Verweis. Für Mt: Peter Fiedler, Das Matthäusevangelium, ThKNT 1, Stuttgart 2006; für Mk: Peter Dschulnigg, Das Markusevangelium, ThKNT 2, Stuttgart 2007; für Lk: Kerstin Schiffner, Lukas liest Exodus. Eine Untersuchung zur Aufnahme ersttestamentlicher Befreiungsgeschichte im lukanischen Werk als Schrift-Lektüre, BWANT 172, Stuttgart 2008; für Joh: Wengst, Joh I.II.

schen Kontexten, die „Leseanleitungen“ leisten (307). „An vielen anderen Texten der Reich-Gottes-Thematik ließe sich deren enge Verwobenheit mit dem literarischen Kontext aufzeigen, die zugleich ihre Transformation in den imaginierten Kontext des historischen Jesus als problematisches Unterfangen erweist“ (309). In seiner Kritik an Funk und Zager stellt er sehr klar heraus: „Die Logik dieses Konzeptes muss [...] die Bedeutung Jesu auf die nach einer kritischen Analyse als authentisch übrig bleibenden Aussagen reduzieren, d.h. auf eine meistens magere Ausbeute an Texten, zugleich aber eine Fülle von ethisch reichen Aussagen der Evangelien beiseitelassen, da diese als vermutlich nicht vom historischen Jesus stammend auch nicht beachtet werden dürfen“ (404). Es sei in diesem Zusammenhang nochmals wiederholt, dass notwendigerweise jede Darstellung des „historischen“ Jesus weniger bietet als die Evangelien. Diese Beobachtungen sprechen entschieden für das Aufgeben der Jesussuche und für das Auslegen der vorliegenden Texte. Aber diese Konsequenz zieht Stegemann nicht. Für seine Jesussuche spielt die Kategorie der Plausibilität eine große Rolle: Er nimmt aus den Texten auf, was ihm „plausibel“ erscheint. Dieser Zugang hat in unterschiedlichen Bereichen unterschiedliche Kraft. Bei der Frage nach dem Geschehen um die Hinrichtung Jesu in Jerusalem will Stegemann „aufgrund der Kenntnis der historischen Lage (in rechtlicher, sozialer, kultureller und politischer Hinsicht)“ den „am ehesten als plausibel erscheinenden Ablauf der Ereignisse“ erkennen (354).[261] Das hat gewiss eine notwendige kritische Funktion gegenüber der langen christlichen Tradition, die „die Juden“ für die Kreuzigung Jesu verantwortlich machte und als „Gottesmörder“ diffamierte, insofern herauszustellen ist, dass die Hinrichtung Jesu eine ordnungspolitische Maßnahme der römischen Besatzungsmacht war. Damit ist der Sache nach allerdings historisch nicht viel mehr gewonnen, als schon in dem – etwas zu dezimierenden – entsprechenden Punkt aus dem „einfache(n) historische(n) Gerüste“ von Strauß enthalten war. Will man im Einzelnen mehr sagen, kommt man über mehr oder weniger wahrscheinliche Vermutungen nicht hinaus. So sagt Stegemann selbst, er formuliere „Vermutungen über die Ereignisse im Zusammenhang der Hinrichtung Jesu, die mir aufgrund der historischen Verhältnisse am wahrscheinlichsten erscheinen“ (354).[262]

---

[261] Statt einen vermeintlich ältesten Passionsberichtes herauszupräparieren, erscheint es ihm als „methodisch sinnvoller, sich grundsätzlich vom Kriterium einer rechtsgeschichtlichen bzw. sozialgeschichtlichen Plausibilität leiten zu lassen“ (362).

[262] Was man in rechtlicher, sozialer und politischer Hinsicht über die historische Lage wissen kann, wäre im Übrigen nicht nur bei der historischen Rekonstruktion des Geschehensab-

Wenig einleuchtend ist Stegemanns Plausibilitätsargument, wenn es um die Verkündigung Jesu geht. Hier muss gefragt werden, ob sich Plausibilität von persönlichen Wertungen unterscheiden lässt. Das zeigte sich schon an dem vorher gebrachten Zitat, nach dem Stegemann „eine Fülle von ethisch reichen Aussagen der Evangelien“ nicht „beiseitelassen“ wollte. Natürlich sollte man das nicht; man könnte sie ja schlicht als Teile der Evangelien auslegen. Warum muss man sie einem „historischen“ Jesus zuschieben? Weil man sie als „ethisch reich“ empfindet? Ist das historische Methode – oder Willkür? Bei der Frage: „Was stellte sich Jesus unter der Königsherrschaft Gottes vor?“ meint Stegemann, man müsse „den Blick über die direkten *basileia*-Verse hinaus ausweiten“. Er tut es unter Heranziehung des Summariums Mk 1,14f., „das ja die *gesamte* Verkündigung und Tätigkeit des historischen Jesu als Proklamation der nahen Gottesherrschaft versteht“ (328). Nebenbei: Kannte denn Markus schon den „historischen“ Jesus? Wieso kann ein Summarium, das seinen Ort nur innerhalb eines *literarischen* Zusammenhangs hat, hilfreich sein für eine Fragestellung, für die die Auflösung dieses Zusammenhangs konstitutiv ist? Das kann es nur, wenn der Rekonstrukteur schon ein vorgängiges Wissen über den erst zu erschließenden „historischen“ Jesus hat. „Ich gehe hier davon aus, dass der Begriff ‚Evangelium‘ mit dem Konzept der Basileia-Verkündigung Jesu in einem engen Zusammenhang steht“ (329); es „passt“ eben. Plausibel ist, was dem jeweils Argumentierenden als plausibel erscheint.

Das lässt sich in ähnlicher Weise auch bei den Arbeiten von Jens Schröter beobachten. Eine Grundvoraussetzung aller historischen Jesussuche ist selbstverständlich geblieben: Da die Evangelien nicht an einem Bericht darüber interessiert sind, wie es tatsächlich gewesen ist, sondern die Geschichte Jesu aus bestimmter Perspektive betrachten und sie so als in bestimmter Weise gedeutete darstellen, gibt es bei ihnen, nimmt man sie als historische Quellen, keinen direkten Zugriff auf eine historische Gestalt Jesus. Um das zu erreichen, wollte Reimarus „die Tünche der Apostel“ wegnehmen. Schröter diagnostiziert die „Fingierung“ der Evangelien „in der fehlenden Differenzierung zwischen Geschehenem und Erfundenem sowie der Verknüpfung von Vergangenheit und Gegenwart“ (A 39; vgl. F 234f.). Er kann auch for-

laufs um die Hinrichtung Jesu einzubringen, sondern gerade auch bei der Auslegung der Passionsberichte der Evangelien. Sie müssen keineswegs in der Linie der vorher genannten antijüdischen Tradition gelesen werden, sondern lassen, wenn man diese Brille abgelegt hat, andere Dimensionen erkennen. Vgl. meinen Versuch zum Johannesevangelium:, Joh II, S. 210–290.

mulieren, „dass bei der Erzählung von seinem (Jesu) irdischen Wirken und Geschick vorösterliche Ereignisse und nachösterlicher Glaube miteinander verschmolzen werden“ (J 47). Wie Reimarus meinte, „die Tünche“ entfernen zu können, versichert Schröter, „daß in den Evangelien nicht anzutreffende Unterscheidungen verschiedener Referenzmodi im Blick auf heutige Jesusdarstellungen sehr wohl vorzunehmen sind“ (A 40). Die beobachtete Verschmelzung ändere „nichts daran, dass wir hier auf wichtige Informationen für ein historisches Profil der Person Jesu stoßen“ (J 47). An anderer Stelle räumt er über zuvor besprochene Überlieferungen ein, sie gingen „in ihrer jetzigen Gestalt sicher auf Lukas, nicht auf Jesus zurück“, behauptet aber unmittelbar anschließend: „Sie geben gleichwohl eine wichtige Facette des Ethos Jesu zu erkennen“ (J 230)

Hier zeigt sich, dass es Schröter gar nicht um ausdrückliche „Echtheitsbeweise“ für bestimmte Worte und Ereignisse geht. Statt „einer Beurteilung der Jesusüberlieferung [...], die auf das tatsächliche Ereignis und das wirklich gesprochene Wort aus ist“, plädiert er dafür, „die narrativen Darbietungen der Jesusgeschichte mit gegenwärtigen Erkenntnisbedingungen zu vermitteln und in eine an den Quellen orientierte Erzählung zu überführen“ (A 45). Das geschieht „unter den Bedingungen neuzeitlichen historischen Bewußtseins“ (A 39; vgl. F 237). Die „in den Evangelien nicht anzutreffende(n) Unterscheidungen verschiedener Referenzmodi“ müssten „aus den Prämissen des historisch-kritischen Bewußtseins“ vorgenommen werden, wonach es „undenkbar“ sei, Erzählungen wie den Seewandel Jesu oder die Auferweckung des Lazarus „*mit demselben Referenzmodus* in eine heutige Jesusdarstellung aufzunehmen wie etwa die Jüngerberufung oder die Bergpredigt“ (A 40; vgl. F 236). Der hier leitende Wirklichkeitsbegriff ist damit der empirischer Verifizierbarkeit. Ist das wirklich ein anderer Ansatz als der, den schon die alten Rationalisten hatten?

Statt nach „Echtheit“ zu fragen, plädiert Schröter dafür, „die verschiedenen Informationen über Jesus hinsichtlich ihres Charakters sowie ihrer Aussagekraft zu ordnen. Auf diese Weise kann gesichert werden, daß ein Bild von Jesus an Dokumente der Vergangenheit gebunden bleibt“ (F 234). Beim Unterscheiden „zwischen alten, historisch zuverlässigen und später entstandenen, für die historische Darstellung sekundären Überlieferungen“ handle es sich um „Urteile [...], die auf der Plausibilität des Gesamtbildes beruhen“. Für das zu gestaltende Bild gilt der „Maßstab der historischen Plausibilität und Kohärenz der Darstellung“ (J 61f.),[263] klarer ausgedrückt: Maßstab ist das, was dem Gestalter des Bildes als plausibel und kohärent erscheint.

Schröter hält es für entscheidend, dass die dabei zu fällenden „Urteile keine vorgängige kritische Prüfung des Materials darstellen, die sekundär in eine Erzählung umgesetzt würde. Vielmehr setzt bereits auf dieser Ebene der Feststellung historischer Tatsachen die imaginierende Tätigkeit des Historikers ein“ (A 46). Es wird ja wohl so sein, dass man weitergehende Feststellungen über den „historischen“ Jesus nur durch Imagination treffen kann. Aber welchen Charakter haben „historische Tatsachen“, die sich nur durch Imagination feststellen lassen? Schröter führt seine Sicht am Beispiel des Verhältnisses zwischen Jesus und Johannes dem Täufer durch. „Ein Urteil über den Einfluß des Johannes auf Jesus, das Verhältnis beider zueinander sowie die Auffassung von diesem über jenen müssen (sic) zu der fragmentarischen Überlieferung durch die historische Einbildungskraft des Historikers hinzutreten, der die verschiedenen Bilder, die die Texte entwerfen, zusammensetzt“ (A 47).[264] So wird aus der in den Quellen unterschiedlich dargestellten Einordnung Johannes des Täufers in die Geschichte Jesu der historische Rückschluss gezogen: „Daß dies in der zeitweiligen Zugehörigkeit Jesu zum Kreis des Täufers historischen Anhalt hat, kann heute als weitgehend konsensfähig betrachtet werden“ (A 80; vgl. J 138). Belegt ist solche Zugehörigkeit durch nichts. D.h. die zu fällenden Urteile sind bestenfalls wahrscheinliche Vermutungen, die immer auch anders ausfallen können und von anders Imaginierenden auch anders gefällt werden. Als einigermaßen gesichert kann in diesem Fall nur gelten, was sich schon in Straußens „einfache(m) historiscvhe(n) Gerüste“ fand, dass sich Jesus von Johannes taufen ließ. Schröter will sein diesbezügliches Bild nicht „an den narrativen Darstellungen der Evangelien vorbei […] entwerfen“, aber da die entsprechende „Darstellung in den Evangelien jedoch hinterfragt und somit kritisch zwischen der Darstellung der Evangelien und der historischen Wirklichkeit differenziert“ werden muss (A 50.46), ergibt sich für die Imagination ein relativ weites Feld. Im Übrigen sei daran erinnert, dass schon Willibald Beyschlag und Albert Schweitzer die „Divination“ und die „historische Phantasie“ für notwendige Mittel der historischen Rekonstruktion angesehen haben.

---

[263] Vgl. Schröter, Anfänge, S. 42: Aus den „narrativen Darstellungen“ der Texte gelte es, „unter den Prämissen heutiger Wirklichkeitsdeutung ein Bild der historischen Person Jesu zu entwerfen“.

[264] Das Beispiel Johannes – Jesus insgesamt auf S. 46–50; vgl. die parallelen Ausführungen in Schröter, Frage, S. 239–244.

Söding gewinnt an einer Reihe von Stellen historische Plausibilität durch suggestive rhetorische Fragen. So erkennt er, was „im Sinne Jesu war", indem er nach Darstellung der Petrusrede in Apg 10 und ihres Erfolges abschließend feststellt: „Dass dies im Sinne Jesu war – wer wollte das bestreiten?" (236) An den Reden der Apostelgeschichte überhaupt stellt er fünf Punkte heraus, die „die Geschichte Jesu in bestimmte theologische Zusammenhänge rücken". Sie seien zugleich „essentials der Jesusgeschichte im Lukasevangelium. Es sind aber auch essentials, die [...] mit hoher Wahrscheinlichkeit Eckpunkte der Verkündigung Jesu selbst sind" (243f.). Das wird anschließend an allen fünf Punkten knapp ausgeführt und jedes Mal effektvoll mit einer rhetorischen Frage abgeschlossen. Als Beispiel sei der Umgang mit den in ihrer Historizität schon von Reimarus mit guten Gründen bestrittenen Leidensankündigungen angeführt. Söding setzt der Bestreitung entgegen, „dass Jesus, wenn er nicht blind war, mit der Möglichkeit eines gewaltsamen Todes rechnen musste und, wenn er nicht hybrid war, Gott diesen Tod in die Hand gelegt hat – ist das so unwahrscheinlich?" (244) An späterer Stelle wird hinsichtlich der Leidensankündigungen zugestanden, ihre „nachösterliche Prägung" sei „unverkennbar", aber sofort die Alternative gestellt: „Aber schließt sie einen vorösterlichen Ursprung aus oder ein?" (282) Als „wahrscheinlicher, wenigstens ernsthaft zu erwägen" gilt dann, „dass sich die ersten Christen auf der Suche, eine Sprache für den Tod Jesu zu finden, an den Worten Jesu orientiert haben und deshalb auf das Motiv der ‚Dahingabe' gestoßen sind, das Jesus – gesetzt, es ginge auf ihn zurück – seinerseits nicht er-, sondern gefunden hat: vor allem im Vierten Lied vom Gottesknecht (Jes 53)" (282f.; vgl. 184). Solche – gewundenen – Erwägungen oder auch andere mag man anstellen; historisch erwiesen ist mit ihnen nichts.[265] Schlechterdings nicht unter „Plausibilität" kann die sich zu Joh 20,1f. zeigende Harmonistik verbucht werden, wenn es über Mirjam aus Magdala heißt: „verwirrt, weil sie *zusammen mit anderen (unerwähnt bleibenden) Frauen* den Leichnam Jesu nicht findet" (200; Hervorhebung von mir). Solche kurzbeinige Apologetik sollte sich, wer in der Theologie historisch fragt, seit Reimarus verboten sein lassen.

*b) Der „erinnerte Jesus"*

Für einen neuen Zugang im Rahmen der „dritten Suche" bringt Stegemann das Stichwort „erinnerter Jesus" und bemerkt dazu: „Dieser Begriff nimmt

---

[265] Als ein weiteres Beispiel dafür, wie mit vermutendem Erwägen historische Erkenntnis gewonnen werden soll, vgl. den Umgang mit Mk 8,27–34 auf S. 248f.

ernst, dass die Suche nach dem ‚wirklichen‘ Jesus eine Illusion war und die Suche nach dem ‚historischen‘ Jesus allenfalls historische Konstruktionen hervorbringen konnte.“ Man rechne nur damit, „bis zu den (frühesten) Erinnerungen an eine historische Persönlichkeit namens ‚Jesus‘ vordringen zu können“ (92). Das entfaltet er später ausführlicher im Referat zu Arbeiten von James D. G. Dunn (105–108), das er mit dem Satz abschließt: „Der Begriff ‚erinnerter Jesus‘ steht also dafür, dass wir bestenfalls nicht weiter an den sog. historischen Jesus herankommen als bis zu dem Eindruck (*impact*), den er auf seine Anhänger gemacht hat.“ Anschließend reflektiert er von der Gedächtnisforschung her kritisch den Begriff Erinnerung und stellt heraus, dass Erinnerungen „Konstrukte“ sind, „*Projektionen in die Vergangenheit*, Rückprojektionen“. Von daher ergebe sich im Blick auf die Evangelien „ein genereller *Anfangsverdacht* gegenüber ihrer Genauigkeit als Erinnerungszeugnissen über Jesu Worte und Taten“ (109.110). Im Hintergrund steht hier wieder das Ideal genauer Abbildung von Vergangenheit auf der Ebene historischer Faktizität. Das ist auch bei Theißen der Fall, wenn er formuliert: „Gewiß, alle Quellen stammen von fehlbaren Menschen. Aber wenn Menschen unfähig sind, die historische Wahrheit unverfälscht zu übermitteln, so sind sie ebenso unfähig, die Quellen so umzuprägen, daß die historische Wahrheit ganz verlorengeht“ (S 96; vgl. JF 333f.; Theißen/Merz 121). An dem, was die Evangelisten wollen und tun, gehen diese Formulierungen schlicht vorbei.

Schröter stellt betont heraus, dass Quellen der Vergangenheit nicht die Fakten enthielten, sondern Deutungen davon. Daher werde bei ihrer Interpretation „nicht die Vergangenheit rekonstruiert, sondern wiederum ein Modell vergangener Ereignisse, gebunden an frühere Versprachlichungen“. So konstatiert er: „Die Vorstellung, es könne einen Zugang zu einer *hinter* diesen Interpretationen liegenden Wirklichkeit geben, wird damit grundsätzlich obsolet.“ Vielmehr ginge es darum, „aus sprachlich vermittelten Tatsachen und Ereignissen“ „Bilder“ zu gewinnen. Damit werde Geschichte „herausgelöst aus der Vorstellung reiner Faktizität“ und hineingestellt in den Raum der Erinnerung als einem für die Geschichtstheorie – und mithin auch für die Jesusforschung – methodisch angemessenem Leitbegriff“ (F 229).[266] Da

[266] An anderer Stelle formuliert er ähnlich: „Jesusdarstellungen erscheinen so betrachtet nicht als Suche nach der Welt *hinter* den Texten, sondern als auf kritischer Quellenanalyse basierende ‚Fiktionen des Faktischen“. […] Die Vorstellung des ‚wirklichen‘ Jesus *hinter* den Quellen erweist sich dabei als obsolet, die Jesusfrage ist mithin umzuformulieren in

immer „nur *Erinnerungen an Geschehenes*, niemals jedoch *dieses selbst* festgehalten und weitergegeben" werde, bestehe die „Aufgabe des Geschichtsschreibers [...] darin, die Quellen durch ‚phantasiegeleitete Konstruktionen', also durch die Imagination der historischen Erzählung, zum Leben zu erwecken" (F 222f.). Mit dem „erinnerten Jesus" nimmt Schröter auch die Unterscheidung zwischen dem „historischen Jesus" und dem „irdischen Jesus" vor: „Der ‚historische Jesus' ist stets ein Produkt der Quellenauswertung durch einen Interpreten oder eine Interpretin", wobei „verschiedene Bilder" entstehen. „Der ‚irdische Jesus' ist dagegen der Jude, der im 1. Jahrhundert in Galiläa gelebt und gewirkt hat und in späteren Zeiten nicht mehr unmittelbar, sondern nur vermittelt durch Deutungen zugänglich ist. [...] Das Resultat einer heutigen historischen Jesusdarstellung ist darum der *erinnerte, vergegenwärtigte* Jesus aus einer spezifischen Perspektive vom Anfang des 21. Jahrhunderts" (J 23f.).

An dieses hier knapp skizzierte Konzept sind eine Reihe von Anfragen zu richten. Wenn Schröter mit dem Begriff „Erinnerung" Geschichte „aus der Vorstellung reiner Faktizität" herauslöst, ist damit zutreffend gesagt, dass Geschehenes immer nur in bestimmter Perspektive erinnert wird und in seiner versprachlichten Form von dieser Perspektive geprägt ist. Käme es dann nicht im Blick auf die Evangelien zuerst auf die Erkenntnis dessen an, was *ihre* Perspektive ist, in der sie Jesus erinnern? Doch dieser Punkt spielt bei Schröter nur eine untergeordnete Rolle. Zwar wird eingestanden, dass die Rekonstruktion „reiner Faktizität" nicht möglich ist, aber gegenüber der Darstellung der Evangelien, die ja „zwischen Geschehenem und Erfundenem" nicht differenzieren, will Schröter ganz offensichtlich doch sozusagen eine „reinere Faktizität" gewinnen, d.h. als Ideal steht uneingestanden, aber bestimmend im Hintergrund, sich dem tatsächlich Geschehenen möglichst stark zu nähern. Es muss dann allerdings auch die Frage erlaubt sein, wie es um die Möglichkeit oder Unmöglichkeit bestellt ist, bei „einer heutigen Jesusdarstellung" „zwischen Geschehenem und Erfundenem" zu unterscheiden.

Wie ernst nimmt Schröter die von ihm gemachte grundsätzliche methodische Aussage, es könnten „nur *Erinnerungen an Geschehenes*" festgehalten und weitergegeben werden, „niemals jedoch *dieses selbst*", wenn er allein in seinem Jesusbuch im Blick auf Jesu Reden und Handeln mehr als

---

diejenige nach einem an die Quellen gebundenen Entwurf des *erinnerten* Jesus als Inhalt des sozialen Gedächtnisses des Urchristentums" (A 33f.; vgl. F 233).

dreißigmal von „Jesus selbst“ spricht? Nach einem sehr ungefähren Blick auf kritische Einwände gegen die Jesussuche in der Forschungsgeschichte versichert er: „Zwischen historischen Ereignissen und deren Deutung in den Evangelien kann durchaus (!) unterschieden werden, Konturen der Person Jesu lassen sich hinter (!) den Entwürfen der Evangelien erkennen“ (J 30). Weiter formuliert er nach Anführung einer Reihe von Stellen aus den Evangelien: „Dahinter (!) ist mit großer Wahrscheinlichkeit die Reminiszenz an eine Beziehung Jesu zu Johannes und dessen Jüngerkreisen (?) zu vermuten“ (A 72). Nach Anführung der in den Evangelien unterschiedlich berichteten Tempelaktion Jesu und der unterschiedlichen Fassungen des Tempelworts fragt er: „Welcher Befund lässt sich dahinter (!) ausmachen?“ (J 282; vgl. 222) Die „Darstellung in den Evangelien“ muss eben „*hinter*fragt und somit kritisch zwischen der Darstellung der Evangelien und *der historischen Wirklichkeit* differenziert werden“.[267] Das macht skeptisch gegen eine mehrfach – mit suggestiver Gegenüberstellung von „nicht *hinter*“, sondern „*vor*“ – vorgebrachte Beteuerung: „Nicht um die Suche nach dem einen Jesus *hinter* den Quellen“ sollte es der Jesusforschung gehen, „sondern um *vor* den Quellen rational verantwortete, den Bezugsrahmen jeweiliger gesellschaftlicher Normensysteme kritisch reflektierende Darstellungen“ (A 35; vgl. 39 und F 252). Bei Lichte besehen stimmt es hier vorne und hinten nicht. Dass gegen alle Betonung doch eine „historische Wirklichkeit“ *hinter* den Evangelien gesucht wird, letztlich also „Jesus selbst“ in Unterschiedenheit von dem *in* den Evangelien redenden und handelnden Jesus, wenn auch nicht „an den Darstellungen der Evangelien vorbei“ (A 50), ist schon deutlich geworden. Was aber wäre eine „*vor* den Quellen rational verantwortete“ Darstellung? Wie sich schon im vorigen Abschnitt zeigte und hier das Adverb „rational“ andeutet, vollzieht sich die Verantwortung weniger gegenüber den Quellen als gegenüber der *ratio*, dem neuzeitlichen historisch-kritischen Bewusstsein, dem die Quellen als Material dienen, an dem man natürlich nicht vorbeigehen darf. Aber dieses Bewusstsein muss es bei dem, was es sucht, notgedrungen immer besser wissen als seine Quellen. Im Anschluss an ein bereits oben gebrachtes Zitat[268] spricht Schröter von „Jesus als ‚Erinnerungsphänomen‘“, was „die angemessene heuristische Kategorie heutiger Jesusdarstellungen“ wäre. Diese setzten, „ausgehend von dem Spektrum, in dem

---

[267] Dieses schon o. S. 224 gebrachte Zitat sei hier noch einmal mit Hervorhebungen von mir gebracht.

[268] S.o. S. 226 mit Anm. 266.

sich die Person Jesu in den frühen Quellen bricht[269], diese (die Person Jesu!) unter gegenwärtigen Erkenntnisbedingungen wieder zusammen" (A 34; vgl. F 233f.). In den Quellen liegt also die Person Jesu in Brechungen, in Bruchstücken vor; aber immerhin: Diese Bruchstücke bilden den Rahmen, innerhalb dessen „heutige Jesusdarstellungen" diese Person zusammensetzen.

Im Anschluss an Überlegungen in der heutigen Geschichtswissenschaft referiert Schröter als „Aufgabe des Geschichtsschreibers […], die Quellen durch ‚phantasiegeleitete Konstruktionen', also durch die Imagination der historischen Erzählung, zum Leben zu erwecken, weil dies der einzige Weg sei, Vergangenheit für die Gegenwart zugänglich zu machen" (F 222f.; vgl. A 22). Das bezieht er ausdrücklich auf „jede Jesusdarstellung im historisch-kritischen Zeitalter": „Sie weiß sich an die Quellen gebunden, erweckt diese durch historische Einbildungskraft zum Leben und vermittelt Vergangenheit und Gegenwart durch die historische Erzählung" (A 220f.) Dabei sieht Schröter eine Entsprechung heutiger Jesusdarstellungen zu den Evangelien; die seien „ebenfalls Darstellungen, die die Gestalt Jesu in ihrer eigenen Zeit repräsentieren". „Repräsentation durch Erzählung" sei die „generelle Funktion von Jesusdarstellungen" (D 83). Demgegenüber ist einmal darauf hinzuweisen, dass die Evangelien in der Kirche in lebendigem Gebrauch sind. Sie werden dort nicht als totes Quellenmaterial betrachtet, das erst von Historikern zum Leben erweckt werden müsste. Dass sie in lebendigem Gebrauch sind, hängt mit dem anderen hier anzuführenden Punkt zusammen. Sie erzählen von Jesus nicht „historisch", also von einem Toten, der einem tragischen Schicksal zum Opfer gefallen ist, sondern ihr Glaube an den von Gott auferweckten und deshalb lebendigen Jesus lässt ihre Darstellung des irdischen Jesus „lebendig" sein. Das macht diese Quellen zu „Evangelien", zu guten Botschaften von Gottes Mitsein in dieser Geschichte, was ihnen die weitergehende Relevanz gibt. Wie von diesem Konstruktionspunkt aus die Evangelien als „Jesusdarstellungen" Erinnerung sind und durch sie Jesus den Späteren als erinnerter Jesus begegnet, kann im Übrigen besonders gut aus den Abschiedsreden des Johannesevangeliums gelernt werden. Wenn es auch eine theologische Verantwortung „vor den Quellen" gibt, vor *diesen* Quellen, dann ist die historische Jesussuche, weil sie von dem für die Evangelien entscheidenden Punkt absehen muss, theologisch verantwortungslos.

---

[269] Nach der Fortsetzung meint das vor allem, dass sie damit in Bruchstücken vorliegt. Erinnert sei an Beyschlags Redeweise von der „bruchstücklichen" Überlieferung.

Nimmt man die Evangelien als ganze wahr, bieten sie den Vorteil, dass man ihre Konstruktionen erkennen und vor allem ihren Konstruktionspunkt benennen kann, von dem aus sie Jesus erinnern – und von dem allein aus ihnen eine solche Erinnerung lohnenswert erscheint. Gegenüber der Illusion, hinter den Texten der Evangelien den „historischen“ Jesus finden zu können, erscheint das Konzept vom „erinnerten Jesus“ als bescheidener, da es „nur“ die ältesten Erinnerungen erreichen will. Aber indem auch dieses Konzept hinter die Evangelien zurückgeht und deren Konstruktionen auflösen muss, gelangt es auf ein Trümmerfeld, auf dem die Konstruktionen der dort zu findenden Bruchstücke nicht mehr zu erkennen sind. Warum will man hinter die Evangelien zu diesen vermeintlich ältesten Erinnerungen zurück? Weil man damit näher beim „historischen“ Jesus wäre? Und selbst wenn es gelänge: Was wäre damit gewonnen?

*c) Erweiterung durch sozialwissenschaftliche Methoden?*

Wolfgang Stegemann führt sozialwissenschaftliche Methoden an, besonders Soziologie, Sozialgeschichte und Kulturanthropologie, die „zu grundlegend neuen Erkenntnissen über die *Lebenswelt Jesu*“ gekommen wären (121). Mit Sicherheit hätte man damit gute Hilfsmittel für die Interpretation der Evangelientexte. Aber weiß man dadurch mehr über Jesus? Die durch die Quellen gegebene Problemlage für die Rekonstruktion des „historischen“ Jesus ändert sich damit ja in keiner Weise. Dass zu Optimismus in dieser Hinsicht kein Grund besteht, sei an wenigen Punkten diskutiert.

Ab S. 299 spricht Stegemann gleichsinnig von „Jesus selbst“ und der „frühen Jesusbewegung“, weil er in Aufnahme der Arbeiten anderer die „‚Einbettung‘ Jesu in eine umfassendere Bewegung“ annimmt, was „den sozialgeschichtlich bzw. sozialwissenschaftlich orientierten Zugängen zu Jesus in der aktuellen dritten Epoche der Jesusforschung“ entspreche.[270] Hier soll eine Unbekannte durch eine andere Unbekannte erhellt werden. In den Evangelien wird erzählt, dass Jesus öfters von Menschenmengen umgeben war, dass er Schüler hatte; dabei werden zwölf besonders hervorgehoben.

---

[270] Es erscheint mir als eigenartig, dass Stegemann einerseits sehr klar mehrfach das Scheitern der Suche nach dem „historischen“ Jesus herausstellt, andererseits aber von „Jesus selbst“ und der „genuinen Jesusbewegung“ sprechen kann und sich selbst an der Jesussuche beteiligt. So sagt er gleich zu Beginn des folgenden Absatzes: „Das *basileia*-Konzept Jesu bzw. der Jesusbewegung ist uns nicht unmittelbar zugänglich. Es kann in den Texten der (synoptischen) Evangelien vermutet und muss aus ihnen herausgefiltert werden.“ Das Problem ist nur, wie man „Filter“ bekommt, die das zu leisten vermögen. Stegemann weiß das und geht äußerst vorsichtig und reflektiert vor, dann aber auch wieder beherzt zugreifend – eben nach dem, was ihm „plausibel“ erscheint.

Aber schon die Frage, ob der Zwölferkreis schon vorösterlich existierte oder erst „Ostern" entstand, lässt sich weder zur einen noch zur anderen Seite hin überzeugend entscheiden. Mir ist das auch völlig gleichgültig. Entscheidend ist, dass das mit der Zwölfzahl Gemeinte in der Auslegung der Texte zum Zuge kommt.

Was gibt es an historisch gesicherter Erkenntnis über eine „Jesusbewegung"? Gerd Theißen hatte bereits 1977 eine „Soziologie der Jesusbewegung" vorgelegt.[271] Diese Schrift wurde von ihm 2004 unter dem Titel „Die Jesusbewegung" in überarbeiteter und stark erweiterter Form neu herausgebracht, ein ganz gewiss außerordentlich klug geschriebenes, mit überlegter und differenzierter Methodik durchgeführtes Buch, das reiche Informationen zur Umwelt Jesu und der auf ihn bezogenen Gemeinschaft in soziologischer, ökonomischer, ökologischer, politischer und kultureller Hinsicht bietet. Aber schon die zu Anfang gegebene Umschreibung des Begriffs „Jesusbewegung" wirft grundsätzliche Fragen auf, weil sie nicht weiter diskutierte problematische Voraussetzungen enthält: „Als Jesusbewegung bezeichnen wir die innerjüdischen Anfänge des Urchristentums, die vom historischen Jesus geprägt wurden. Als *Jesus*bewegung unterscheidet sie sich von einem jüngeren Zweig des Urchristentums, für den Paulus repräsentativ ist und in dem die religiöse Verehrung eines zu Gott erhöhten Menschen im Zentrum steht. Als Jesus*bewegung* unterscheidet sie sich vom organisatorisch gefestigten späteren Urchristentum, das den charismatischen Charakter der Anfänge zurückdrängte" (11). Es sei hier nicht auf den m.E. mystifizierenden Begriff „Urchristentum" eingegangen[272]. Es erscheint mir grundsätzlich nicht als angemessen, Phänomene des 1. Jahrhunderts mit den Begriffen „christlich", „Christen" und „Christentum" zu beschreiben. Sie entsprechen nicht dem Selbstverständnis der betroffenen Menschen und projizieren die spätere Entstehung des Christentums im Gegenüber und Gegensatz zum Judentum[273] anachronistisch zurück. Was hier „Urchristentum" genannt wird, ist „innerjüdisch". Wichtiger aber ist in diesem Zusammenhang, dass es von den so bezeichneten „innerjüdischen Anfängen des Urchristentums" anschließend heißt: „die vom historischen Jesus geprägt wurden". Das ist schlichtes Postulat. Diese „Anfänge des Urchristentums", die „Jesusbewegung", werden danach von einem „jüngeren Zweig des Urchristentums", den Paulus reprä-

---

271 Gerd Theißen, Soziologie der Jesusbewegung, München 1977.

272 Vgl. dazu Stefan Alkier, Urchristentum. Zur Geschichte und Theologie einer exegetischen Disziplin, Tübingen 1993.

273 Vgl. Wengst, Jesus, § 9: Seit wann gibt es Christentum? S. 106–128.

sentieren soll, unterschieden, für den implizit das Zeugnis von der Auferweckung Jesu als konstitutiv gilt. Die „Jesusbewegung" wäre dann also der ältere Zweig, für den offenbar genau das nicht im Zentrum stehe; diesen Platz nimmt hier der „historische" Jesus ein.[274]

„Eine Soziologie der Jesusbewegung", meint Theißen, sei „vom Streit der ‚konservativen' und ‚kritischen' Exegese um die Authentizität und Historizität der Jesusüberlieferung unberührt. Sie ist eher ein Beitrag zur Lösung dieser Aporien. Denn sie legt die Annahme einer Kontinuität zwischen Jesus und der Jesusbewegung nahe und eröffnet damit die Möglichkeit, Erkenntnisse über die Jesusbewegung auf Jesus zu übertragen" (JB 22). Auch hier ist wieder der Gesichtspunkt, der allen Evangelisten die Perspektive ihres Schreibens vorgibt, das Zeugnis von der Auferweckung Jesu, ausgeblendet und der „historische" Jesus in selbstverständlicher „Annahme" an diese Stelle gesetzt.

Weiter im Buch bestimmt Theißen „Bewegung" als „einen kollektiven Versuch, durch eine wachsende Anhängerschaft ein gemeinsames Ziel außerhalb etablierter Institutionen zu verwirklichen" (99). Als dieses Ziel gibt er an „eine durch die Metapher vom ‚Reich Gottes' visionär bezeichnete *transformative* Umformung der ganzen Gesellschaft, ja, der ganzen Welt, auch wenn das Reich Gottes nicht durch Menschen, sondern durch Gott verwirklicht werden sollte. Der Mensch war an dieser Veränderung beteiligt." Außer einer Veränderung der „Lebensführung von Grund auf" nennt er als „Konkretes" im Blick auf „Sabbatkonflikte, Tempelkritik und Ehescheidungsverbot" „*reformative* Veränderungen von Teilinstitutionen des Judentums" und im Blick auf „die Freiheit vom Fasten" „eine *alterative* Änderung des Lebens in einer Einzelfrage" (100). Abgesehen davon, dass hier Vieles im Einzelnen zu diskutieren wäre, erscheint mir die Relation zu dem großen Ziel nicht sonderlich einsichtig. Lassen sich Lebensäußerungen der Gemein-

---

[274] Mir erscheint die Unterscheidung dieser „Zweige" als eine historische Fiktion, die die Kommunikation unter den auf Jesus bezogenen Gemeinden völlig unterschätzt und damit auch den Austausch von Informationen, Überlieferungen und Lesetexten, ohne den die Entstehung des Neuen Testaments überhaupt nicht denkbar ist. Auch unter dem Gesichtspunkt der Kommunikation wäre zu beachten, was Theißen über die rege Reisetätigkeit im Neuen Testament genannter Personen ausführt (JB 55–64). Macht man ernst damit, dass die sich an Jesus orientierende Gemeinschaft ein innerjüdisches Phänomen war, dann ist – wie im Judentum überhaupt, solange der Tempel stand – ein Informationsaustausch vor allem an den Wallfahrtsfesten erfolgt. Ein Hinweis darauf ist Apg 20,16, wonach Paulus an Schavuot in Jerusalem sein will. Auch wenn diese Angabe nicht historisch sein sollte, zeigt sie doch, was Lukas für selbstverständlich hielt; und er konnte es nur für selbstverständlich halten, wenn es eine entsprechende Praxis gab.

de wie „Gebet und Segen", lassen sich unverfügbar bleibende „Wundertaten" als „Strategie der Jesusbewegung" verstehen? (246)[275] Wie kann die „transformative Umformung der ganzen Gesellschaft" das Ziel einer Bewegung sein, wenn gleichzeitig eingeräumt werden muss, dass sie „die bestehenden Verhältnisse nicht verändern will (es fehlt ihr an einem politischen Handlungsprogramm)"? (258) Was Theißen über eine „Wertrevolution" ausführt, durch die „bestehende Herrschaft, vorfindliche Besitzverteilung und überlieferte Weisheitsansprüche" delegitimiert werden (258),[276] überzeugt mich weithin. Das findet sich in den neutestamentlichen Texten. Aber muss man dafür eine „Jesusbewegung" annehmen? Zur „Jesusbewegung" hat schon Schellong Nötiges gesagt. Aber das hat man nicht wahrgenommen. Ich erlaube mir deshalb, ein längeres Zitat zu bringen:

„Als Abkehr von der Persönlichkeit Jesus und als Alternative dazu ist nun der Ausdruck ‚Jesusbewegung' in Gebrauch gekommen. […] ich möchte vorschlagen, ihn wieder aufzugeben. Der Ausdruck ‚Jesusbewegung' scheint sich anzulehnen an den Ausdruck ‚Studentenbewegung'; es gab in unserem Jahrhundert aber auch die nationalsozialistische Bewegung, die sich ‚Bewegung' schlechthin nannte […]; vielleicht ist der Begriff auch analog zu historischen ‚Befreiungsbewegungen' in der 3. Welt gebildet – aber alle solche historischen ‚Bewegungen' sind nicht mit einem Personennamen verknüpft (auch wenn einzelne Personen dabei oft genug eine wichtige Rolle spielten). Sie verstanden sich ihrem Ziel nach als ‚Befreiungsbewegungen' für ein größeres Kollektiv, das mitmachen und dann die Früchte der Befreiung ernten sollte […]. Die Bezeichnung ‚Studentenbewegung' ist schon eine Verlegenheit, weil sie ja keine Ziele nennt, sondern […] eine alters- und klassenmäßig abgegrenzte Schicht als Träger – und darauf blieb sie ja auch beschränkt. Die Bezeichnung ‚Jesusbewegung' ist noch enger: Eine ‚Bewegung' rein als Personalbewegung.

Was soll man sich unter einer solchen Personalbewegung vorstellen? Ist damit anderes gemeint, als daß Jesus in einer Bewegung eine führende Rolle gespielt hat? Aber dann: *Welche* führende Rolle? Vor allem: In einer Bewegung mit *welchen Zielen*? Von ‚Jesusbewegung' zu reden, übertüncht meinem Eindruck nach, daß man diese Bewegung nicht nach ihren von ihr selbst proklamierten Zielen benennen kann – weil man die nicht kennt. Und so hält man sich ans kirchlich Gewohnte und setzt ‚Jesus' davor, obwohl ‚Jesusbewegung' allenfalls ein Neckname sein könnte. Ich erkläre mir die Beliebtheit des Ausdrucks aus dem Schauer, mit dem das Wort ‚Bewegung' umgeben ist, der Hoffnung auf Erneuerung und religiöse Weihe zugleich in sich birgt" (Rückfragen, S. 32f.). Vgl. auch die von Schellong anschließend an Gerd Theißens „Soziologie der Jesusbewegung" von 1977 gerichteten Fragen auf S. 33f.

[275] Vgl. JB 200: In der Jesusbewegung seien „Wunderheilungen" an die Stelle getreten, „die in der Widerstandsbewegung terroristische Aktionen innehatten".

[276] Zum Ganzen vgl. JB 243–268.

Als einen weiteren der „dritten Suche“ zugehörigen charakteristischen Punkt nennt Wolfgang Stegemann „die feministische Theologie bzw. Fragen der Genderforschung“, was „zu der inzwischen konsensfähigen Erkenntnis geführt“ habe, „dass auch Frauen zur Jesusbewegung gehört haben“ (121; vgl. 121–123). Diese Aussage partizipiert freilich bereits an der Unsicherheit, mit der das Gebilde „Jesusbewegung“ behaftet ist. Dass in den Texten der Evangelien Frauen begegnen und dass bei der Auslegung dieser Texte in ihnen enthaltene emanzipatorische Potentiale stark zu machen sind, ist mir keine Frage. Aber für die historische Erkenntnis einer „Jesusbewegung“ und die Teilnahme von Frauen in ihr geben diese Texte außerordentlich wenig her. Mir scheint hier mehr der Wunsch die Mutter des Gedankens zu sein. Es hat mir bisher schon nicht eingeleuchtet, dass es in der Darstellung der Evangelien selbst, also auf ihrer literarischen Ebene, „Jüngerinnen“ gebe. Klar ist, dass in der Zeit nach Ostern „Schülerinnen und Schüler“ eine Selbstbezeichnung der auf Jesus als Messias bezogenen Gemeinschaft ist. In der Darstellung der Geschichte des irdischen Jesus wird jedoch keine einzige Frau als „Schülerin“ bezeichnet. Die Frauen im leeren Grab Jesu werden in allen Evangelien von „den Schülern“ unterschieden, denen sie Mitteilung machen sollen. Das wird besonders deutlich im Matthäusevangelium, in dem diejenigen, die diese Mitteilung erhielten, dann ausdrücklich als „die elf Schüler“ gekennzeichnet werden (28,16), die zuvor namentlich als Männer aufgezählt worden waren (10,2–4).[277] In der Darstellung des Johannesevangeliums kann die Differenzierung zwischen Mirjam aus Magdala, die nicht als „Schülerin“ bezeichnet wird, und den Schülern Jesu ganz und gar nicht als Stärkung patriarchaler Strukturen gelesen werden, da Mirjam als erste Zeugin der grundlegenden Botschaft auftritt: „Ich habe den Herrn gesehen“ (Joh 20,18), die dann später auch die Schüler bezeugen (20,25). Für die Rückfrage nach der Rolle von Frauen in der „Jesusbewegung“ lassen sich daraus allenfalls unbeweisbare Hypothesen gewinnen.

Als einen wichtigen neuen methodischen Zugang nennt Stegemann die Kulturanthropologie. Sie stellt Jesus in den „Kontext der mediterranen Kultur“. Vor allem der „Wettbewerb um Ehre“ habe „den *agonistischen* Charakter“ der mediterranen Gesellschaften geprägt (238f.). Die von Stegemann gebrachten Beispiele haben mich nicht davon überzeugt, dass auf diesem Wege neue Erkenntnisse über den „historischen“ Jesus zu gewinnen seien.

[277] Vgl. dazu Wengst, Regierungsprogramm, S. 25–27; zum Johannesevangelium Wengst, Joh I, S. 198–180; Joh II, S. 305–308.

Er meint: „Bei genauerer Durchsicht der Passionsgeschichten der Evangelien unter dem Gesichtspunkt von Herausforderung und Erwiderung[278] wird man zu dem Ergebnis kommen, dass der wehrlose Jesus noch die größten Herausforderungen pariert und auf (versuchte) Demütigungen bzw. Entehrungen mit großer Würde reagiert." Nach Anführung von Beispielen stellt er abschließend fest: „Jesus besteht diese Prüfung, gerade auch seine Verspottungen, mit großer Würde und stirbt als leidender Gerechter (Mk 15,25–39)" (240). Hier ist einmal zu fragen, wieso die kulturanthropologische Betrachtung diesen Text als historischen Geschehensablauf erweist. Zum andren erkenne ich aber auch keine inhaltliche Erhellung: Wer gezwungen ist, nackt am Kreuz zu verrecken, mag sich dabei noch so anstrengen, er kann schlechterdings nicht „mit großer Würde" sterben. Einen zutreffenden Hinweis gibt das am Schluss stehende Stichwort „leidender Gerechter". Aber dieser Hinweis geht nicht auf eine allgemeine „mediterrane Kultur", sondern auf die jüdische Bibel, mit deren Hilfe Markus dieses schlimme Geschehen erzählt, um in ihm eine andere Dimension als die der bloßen Faktizität kenntlich zu machen.

Als ein weiteres Beispiel zitiert Stegemann Rohrbaugh, „dass Jesus sich im kulturellen Kontext seiner Kultur wie andere kollektivistische Personen verhalten hat, d.h. dass er sich ‚eher um sein öffentliches Selbst und In-Group-Selbst bemüht haben wird' als um sein privates Selbst. Beispiel dafür ist das sog. Petrusbekenntnis (Mk 8,27–30)" (243). Dieser Text hat zusammen mit dem ihm folgenden Abschnitt eine zentrale Funktion im Gesamtaufriss des Markusevangeliums, indem er den das Evangelium Lesenden und Hörenden helfen soll zu verstehen, wer Jesus ist. Das können sie erst, wenn sie das Evangelium schon mindestens einmal im Ganzen gelesen oder gehört haben. Auch der am „historischen" Jesus interessierte kulturanthropologische Zugang atomisiert das Evangelium, löst einzelne Elemente heraus und nimmt sie wohl deshalb als „historisch", weil sie ihm „passen". Und was ist schon mit der Aussage gewonnen, dass Jesus sich „wie andere kollektivistische Personen verhalten" habe?

Ebenfalls als wenig erhellend empfinde ich die Erklärung der Speisungsgeschichten auf dem Hintergrund der Patronage, wie sie an der Spitze von römischen Kaisern mit Getreidespenden für die Bevölkerung Roms, aber auch von vielen kleinen Machthabern geübt wurde (334f.). Hier wäre

---

[278] Gemeint ist: „Herausforderung der Ehre" und „angemessene Erwiderung auf diese Herausforderung" (239).

einmal zu fragen, wie denn diese Erzählungen, die in den Evangelien als Wundergeschichten gestaltet sind und also auf einer fiktiven Ebene funktionieren,[279] „historisch" vorgestellt werden sollen. Zum anderen dienen sie in den Evangelien – im Unterschied zur Patronage – gerade nicht der Legitimierung von Herrschaft.[280]

*d) Aufschlüsse durch Archäologie und Landeskunde?*

Dass archäologische Befunde, vor allem wenn sie mit literarischen Überlieferungen verbunden werden können, die Kenntnisse über die Lebenswelt in einem bestimmten Raum zu einer bestimmten Zeit sehr fördern können, ist keine Frage. Kann man aber aus solchen Befunden Einsichten in die Lebensgeschichte einer bestimmten Person bekommen? Nach Schröter „vermittelt der archäologische Befund aus Kafarnaum ein Bild von Wohnhäusern in einem für die galiläische Wirksamkeit Jesu charakteristischen Ort. Er zeigt, dass die Anhänger Jesu weder zu den Wohlhabenden noch zu den Armen gehörten, sondern aus der gewöhnlichen Dorfbevölkerung stammten" (J 85). Dass Letzteres zutrifft, mag sein. Aber wieso es sich als Schluss aus diesem Befund ergibt, ist mir nicht nachvollziehbar; dieser Schluss ist Willkür. Im Blick auf den Wiederaufbau von Sepphoris durch Herodes Antipas bemerkt Schröter: „Einem Handwerker aus (dem benachbarten) Nazaret dürften sich hier gute Arbeits- und Verdienstmöglichkeiten geboten haben." Dem ist nicht zu widersprechen. Aber völlig ungewiss ist, ob auch Jesus diese Möglichkeit genutzt hat. Nach Mk 6,3 war er „Bauhandwerker"; Mt 13,55 bezeichnet ihn lediglich als „Sohn des Bauhandwerkers". Ob er also diesen Beruf ausgeübt hat, lässt sich nicht mit Sicherheit feststellen. Jedenfalls lassen ihn die Evangelien nie in Sepphoris auftreten, so wenig wie in Tiberias. Bei Schröter heißt es nach dem eben gegeben Zitat weiter: „Manchmal wird sogar vermutet, Jesus hätte am Theater mitgebaut […] und sei auf diese Weise mit griechischer Sprache und Kultur in Berührung gekommen." Das gilt ihm aber anschließend nicht deshalb als „unsicher", weil

---

[279] Vgl. dazu Wengst, Jesus, S. 50f.

[280] Stegemann meint: „Und gerade die johanneische Version der Speisungsgeschichten (Joh 6,1ff.) bringt die Wohltat Jesu mit den Erwartungen an einen wohltätigen König in Verbindung, der die Hungrigen speist, obwohl der Verfasser des vierten Evangeliums wohl gerade diese Deutung Jesu korrigieren möchte (Joh 6,15) […] Die Abweisung dieser Erwartung steht im Johannesevangelium im Kontext des Interesses, für Jesus jeglichen irdischen Herrschaftsanspruch zu vermeiden" (335). Solche Vermeidung ist nicht das Interesse des Evangelisten; er verneint vielmehr, dass die Herrschaft Jesu von der Art dieser Welt ist, wie sie Pilatus repräsentiert (Joh 18,36; vgl. dazu Wengst, Joh II, S. 242f.; zu Joh 6,15 Joh I, S. 235).

es ein völlig willkürlicher Schluss ist, sondern weil „das Theater […] zumeist in die Zeit nach Jesus datiert (wird)“ (J 89). Aus dem Aus- bzw. Aufbau der Städte Sepphoris und Tiberias wird für „die ersten Jahrzehnte der Herrschaft des Antipas für Galiläa“ auf einen „wirtschaftlichen Aufschwung“ geschlossen, der „auch Arbeitsplätze und soziale Sicherheit“ brachte (J 89). Es wird aber auch vermerkt: „Auf der anderen Seite entstanden Zwangsarbeits- und Schuldverhältnisse, das Gefälle zwischen Wohlhabenden und Abhängigen verschärfte sich“ (J 93). Und es wird festgestellt, dass „sich die Lebensbedingungen für die Landbevölkerung durch die Urbanisierungspolitik unter Antipas verschlechterten“ (J 96). Wie dann für Jesus die Folgerung gezogen werden kann: „Weder der ‚ländliche‘ Jesus noch der Sozialrevolutionär entsprechen dem Bild, das sich aus den neueren Forschungen zu Galiläa ergibt“ (J 95)[281], ist genauso wenig einsichtig, wie es die gegenteilige wäre. Archäologie und Landeskunde werden hier etwas zugemutet, was sie nicht zu leisten vermögen.

Ich sehe nicht, dass die neuen methodischen Zugänge die grundsätzliche Problemlage der historischen Jesussuche entschärft oder gar gelöst hätten, nämlich hinter den Texten der Evangelien entgegen der Intention der Evangelisten und doch auf diese Texte angewiesen eine historische Wirklichkeit zu eruieren.[282] Das Dilemma bleibt. Angesichts der Quellenlage erweisen sich auch die neuen Methoden als hilflos.

---

[281] Vgl. Diskussion, S. 74: „… eine sozialrevolutionäre Ausrichtung des Wirkens Jesu – etwa als Protest gegen Armut und Unterdrückung – ist angesichts der für Galiläa vorauszusetzenden Verhältnisse als unwahrscheinlich zu bezeichnen. Das Galiläa zur Zeit von Antipas und Jesus bietet kaum Anhaltspunkte dafür.“

[282] Schumanns Würdigung von Kähler hebt hervor: „Es gilt zu sehen: wir verstehen die Evangelien falsch und erklären sie daher auch geschichtlich falsch, d.h. nicht aus ihrer eigenen Intention heraus, wenn wir sie erklären als historische Urkunden, *hinter* denen wir eine Gestalt suchen und rekonstruierend ihrer habhaft werden wollen“ (Gedächtniswort, S. 7f.).

## 3. Der Jude Jesus – eine neue Erkenntnis?

*a) Die Jüdischkeit Jesu – keine neue Erkenntnis der „dritten Suche"*

Nach Stegemann ist besonders „die Erkenntnis der unbezweifelbaren Zugehörigkeit Jesu zum Judentum für die dritte Forschungsepoche konstitutiv" (88). Alle übrigen „Neuerungen" würden „durch eine fundmentale Erkenntnis bzw. Einsicht in den Schatten gestellt, die, bei Lichte betrachtet, eigentlich selbstverständlich ist, freilich in den bisher mehr als 200 Jahren Forschung von den christlichen Teilnehmern (den jüdischen war sie nie fraglich) weithin geleugnet oder verschleiert wurde: die Zugehörigkeit Jesu zum Judentum. Dass Jesus ein Jude war und nichts anderes als ein Jude sein wollte, und dass diese Einsicht inzwischen auch in der christlichen Jesusforschung weithin akzeptiert wird, muss als die entscheidende Neuerung der dritten Suche nach Jesus gelten" (115).

Aber ist diese ebenso schlichte wie elementare Einsicht, dass Jesus Jude war und als Jude in seinem Volk gewirkt hat, ein Verdienst der historischen Jesusforschung? Stegemann schreibt: „Dass Jesus von Nazareth ein Judäer aus Galiläa war, dass er die kollektive Identität seines jüdischen Volkes und die damit verbundenen kulturellen und religiösen Überzeugungen und Praktiken teilte, das ist nicht zufällig ein fundamentales Thema der historischen Jesusforschung. Es handelt sich dabei vielmehr um ein konstitutives Moment aller Aussagen über den historischen Jesus" (431f.). Dem Urteil, dass Jesu Jüdischkeit und alles damit Verbundene „ein konstitutives Moment aller Aussagen über den historischen Jesus" sein *müsste*, wäre sofort zuzustimmen. Dass sie es tatsächlich *sei*, wird eben doch von vielen Gegenbelegen widerlegt. Jesu Jüdischkeit ist „ein konstitutives Moment aller Aussagen" der Evangelien über ihn. Die Jesusforschung hat das erst in ihrer dritten Etappe gelernt. Dass die Jüdischkeit Jesu inzwischen wahrgenommen und ernst genommen wird, ist nicht ihr Verdienst, sondern Verdienst derjenigen Theologen und Theologinnen, die sich seit den 60er Jahren des vorigen Jahrhunderts dem Gespräch mit dem Judentum stellten, als in der Jesusforschung noch das Differenzkriterium galt. Die historische Jesusforschung hat es durchaus zu vermeiden gewusst, sich von Jesus ins Judentum führen zu lassen. Stegemann meint, „dass die Rückfrage nach dem historischen Jesus unvermeidlich ins Judentum führt" (168). Sie müsste es, hat es aber immer wieder nicht getan. Dahin müsste auch die Auslegung der Evangelien führen, da der in ihnen dargestellte Jesus selbstverständlich ein jüdischer Jesus ist. Der dort begegnende Jesus, wenn er denn in seiner Jüdischkeit wahrgenommen wird, führt noch unmittelbarer und zwingender ins Judentum als ein erst aus ihnen heraus präparierter oder herausgefilterter „historischer“ Jesus.

Dass Jesus Jude war, sei – so formuliert Stegemann mehrmals – „gelassen hinzunehmen“.[283] Aber ist diese gelassene Hinnahme eine hinreichende Konsequenz? An einer Stelle sieht Stegemann mit Recht die Wahrnahme der jüdischen Identität Jesu „mit der Infragestellung der eigenen (nämlich christlichen) *Überlegenheitsansprüche* (und natürlich zuvor der Aufgabe der antijüdischen Vorurteile) verbunden“ (180). Aber neben diese negativ abwehrende Konsequenz, die Abkehr von der antijüdischen christlichen Tradition, müsste doch auch eine positive treten, insofern bedacht wird, was die Jüdischkeit Jesu – und dabei weniger die Jüdischkeit irgendeines „historischen“ Jesus als vielmehr die Jüdischkeit des in den Evangelien begegnenden Jesus und also auch die Jüdischkeit der Evangelien insgesamt – für das Reden von Gott und damit *theologisch* bedeutet. Darauf wird im sechsten Kapitel dieses zweiten Teils zurückzukommen und einzugehen sein.

Stegemann meint, die neue Reflexion über Jesu jüdische Identität erfolge „unter dem Eindruck eines aktuell stattfindenden Paradigmenwechsels in der Erforschung des antiken Judentums“, insofern dessen Verständnis „als Religion und Religionsgemeinschaft“ nun „durch ein ‚Ethnizitätsmodell‘ abgelöst“ werde, „in dem die kollektive Identität der jüdischen Gesellschaft zur Zeit Jesu unter der dominanten Kategorie einer Ethnie verstanden wird“ (115; vgl. 123f.). Mit den einschlägigen Begriffen – als Beispiele nennt Stegemann *ioudaíos* und *ioudaía* – habe man „die Vorstellung von einer Ethnie verbunden […], die durch spezifische kulturelle und religiöse Besonderheiten hervorragte“ (124). Zunächst leuchtet mir im Blick auf das antike Judentum die Unterscheidung von kulturellen und religiösen Besonderheiten samt der Voranstellung der kulturellen nicht ein. Was gibt es hier für *kulturelle* Besonderheiten, die nicht zuerst und zugleich *religiöse* wären? Nimmt man die Begriffe *ioudaismós* und *ioudaídsein* hinzu, so werden mit ihnen die spezifisch jüdische Lebensweise und ihr Vollzug bezeichnet. Und die Praktiken dieser Lebensweise, die sowohl in der Selbstwahrnehmung als auch in der Außenwahrnehmung Jüdinnen und Juden von anderen Menschen deut-

283 S. 155 spricht er von „einer gelassenen Anerkennung der ‚kollektiven Identität‘ Jesu“; auf S. 164 attestiert er Käsemann „Schwierigkeiten damit, die historische Möglichkeit gelassen hinzunehmen, dass Jesus ein Jude und nichts als ein Jude war“; auf S. 179 fragt er, warum „es der christlichen Jesusforschung so schwer gefallen“ sei, „Jesu jüdische Identität anzuerkennen und gelassen hinzunehmen“; auf S. 431 diagnostiziert er nochmals die lange währende „Unfähigkeit von Theologie und Kirche, die Zugehörigkeit Jesu zum Judentum überhaupt erst einmal wahr- und dann auch gelassen hinzunehmen“.

lich unterschieden, waren ganz und gar aus religiösen Motiven entstanden. Jüdische Existenz ist bipolar, bestimmt von der Volkszugehörigkeit und einer religiös geprägten Lebensweise. Daher überzeugt mich ein „Ethnizitätsmodell“ im Gegensatz zu einem „Religionsmodell“ nicht und erscheint mir das große Wort vom „Paradigmenwechsel“ als nicht angemessen.

Das sei an wenigen Sätzen Stegemanns weiter erläutert. Er behauptet zunächst: Wenn man die Perspektive „des Ethnizitätsmodells auf Kultur und Gesellschaft des Volkes Israel zur Zeit Jesu anwendet, wird die *Tora zu einem Teilbereich* des kollektiven Selbstverständnisses der Judäer“ (265). Er fährt fort: „Das Ethnizitätsmodell der judäischen Gesellschaft im 1. Jh. setzt verschiedene Faktoren voraus, die für die kollektive Identität des Volkes eine Rolle spielen.“ Als solche Faktoren nennt er „Abstammung, Sprache, Wohngebiet, Mythen“. Was die Abstammung betrifft, wird das in der Tora grundgelegte Konstrukt der zwölf Stämme aufrecht erhalten samt der Rückführung auf die Bundesschlüsse Gottes mit den „Vätern“ Abraham, Isaak und Jakob. Die gesprochene Sprache ist zwar Aramäisch, aber das Hebräische als Sprache der „Schrift“ behält seine Bedeutung für die „kollektive Identität“. Das Wohngebiet „Land Israel“ bezieht sich auf die „Schrift“, und was Stegemann „Mythen“ nennt, sind deren Erzählungen. Die angeführten „verschiedene(n) Faktoren“ haben also alle ihren Ort in der Tora. Von daher ist die Fortsetzung des zitierten Satzes über diese Faktoren mir schlechterdings unverständlich: „unter denen das Mosegesetz einen, wenn auch *zentralen* Faktor im Kontext der symbolischen Ordnung darstellt“. Und noch einmal unverständlich ist es mir, wenn unmittelbar anschließend von der „damit verbundene(n) *Dezentrierung* des Mosegesetzes gesprochen wird.[284]

Auch in dem Vorschlag, statt von „Juden“ von „Judäern“ zu sprechen, vermag ich keinen Gewinn und keine größere Klarheit zu erkennen. *ioudaia/ judaea*, worauf „Judäer“ bezogen wäre, bezeichnet im 1. Jh. einmal eine römische Provinz, deren Grenzen wechselten, zum anderen – im Unterschied etwa zu „Galiläa“ – die Landschaft Judäa, bezogen auf das alte Stammesgebiet des Jakobsohnes Juda. Das alles klingt bei der Bezeichnung „Judäer“ mit, während „Jude“ die Volkszugehörigkeit in Verbindung mit der spezifischen Lebensweise unabhängig vom Wohnort bezeichnet.

Was das „Ethnizitätsmodell“ für die Erkenntnis des „historischen“ Jesus leistet, ist mir nicht ersichtlich geworden. Stegemann führt Stellen aus den Evangelien an und betont „die Selbstverständlichkeit, mit der in den Evange-

---

[284] Hervorhebungen von mir.

lien die traditionalen Codes des jüdischen Volkes begegnen". Er schließt daraus „auf eine gemeinsame kollektive Identität der handelnden Personen" (201). Noch deutlicher auf der Hand liegt damit wieder die Jüdischkeit der Evangelien selbst.

Anhangsweise sei erwähnt, dass in der rabbinischen Tradition der Begriff *jehudí* („Jude") in erster Linie religiös akzentuiert werden kann. Dass in Est 2,5 Mordechai am Anfang als „ein jüdischer Mann" (*isch jehudí*) und am Ende als „ein benjaminitischer Mann" (*isch jeminí*) bezeichnet wird, führt in bMeg 12b–13a zu der Frage, aus welchem Stamm er denn nun komme, aus dem Stamm Juda oder aus dem Stamm Benjamin. Nach Rabbi Jochanan kommt er aus dem Stamm Benjamin und „Jude" werde er genannt, „weil er den Götzendienst negierte; denn jeder, der den Götzendienst negiert, wird Jude genannt". Das wird mit Dan 3,12 begründet. In EstR 6,2 (Wilna 10a.b) heißt es zu Est 2,5 positiv über Mordechai: „Weil er den Namen des Heiligen, gesegnet er, als einzigen bekannte, wurde er ‚Jude' genannt. ‚Jude' bedeutet: mein Einziger (*jehudí jechidí*)."

*b) Jesus und „die Anfänge des christlichen Glaubens"?*

Auch Jens Schröter betont: „Die Einzeichnung Jesu in sein jüdisches Umfeld kann als das wichtigste Charakteristikum der neueren Jesusforschung gelten" (J 105; vgl. F 210f.; A 9f.). Aber nachdem er das festgestellt hat, zeigen sich alsbald zwei miteinander verbundene Punkte, die ihn an dieser Stelle stärker mit der traditionellen Jesusforschung, zumal der des 19. Jahrhunderts, verbunden sein lassen als mit der „dritten Suche". Es werden einmal Besonderheiten Jesu postuliert und dabei auch Aussagen von solcher Außerordentlichkeit gemacht, die deren historische Verifizierbarkeit fraglich erscheinen lässt. Und zum anderen wird – gerade über die betonten Besonderheiten – eine enge Verbindung zwischen Jesus und der „christlichen Gemeinde" bzw. dem „christlichen Glauben" hergestellt, sodass der Jude Jesus letztlich zum ersten Christen wird. Auf die Feststellung, dass das Wirken Jesu „auf die Erneuerung Israels und gerade nicht auf eine von Israel getrennte Gemeinschaft (zielte)", schließt Schröter unmittelbar an: „Unbestreitbar ist allerdings auch, dass bei Jesus Entwicklungen angelegt sind, die zur Trennung von Judentum und Christentum geführt haben" (J 106; vgl. A 3f.). Entsprechend erklärt er es für „nicht sinnvoll, eine scharfe Zäsur zwischen dem vor- und dem nachösterlichen Jesus zu setzen und die Geschichte des Christentums erst mit den Osterereignissen einsetzen zu lassen" (J 301; vgl. A 88 Anm. 190).

Schon im ersten Satz des Vorworts seines Buches über „Jesus und die Anfänge der Christologie“ stellt er die Möglichkeiten der Rekonstruktion der frühen Jesusüberlieferung in „Zusammenhang mit der Entstehung des christlichen Glaubens sowie ihrer Einbindung in eine Geschichte des Urchristentums“ (A VII; vgl. 1.2). Nach ihm „kann das Netz zwischen seinem (Jesu) Wirken und der Ausbildung christologischer Überzeugungen vermutlich enger geknüpft werden als in der Forschung mitunter angenommen“ ( A 4). So bezeichnet er es als den „Beitrag historischer Jesusforschung [...], Jesusdarstellungen hervorzubringen, die die verschiedenen Anknüpfungen im Urchristentum an ihn plausibel machen können“ (A 36). Ja, er sieht die Jesusforschung geradezu „gefordert, die Entstehung des Christentums aus dem Wirken Jesu heraus verständlich zu machen“ (A 60). Die sich hier deutlich zeigende Intention, zwischen dem zu entwerfenden Bild Jesu und den „Anfängen des christlichen Glaubens“ einen möglichst engen Zusammenhang herzustellen, bestimmt dann die Analyse der Quellen.

Verwunderlich ist schon Schröters selbstverständlicher Gebrauch der Begriffe „christlich“, „Christen“ und „Christentum“. Da wird „die Logienquelle“ als „Vertreterin der Auffassung“ angeführt, „das Christentum sei *innerhalb* der Identitätsmerkmale des Judentums zu definieren (A 4). Aber was ist dann „Christentum“? Da wird von den „ersten Jahrzehnte(n) des Christentums“ gesprochen, offenbar mindestens mit „Ostern“ beginnend (A 181), und ist für eine sehr frühe Zeit von „der Trennung vom Judentum und der Aufnahme von Heiden in die christliche Gemeinde“ die Rede (J 233). Schröters Darlegungen lassen es so erscheinen, als wäre die Vorstellung eines mit „Ostern“ beginnenden Christentums allgemein akzeptiert[285] und nur noch zu fragen, ob dieses Christentum mit dem vorösterlichen Jesus, „Jesus selbst“, so eng verbunden ist, dass er als sein Beginn gelten kann. Diese Vorstellung ist jedoch, gemessen am Selbstzeugnis der Quellen, schlechterdings anachronistisch; sie ist eine Rückprojektion des späteren – erst mit dem 2. Jahrhundert beginnenden – Gegenübers und Gegensatzes von Judentum und Christentum ins 1. Jahrhundert.[286] Noch Lukas bezeichnet in der Apostelgeschichte die auf Jesus als Messias bezogene Gemeinschaft als eine „Gruppe“, wie er das auch im Blick auf Pharisäer und Sadduzäer tut, also als eine Gruppe *im* Judentum und nicht außerhalb seiner.

---

285 Von daher wird schon dem Matthäusevangelium die Substitutionstheorie unterstellt. Das Gleichnis vom Hochzeitsmahl (Mt 22,1ff.) diene „der Veranschaulichung des Gerichtes über Israel, an dessen Stelle nunmehr die christliche Gemeinde getreten ist“ (A 56).

286 Vgl. den Verweis o. S. 231 Anm. 273.

Von Schröters Interesse her, die „christliche“ Entwicklung der frühen Zeit eng mit dem zu gestaltenden Bild Jesu zu verbinden, wird dann Jesus doch wieder etwas vom Judentum distanziert und auch ein Stück weit verabsolutiert. Er fragt an, „ob die Sicht, daß Jesus selbst der Tora kritisch gegenübergestanden habe und gegenläufige Tendenzen als spätere Angleichungen an seine Verkündigung an das jüdische Gesetz durch judenchristliche Kreise zu beurteilen seien, nicht noch einmal zu überdenken wäre“ (A 138f.). So wird – um nur ein Beispiel anzuführen – zu Mk 3,4 kurzschlüssig behauptet, mit der dort vorgenommenen „Gegenüberstellung von Gut und Böse ist der Rahmen jüdischer Sabbatdiskussionen zugunsten einer generellen ethischen Maxime verlassen“ (J 241) – als wenn in rabbinischen Sabbatdiskussionen die Angabe einer „generellen Maxime“ und die Diskussion konkreter Fälle einander ausschlössen und nicht vielmehr einander bedingten. Auf eine Verabsolutierung läuft es hinaus, wenn von Jesus gesagt wird, er „verstand sein Wirken als eines, das die Nähe Gottes durch die Aufrichtung seiner Herrschaft in vorher so nicht dagewesener Weise vermittelt“ (J 267). Ist hier noch von Vermittlung die Rede, wird an späterer Stelle aus der für Jesus behaupteten „Selbstbezeichnung als ‚Menschensohn‘“ geschlossen, dass „durch dessen Anwesenheit Gott unmittelbar erfahrbar wird“ (J 321). Ich weiß nicht, wie Gott durch einen Menschen von anderen „unmittelbar“ erfahren werden kann. Schon vorher hatte er aus der behaupteten Selbstbezeichnung Jesu als „Menschensohn“ geschlossen, damit weise Jesus „auf die Besonderheit seiner Person […]: Alles, was sich durch ihn und an ihm ereignete, war deshalb von einzigartiger Bedeutung, weil er als Repräsentant Gottes dessen Reich aufrichtete und die Menschen mit der Entscheidung über Heil und Unheil konfrontierte“ (J 255).[287]

Auch die Aussage, „das Leid der Welt“ habe „im Tod Jesu in unüberbietbarer Weise Gestalt gewonnen“ (J 346),[288] erscheint mir angesichts der unermesslichen Zahl von Menschen, die wie Jesus – und viele von ihnen auf noch schlimmere Weise – zu Tode gebracht wurden und elendiglich verreckt sind, als eine unangemessene Verabsolutierung. Mit all dem wird die von Schröter eingeräumte Jüdischkeit Jesu wieder kräftig relativiert.

---

287 Dass Jesu Ziel die Erneuerung Israels gewesen sei, scheint jetzt vergessen. Entsprechend wird die „Christusbezeichnung“ so in Jesu Selbstverständnis als Menschensohn einbezogen, dass der politische, auf die Befreiung Israels bezogene Sinn wegfalle (J 266).

288 Vom Tod Jesu als einem besonderen müsste mit dem Neuen Testament *theologisch* geredet werden. Vgl. dazu Klaus Wengst, „… dass der Gesalbte gemäß den Schriften für unsere Sünden gestorben ist.“ Zum Verstehen des Todes Jesu als stellvertretender Sühne im Neuen Testament, EvTh 72, 2012, S. 22–39.

# 4. Hat man aufgehört, sich im eigenen Rekonstrukt zu spiegeln?

Schon Martin Kähler hatte beobachtet, dass es „zumeist der Herren eigener Geist" sei, in dem sich zu spiegeln der rekonstruierte „historische" Jesus gezwungen wird.[289] Zu der Zeit, als Schweitzer seine „Geschichte der Leben-Jesu-Forschung" schrieb, scheint dieses Phänomen einigermaßen bekannt gewesen zu sein. Angesichts dessen meinten die einen, ihm entgehen zu können, indem sie noch mehr darauf achteten, dass sie ihm nicht verfielen. Schweitzer selbst wähnt sich davor gefeit, weil er einen sehr fremden Jesus kreiert, um sich dann schließlich doch in dem zu spiegeln, was er positiv von Jesus aufnimmt.[290] Dieses selbstverliebte Spiel, das selbstgemachte Rekonstrukt, den „historischen" Jesus, mit den eigenen Lieblingsgedanken zu bestücken, ging auch nach Schweitzer weiter. Es musste weitergehen, weil aufgrund der Widerständigkeit der Quellen diese Suche nach dem „historischen" Jesus gar nicht anders erfolgen kann. Für die Zeit von den 50er Jahren bis in die 80er Jahre des vorigen Jahrhunderts hat Schellong dieses Phänomen der Selbstspiegelung eindrucksvoll beschrieben: Er bemerkt, es komme „bei christlichen Darstellungen des ‚historischen Jesus' stets nur das heraus, was im Klima des kirchlichen Mittelstandes gerade als sympathisch gilt und vertraut ist. So kann man ganz sicher sein, daß in jedem Fall beteuert wird, der ‚historische Jesus' habe keineswegs Gottes Gericht angekündigt; der Gedanke des Strafgerichts habe ihm völlig ferngelegen – so fern, wie er dem historisch-kritischen Jesusliebhaber von heute liegt". So kann er mit Recht spotten: „Die Färbung im einzelnen wechselt: In den fünfziger Jahren merkte man dem historischen Jesus das Studium der Existentialphilosophie an, die hat er wieder verlernt, dafür hat sein Engagement für Sozialarbeit zugenommen, einige Zeit lang konnte er auch kulturpolitisch aufrührerisch sein, und inzwischen besteht kein Zweifel mehr an seinem Feminismus, der auch verschiedener Facetten fähig ist. Wenn man Lust dazu hätte, könnte man die Schwankungen im öffentlichen Bewußtsein seit den fünfziger Jahren an dem nachzeichnen, was aus den wenigen ‚echten' Aussprüchen Jesu herausgedeutet wird. Der ‚historische Jesus' kommt mir vor wie ein Chamäleon: Auf welche Farbe man ihn setzt, die nimmt er an."[291]

---

289 Vgl. o. S. 122 mit Anm. 144.

290 Vgl: o. S. 154.

291 Schellong, Rückfragen, S. 28f. Schon Kähler hatte angemerkt: „Man ermißt ja oft nicht genug, in welchem Maße mit den Zeiten die Stimmungen in betreff dessen wechseln, was

Schließlich sei noch eine Situation beschrieben, die diesen Aspekt schlaglichtartig erhellt. In der Evangelischen Akademie Tutzing wurde im Juni 1999 ein Symposion zu Jesus durchgeführt.[292] Auf ihm stellte K. C. Hanson in seinem Vortrag den „historischen" Jesus in den Zusammenhang der „Freibeuter" (englisch: *social bandits*) im 1. Jahrhundert im Land Israel.[293] Es war gewiss alles andere als ein Zufall, dass der Vortragende sich in seinem Aussehen nach dem klassisch gewordenen Bild von Karl Marx gestaltet hatte.

Der Umgang von Wolfgang Stegemann mit dem Aspekt der Selbstspiegelung in der Jesusforschung zeigt eine gewisse Ambivalenz. Einerseits nimmt er sie bei anderen hellsichtig wahr. So zeigt er z.B., dass in der von Klaus-Peter Jörns propagierten und begründeten Abendmahlspraxis der „historische Jesus [...] als eine Art *Letztbegründungsinstanz* für die eigenen theologischen Überzeugungen (dient)" (404). Andererseits meint er jedoch: „Die Kritik des *subjektiven* Charakters der historischen Jesusbilder und ihre damit verbundene Vielfalt, die Schweitzer als Erster klar auf den Begriff gebracht hat,[294] ist inzwischen zu einem gleichsam trivialen Argument gegen die historische Jesusforschung geworden" (424). Entsprechend hatte er schon am Anfang seines Buches „die Erkenntnis" betont, „dass eine historische Jesusforschung wie alle Geschichtsdeutung und -schreibung eine *Konstruktion* im perspektivischen Interesse ihrer Autoren ist" (24). So fügt er an den vorher zitierten Satz an: „Doch wird m.E. den Autoren markanter ‚Jesusbilder' zu schnell ein persönliches, ideologisches Interesse unterstellt" (424). Die Formulierung „Autoren markanter ‚Jesusbilder'" scheint mir aufschlussreich zu sein. Bei ihr ist vorausgesetzt – und das entspricht ja auch dem Befund –, dass es sehr unterschiedliche Jesusbilder gibt. Was sie jeweils als „markant" auszeichnet, kann angesichts ihrer Unterschiedenheit nur im jeweiligen Autor begründet sein. Wo soll es auch anders herkommen, wenn das „Jesusbild" aus notwendig situationslos gemachten und fragmentarisierten Überlieferungsstücken gewonnen werden muss? Dabei braucht kein

als Maß und Ziel der Erkenntnis gilt; – ich sage mit Bedacht ‚Stimmungen'." Er verweist für seine Zeit auf die Beliebtheit des geschichtlichen Romans, der „viel zur Grenzverwischung mitgewirkt" habe (Jesus, S. 24).

292 Die dort gehaltenen Vorträge sind dokumentiert in dem von Wolfgang Stegemann, Bruce J. Malina und Gerd Theißen herausgegebenen Band: Jesus in neuen Kontexten, Stuttgart 2002.

293 K. C. Hanson, Jesus und die „Freibeuter". Eine sozialwissenschaftliche Studie; in dem in der vorigen Anmerkung genannten Band auf S. 123–134.

294 Noch einmal ist daran zu erinnern, dass dieses Phänomen lange vor Schweitzer schon von Martin Kähler herausgestellt worden ist.

„persönliches, ideologisches Interesse" unterstellt zu werden, keine „*absichtliche(n)* ideologischen Verzerrungen". Die eigenen Interessen wirken unbewusst hinter dem Rücken der Autoren und kommen unter der Hand zum Zuge. Stegemann will „die Subjektivität und Votalität der Jesusbilder [...] auf einen *konstitutiven* Aspekt historischer Wissenschaft überhaupt und der historischen Jesusforschung als dem hier interessierenden konkreten Beispiel" zurückführen, weil diese Wissenschaft als „eine *interpretierende* [...] von subjektiven Faktoren abhängig" sei und deshalb nicht „zu eindeutigen und ‚objektiven' Fakten oder zu einem eindeutigen und ‚objektiven' Sinn von Texten kommen" könne (424). Das ist gewiss beherzigenswert, mehr noch, wenn Stegemann auf der folgenden Seite formuliert: „Die Exegese der biblischen Texte befindet sich in einem dauernden *Verhandlungsprozess* über deren Sinn und kann nur vorübergehend zu einem Abschluss kommen." Aber fragt denn die historische Jesusforschung nach dem *Sinn biblischer Texte*? Das tut sie ja dezidiert nicht, sondern sie sucht nach einer historischen Wirklichkeit hinter den Texten – und müsste deshalb über den Charakter dieser Texte als ihrer Quellen Bescheid wissen und so Kählersche Bescheidenheit üben.

Auch bei Schröter findet sich an dieser Stelle eine Ambivalenz. Einerseits führt er es „als ein konstitutives Merkmal historischer Erkenntnis der Neuzeit" an, „Dokumente der Vergangenheit aus ihrem eigenen Kontext heraus zu verstehen und in diesem nicht einfach die eigenen Deutungen und Werturteile ungebrochen wiederzufinden", sondern „die Zeugnisse der Vergangenheit in ihrem Eigencharakter wahrzunehmen und von der eigenen Zeit zu unterscheiden". Das sei „in der Leben-Jesu-Forschung des 19. Jahrhunderts *de facto* nicht oder nur ungenügend geschehen", stelle aber „die Möglichkeit historischen Erkennens in Bezug auf die Person Jesu nicht *prinzipiell* in Frage" (F 214). Wie einst Heinrich Julius Holtzmann[295] meint er also, es besser machen zu müssen und zu können. Andererseits geht er ähnlich wie Stegemann in die Offensive, indem er die Vielfalt der Jesusbilder aus der Erkenntnis über die Weise historischen Arbeitens erklärt, das immer auch ein Deuten sei. Er spricht im Blick auf die „dritte Suche" geradezu von „einer zuvor so nicht dagewesenen Pluralisierung der Möglichkeiten, die historische Person Jesus von Nazaret darzustellen", und meint dazu: „Dieser Befund ist nicht zu beklagen." Er bedeute auch „keine konturenlose Beliebigkeit", da hier ein „an die Quellen gebundene(r) Prozeß der Refiguration

---

[295] Vgl. o. S. 136f.

des Wirkens Jesu in Gang“ gesetzt werde (A 55; vgl. F 247f.). Aber kann diese Argumentation überzeugen? Die auch an anderen Stellen betonte Bindung an die Quellen oder „Dokumente“ lässt ja ganz offensichtlich eine große Divergenz der Bilder zu. *Diese* Dokumente, also die als Quellen für die historische Jesussuche benutzten Evangelien, haben demnach für diese Fragestellung keine allzu starke bindende Kraft. Für die Divergenz der Bilder kann jedenfalls nicht die Bindung an die Evangelien verantwortlich sein; sie muss im imaginierenden Konstruieren derjenigen begründet sein, die die Bilder produzieren, also in dem, was sie für plausibel und wahrscheinlich halten. Damit erweisen sich die Bilder insofern doch als beliebig, als sie vom Belieben ihrer Produzenten abhängen.

Im Referat einer Arbeit von White über „die Bedeutung von Narrativität in der Darstellung der Wirklichkeit“ stellt Stegemann heraus, dass die Erzählungen der Evangelien „Fiktionen der Kohärenz“ und „Konstruktionen von Sinn“ sind, und erwähnt unter der Frage, „wie sich vergangene Wirklichkeit treu abbilden lässt“, die Überlegung von White, „ob nicht Annalen und Chroniken gegenüber der narrativen Geschichtsschreibung einen Vorteil haben“ (391). Dieses Interesse, „wie sich vergangene Wirklichkeit treu abbilden lässt“, steht bei aller Betonung der Subjektivität auch der an historischer Wissenschaft Beteiligten immer wieder bestimmend im Hintergrund. Das zeigte sich schon bei der bereits im zweiten Kapitel des ersten Teils zitierten Stelle, an der Stegemann fragte, „welches Evangelium die historischen Ereignisse (am genauesten) abbildet“.[296] Das tritt auch hervor, wenn er von der „genuinen Jesusbewegung“ spricht und meint, über sie historisch zutreffende Aussagen machen zu können.

Den m.E. beachtlichsten Versuch, bei einer Darstellung des „historischen“ Jesus der Selbstspiegelung zu entgehen, hat Gerd Theißen in seinem überaus erfolgreichen Buch „Der Schatten des Galiläers“ unternommen, in dem er „historische Jesusforschung in erzählender Form“ bietet. Er erzählt aus der Perspektive einer von ihm erfundenen Gestalt, eines „Andreas“, eines jungen, reichen Kaufmanns, der mit Korn und Olivenöl handelt. Er wird in Jerusalem als Unbeteiligter bei einem Tumult von römischen Soldaten mit festgenommen und dann von Pilatus und dem für die Sicherheit in der Provinz zuständigen Offizier erpresst, Erkundungen zu sammeln, zunächst über die Essener, dann über Jesus. Andreas geht notgedrungen darauf ein, jedoch im festen Willen, sein Volk nicht zu verraten. Auf seinen Reisen im Land

---

[296] Vgl. o. S. 55 Anm. 64.

gelingt es ihm nie, Jesus zu treffen. Er sieht ihn erst, als er schon tot am Kreuz hängt. Aber vorher trifft er immer wieder sehr unterschiedliche Menschen, die Jesus getroffen oder von ihm gehört haben. Von ihnen bekommt er aus ihren je unterschiedlichen Perspektiven Informationen und gewinnt daraus ein Bild von Jesus. In dieser doppelten Brechung der Erzählung verarbeitet Theißen, was man über das Land Israel[297] in der ersten Hälfte des ersten Jahrhunderts historisch, politisch, soziologisch, ökonomisch, kulturgeschichtlich, lokalkoloritmäßig wissen kann. Das gelingt glänzend.[298] So entstehen in diesen Erzählungen Wertungen Jesu und Annäherungen an ihn aus sehr unterschiedlichen Perspektiven, die sich in Andreas zu einem Bild zusammensetzen. An keiner Stelle kann so der Eindruck entstehen, das sei nun der „wirkliche“ Jesus. In einem der an jedes Kapitel anschließenden methodisch reflektierenden Briefe an den fiktiven Kollegen „Kratzinger“ formuliert Theißen selbst: „Die Struktur der Erzählung ist bewußt so angelegt, daß keiner auf den Gedanken kommen kann, hier würde ein Bild von ‚Jesus an sich‘ wiedergegeben. Es ist ‚Jesus‘ aus der Perspektive bestimmter sozialer Erfahrungen“ (214). Dem entspricht auch sehr schön der Titel des Buches. Ein Schattenbild kann einen sehr prägnanten Eindruck geben, wenn man die abgebildete Person kennt. Hat man aber nur das Schattenbild, bleibt buchstäblich Vieles im Dunklen.

Ich hatte bei der Lektüre des Buches insofern noch ein besonderes Lesevergnügen, da ich in der Gestalt des Andreas immer wieder Gerd Theißen vor mir sah, „wie er leibt und lebt“. In dieser Gestalt hat er sich gespiegelt; und das ist legitim, da jede Leserin und jeder Leser weiß, dass es sich dabei um eine fiktive Person handelt. Über sie geschieht dann doch auch eine subtile Spiegelung in der Gestalt Jesu, insofern „Andreas“ Entsprechungen zwischen sich und Jesus feststellt (151.152; vgl. 208). In einem „Kratzinger“-Brief zeigt das Theißen selbst an, wenn er sagt, „daß auch ich für einen Ausgleich zwischen den Schichten plädiere. Aber es ist offen, ob Jesus mich dabei als seinen Bundesgenossen vereinnahmt hat oder ich ihn“ (180).

Was Theißen im „Schatten des Galiläers“ getan hat, scheint mir, wenn man denn historisch nach Jesus fragen will, gerade auch wissenschaftlich die

---

297 Theißen gebraucht in der Erzählung anachronistisch den Begriff „Palästina“.

298 Aber auch Theißen ist nicht fehlerfrei – so, wenn er aus mSheq 4,2 schließt, für die Wasserversorgung Jerusalems hätte die Tempelkasse aufzukommen gehabt, und damit die gewaltsame Verwendung von Tempelgeld für den Bau eines Aquädukts durch Pilatus als berechtigt erscheinen lässt. Es geht bei mSheq 4,2 jedoch nur um einen Kanal am Tempel zur Säuberung des Vorhofs (vgl. mJom 5,6; jSheq 4,2 [48a]; tPes 3 [4], 12).

angemessenste Zugangsweise zu sein. In einem „Kratzinger“-Brief hat er das so formuliert: „Mir ist beim Schreiben aufgegangen, daß die Gespräche des Buches wissenschaftliche Diskussionen in einer Hinsicht angemessener wiedergeben als gelehrte Abhandlungen: In Abhandlungen kommt man nach vielen Pro und Contra zu einem Ergebnis, das man so plausibel wie möglich darstellt – und das auf dem Weg vom Gedanken zur Druckerschwärze viel plausibler wird, als es wirklich ist. Ein erzählter Dialog kann dagegen offen enden. Niemand muß das letzte Wort haben“ (81). Gleich zu Beginn des Buches, im ersten „Kratzinger“-Brief „anstatt eines Vorworts“, drückt Theißen die Sorge aus, er könnte mit seiner Jesuserzählung seinen „Ruf als Wissenschaftler“ ruinieren (9). Obwohl er sie mit dem Buch faktisch ausgeräumt hat, scheint sie ihn doch nicht ganz verlassen zu haben. Anders kann ich es mir nicht erklären, dass er ein knappes Jahrzehnt später – zusammen mit Annette Merz – ein „Lehrbuch“ über den „historischen“ Jesus geschrieben hat, in dem er es offenbar „richtig“ machen wollte.

## 5. Gibt es neue gesicherte historische Erkenntnisse?

*a) Das nach wie vor bestehende Chaos*

Bevor ich auf Einzelheiten eingehe, sei daran erinnert, dass es in jeder Phase der Jesusforschung ein Chaos unterschiedlicher Jesusbilder gab.[299] Das unterstreicht von vornherein die Unsicherheit historischer Erkenntnis auf diesem Gebiet. Käsemanns Hoffnung, dem „allgemeinen Chaos" mit radikaler Kritik beikommen zu können, hatte sich als Fehleinschätzung erwiesen.[300] Die von seinem Vortrag angestoßene, sofort einsetzende enorme Produktion von Beiträgen zum „historischen" Jesus wurde bereits 1960 zu einem guten Teil in einem 710 Seiten starken Band dokumentiert, 1961 in zweiter und 1964 in dritter Auflage erschienen, der zugleich Dokumentation des neu entstehenden Chaos war.[301] Wie nicht anders zu erwarten, hat auch die „dritte Suche" nach dem „historischen" Jesus wiederum ein Chaos von Jesusbildern produziert. Als kleine Belege dafür seien hier nur auf den das einschlägige Tutzinger Symposion von 1999 dokumentierenden Band hingewiesen[302] und der 1995 geschriebene Satz von Johnson zitiert: „Die dem ‚historischen Jesus' gewidmete Flut von Publikationen seit 1990 (um eine künstliche, aber notwendige Grenze zu ziehen) lässt annehmen, dass es einen praktisch unendlichen Appetit auf Bücher über Jesus gibt."[303]

Im Blick auf die Differenzen in der Darstellung der Evangelien hatte Wolfgang Stegemann die Frage gestellt, „was denn nun ‚stimmt'", was historisch „korrekt" repräsentiert werde (396). Gegenüber den Evangelien, die auf einer anderen Ebene als der historisch verifizierbarer Faktizität erzählen, war das eine unangemessene Frage. Aber genau diese Frage wäre doch an die Ergebnisse der historischen Jesusforschung zu richten, die nach historisch Verifizierbarem sucht. Und da diese Frage sich nicht beantworten lässt – außer mit dekretorischer Gewalt –, stellt sie das ganze Unternehmen in

---

299 Vgl. den Abschnitt über „die Permanenz des Chaos" o. S. 209.

300 Vgl. o. S. 183.

301 Helmut Ristow/K Matthias (Hg.), Historischer Jesus und kerygmatischer Christus, Berlin 1960. Ich kann mich noch gut daran erinnern, mit welch fassungslosem Zorn Käsemann in seiner Vorlesung im Wintersemester 1963/64 über diesen Band sprach.

302 Vgl. o. S. 245 mit Anm. 292.

303 Johnson, Jesus, S. 29. Auf S. 1–56 gibt er eine kritische Darstellung der Hervorbringungen des *Jesus Seminary* und weiterer Jesusbücher, sowohl von Laien als auch von Fachexegeten geschriebener; vgl. auch S. 127–133 über John P. Meier. Auf S. 86 geißelt er die „Kombination von aufgeblähten Ansprüchen und widerstreitenden Ergebnissen", die „allein schon ernsthafte Historiker auf ein fundamentales Problem aufmerksam machen sollten".

Frage. Nach dieser grundsätzlichen Infragestellung sei an wenigen einzelnen Punkten diskutiert, ob oder inwiefern davon geredet werden kann, dass die „dritte Suche“ neue gesicherte historische Erkenntnisse hervorgebracht habe.

*b) Jesus und die Königsherrschaft Gottes*

Wolfgang Stegemann nimmt von Albert Schweitzer die Frage auf, ob „die Verkündigung Jesu eschatologisch oder uneschatologisch war“ (117). Im Blick auf die vorliegenden Evangelientexte ist eine solche Alternative völlig unangemessen. Dort stehen beide Aspekte spannungsvoll zusammen und gerade in dieser spannungsvollen Einheit wären sie zu interpretieren. Was zwingt dazu, für den „historischen“ Jesus eine Alternative anzunehmen, wenn nicht eine willkürliche Vorentscheidung, indem man eine Aussage zum fundamentalen Ausgangspunkt macht und andere für damit unvereinbar erklärt? Für die präsentische Interpretation der Verkündigung des Reiches Gottes durch Jesus spielt der Vers Mt 12,28/Lk 11,20 eine „gewichtige Rolle“: „Wenn ich mit dem Finger/dem Geist Gottes die Dämonen austreibe, ist das Reich Gottes schon bei euch angelangt.“ Stegemann zeigt, dass „die Begründung der Herkunft dieses Wortes vom historischen Jesus auf tönernen Füßen“ stehe (302). Seine ihm zugedachte Rolle könne er „*nur bei isolierter Betrachtung*“ spielen (305). Und weil er diese Rolle übernehmen soll, wird er isoliert. So folge die Isolierung vom vorangehenden Vers einer *petitio principii* (306). Nur sollte bedacht werden, dass das, was Stegemann hier kritisch gegen andere anführt, grundsätzlich gilt und jede Rückfrage nach Jesus trifft, da sie notwendigerweise Teiltexte der Evangelien isolieren muss, um überhaupt eine Basis zu gewinnen. Eine Seite weiter stellt Stegemann zu Recht fest, dass die literarischen Kontexte der Evangelien Leseanleitungen geben. Von denen will aber auch er sich bei seiner Rückfrage natürlich nicht leiten lassen.

So findet sich auch bei Stegemann, wenngleich in abgemilderter Form, die traditionelle christliche Unterscheidung zwischen Jesus und Johannes dem Täufer. Zunächst stellt er fest, Jesus habe „mit der Verkündigung der nahen Königsherrschaft Gottes an Johannes den Täufer“ angeknüpft; „davon war schon J. Weiß überzeugt“. Lange vor J. Weiß haben es so die drei ersten kanonischen Evangelien erzählt. „Vermutlich hat allerdings die Jesusbewegung deutlicher noch als der Täufer und seine Anhängerschar die positiven Effekte der unmittelbar bevorstehenden Herrschaft Gottes betont und weniger den Gerichtsaspekt“ (331).[304] Wäre es demgegenüber nicht um vieles wichtiger – und auch interessanter – wahrzunehmen und wirklich zu würdigen, dass der Evangelist Matthäus die programmatische Verkündigung Jesu von der Nähe des Himmelreichs (Mt 4,17) wörtliche Wiederaufnahme der programmatischen Verkündigung Johannes des Täufers (Mt 3,2) sein lässt? Aber Stegemann will ja wissen: „Was stellte sich Jesus unter der Königsherrschaft Gottes vor?“ (328; vgl. 331) Auf dieser Ebene ist es offenbar geboten, dass sich Jesus von Johannes unterscheidet.

Dass Stegemann die Frage verfolgen will, was sich Jesus unter der Königsherrschaft Gottes vorgestellt habe, ist angesichts dessen erstaunlich, dass er es kurz vorher im Blick auf diesen zentralen Begriff für eine „Illusion“ erklärt hatte, „es könne unter Beachtung methodischer Sorgfalt dem wissenschaftlich geschulten Autor gelingen, *eine bestimmte Deutung* der relevanten Texte als *objektive und definitive* Repräsentation der Position des historischen Jesus zu begründen“ (298). Müsste daraus nicht die Konsequenz gezogen werden, solche Rückfrage zu unterlassen und die vorliegenden Texte in ihren Zusammenhängen zu interpretieren? Auch dann wird es unterschiedliche Deutungen geben. Aber die Ausgangstexte würden eine klare Vorgabe bilden und müssten nicht erst selbst hergestellt werden, wodurch ein wesentlicher Punkt der Willkür wegfiele. Durch die Atomisierung der Texte ist der Willkür weiter Raum gegeben. Der Interpret setzt sie nach Geschmack neu zusammen und erfindet Kontexte für sie.

Aber was macht Stegemann aus seiner guten Einsicht? Er kündigt an: „Im nächsten Kapitel […] skizziere ich dann inhaltliche Vorstellungen, die in der frühen Jesusbewegung bzw. von Jesus selbst mit dem Reich-Gottes-Begriff verbunden worden sind, und formuliere meine Konstruktion der *basileia*-Verkündigung Jesu / bzw. der *Jesusbewegung*.“ Er meint weiter: „Das *basileia-Konzept* Jesu bzw. der Jesusbewegung […] kann in den Texten der (sy-

---

[304] Gegenüber Abgrenzungen des „historischen“ Jesus vom Gerichtsgedanken hatte Schellong bissig bemerkt, es komme „bei christlichen Darstellungen des ‚historischen Jesus‘ stets nur das heraus, was im Klima des kirchlichen Mittelstandes gerade als sympathisch gilt und vertraut ist. So kann man ganz sicher sein, daß in jedem Fall beteuert wird, der ‚historische Jesus‘ habe keineswegs Gottes Gericht angekündigt; der Gedanke des Strafgerichts habe ihm völlig ferngelegen – so fern, wie er dem historisch-kritischen Jesus-Liebhaber heute liegt. Das ist der entscheidende Punkt, für den man Vergewisserung sucht! Falls eingeräumt wird, daß Jesus doch in diese Richtung etwas gesagt haben mag, wird gleich hinzugesetzt, daß das nur am Rande stand und nicht das Entscheidende seiner Botschaft betraf. Das Entscheidende sei ethisch gewesen – zwar ethisch streng, aber doch einladend, versöhnlich, Liebe-bringend, Gruppen-übergreifend. Kurz, er war so gut und sympathisch, wie man selber sein möchte“ (Rückfragen, S. 28f.).

noptischen) Evangelien vermutet und muss aus ihnen herausgefiltert werden." Das Bild vom „Herausfiltern" – eine Variante zu dem von Reimarus gebrauchten Bild vom Wegnehmen der „Tünche" – zeigt die methodische Problematik noch einmal deutlich.[305] Stegemann sieht, dass „Rückschlüsse" immer „vage und hypothetisch bleiben" (299). Er kann dann sogar sagen – und konterkariert damit das zuvor angegebene Ziel, wissen zu wollen, was Jesus sich vorgestellt hat –, „was Jesus *gemeint* hat, werden wir für keine einzige Jesus zugeschriebene Äußerung je wissen können [...]. Wir wissen nicht einmal genau und definitiv, was Jesus *gesagt* hat." Es gebe nur „Vermutungen", wenn auch „durchaus methodisch begründete" (303). Aber woran ist zu erkennen, dass „durchaus methodisch begründete" Vermutungen der intendierten Repräsentation der Vorstellungen eines Menschen, der vor langer Zeit gelebt hat, näherkommen als intuitive Vermutungen, wenn eben auf dem einen wie dem anderen Weg nicht über Vermutungen hinauszukommen ist?

Die von Stegemann gegebene Beschreibung der „Königsherrschaft Gottes" als „gute Regierung" (314–316) ist an den vorliegenden Texten möglich und völlig unabhängig von der hypothetischen Rückführung auf den „historischen" Jesus. Das gilt auch für die in diesem Zusammenhang von den Psalmen 145 und 146 her gegebene Deutung dieses Begriffs „als einen Gegenbegriff zur empirischen Erfahrung von Herrschaft" und schließlich auch für das Verständnis der Königsherrschaft Gottes als „eines heterotopen Gesellschaftsmodells" (322; im Blick auf den „historischen" Jesus und die „Jesusbewegung" breit ausgeführt auf S. 325–353). Wenn Stegemann die Stellen Mk 10,17.23f.; Joh 18,36; Lk 17,20f. als Beispiele für „spiritualisierende Deutungen" anführt (319), soll das wohl als Hebel dafür dienen, das nicht spiritualisierende Verständnis auf den „historischen" Jesus zurückführen zu können. Die Evangelisten erscheinen damit wieder implizit als bloße Sammler, die Unvereinbares nebeneinander stellten. Allerdings hat sich Stegemann um ein Verständnis der angeführten Stellen nicht bemüht, sondern sie schlicht als „spiritualisierend" deklariert. M.E. trifft diese Deklarierung auf keine einzige von ihnen zu.

Um auf die Frage nach dem Verständnis der Königsherrschaft Gottes durch Jesus „ausführlichere Antworten" zu bekommen, will Stegemann, wie schon erwähnt, „den Blick über die direkten *basileia*-Verse hinaus ausweiten", indem er zuerst das Summarium Mk 1,14f. heranzieht. Aus diesem

[305] Das Zitat wurde o. S. 230 Anm. 270 schon einmal gebracht und problematisiert.

*redaktionellen* Text gewinnt er die Zusammengehörigkeit von „Evangelium“ und *basileia* in der Verkündigung des „*historischen*“ Jesus. Wieso dieser Rückschluss gemacht werden darf, wird mit keinem Wort begründet, sondern lediglich gesagt: „Ich gehe hier davon aus […].“ Nachträglich werden dafür Lk 6,20; 4,18; 7,22/Mt 11,5 angeführt. Inwiefern aber diese Texte wiederum für den „historischen“ Jesus beansprucht werden dürfen, wird ebenfalls nicht ausgeführt, sondern weiter festgestellt, dazu passe Mt 8,11f. Auch die „Authentizität“ dieses Textes wird nicht diskutiert. Ebenso pauschal wird das Gleichnis Mt 25,1–13 angeführt und aus ihm die Verhaltensaufforderung „wachsam sein“ gewonnen. Die ist ein zentrales Motiv in der matthäischen Endzeitrede. Ist sie denn damit auch schon als Aussage des „historischen“ Jesus erwiesen? Mt 20,1–16 wird als eins der wenigen Gleichnisse angeführt, das inhaltliche Aussagen zum Reich Gottes mache. Stegemann deutet diese Aussagen mit dem Stichwort „Mindestlohn“ an. Es sei „mit der Königsherrschaft Gottes die Erwartung der Transformation sozialer Verhältnisse verbunden“ (330). Letzteres bleibt wieder sehr allgemein. Man kann das ja schön finden; aber wieso muss dafür der Text auf einen „historischen“ Jesus zurückgeführt werden? Er steht als Gleichnis Jesu im Matthäusevangelium und ist als ganzer wesentlich facettenreicher, als er in der Rückführung auf den „historischen“ Jesus erscheint.

Nach Schröter ist „zentraler Inhalt des Wirkens Jesu“ „die Aufrichtung der Königsherrschaft Gottes“ (A 152f.). Als „einzige Möglichkeit, dem Gericht zu entgehen, biete „Jesus den Anschluss an die von ihm ins Leben gerufene, vom Anbruch der Gottesherrschaft bestimmte Gemeinschaft“ an (J 144; vgl. 198f.204), in der „die Ordnung des Gottesreiches“ „zeichenhaft verwirklicht“ bzw. vorgelebt werde (J 173f.). Der „Eintritt in die Jesusgemeinschaft“ bedeute, „die ortlose Existenzweise Jesu“, in „Wanderexistenz“ seine Ort- und Familienlosigkeit zu teilen“. Zu dieser „Nachfolgegemeinschaft Jesu gehörte ein Kreis von Männern und Frauen, dessen Größe nicht genau zu bestimmen ist“ (J 166.168). Mir fehlt die Phantasie und Schröters sehr vage bleibenden „phantasiegeleiteten Konstruktionen“ helfen mir auch nicht, mir für das 1. Jahrhundert im Land Israel eine gemischtgeschlechtliche Wanderkommune, deren Anzahl deutlich über dreizehn hinausgehen soll, und die konkrete Organisation ihres Lebens vorstellen zu können. Unklar bleibt auch, wie das Verhältnis der unmittelbaren Nachfolgegemeinschaft zu einer postulierten ortsfesten Anhängerschaft (J 216f.) gedacht ist, wenn doch der „Eintritt“ in erstere „die einzige Möglichkeit“ der Rettung ist.

Wer „Augenzeuge der Wirksamkeit Jesu“ war, behauptet Schröter, „erlebte die Durchsetzung der Herrschaft Gottes auf der Erde unmittelbar mit“, und wer den „Eintritt in die von Jesus begründete Gemeinschaft“ unternommen hatte, war „daran sogar direkt beteiligt“ (J 159). Aus der Ankündigung in Mt 19,28/Lk 22,30, dass „der Zwölferkreis“ die zwölf Stämme Israels richten werde, schließt Schröter für dessen Gegenwart: „Damit ist er unmittelbar hineingenommen in den von Jesus bewirkten Anbruch der Gottesherrschaft“ (J 171). „Jüngerschaft“ sei „Mitwirken an der Gottesherrschaft“ (J 172). Von daher meint er versichern zu können: „Bei der Aussendung hat es sich dann sicher nicht um eine ein- oder zweimalige Aktion gehandelt.“ In der „Form programmatischer Szenen“ werde „die Erinnerung daran (festgehalten), dass Jesus seine Jünger dazu aufgefordert hat, an der Aufrichtung der Gottesherrschaft mitzuwirken“ (J 173). Damit deutet sich schon an, dass die Durchsetzung der Gottesherrschaft schließlich so verstanden wird, dass sie sich „als bereits im Gang befindlicher Prozess“ vollziehe (J 210). „Die Gottesherrschaft in Verkündigung und Wirken Jesu ist demnach eine dynamische Größe: Sie ereignet sich vor den Augen der Zeitgenossen Jesu; sie verwandelt die gegenwärtige Welt, indem sie den Sieg Gottes über den Satan durchsetzt“ (J 211). Die Gleichnisse vom Senfkorn und Sauerteig seien Veranschaulichung solcher „Dynamik“ (J 212); „der Wachstumsprozess hat also begonnen“ (J 213).[306] Von daher muss „es sich bei den apokalyptischen Schilderungen der Evangelien um Fortschreibungen der Jesusverkündigung in späterer Zeit“ handeln, die „den Kontrast zwischen der gegenwärtigen Welt und der zukünftigen Gottesherrschaft wieder stärker“ ausmalten, „als dies bei Jesus selbst der Fall war“ (J 210f.). Was in den Evangelien zusammensteht und als spannungsvolle Einheit zu verstehen und zu interpretieren wäre, wird hier auseinandergenommen. Was davon „Jesus selbst“ zugewiesen wird, hängt nicht von den Quellen ab, sondern vom jeweiligen Geschmack derer, die ein Bild Jesu gestalten.

Fragt man nach Konkretionen für das Aufrichten oder Durchsetzen der Gottesherrschaft, so nennt Schröter einmal „die offenen Gastmähler Jesu“, „die paradigmatischen Mähler, die Jesus feiert“ (J 149.227). Jesu Zeit sei „Freudenzeit, eine Zeit der Mähler, die allen offen stehen“. Jesus sei aufgetreten „als zu offenen Mählern der Gottesherrschaft Einladender“ (J 205.206). Aber das sind Imaginationen Schröters, deren „Bindung an die Quellen“ außerordentlich locker ist. Nirgendwo in den Evangelien wird er-

[306] Auch hier feiert das 19. Jahrhundert fröhliche Urständ.

wähnt, dass Jesus zu einem offenen Mahl der Gottesherrschaft eingeladen habe. Erzählt wird, dass er von anderen zu Mahlzeiten eingeladen worden ist und sich auch selbst bei einem anderen eingeladen hat, dass über ihn herabsetzend als „Fresser und Weinsäufer“ geredet wurde. Die Erzählungen von Speisungen sehr vieler mit wenig Brot und noch weniger Fisch sind Wundergeschichten, die auf der literarischen Ebene der Evangelien funktionieren. Versuche, aus ihnen in historischer Hinsicht Honig zu saugen, werden sehr schnell banal.[307]

Zum anderen nennt Schröter als Konkretion für die Durchsetzung der Gottesherrschaft die Dämonenaustreibungen Jesu. Er sieht sie in engem Zusammenhang mit dem Wort aus Lk 10,18 stehen: „Ich sah den Satan wie einen Blitz vom Himmel stürzen.“ Was hier als Geschehen ausgesagt sei, setzten Jesus und seine Jünger „nunmehr auch auf der Erde in die Tat um. Die Dämonenaustreibungen haben deshalb eine grundlegende Bedeutung für Jesu Verständnis von seiner Wirksamkeit“ (J 145). „Eine wichtige Dimension“ für die Aufrichtung der Gottesherrschaft sei Jesu „Fähigkeit, Menschen von Dämonen oder unreinen Geistern zu befreien“ (J 152f.). Hier würde man gerne etwas darüber hören, wie denn das an anderen Stellen so oft und stark beschworene von der Aufklärung bestimmte neuzeitliche historisch-kritische Bewusstsein mit dieser Tradition umgeht, was es zu ihrem Verstehen beiträgt. Aber dazu sagt Schröter nichts, sondern erklärt es für entscheidend, „ob in der für Jesus vorauszusetzenden Welt die Befreiung eines Menschen von einem ihm quälenden Dämonen oder die Heilung von Krankheiten durch Speichel, Handauflegung oder Beschwörungsformeln zum Bereich erfahrener oder erfahrbar gehaltener Wirklichkeit gehört“ (J 154). Wieso unterscheidet er hier nicht verschiedene „Referenzmodi“?

An dieser Stelle zeigt sich auch wieder der bei der historischen Jesussuche, wenn sie mit theologischem Interesse verbunden ist, offensichtlich unwiderstehliche Drang, Jesus in eine Einzigartigkeit hinein zu stilisieren. Schröter betrachtet die Spruchfolge Mt 12,27f./Lk 11,19f. als Einheit. Nach diesem Text begegnet Jesus dem Vorwurf, er treibe die Dämonen mit Beelzebul aus, zunächst mit der Frage: „Wenn ich die Dämonen mit Beelzebul austreibe, mit wem treiben eure Leute sie aus?“ Hier ist vorausgesetzt, dass auch andere es vermögen, Dämonen auszutreiben, und dass sie es ebenfalls nicht mit Beelzebul tun, sondern dass sowohl deren als auch Jesu einschlägi-

[307] Vgl. die von Stegemann referierte Rückführung der wunderbaren Speisung auf ein besonderes Mahl: u. S. 262 mit Anm. 317.

ges Tun nur durch Gott erfolgen kann. Und so fährt Jesus fort: „Wenn ich aber mit dem Finger/Geist Gottes die Dämonen austreibe, ist die Herrschaft Gottes schon zu euch gelangt." Wenn sich Herrschaft Gottes darin ereignet, dass Besessenheit verschwindet, ereignet sie sich nach der Logik dieses Textes auch da, wo andere als Jesus Besessenheit zum Verschwinden bringen. Nach Schröter jedoch besteht „der entscheidende Unterschied zwischen Jesu Exorzismen und denen anderer Exorzisten, die Gleiches zu tun vermögen, darin [...], daß *Jesu* Wirken den Anbruch der βασιλεία τοῦ θεοῦ (Gottesherrschaft) bedeutet" (A 155). „Weil sein Wirken auf einer unmittelbaren Verbindung mit Gott beruht, bedeuten seine Exorzismen – und nur diese! – den Anbruch der Gottesherrschaft" (J 152).

*c) Jesus und die Tora*

Ich hatte im dritten Kapitel dieses Teils ausgeführt, dass Jesus in den Evangelien als Jude unter Juden erscheint, der vornehmlich in seinem Volk wirkt. Das gilt auch für sein Verhalten gegenüber der Tora. Sie ist der vorgegebene Raum, in dem er sich selbstverständlich bewegt. Im Matthäusevangelium betont er ausdrücklich ihre unbedingte Geltung und legt sie als Lehrer aus (Mt 5,17–48).[308] Er befindet sich damit „im halachischen Diskurs".[309] Auch im Johannesevangelium argumentiert Jesus auf geradezu rabbinische Weise mit der Tora und betont in diesem Zusammenhang die Unauflöslichkeit der Schrift (Joh 10,34–36).[310] Nirgends „transzendiert" Jesus in den Evangelien die Tora.[311] Wie es sich damit „historisch" bei Jesus verhalten hat, können wir nicht wissen. Aber es spricht zumindest nichts dafür, dass es anders gewesen sei. So stellt auch Stegemann fest: „Für Jesus stand die symbolische Ordnung seiner judäischen Gesellschaft, inklusive des schriftlich fixierten Mosegesetzes, nicht zur Disposition" (283). Das ist ein Urteil von hoher Wahrscheinlichkeit. Doch ist gleich weiter zu bemerken: Es wurde aufgrund der *vorliegenden* Evangelientexte und ihrer Einzeichnung in das rekonstruierte Bild der jüdischen Gesellschaft der Zeit gewonnen – und nicht durch „Echtheits"-Diskurse; die werden von Stegemann, wie etwa bei dem unten

---

[308] Vgl. dazu Wengst, Regierungsprogramm, S. 63–137.

[309] Diese Formulierung ist eine Aufnahme aus dem Untertitel des Buches von Martin Vahrenhorst: „Ihr sollt überhaupt nicht schwören". Matthäus im halachischen Diskurs, Neukirchen-Vluyn 2002.

[310] Vgl. Wengst, Joh I, S. 407–410, und Tobias Kriener, „Glauben an Jesus" – ein Verstoß gegen das zweite Gebot? Die johanneische Christologie und der jüdische Vorwurf des Götzendienstes, Neukirchen-Vluyn 2001, S. 143f.

[311] Zu seinem Verhalten in einzelnen Bereichen – und auch im Verhältnis zu anderen Gruppen – vgl. Wengst, Jesus, S. 45–61.

noch anzuführenden „Stürmerspruch“, mit Recht problematisiert. Wenn aber dieses Urteil eine Schlussfolgerung aus den Evangelientexten ist, wäre die Aufgabe wichtiger und spannender, es in der Diskussion und Auslegung dieser Texte für die Ebene der Evangelien zu erhärten. Stegemann setzt das eben gebrachte Zitat fort: „Er hat sich vermutlich auch nicht zur generellen Frage der Gültigkeit der Tora geäußert.“ Das kann man so vermuten und man kann es anders vermuten. Aber hält man sich an die vorliegenden Texte, braucht man in dieser Frage überhaupt nichts zu vermuten, sondern hat eine klare Textaussage in Mt 5,17–20, die es zu verstehen und auszulegen gilt.

Stegemann hält es auf derselben Seite für naheliegend, dass es Konflikte Jesu mit anderen Gruppen gab, die pauschal mit „den Schriftgelehrten und Pharisäern“ identifiziert wurden. Er gewinnt von daher den „Eindruck *sekundärer Gestaltungen* des Profils Jesu. Nichtsdestoweniger können (!) die Szenarien der Konfliktgeschichten durchaus (!) an Erfahrungen der genuinen (!) Nachfolgegruppe Jesu erinnern.“ Aber sie können auch nicht. Und wenn ja, wie ist diese Erinnerung für uns zu fassen? Besser ist die folgende Beobachtung, vor allem relevanter: „Doch selbst in den vermutlich (!) sekundären Interpretationen deutet nichts auf eine grundsätzliche Kritik Jesu an der Tora oder auf die Übertretung einzelner ihrer Weisungen hin.“

Dass das von den Leben-Jesu-Forschern und von den Vertretern der „neuen Frage“ nach dem „historischen“ Jesus anders gesehen wurde, ist im ersten Teil deutlich geworden. Aber auch bei der „dritten Suche“, in der das Judesein Jesu grundsätzlich anerkannt ist, wird an dieser Stelle gelegentlich eine abweichende Besonderheit des „historischen“ Jesus gesehen. So sprechen Theißen/Merz von einer „Ambivalenz gegenüber der Thora“, die sie auf die Formeln „Thoraverschärfung und Thoraentschärfung“ (311.321) sowie „Normverschärfung und Normentschärfung“ (323.330) bringen.[312] Jesus „verschärfte die universalen Aspekte der jüdischen Thora und ging ‚liberal‘ mit jenen rituellen Aspekten um, die Juden von Heiden unterschieden“ (494; vgl. 323.330). Für ersteres werden u.a. ganz unbefangen „die

312 Zur Kritik vgl. Stegemann, Jesus, S. 271–273. Textlich geht er hier vor allem auf die Auswertung des „Stürmerspruchs“ (Mt 11,12f./Lk 16,16f.) ein. Dieser Spruch, schon in seinen unterschiedlichen Fassungen bei Matthäus und Lukas im jeweiligen Kontext gewiss nicht leicht, aber doch von den Kontexten geleitet zu verstehen, muss bei der Rückfrage als isolierte Einheit zuerst für Q hypothetisch rekonstruiert und dann irgendwie für den „historischen“ Jesus gedeutet werden. Auf ihn trifft vorzüglich für den Bereich der Wissenschaft zu, was Kähler allgemeiner formuliert hatte: „Liebhaber der Bibel unter den Laien wie Theologen bevorzugen nicht selten einzelne dunkle Aussprüche, aus denen sie die tiefsten Geheimnisse herauslesen“ (Testament, S. 9).

Antithesen der Bergpredigt" angeführt (324). Es wird jedoch zugestanden, dass „das Besondere" an ihnen nicht in ihrem Inhalt besteht, sondern in der „Selbstverständlichkeit, mit der Jesus sein ‚Ich aber sage euch' der Thora entgegen setzt" (457). Damit werde die Tora bewusst „transzendiert" (325; vgl. 486). Diese „Transzendierung" wäre dann allerdings eine bloß formale Behauptung.[313] Sie dient einer weiteren Behauptung, dass nämlich Jesus „eine innere Freiheit gegenüber dem überlieferten Gesetz" gehabt habe (312; vgl. 332), und so werde „jüdische Identität" bei ihm „vergleichsweise ‚offen' bestimmt" (143). Die Sympathie gilt eindeutig den „universalen Aspekten". Dem entspricht es, dass der makkabäische Aufstand gleich zweimal als „fundamentalistisch" (128.129) und „die hellenistischen Reformer" als „eine typische jüdische Umkehrbewegung" (129) bezeichnet werden, denen „die Wiederherstellung eines reinen mosaischen Kults" vorgeschwebt hätte „mit einer geistigen Gottesauffassung ohne Bild, aber auch ohne die separatistischen Riten wie Beschneidung, Sabbatgebot und Speisegebote" (130). „Das Urchristentum" habe dann „einen neuen Versuch" unternommen, „ein universalistisches Judentum ohne separatistische Riten zu formen" (130). Zwischen beiden bildet offenbar der „historische" Jesus die Brücke. Mir scheint eine solche Einschätzung jüdischer Identitätsmerkmale keine gute Voraussetzung zu bilden, um die Diskussionen um die Tora und ihre Auslegung im frühen Judentum und in den auf Jesus bezogenen Gemeinden angemessen wahrzunehmen, die im 1. Jahrhundert in dessen Kontext lebten.

Entsprechende Aussagen finden sich auch in Theißens Buch über die Jesusbewegung. Von der „liberale(n) Jesusbewegung" sagt er, dass sie „das Gesetz von innen aushöhlte" (158). Sie habe „die Grenzen zwischen dem eigenen Volk und den anderen Völkern (überwunden)" (116) und damit „eine Lösung für die Spannungen zwischen Juden und Heiden in Aussicht stellen" können: „ein universalistisches Judentum, das nach außen hin offen war" (186). Der universale Aspekt der Einbeziehung der Völker, der sich programmatisch im Übrigen erst aus dem Verständnis der Auferweckung Jesu als endzeitlicher Neuschöpfung ergab, wird hier recht einseitig betont und damit die Spannung zu der in den neutestamentlichen Texten festgehaltenen partikularen Besonderheit Israels überspielt. Das wird schlaglichtartig deutlich, wenn Theißen meint, aus Röm 15,16 für Paulus folgern zu müssen: „Wer Heiden als ‚Opfergabe' darbringen will, kann nicht damit zufrieden sein, wenn er sie nur bis in den Vorhof der Heiden mitnehmen kann" (177). Hier wird Paulus für die aus der Völkerwelt gewonnenen Menschen ein Empfinden zugeschrieben, wie es sich dann später in Barn 3,6 zeigt, auf keinen Fall „Hinzugekommene" sein zu wollen. In diesem Zusammenhang zeigt sich auch eine eigenartige *interpretatio lutherana*. Die

[313] Zu einer anderen Lektüremöglichkeit von Mt 5,21–48 – nicht als "Transzendierungen", sondern als Auslegungen der Tora – vgl. Wengst, Regierungsprogramm, S. 77–137.

Besonderheiten jüdischer Lebensweise werden als Ausdruck einer Angst vor Identitätsverlust gewertet (238), von der Jesus abgesetzt wird: „Jedoch ist in seiner Bewegung die Angst vor Identitätsverlust einer neuen Gewissheit gewichen, dem Vertrauen in die Gnade Gottes“ (240). „Die Identität des Judentums konnte durch konkurrierende und sich überbietende Thoraverschärfungen nicht gewonnen werden, sondern nur durch Erkenntnis göttlicher Gnade“ (285).

Wie Schröter schon das Judesein Jesu faktisch relativierte, so zeigt sich auch hinsichtlich dessen, wie er Jesu Haltung zur Tora bestimmt, eine gewisse Distanzierung, obwohl er festhält, „dass Jesus die Geltung des jüdischen Gesetzes keineswegs grundsätzlich in Frage stellte“ (J 233). Schon die Beschreibung dessen, was das Tun des Willens Gottes sei, ist eigentümlich „christlich“ gefärbt: „Den Willen Gottes zu tun, bedeutet konkret (!), die in der Hinwendung Jesu zu den (!) Menschen (!) sichtbar werdende Liebe und Vergebung zur Grundlage der eigenen Gemeinschaft zu machen“ (J 226). Nach dem Willen Gottes wird im jüdischen Kontext – und entsprechend auch in den Evangelien – in der Tora gesucht. Bei den Toraauslegungen in Mt 5,21–48, auch von Schröter als Antithesen bezeichnet, mal mit und mal ohne Anführungszeichen, ginge es „um die Intention, die hinter dem Gesetz steht und die das Kriterium für die Beurteilung der Einzelnormen liefert“ – als würden nicht gerade in diesen Auslegungen sehr konkret Verhaltensweisen geboten. Entsprechend meint er im Blick auf den Sabbat, Jesus lege das Gesetz so aus, „dass darin dessen eigentliche Intention sichtbar wird“ (J 236.239). Stärker zeigt sich die Distanzierung beim Thema „Reinheit“. Schröter erkennt bei Jesus eine „programmatische Überschreitung der Grenzen von rein und unrein“ (J 179). Aus zwei vereinzelten Nachrichten hatte er vorher schon die allgemeine Behauptung aufgestellt: „Die (!) Galiläer legten besonderen Wert auf die strikte Einhaltung der Reinheitsgebote“ (J 101). Davon lässt sich Jesus abheben, wenn gesagt wird, er habe die traditionelle „Sicht auf Reinheit und Unreinheit“ umgedreht: „Durch den Kontakt mit ihm wurden die Unreinen rein, *Reinheit* war also ‚ansteckend‘ und übertrug sich auf Unreinheit“ (J 180; vgl. 181). Wo steht das? Es ist pure Suggestion. Dass „die Unreinen“ durch körperlichen Kontakt mit Jesus rein würden, meint doch auch Schröter nicht. In dem vergleichenden Spruch Mk 2,14parr. entsprechen „die Kranken“ „Sündern“ und „die Gesunden“ „Gerechten“. Wie die Kranken den Arzt brauchen, so ruft Jesus – entsprechend seiner programmatischen Verkündigung (Mt, 4,17; Mk 1,15) – Sünder „zur Umkehr“, wie in Lk 5,32 ausdrücklich hinzugefügt wird. Dass die Aussage von Mk 7,15, nichts von außen in den Menschen Eingehendes könne ihn unrein machen, sondern was an Bösem aus ihm herauskommt, dafür stehen soll, dass der Bereich der Unreinheit „durch die ‚offensive Reinheit' zurückgedrängt" werde (J 181),[314] liegt nicht gerade auf der Hand. Eher scheint doch die Annahme zu liegen, dass rituelle Reinheit hier vergleichgültigt wird. Entsprechendes berichtet die rabbinische Tradition, der an ritueller Reinheit liegt, von frühen Chassiden.[315]

Auch Stegemann würde gern „Jesu eigene Position" zu einzelnen Fragen in der Toraauslegung kennen. Als Beispiel sei hier sein Abschnitt zur Ehescheidung angeführt (286–288). Er handelt zunächst allgemein über Ehe „in den mediterranen Kulturen", zitiert aus dem jüdischen Bereich nur Dtn 24,1–4 und erwähnt unter Verweis auf Billerbeck die Diskussionen über diesen Text „in den antiken judäischen Diskursen". Er stellt dann weiter fest: „Eine definitive Einschätzung von Jesu Stellungnahme zur Aufhebung von Ehen ist schwierig, denn wir müssen damit rechnen, dass alle fünf hier in Frage kommenden Textzeugnisse [...] sekundär redigiert sind. Jesu eigene Position lässt sich also nur unter Vorbehalten auswerten." Dazu folgen dann Erwägungen, die zutreffen können oder auch nicht; jedenfalls gibt es keine gesicherte historische Erkenntnis. Und wenn es sie gäbe, was wäre damit gewonnen? Auch hier wäre eine Untersuchung der fünf unterschiedlichen Textzeugnisse spannender und ertragreicher. Sie spiegeln unter der Voraussetzung eines autoritativen Jesuswortes einen weitergehenden Diskurs wider, der auf andere Situationen reagiert und dabei nicht zu einheitlichen Ergebnissen kommt. Die Auslegung dieser kanonischen Texte kann daher nur als offener Diskurs erfolgen, der sich im Gespräch mit ihnen um die von ihnen angesprochene Sache und die mit ihr verbundenen Probleme bemüht.

### *d) Jesus und die Wunder*

Auch zu diesem Punkt gibt es bei der „dritten Suche" nichts Neues, geschweige denn Gesichertes. Stegemann scheint durch eine Betrachtung der „Wunder Jesu im Kontext seiner Botschaft von der nahen Königsherrschaft Gottes" entscheiden zu wollen, welche Wunder dem „historischen" Jesus zugeschrieben werden können und welche nicht. Er unterscheidet „zwischen solchen Wundergeschichten, die als proleptische Manifestationen der von der nahen *basileia tou theou* erwarteten heterotropen Gesellschaftsordnung verstanden werden können bzw. als Legitimation Jesu/der Jünger qua ‚Agen-

314 Diese von Klaus Berger aufgenommene Vorstellung findet sich auch bei Theißen/Merz, Jesus, S. 211 u.ö.

315 Vgl. dazu Wengst, Jesus, S. 56f.

ten‘ der kommenden Herrschaft, von den Wundern, die eher Zeichen für die Göttlichkeit Jesu sind“ (349). Auf der literarischen Ebene der Evangelien ist das eine unmögliche Unterscheidung, ganz abgesehen davon, dass das Neue Testament nicht von der „Göttlichkeit Jesu“ spricht.[316] Auf dieser literarischen Ebene sind die Wunder Jesu selbstverständlich Prolepsen des erwarteten Gottesreiches; und zugleich werden sie so erzählt, dass dabei Jesus als ihr Täter in der Perspektive Gottes wahrgenommen werden kann – in der Weise, dass Gott durch ihn jetzt schon zum Zuge kommt. So gehört, was Stegemann trennen will, fundamental zusammen.

Faktisch werden von Stegemann mit der angegebenen Unterscheidung solche Wundergeschichten ausgeschaltet, die dem gemäß der Erfahrung Vorstellbaren besonders krass widersprechen. Sie gelten deshalb als nicht tatsächlich geschehen und können so auch nicht auf den „historischen“ Jesus zurückgeführt werden. Aber auch bei den verbleibenden Wundergeschichten stellt sich doch, sollen sie historisch verifiziert werden, die Frage, wie ihr Vollzug vorgestellt werden kann. An einer Stelle wird Stegemann diesbezüglich konkret, nämlich bei den Speisungswundern, indem er J. P. Meier zitiert. Nach diesem gingen sie auf „ein besonders erinnerungswürdiges und symbolisches Mahl zurück, das Jesus mit einer großen Menschenmenge am galiläischen See gefeiert hat“ (349).[317] Ich kann darin nur einen Rückfall in den Rationalismus erkennen und mit Strauß das, was als historisches Geschehen behauptet wird, als reichlich inhaltsleer und banal empfinden.[318] Biblische Wundergeschichten funktionieren anders. Was immer ihr nicht mehr fassbarer historische Ausgangspunkt war – falls sie einen haben –, sie sprengen in fiktionaler Erzählung den Raum tatsächlicher Erfahrung und bestreiten so der Realität – einer oft genug als niederschmetternd erfahrenen Realität – die Totalität. Sie sind kontrafaktische Vertrauens- und Hoffnungsgeschichten, bezogen auf Gott, von dessen immer wieder erfolgter rettender Hilfe in der Geschichte mit seinem Volk erzählt und auf den als den kommenden Gott gesetzt wird.

---

316 Zu den oft für die „Göttlichkeit Jesu“ angeführten Stellen vgl. für Joh 1,1f.: Wengst, Joh I, S. 318–320; für Joh 10,30: a.a.O., S. 405f.; für Joh 20,28: Wengst, Joh II, S. 318–320; für Phil 2,6–11: Klaus Wengst, Der Name, der über allen Namen ist. Phil 2,5–11, Junge Kirche 71, I / 2010, S. 63–65.

317 Ähnlich Theißen/Merz, Jesus, S. 267: „Aus der von Jesus geweckten Erwartung einer wunderbaren Speisung aller wurde die Geschichte einer schon geschehenen Brotvermehrung – angeregt durch tatsächliche gemeinsame Mahlzeiten Jesu und seiner Anhänger.“

318 Vgl. o. S. 63f. Erinnert sei auch an das von Schellong zur Registrierung „tatsächlich“ geschehener Wunder geäußerte „Na ja“ o. S. 53.

Dieser Aspekt wird auch sehr schön bei Theißen/Merz herausgestellt, wenn von Jesu Wundern gesagt wird, sie enthielten „einen Protest gegen menschliche Not. Sie sprechen eher aller bisherigen Erfahrung ihre Gültigkeit ab als menschlicher Not das Recht, beseitigt zu werden. Wo immer man diese Geschichten erzählt, wird man sich nicht damit abfinden, daß es für zu viele zu wenig Brot gibt, daß es für viele Kranke keine Heilung gibt, daß es für viele Gestörte keine Heimat in unserer Welt gibt! Wo immer man diese Geschichten erzählt, wird man sich von aussichtslos Erkrankten nicht abwenden. Die Wundergeschichten sind immer auch ‚von unten' als ein Protest gegen menschliches Leid zu lesen" (283). Aber das leisten die Erzählungen, wie sie in den Evangelien stehen und gerade nicht das, was als „historisch" rekonstruiert wird, wie auch Theißen/Merz es tun. Sie unterscheiden ähnlich wie Stegemann zwischen den Wundergeschichten. „Für Exorzismen, Therapien und Normenwunder können wir einen Ursprung beim historischen Jesus annehmen. Jesus selbst hat diese Formen von Wundern getan" (268); sie „lassen sich im Kern [...] auf den historischen Jesus zurückführen" (275; vgl. 272). „Die Einzigartigkeit der Wunder Jesu" wird darin gesehen, „daß gegenwärtig geschehenden Heilungen und Exorzismen eine eschatologische Bedeutung zugesprochen wird. In ihnen beginnt eine neue Welt" (279). Gegenüber der Betonung, bei der Ausführung dieser Wunder „handelt nicht Gott, sondern Jesus" (281; vgl. 279f.), ist darauf hinzuweisen, dass es für die Texte selbstverständlich Gott ist, der in solcher Weise durch Jesus handelt. So wird etwa in dem Summarium Mt 15,29–31 zwar gesagt, dass Jesus heilte, aber abschließend festgestellt, dass die dabei Anwesenden „den Gott Israels lobten". Theißen/Merz versuchen, das für Jesus festgestellte „Wundercharisma" zu erklären: „Es sei „eine spontan auftretende Macht, die in der Schöpfung vorhanden ist. Sie läßt sich nicht technisch ausnutzen, da sie nicht berechenbar auftritt, sondern an charismatische Personen und deren Interaktion mit anderen Menschen gebunden ist." Es scheine „hier ein Spielraum der ‚Natur' sich zu öffnen" (282). So war also Jesus „ein (jüdischer) Charismatiker, von dem eine schwer erklärbare Ausstrahlungskraft ausging" (216) bzw. der „eine außernormale Ausstrahlungs- und Irritationsmacht ausübte" (486), ein Mensch mit „‚paranormalen' Begabungen in außergewöhnlichem Maße" (282).[319] Wenn es sich denn so verhielte und „solches Wun-

---

[319] Ähnlich äußert sich auch Söding: „Jesus war ein begnadeter Wundertäter. Die Religionssoziologen sprechen von einem Charismatiker." „Gewiss" seien die Texte „stilisiert [...]. Aber ein harter Kern bleibt. [...] Ob es nicht doch so war, dass Jesus ‚Wunder' gewirkt

dercharisma […] sich bei vielen Menschen (findet)“ (282), wäre es doch näherliegend, auf gegenwärtige Wundercharismatiker zu setzen, anstatt sich Geschichten von einem längst vergangenen zu erzählen.

*e) Jesus und das national-politische Messiasideal*

Wolfgang Stegemann schreibt: „Es gehört zu den Ritualen christlicher Forschung, den historischen Jesus von dem ‚nationalen Messiasideal weltlicher Prägung‘ im Psalm Salomos 17 abzugrenzen“ (339). Anders hatte das Reimarus gesehen und Jesus dieses Ideal zugeschrieben – und negativ bewertet.[320] Im Übrigen trifft Stegemanns Urteil weitestgehend zu. Demgegenüber bemerkt er: „Allerdings finden sich einige, teilweise sogar deutliche Anspielungen auf denselben Komplex messianischer Erwartungen (nämlich wie in PsSal 17) auch in den neutestamentlichen Evangelien, insbesondere im Lukasevangelium“ (340). Mit Recht verweist er dafür vor allem auf Lk 1,5–4,13. Besonders deutlich – und zwar nicht in Anspielungen, sondern in massiver Ausdrücklichkeit – tritt dieser Aspekt in den ersten beiden Kapiteln dieses Evangeliums von 1,5–2,38 hervor.[321] Aber wie kommt man von diesen Erzählungen über Geburt und Beschneidung Jesu und Johannes des Täufers sowie die Darstellung des sechs Wochen alten Jesus im Tempel zur „genuinen Jesusbewegung“, auf die es Stegemann ankommt und von der er zu Beginn dieses Zusammenhangs zweimal ausdrücklich spricht? (338) Woher immer Lukas in diesen beiden ersten Kapiteln seines Evangeliums Traditionen aufgenommen haben mag – darüber lassen sich nur Vermutungen anstellen –, der vorliegende Text verdankt sich seiner literarischen Gestaltung. Und wiederum wäre es doch gegenüber der hypothetischen Rückfrage um vieles mehr aufmerksamer Beachtung wert, dass sich in diesen beiden Kapiteln, die doch eine leseleitende Funktion für das gesamte lukanische Werk haben, in solch konzentrierter Form auf Israel bezogene politische Messianologie findet. Wie Stegemann sich die Verbindung dieser lukanischen Aussagen zum „historischen“ Jesus oder zur „genuinen Jesusbewegung“ denkt, führt er nicht aus, sondern geht auf andere Texte über: „Auch wenn man Lk 1,32f. (und das gesamte messianische Konzept des Lukas) für eine sekundä-

hat – nicht in der Durchbrechung der Naturgesetze, sondern im Rahmen der permanent aktiven Schöpfung Gottes?“ (334f.)

320 Vgl. o. S. 30.

321 Vgl. dazu Klaus Wengst, … „zum Glanz für Dein Volk Israel“. Warum Lukas nach dem Evangelium noch die Apostelgeschichte schrieb, in: „Mache dich auf und werde licht!“ Ökumenische Visionen in Zeiten des Umbruchs. FS Konrad Raiser, hg.v. Dagmar Heller u.a., Frankfurt am Main 2008, S. 234–239.

re Deutung hält, so bleiben selbst im ältesten Evangelium mindestens drei Textzusammenhänge, in denen mit Jesus die Hoffnung auf die verheißene Wiederaufrichtung der Königsherrschaft Davids verbunden wird: Mk 10,46–52; 11,8–11 und 15,2ff." (340). Dass das Markusevangelium das älteste Evangelium sei, ist auch nur eine Hypothese.[322] Aber selbst wenn es das wäre, wofür Argumente angeführt werden können: Die genannten „Textzusammenhänge" sind Zusammenhänge dieses Evangeliums und also vom Evangelisten gestaltet. Beim ersten, Mk 10,46–52, handelt es sich um eine Wundergeschichte. Wenn sie etwas über den „historischen" Jesus aussagen soll, wäre zu fragen, wie sie historisch vorstellbar sein könnte. Sie ist ja kein historisches Protokoll. Die von Stegemann gegebene Interpretation (340–342) finde ich gut nachvollziehbar – für die Ebene des Markusevangeliums. Er führt mit Recht die bei Tacitus und Sueton berichtete Episode von den Heilungen Vespasians in Alexandria nach seiner Ausrufung zum Kaiser an. Auch das ist kein historisches Protokoll. Vielmehr hat diese Geschichte – was immer tatsächlich geschehen oder auch inszeniert worden sein mag –, als erzählte eine legitimatorische Funktion. Wenn Stegemann schreibt: „Vor diesem Hintergrund deute ich auch Mk 10,46ff. als ein *Legitimationswunder*", so trifft das als ein wesentlicher Aspekt für diese Erzählung als Teil des Markusevangeliums zu, während er damit für den „historischen" Jesus oder die „genuine Jesusbewegung" noch nichts erwiesen oder gewonnen hat.

Analoges gilt für Mk 11,8–11, die Erzählung über den Einzug Jesu in Jerusalem. Alles, was Stegemann zu diesem Text sagt (342f.), ist Auslegung eines Teils des Markusevangeliums. Historische Rückschlüsse bleiben Vermutungen, wie er von Sanders schreibt, nach diesem sei „die Episode vom Einzug vielleicht historisch". Einen Anhaltspunkt bietet die Hinrichtung Jesu als „König der Juden". Mit einem solchen Anspruch muss er daher von der römischen Besatzungsmacht wahrgenommen worden sein. Aber dafür genügte es, „Auflauf" erregt zu haben.

Aus dem dritten angeführten Textzusammenhang, Mk 15,2–32, einem großen Teil der Erzählung von der Hinrichtung Jesu, nimmt er die Wendung „König der Juden" auf (343f.) und wertet sie so aus: „Hier geht es um die

---

322 Ich wage es nicht mehr, Aussagen über das Verhältnis der Evangelien zueinander und über die Reihenfolge ihrer Entstehung zu machen. Einigermaßen sicher ist mir nur, dass sie alle vier nach der Katastrophe des Jahres 70 verfasst wurden, keines unmittelbar danach, sondern alle mindestens in einem Abstand von etwa zehn Jahren, und dass sie alle bis etwa zum Jahr 95 vorlagen. Ich halte weitergehende Aussagen auch nicht für sonderlich relevant. Die Texte liegen ja vor und können bei der Auslegung Gewinn bringend miteinander verglichen werden.

Vermutung und ihre Begründung, dass die Proklamation der Königsherrschaft Gottes durch Jesus und die Jesusbewegung auch als Anspruch auf die Wieder-Aufrichtung der davidischen Dynastie verbunden war.“ Begründet wird diese Vermutung allerdings nicht, es sei denn eine anschließend angeführte Vermutung von Wright über den „Tempelzwischenfall“ könnte als solche angesehen werden.

In historischer Hinsicht ist mit all dem nichts gewonnen. Das zeigt auch Stegemanns eigene zusammenfassende Formulierung: „Im Markusevangelium werden mit dem Einziehen Jesu in Jerusalem drei Episoden verbunden, die mehr oder weniger deutliche Hinweise darauf sind, dass mit Jesus die Hoffnung auf die Wiederaufrichtung der davidischen Dynastie verbunden war“ (344). Ich unterstreiche: *im Markusevangelium*. Was man aus ihm als „Hinweise“ auf die Historie Jesu deutet, kann unterschiedlich ausfallen. Stegemann erwähnt die Deutung von Theißen/Merz, die die Erwartung der Davidsherrschaft als Missverständnis aus der Verkündigung von der Herrschaft Gottes verstehen. Demgegenüber sagt er: „Ich meine vielmehr […].“ Einmal mehr ist zu betonen: Statt über Eventualitäten beim „historischen“ Jesus zu spekulieren, wäre es wahrzunehmen, dass sich der Anspruch auf Wiedererrichtung der davidischen Dynastie auf der literarischen Ebene der kanonischen Evangelien findet, und diese Wahrnahme wäre in der Auslegung gegen eine allzu lange geübte verdrängende antijüdische Lektüre fruchtbar und stark zu machen.

*f) Jesus als Kultkritiker und Kultstifter?*

Im Lehrbuch über den „historischen“ Jesus von Theißen/Merz findet sich eine neue historische Hypothese, insofern die schon ältere Zeichnung eines tempel- und also kultkritischen Jesus unmittelbar verbunden wird mit der letzten gemeinsamen Mahlzeit Jesu mit seinen Anhängern, verstanden als bewusste Stiftung eines neuen Kultes anstelle des im Tempel vollzogenen, dessen baldige Zerstörung erwartet werde. Für Theißen/Merz steht fest: „In Jerusalem trat Jesus mit einer Prophetie gegen den Tempel auf“ (170). Schon für Johannes schließen sie aus dessen Taufe mit Umkehrforderung und Sündenvergebung „auf jeden Fall“ auf eine „Distanz und Konkurrenz zum Tempel“, was „als bewußter Bruch eines Mitglieds der Priesterschaft mit den dort verankerten Reinigungs- und Sündenvergebungsriten“ gedeutet werden könnte (185). Das könnte allerdings lediglich eine konsequenzmacherische Folgerung sein. Besondere Umstände (die Erwartung des kommenden Gottes) erfordern besondere Maßnahmen (die Taufe). Das muss keineswegs den

„normalen" Tempelkult in Frage stellen. Müsste nicht eine Infragestellung, wenn sie gemeint wäre und verstanden werden sollte, explizit erfolgen? Und hätte denn die einmalige Taufe des Johannes überhaupt die vielfältigen Funktionen des Tempels ersetzen können? Eine vollzogene Umkehr und einmal zugesprochene Sündenvergebung bewahren nicht davor, sich erneut zu verfehlen; dafür kann schon ein einziger Tag lang genug sein. Im Blick auf Jesus sind sich Theißen/Merz so sicher, weil es hier ein „Tempelwort" gibt, „ein authentisches Jesuswort" (381). Allerdings: Nur in Joh 2,19 begegnet es in einer sehr besonderen Form als Eigenaussage Jesu und wird im folgenden Kontext gerade nicht auf den Tempel gedeutet. An allen anderen Stellen erscheint es im Munde anderer und wird als Falschaussage charakterisiert. Theißen/Merz erklären das als „Verlegenheiten und Schwierigkeiten", die eine Prophetie Jesu gegen den Tempel der weiteren Überlieferung bereitet hätte. Wieso ist diese Annahme wahrscheinlicher als die, dass es sich um eine verleumderische Falschaussage handelt, die aufgrund der Tempelaktion Jesu gemacht wurde? Theißen/Merz brauchen eine radikal den gegenwärtigen Tempel verneinende Prophetie Jesu, um von daher - wiederum gegen die Texte – eine reformerische Absicht der Tempelaktion Jesu verneinen zu können: „Die Symbolhandlung der sogenannten ‚Tempelreinigung' wird durch die Tempelprophetie interpretiert. Es ging hier nicht um eine Reform des Tempels innerhalb der gegenwärtigen Geschichte, sondern um sein Verschwinden mit dieser vergehenden Welt" (381). Allerdings kommen sie damit in Konflikt mit ihrem „historischen Plausibilitätskriterium", nach dem das historisch sei, „was sich als Auswirkung Jesu begreifen läßt" (117). Soweit die neutestamentlichen Texte fragmentarisch Einblicke in die Geschichte der auf Jesus bezogenen Gemeinschaft erlauben, ist keine grundsätzliche Opposition gegen den Tempel erkennbar, sondern im Gegenteil eine selbstverständliche Einbindung in seine Vollzüge. Hier müsste dann also wieder das Differenzkriterium zum Zuge kommen.

Theißen/Merz jedoch stellen die Frage: „Was aber wollte Jesus an die Stelle des Tempels setzen?" und meinen: „Auf diese Frage könnte das letzte Mahl eine Antwort formuliert haben – in einer zweiten Symbolhandlung" (381). Gleich im ersten Abschnitt im Kapitel über „Jesus als Kultstifter" steht die kühne Behauptung: „Das Urchristentum [...] löste durch das Abendmahl – eine schlichte Mahlzeit mit einer hochtheologischen Deutung – eine jahrhundertealte Tradition blutiger Opfer ab" (359). Diese Tradition wurde in der auf Jesus bezogenen Gemeinschaft wie im Judentum überhaupt durch die Zerstörung des Tempels im Jahr 70 beendet und durch nichts sonst. Theißen/Merz wollen nun „durch Einbettung in den historischen Kontext des Lebens und Sterbens Jesu [...] näher bestimmen, was beim letzten Mahl geschehen sein könnte“ (366). Dafür „wird eine traditionsgeschichtliche und darüber hinaus eine historische Urfassung (gesucht)“ (371). Das geschieht mit kaum bis gar nicht belastbaren Argumenten. Ich brauche das hier nicht im Einzelnen vorzuführen,[323] wird doch selbst eingestanden: „Aber man kann nicht genug betonen: Es handelt sich bei solchen Rekonstruktionen um Vermutungen“ (373). Aber warum wird so intensiv vermutet? Was ist das Interesse?

Als „traditionsgeschichtlich älteste Gestalt“ wird „die paulinische Form“ vermutet: „Dies ist mein Leib für euch. Dieser Kelch ist der neue Bund in meinem Blut.“ Für die „historische Urfassung“ muss dann noch einmal, wie das auch sonst bei der Rekonstruktion des „historischen“ Jesus der Fall ist, reduziert werden: „Dies ist mein (oder: der [...]) Leib für euch. Dies ist der neue Bund“ (373). Entfernt wird also der Bezug auf Jesu Tod: Bei der Argumentation für diese „Urfassung“ spielt die Distanzierung von „blutigen Opfern“ eine wichtige Rolle. Entsprechend wird nun davon ausgegangen: „Tempelreinigung und letztes Mahl interpretieren sich gegenseitig“ (380). Hinsichtlich des Tempels habe Jesus erwartet, „daß Gott ihn zerstört und auf wunderbare Weise einen neuen Tempel an seine Stelle setzt“ (381). Offenbar aber wollte Jesus dieses Handeln Gottes nicht abwarten, sondern – wie schon zitiert – selbst etwas „an die Stelle des Tempels setzen“ (381). Das wird phantasievoll entwickelt: „Durch seine Tempelkritik vollzog Jesus de facto einen vorläufigen (eschatologisch begrenzten und vorübergehenden) Selbstausschluß vom Kult [...] Man kann sich schwer vorstellen, daß Jesus aus dem so scharf kritisierten Tempel ein paar Tage später ein Passalamm holen würde, um es mit den Jüngern zu essen. Wahrscheinlich hat er gehofft, daß bis dahin das Gottesreich kommen werde: In ihm würde er in ganz anderer Weise essen und trinken!“ (382) Das hieße: Jesus wallfahrtet zu Pessach nach Jerusalem, um sich selbst von den dortigen Feiern auszuschließen. Theißen/Merz nehmen an, dass Jesu „Jünger“ aus dessen bisheriger Verkündigung, wie sie von ihnen rekonstruiert wurde, „diese tempelkritische Zuspitzung nicht vorhersehen (konnten)“. Mit „der kultstiftenden Symbolhand-

[323] Es sei nur ein Argument genannt, das auch sonst begegnet, dass nämlich „das Trinken von Blut im Judentum undenkbar“ sei. So wird dann an entsprechenden Stellen das „paganhellenistische Milieu“ ins Feld geführt (372). Selbstverständlich ist Blutgenuss biblisch-jüdisch ausgeschlossen. Aber „das Trinken von Blut“ begegnet biblisch und auch bei Josephus als metaphorische Redeweise (vgl. Wengst, Joh I, S. 263–265 zu Joh 6,53).

lung beim letzten Mahl" wollte Jesus „nur den obsolet gewordenen Tempelkult vorübergehend ersetzen. [...] Dieser ‚Ersatz' ist ein schlichtes Essen. Das letzte Mahl wird durch eine neue Deutung zum Ersatz für den Tempelkult [...] Vielleicht hat Jesus nur gesagt: ‚Dies ist der Leib für euch' – und damit gemeint: Dies Brot tritt jetzt für euch an die Stelle der sonst im Tempel verzehrten Opferspeise, an die Stelle des Leibes des geopferten Tieres. Und er fügte beim Kelch hinzu: ‚Dieser gemeinsam getrunkene Kelch (d.h. diese Runde) ist der neue Bund' – nämlich ein Bund ohne Opfer" (382). Noch einmal: „Natürlich sollten wir uns eingestehen: Das alles sind Vermutungen" (383), und zwar haltlose.

Dass in den synoptischen Evangelien das letzte Mahl Jesu auf den Pessachabend gelegt wurde, erklären Theißen/Merz damit, dass man aus Jesu Absicht, in Jerusalem „ein Passa zu feiern",[324] „ein tatsächliches Geschehen machte – zumal dann, wenn es für die Christen ein Bedürfnis gab, am Passafest der Juden ein eigenes Fest zu feiern. Während ihre jüdischen Glaubensverwandten ihr Passamahl feierten, feierten sie das Abendmahl in Erinnerung an ein letztes Passamahl Jesu unmittelbar vor seinem Tod" (376). Anstatt dass vom Pessachfest Verstehenshilfen für das Abendmahl gewonnen werden, erfolgt eine anachronistische Abgrenzung, als wären an Jesus glaubende Jüdinnen und Juden zur Zeit des zweiten Tempels „Christen" gewesen, die nicht mehr Pessach feierten.

*g) Jesu „Selbstverständnis"?*

Das 19. Jahrhundert kehrt auch darin zurück, dass man wieder ziemlich gut über das „Bewusstsein" und das „Selbstverständnis" Jesu Bescheid weiß. Nach Schröter ist Letzteres „in Jesu Bewusstsein von seiner spezifischen Rolle im Heilsplan Gottes begründet", dass mit der Ansage der in seinem Wirken anbrechenden Gottesherrschaft „die Gegenwart als Heilszeit" gekennzeichnet werde (J 205). Indem Schröter die von Jesus verkündete Gottesherrschaft vor allem so versteht, dass Jesus sie in seinem Wirken aufrichtet und durchsetzt, schließt er auf Jesu „Selbstverständnis als Repräsentant Gottes und seiner Herrschaft" (J 147; vgl. 157 u.ö.). Dieses Selbstverständnis wird recht selbstverständlich eingesetzt: „Gott wendet sich dem Selbstverständnis Jesu zufolge in seiner eigenen Sendung seinem Volk mit all seinem Erbarmen und seiner Güte zu" (J 226). Es kann auch als „Grund" angeführt werden, „aus dem Jesus aus der Rolle des Johannesjüngers heraustritt"

[324] Aber wie konnte er diese Absicht haben, wenn er sich vom Kult ausschließen wollte?

(J 142), in die hinein er ohne Textanhalt vermutet worden war. So erklärt eine Vermutung die andere. „Dieses Selbstverständnis Jesu“ liefert schließlich „einen wesentlichen Impuls für die Entstehung des Glaubens an ihn als den entscheidenden, exklusiven Repräsentanten Gottes“ (J 245). Hier zeigt sich wieder Schröters Interesse, christlichen Glauben fundamental mit dem historisch konstruierten „Jesus selbst“ zu verbinden – unter Minimierung der Bedeutung des mit dem Tod Jesu gegebenen Bruches und des Zeugnisses von seiner Auferweckung. Mit der Betonung der Exklusivität Jesu wird damit zugleich auch noch die Bedeutung der biblisch bezeugten Geschichte Gottes mit seinem Volk minimiert.

Das „Selbstverständnis Jesu“ sieht Schröter besonders mit dem Begriff „Menschensohn“ zum Ausdruck gebracht. „Die Verwendung der Bezeichnung ‚Menschensohn‘ war offenbar charakteristisch für Jesus und begegnet in solchen Aussagen, die entscheidende Aspekte seines Selbstverständnisses formulieren“ (J 250). Zwei Vermutungen ergänzen sich hier zu einer sicheren Annahme. Der Befund, dass die Bezeichnung Menschensohn „nur in der Jesusüberlieferung“ begegnet, sei „ein deutliches Indiz für die Herkunft von Jesus selbst“ (A 84). Selbst wenn man dieses „Indiz“ hinsichtlich der gemachten Folgerung für hinreichend hielte, wäre damit für die Annahme einer Selbstbezeichnung Jesu als „Menschensohn“ noch nichts gewonnen. Auf der literarischen Ebene der Evangelien wird der so Bezeichnete selbstverständlich mit Jesus identifiziert. Für eine vermutungsweise anzunehmende Ebene „Jesu selbst“ ist das keineswegs sicher. Auf ihr könnte Jesus mit „Menschensohn“ an einer ganzen Reihe von Stellen auch einen anderen meinen. Für beide Annahmen – die Identifizierung mit Jesus wie auch die Differenzierung von ihm – kann man Gründe anführen. Man bleibt jeweils im Bereich von Vermutungen, von mehr oder weniger wahrscheinlichen Annahmen.[325] Alle Worte der Evangelien über den „Menschensohn“ will auch Schröter nicht auf „Jesus selbst“ zurückführen. „Die Ausmalung des endzeitlichen Gerichts des Menschensohnes Jesus lässt sich vermutlich als frühchristliche Weiterbildung des Anspruchs Jesu verstehen, Gottes Herrschaft aufzurichten“ (J 196). Warum wird *so* verteilt?[326] Auf Jesus bezogen ist damit der Ausdruck „Menschensohn“ nicht nur von seiner „frühchristlichen Weiterbildung“ – besser: einem seiner wesentlichen Aspekte in den Evangelien – bereinigt, sondern auch von dem, womit er in der jüdischen Tradition

[325] Zu Schröters Argumentation in dieser Hinsicht vgl. Anfänge, S. 198 sowie S. 206, wo wieder die Kategorie der Plausibilität begegnet.

[326] Erinnert sei an die o. S. 244 zitierte Aussage Schellongs.

verbunden ist. Er wird formal hochstilisiert und bleibt inhaltlich farblos: Jesus habe ihn für sich gebraucht, „um damit auf die Besonderheit seiner Person hinzuweisen: Alles, was sich durch ihn und an ihm ereignete, war deshalb von einzigartiger Bedeutung, weil er als Repräsentant Gottes dessen Reich aufrichtete und die Menschen mit der Entscheidung über Heil und Unheil konfrontierte" (J 255).[327] Schließlich sei in diesem Abschnitt noch vermerkt, dass Schröter auch zu vermuten weiß, welche Gedanken sich Jesus beim letzten Mahl darüber gemacht hat, „wie sich sein zu erwartender Tod im Rahmen des von ihm verkündigten Anbruchs der Gottesherrschaft verstehen lässt" (293; vgl. 295).

Nach Jesu „Selbstverständnis" wurde schon vor Schröter auch bei Theißen/Merz wieder gefragt. Sie nähern sich ihm zunächst im Blick auf „Jesu Wundererfahrung" mit suggestiven Fragen. „Unweigerlich" hätte sich die Frage stellen müssen: „War Jesus selbst der erwartete Kommende? Jesus mußte sich mit ihr auseinandersetzen. Sie dürfte der Schlüssel zu seinem Selbstverständnis sein: Zwei Merkmale haben es wahrscheinlich nachhaltig geprägt: Einerseits war der ‚Kommende' eine Mittlergestalt ohne christologischen Titel. Viel spricht dafür, daß Jesus gegenüber allen Hoheitstiteln Vorbehalte hatte. Das wäre bei seiner engen Anlehnung an den Täufer verständlich. Andererseits war Jesus in seinem Auftreten ganz anders als der angekündigte Kommende. Anstatt als Richter trat er als Wundercharismatiker mit einer Heilsbotschaft für die Armen und Marginalisierten auf. Mußte sich von daher nicht tief in sein Bewußtsein einprägen: Das Heil kommt anders als erwartet. Mußte nicht auch die ‚messianische Mittlergestalt' anders sein als alle messianischen Erwartungen?" (198) So wird als „Hypothese" formuliert: „Jesus hatte ein messianisches Selbstverständnis, aber ohne Messiastitel" (468).

Dass Jesus in den Evangelien an einigen Stellen, bezogen auf Gott, von „meinem Vater" und an anderen von „eurem Vater" spricht, wird nicht von der sich im jeweiligen Kontext zeigenden Intention her verstanden, sondern als eine „in auffälliger Weise" vorgenommene Unterscheidung vermerkt, die „auf ein besonderes Verhältnis Jesu zu Gott" hinweise (458).[328] Da jedoch die Selbigkeit des Vaters vorausgesetzt ist, der jeweils kontextuell bedingt als Vater Jesu oder als Vater der von ihm Angeredeten akzentuiert wird,

---

327 Vgl. Anfänge, S. 221: „Er bezeichnet sich selbst als Menschensohn und bringt damit den Anspruch zum Ausdruck, der letzte, entscheidende Repräsentant Gottes zu sein." Letzteres war auf S. 206 noch „zu vermuten" gewesen.

328 Diese Argumentation findet sich im Übrigen schon bei Beyschlag, Leben Jesu I, S. 182.

erlaubt die angestellte Beobachtung keinen Schluss auf ein besonderes Gottesverhältnis des „historischen" Jesus. Dieser Aspekt bildet bei Theißen/Merz jedoch keinen Hauptpunkt. Wie bei Schröter steht vielmehr auch bei ihnen hinsichtlich der Frage nach Jesu Selbstverständnis der Begriff „Menschensohn" im Zentrum. Er wird jedoch für Jesus inhaltlich sehr anders gefasst, und zwar in einer Weise, die an die Konzeption von Albert Schweitzer erinnert. Nachdem Theißen/Merz den „Befund" der „Menschensohnworte in der Jesusüberlieferung" mit der üblichen Einteilung in drei Gruppen dargelegt und die in der Forschungsgeschichte wahrgenommenen Möglichkeiten, wie ihre „Authentizität" zu beurteilen sei, vorgestellt haben, resümieren sie: „Trotz einer immensen Gelehrtenarbeit ist die (!) Wissenschaft noch (?) nicht in der Lage, zwischen den skizzierten Möglichkeiten wirklich begründet zu entscheiden". Sie wollen sich „daher mit ein paar Anmerkungen begnügen, die keine Lösung geben, sondern nur einen Lösungsweg andeuten können" (477).

Dieser „Lösungsweg" wird dann allerdings mit recht kräftigen Postulaten beschritten. „Jesus muß den Alltagsausdruck (nämlich ‚Menschensohn' = ‚Mensch') emphatisch gebraucht haben, so daß er zu seinem ‚Titel' werden konnte – etwa dadurch, daß er übergroße Erwartungen an ihn korrigierte: Andere Menschen mochten Wunder von ihm erwarten, andere mochten in ihm den seit Johannes dem Täufer erwarteten Stärkeren erhoffen, andere mochten in seine Nachfolge drängen – er aber betonte zur Korrektur solcher Erwartungen seinen menschlichen Status als ‚Menschensohn'". Darüber hinaus wird davon ausgegangen, „daß Jesus von einem zukünftigen Menschensohn sprach, der mit der eschatologischen Wende plötzlich offenbar werden sollte. Er meint damit keinen anderen", sondern „sich selbst. [...] Er erwartete mit dem Einbruch der Gottesherrschaft jene Rolle einzunehmen, die er dem Menschensohn zuschrieb. [...] Kein Engel, kein himmlisches Wesen, keiner, der nur *wie* ein Mensch war, sondern ein konkreter Mensch wird dessen Rolle im hereinbrechenden Reich Gottes übernehmen: Jesus selbst. Er ist zugleich gegenwärtiger und zukünftiger ‚Mensch'" (479). Jesus habe somit „dem allgemeinen Begriff des ‚Menschen' eine messianische Würde gegeben und gehofft, in die Rolle dieses Menschen hineinzuwachsen und sie in naher Zukunft auszufüllen" (495). Er habe „den Ausdruck ‚Mensch' zum entscheidenden Hoheitstitel gemacht" und damit „dem Menschen schlechthin eine Würde gegeben, die alle anderen Hoheitstitel transzendierte: Messias, Sohn Gottes und Kyrios. Er vertrat eine Human-Christologie" (487; vgl. 488).

Angesichts des Scheiterns der Jesus zugeschriebenen Erwartung, alsbald in den kommenden Menschensohn verwandelt zu werden, scheint das Stichwort „Human-Christologie" die Brücke zur Betonung der Ethik als des bleibend Relevanten bei Jesus zu bilden. Auch an dieser Stelle zeigt sich also eine Entsprechung zu Albert Schweitzer. So wird die „Königsherrschaft Gottes" als „Ausdruck einer gewaltigen ethischen Energie" gekennzeichnet (241) bzw. „als ethische Macht, welche die Welt umgestaltet und den Menschen an dieser Umgestaltung beteiligt. Hier wird der Mensch mit einem göttlichen Willen konfrontiert, der über Thora und Weisheit hinausführt, ohne grundsätzlich mit ihnen in Spannung zu stehen" (312). Gott sei für Jesus „eine ungeheure ethische Energie" gewesen, „die bald zur Rettung der Armen, Schwachen und Kranken die Welt verwandeln werde, die aber für alle, die sich nicht von ihr ergreifen ließen, zum ‚Höllenfeuer' des Gerichts werden konnte" (494), „ein loderndes Feuer ethischer Energie, das den Menschen verwandeln will, um in ihm die Liebe zum Nächsten anzuzünden; das aber dem, der sich selbst vom Heil ausschließt, zum vernichtenden Feuer der Hölle wird" (249; vgl. 351). „Gott ist in seinem Wesen ethische Energie, ist Wille zum Guten" (338; vgl. 250). Auffällig ist in beiden Zusammenhängen, dem von der „Human-Christologie" und dem von der „ethischen Energie", die immer wieder begegnende allgemeine Rede von „dem Menschen".

*h) Jesu Ende in Jerusalem*

Jesu Leben endete in Jerusalem im unmittelbaren zeitlichen Zusammenhang mit einem Pessachfest durch seine Hinrichtung am Kreuz aufgrund einer Verurteilung durch den römischen Präfekten der Provinz Judäa, Pontius Pilatus. Was das betrifft, kann ich nicht erkennen, dass man hinsichtlich relativ gesicherter historischer Erkenntnisse über das hinausgekommen wäre, was schon David Friedrich Strauß im letzten Punkt seines „einfache(n) historische(n) Gerüstes des Lebens Jesu" festgestellt hatte. Allenfalls lassen sich in sehr bescheidenem Umfang in diesem Punkt enthaltene Implikationen entfalten.

Stegemann teilt die in der neueren wissenschaftlichen Tradition verbreitete Annahme, dass sich in der vermuteten zeitlichen Abfolge der Evangelien[329] eine sich steigernde Tendenz finde, das jüdische Volk und die „einheimischen Instanzen" für die Hinrichtung Jesu verantwortlich zu machen (379); gleichzeitig werde „der römische Statthalter Pilatus immer mehr ent-

329 Vgl. dazu o. Anm. 322 auf S. 265.

lastet“ (357) bzw. erfolge eine Zunahme „der Entlastung Jesu durch den römischen Statthalter“ (379; vgl. 370). Das geschehe aus apologetischem Interesse gegenüber Rom (368.374), sodass „die Passionsdarstellungen [...] den aus der Perspektive historischer Forschung misslichen Eindruck tendenziöser Darstellungen der Begebenheiten (vermitteln)“ (362). Angesichts der schlimmen Wirkungsgeschichte in der christlichen Rezeption mit ihren bösen, auch tödlichen Folgen für Juden etwa an Karfreitagen[330] ist es gewiss richtig und wichtig festzustellen, dass die Evangelien keinen historischen Geschehensablauf der Passion Jesu darbieten,[331] sondern mit ihrer Darstellung eine bestimmte Tendenz verbinden. Aber besteht diese Tendenz wirklich – oder zumindest vornehmlich – in der angeführten Apologetik? Ihr primäres Interesse ist jedenfalls, wie im zweiten Kapitel des ersten Teils herausgestellt, aufzuzeigen, was Gott mit dem schlimmen Geschehen der Passion Jesu zu tun hat, wie Gott in ihm – dennoch und trotz alledem – zum Zuge kommt. Von dem den Evangelisten unterstellten apologetischen Interesse her gelangt Stegemann zu der in meinen Augen höchst eigenartigen Formulierung: „Sie können zwar das Faktum der Kreuzigung Jesu nicht leugnen“ – als wenn sie das am liebsten täten. Durch ihr apologetisches Bemühen würden sie „den schon allein mit der Kreuzigung qua Hinrichtungsart verbundenen Verdacht, Jesus sei ein Schwerverbrecher oder anti-römischer Aufrührer gewesen, unterlaufen“ (368). Aber kann denn eine solche Apologie verfolgen wollen, wer einen von Rom Hingerichteten dennoch als König herausstellt und dabei nationale messianische Erwartungen für Israel mit einbezieht und die Hinrichtung Jesu als Justizmord hinstellt? Das Verständnis der Passionsgeschichten als Apologien setzt außerdem voraus, als wären die Evangelien für den Markt geschrieben und nicht als Lesetexte für die versammelte Gemeinde. Apologien dieser Art gibt es erst ab der Mitte des 2. Jahrhunderts. Und schließlich: Was wären das für Apologien, die den Vertreter Roms in der Weise lächerlich machen, dass er nicht einmal die Macht hat, gemäß der eigenen Einsicht zu handeln? Dass der Richter Pilatus Jesus für unschuldig erklärt, ist für die Evangelisten – in Verbindung mit der Ein-

---

330 Stegemann weist daraufhin, dass „Formulierungen der Evangelien eine unglaublich gewalttätige Wirkungsgeschichte nach sich gezogen haben“ (367).

331 Es sei dabei auch angemerkt, dass nicht der Eindruck erweckt werden sollte, wie man Stegemanns Ausführungen auf S. 357 lesen könnte, als entspreche die Rekonstruktion von Josef Blinzler, Der Prozeß Jesu, Regensburg $^{4}$1969 (Erstauflage 1951), der „Darstellung der Evangelien“. Demgegenüber ist mit Reimarus und Strauß daran zu erinnern, dass sich die sehr unterschiedlichen Passionsdarstellungen der Evangelien schlechterdings nicht harmonisieren lassen.

spielung entsprechender Psalmstellen – ein Mittel, Jesus als leidenden Gerechten darstellen zu können, dem Gott schließlich und endlich beistehen wird.

Ich lasse an dieser Stelle wieder ausführlich Schellong zu Wort kommen: „Die alttestamentlichen Bezüge der evangelischen Passionserzählungen sind vor allem aus den Psalmen genommen: aus Psalmen vom leidenden Gerechten. Dementsprechend beharren die Berichte darauf, daß Jesus unschuldig ist und daß niemand ihn einer Schuld zeihen kann. Wie verdreht unsere Lektüre ist, kann man daran sehen, daß aus der Unschuldserklärung des Pilatus jetzt meist gefolgert wird, damit wollten die Evangelisten Pilatus ‚entlasten'. Daß die Erklärung des Pilatus christologisch gemeint ist – selbst der Heide findet keine Schuld an Jesus –, kommt einem heute nicht mehr in den Sinn. [...] Ich frage mich, was vorgeht, wenn man meint – wie es in der historisch-kritischen Exegese seit langem die Regel ist –, die Evangelien wollten Pilatus ‚entlasten' durch ihre Notiz, daß er Jesus für unschuldig hielt. Ich verstehe die Moral nicht: Wenn einer jemanden umbringt, ist er ‚entlastet', sofern er den Umgebrachten für unschuldig hält? Und einer, der Gerichtsgewalt hat, ist ‚entlastet', wenn er jemanden verurteilt und hinrichten läßt, den er für unschuldig erklärt? [...] Noch einmal: Es dient nicht zur ‚Entlastung', wenn man Unrecht tut, von dem man weiß, daß es Unrecht ist" (Rückfragen, S. 25f.). Stegemann spricht zwar mehr als einmal betont davon, dass Jesus durch Pilatus entlastet werde, einmal aber auch von der Entlastung des Pilatus (357.).

Was sich historisch über die „prinzipiellen Möglichkeiten des Ablaufs der Ereignisse, die zur Kreuzigung Jesu führten", sagen lässt, hat Stegemann in drei Punkten präzis zusammengefasst: 1. Die Hinrichtung Jesu wurde von der römischen Besatzungsmacht entschieden und durchgeführt. 2. Möglich ist, dass anlässlich eines Tumults Jesus von römischen Soldaten festgenommen und dem römischen Präfekten ohne Beteiligung jüdischer Instanzen zugeführt wurde. 3. Möglich ist aber auch eine Beteiligung jüdischer Instanzen durch eine Festnahme Jesu und dessen Überstellung an den Präfekten (381f.). Das ist mehr als die bloße letzte Feststellung in Straußens „einfache(m) historische(n) Gerüste", dass Jesus „am Kreuz gestorben sei". Aber es ist doch auch nur das, was in dieser Aussage implizit enthalten ist. So stellt Stegemann abschließend fest: „Was im Rahmen der angedeuteten Möglichkeiten damals in Jerusalem ‚wirklich' geschehen ist, werden wir wohl nie erfahren" (382).[332]

[332] Unter den vorher auf S. 378 genannten sechs Punkten, von denen er meint ausgehen zu können, sind sehr unsichere. Das sei an einem diskutiert, dass nämlich Jesus „wie ein Aufrührer [...] verhaftet" worden sei. Davon hatte er auf S. 248 gesprochen: „Bei seiner Gefangennahme wird er behandelt wie ein Sozialbandit [...], wie aus Mk 14,48 hervorgeht", und damit weitere Stellen verbunden. Nach der genannten Stelle sagt Jesus zu seinen Häschern: „Wie gegen einen Räuber seid ihr mit Schwertern und Knüppeln herge-

Schröter will sehr viel mehr wissen. Mit dem Johannesevangelium nimmt er mehrere Aufenthalte Jesu in Jerusalem an, bei denen es zu Konflikten mit den dortigen Autoritäten gekommen wäre, die die Synoptiker auf einen Jerusalemaufenthalt konzentriert hätten. Das ist eine Möglichkeit, aber auch nicht mehr. Wie sehr hier nur vermutet werden kann, lässt schon die gebrauchte Terminologie erkennen. Auf den sechs Seiten dieses Abschnitts (J 270–276) heißt es viermal „könnte“, dreimal „dürfte“, zweimal „vermutlich“ und dazu begegnen acht weitere Formulierungen dieser Kategorie.

Nach Schröter war die jüdische Seite beteiligt, auch das Synhedrion, wenn auch nicht mit einem regelrechten Prozess, so doch mit einem Verhör (J 277). Weil Jesu Wirksamkeit als Verleitung zum Aufruhr wahrgenommen werden konnte, hält er es für „historisch wahrscheinlich, dass die jüdische Führung aus politisch-taktischen Erwägungen Jesus zunächst festnehmen ließ, ihn sodann im Haus des Hohenpriesters verhörte, um sich ein Bild von seiner Person und seinen Absichten zu verschaffen, und ihn anschließend an die römische Militäradministration auslieferte“ (J 279; vgl. 280).

Darüber hinaus will Schröter aber aus den unterschiedlich formulierten Worten über den Tempel und der ebenfalls unterschiedlich erzählten Aktion Jesu im Tempel einen unmittelbaren Anlass für seine Verhaftung durch die jüdischen Autoritäten gewinnen. Obwohl eingeräumt werden muss, dass sich ein Tempelwort Jesu „nicht mehr genau“ rekonstruieren lässt, obwohl alle Fassungen der Erzählung über Jesu Aktion im Tempel eine positive Einstellung zur Institution des Tempels voraussetzen und das mit Bibelzitaten ausdrücklich machen, erkennt Schröter als Sinn dieses Handelns Jesu, „die an den vorhandenen Institutionen orientierte Verfassung Israels in Frage zu stellen“ und behauptet wie Theißen/Merz „eine *Infragestellung der Institution* des Tempels an sich“ (J 284.285).

Als Fazit zu diesem Kapitel sei festgehalten: Auch die „dritte Suche“ dürfte in kaum einem Punkt an hochgradig wahrscheinlicher historischer Erkennt-

---

kommen, um mich festzunehmen.“ Einmal wäre hier das „Wie“ zu beachten. Zum anderen ist von V. 49 her deutlich, warum Markus Jesus so reden lässt: „damit die Schriften erfüllt werden“. Das Schicksal Jesu wird damit einmal mehr eingezeichnet in die Tradition des leidenden Gerechten, des unschuldig zum Verbrecher Erklärten und entsprechend Behandelten, der aber der schließlichen Hilfe Gottes gewiss sein kann. Stegemann möchte jedoch gerne den „historischen“ Jesus mit dem Sozialbanditentum in einen Zusammenhang bringen (vgl. auch 378f.) und formuliert auf S. 248: „Gerade im Tode Jesu würden sich dann sowohl der politische wie auch der soziale Hintergrund seiner Verkündigung und Praxis verbinden.“ Er stilisiert damit den Tod Jesu zu einem tragisch-berührenden Schicksal. Und?

nis über „das einfache historische Gerüste des Lebens Jesu“ von David Friedrisch Strauß hinausgekommen sein. Ein scharfer Kritiker der historischen Jesussuche, Luke Timothy Johnson, redet gleichwohl nicht einer vollständigen historischen Skepsis das Wort (Jesus 111). Er erkennt „grundlegende Punkte, in denen alle Evangelien übereinstimmen“, und verbindet sie „mit bestätigenden konvergenten Linien des Zeugnisses von Außenstehenden und der nicht-narrativen Teile des Neuen Testaments“ (122f.) – mit dem Ergebnis: „Selbst der kritischste Historiker kann zuversichtlich erklären, dass ein Jude namens Jesus als ein Lehrer und Wundertäter in Palästina während der Regierungszeit des Tiberius wirkte, durch Kreuzigung unter dem Präfekten Pontius Pilatus hingerichtet wurde und weiterhin Nachfolger und Nachfolgerinnen nach seinem Tod hatte.“ Mit etwas geringerer Wahrscheinlichkeit fügt er noch hinzu, dass Jesus unter Juden wirkte, einige Juden in seinen Tod involviert waren und er eine Bewegung im Judentum durch Sammlung von Anhängern initiierte (123). An Einzelheiten führt er noch die Taufe durch Johannes an sowie einen Vorfall im Tempel, über den sich aber nichts Näheres sagen lasse (124). Das ist nicht sehr anders als das, was Strauß schon festgestellt hatte.

# 6. Gibt es neue theologische Einsichten über Notwendigkeit und Nutzen der Rückfrage nach dem „historischen“ Jesus?

Nach Schröter „bedarf keiner weiteren Begründung“, dass der „Diskussion um den historischen Jesus und die Anfänge des christlichen Glaubens […] innerhalb der christlichen Theologie […] eine zentrale Rolle zukommt“ (A 2). Etwas später wird von ihm als Position der „dritten Suche“ ohne jede theologische Argumentation schlicht erklärt, „es sei nicht plausibel, wenn sich theologische Forschung von der Jesusfrage mit der Begründung zurückziehen würde, der Glaube dürfe nicht auf historische Tatsachen gegründet werden. Vielmehr sei es eine notwendige, mit Hilfe der zur Verfügung stehenden Quellen auch durchaus lösbare Aufgabe, ein Bild der historischen Person Jesu und ihrer Wirksamkeit zu entwerfen“ (A 13).

In Stegemanns umfangreichem Buch erscheint „der historische Jesus als theologisches Problem“ erst spät, allerdings nicht in der Weise, dass die Rückfrage problematisiert würde. Es geht vielmehr „um die theologischen Konsequenzen aus der historischen Jesusforschung“ (392). Dabei zeigt sich sofort eine Abwehrhaltung gegenüber der theologischen Infragestellung dieser Forschung, indem in einer unzutreffenden Parallelisierung von Bultmann und Kähler behauptet wird, sie hätten „die Rückfrage nach dem historischen Jesus […] theologisch tabuisiert“ (392).[333] Es ist weiter bezeichnend, dass Stegemann, wo er nun die theologische Frage thematisiert, zunächst ausführlich die historische Jesusforschung von der neuzeitlichen „Wissensordnung“ her begründet.

### *a) Der „historische“ Jesus – „ein unausweichliches Moment der westlichen Wissensordnung“?*

„Die historische Jesusforschung ist ein unausweichliches Moment der Wissensordnung, die im Zuge der Aufklärung sich zumal in den westlichen Kulturen und Gesellschaften etabliert hat“ (393). Bis auf das Wort „unausweichlich“ ist das eine zutreffende beschreibende Feststellung. Damit ist jedoch noch nicht viel gesagt, vor allem nicht, dass das, was faktisch getrieben wird, auch theologisch zu Recht geschehe und dass es sinnvoll sei. Zudem: Wer

[333] Eine solche Parallelisierung hatte zuvor schon Käsemann unternommen (vgl. o. S. 187) und dann auch Schröter (A 35); auf der Seite vorher findet sich die noch seltsamere Zusammenstellung von Kähler mit Schweitzer.

könnte es auch verbieten, dass historisch nach Jesus gefragt wird? Nur sollte man sich klar sein, wie schmal der Bereich gesicherter historischer Ergebnisse in dieser Sache ist. Man muss also im Kählerschen Sinn Bescheidenheit üben und über die Quellen Bescheid wissen. Auch für Schröter bilden die „Verstehensbedingungen des historischen Bewußtseins der Neuzeit" den selbstverständlichen Rahmen, innerhalb dessen er feststellt: „Die Frage nach der historischen Person Jesus von Nazaret ist zentral für das Christentum als einer Religion, die sich an ihre geschichtlichen Ursprünge gebunden weiß" (A 6). Die Selbstverständlichkeit, mit der dieser Satz daherkommt, sei durch eine Analogie problematisiert: Die Frage nach den historischen Personen Abraham, Isaak und Jakob und nach dem historischen Geschehen bei der Rettung Israels am Schilfmeer sind zentral für das Judentum. Schröter stellt fest: „Mit der Frage nach Jesus bewegt sich die theologische Forschung auf dem Gebiet der Geschichtswissenschaft" (F 206). Aber was qualifiziert sie dabei als *theologisch*? Schröter kritisiert an der dezidiert historisch ausgerichteten „dritten Suche", dass bei ihr „die Frage nach der theologischen Bedeutung der Jesusfrage (unreflektiert)" (A 34f.)[334] geblieben sei. Dieses Problem ließe sich „dadurch bearbeiten, dass historische Erkenntnis geschichtstheoretisch bedacht und als Gegenstand der Theologie definiert wird" (F 252; A 35). Mit welcher theologischen Begründung „definiert" Schröter hier „historische Erkenntnis" als „Gegenstand der Theologie"? Woran orientiert sich eine „Theologie", die den Konstruktionspunkt der Evangelien methodisch bewusst hintergeht, aber die „Herausbildung von Geschichte als einer eigenen, auf die Empirie gegründeten wissenschaftlichen Disziplin" zu einer „für theologisches Denken der Gegenwart [...] nicht hintergehbare(n) Voraussetzung" erklärt? (F 206)

Mit der Feststellung von der historischen Jesussuche als Teil der von der Aufklärung bestimmten Wissensordnung oder Geschichtswissenschaft ist noch gar nichts über ihre theologische Sinnhaftigkeit gesagt. Von daher ist mir Stegemanns folgender Satz sachlich nicht nachvollziehbar und wohl nur aus eigenen Erfahrungen zu erklären, dass er von bestimmten kirchlich-„frommen" Kreisen angegriffen wurde: „Sie ist damit aber *kein* Ausdruck mangelnder ‚Frömmigkeit', es sei denn, man versteht unter Frömmigkeit die Ausschaltung der ansonsten geltenden Anforderungen an begründetes Argumentieren" (393). Das darf natürlich nicht heißen, als habe die historische Jesussuche das „begründete Argumentieren" für sich gepachtet, was im Üb-

334 In F 251 hieß es: „unterbelichtet".

rigen angesichts ihrer Ergebnisse reichlich kühn wäre, während die Einschätzung ihrer theologischen Bedeutungslosigkeit auf eben solches „begründete Argumentieren“ verzichte. Nach Stegemann geht es „um die Auswirkung einer Wissensordnung, die als solche nicht zur Disposition steht und auch nicht in der Lektüre biblischer Texte partiell außer Kraft gesetzt werden kann“ (395). Diese „Wissensordnung“ will in dieser Frage das tatsächlich Geschehene feststellen. Aber ist die Frage nach der Faktizität wirklich der alles entscheidende Punkt? Zumal sie sich in vielen Fällen gar nicht beantworten lässt. Und wenn man herausbekommen hat, was tatsächlich geschehen ist, oder es phantasiegeleitet annäherungsweise konstruiert hat – im Blick auf eine zentrale Stelle der jüdischen Bibel etwa, welche „altisraelitische“ Gruppe durch welche Umstände wann und wo einer ägyptischen Übermacht entronnen ist, oder im Blick auf das Neue Testament, mit welcher Intention Jesus nach Jerusalem gegangen und aus welchen Informationen heraus, von wem und wie mitgeteilt, Pilatus ihn zur Kreuzigung bestimmte –, ist das theologisch völlig belanglos.[335] Auf der Seite vorher referiert Stegemann ein Gespräch zwischen einem Hindu und einem Christen, in dem die Alternative thematisiert wird, ob eine Geschichte wahr ist oder ob sie stattgefunden hat. Das lässt sich gewiss bei vielen Geschichten diskutieren, wobei der erstgenannte Punkt der weitaus interessantere und relevantere ist. Bei biblischen Texten wird die Sache jedoch etwas komplizierter und auch spannender, da sie sich in der jüdischen Bibel, im Alten Testament, auf ein Volk beziehen, das tatsächlich existiert hat und weiter existiert, und im Neuen Testament auf einen Menschen aus diesem Volk, der tatsächlich existiert hat und von einer auf ihn bezogenen tatsächlichen Gemeinschaft als nicht im Tod geblieben, sondern als lebendige Wirklichkeit geglaubt und bezeugt wird, und dass es von daher die Besonderheit biblischen Erzählens und überhaupt biblischen Redens ausmacht, Gott und bestimmte – partikulare – Geschichte zusammenzudenken. Und da kann es nicht um die bloße Wiedergabe von Fakten gehen, da im theologischen Reden und Erzählen der Faktizität gerade ihre Eigenmächtigkeit und Absolutheit bestritten wird. Und weiter ist bei biblischen Texten zu bedenken, dass sie gelesen und tradiert werden innerhalb von Auslegungsgemeinschaften, dem Volk Israel und der christlichen Kirche, für die der Bezug darauf fundamental ist. Natürlich kann man auch die „westliche Wissensordnung, die als solche nicht zur Dispositi-

[335] Schröter räumt ein, dass die vom „historischen“ Jesus entworfenen Bilder „immer nur Annäherungen an die Welt Jesu und sein Wirken und Geschick sein können“, versichert aber, dass sie „gerade darin ihre Bedeutung haben“ (J 362). Aber welche denn?

on steht“, so absolut setzen, dass sie die Möglichkeit des Redens von Gott radikal in Frage stellt. Aber ist das eine Sache von Theologen? Müssen sie nicht, wenn anders diese Bezeichnung einen Sinn haben soll, die unmögliche Möglichkeit wagen, von Gott zu reden? Ich will das jedenfalls versuchen in Auslegung der mir kanonisch vorgegebenen biblischen Zeugnisse.

Stegemann zitiert zustimmend: „Wir müssen den historischen Jesus von den frühen christlichen Bildern von ihm unterscheiden. Moderne Wissenschaft gründet auf dieser fundamentalen Unterscheidung“ (395f.)[336] Dass „wir“ das „müssen“, trifft doch nur zu, wenn „wir“ Historiker sind, und zwar solche, die nur an Fakten hinter den Texten interessiert sind. Mit „den frühen christlichen Bildern“ von Jesus sind die „‚biblischen Jesusdarstellungen‘ in den Evangelien“ gemeint. Ihre Charakterisierung als „christlich“ ist zu hinterfragen und als ein Anachronismus zu kennzeichnen. Wir assoziieren mit dem Begriff „christlich“ eine eigene Religion im Unterschied zum Judentum. Das ist aber keineswegs die Eigensicht der Evangelisten, die sich noch innerhalb des Judentums verorteten. Darauf ist am Schluss des Kapitels zurückzukommen. Aus der genannten „fundamentalen Unterscheidung“ gewinnt Stegemann: „Die ‚Arbeitshypothese‘ der historischen Jesusforschung lässt immer nur eine *partielle* Übereinstimmung zwischen den biblischen Jesusnarrativen und dem historischen Jesus zu. Man muss schon [...] aus der Wissensordnung der historischen Aufklärung herausspringen [...], um den historischen Jesus mit den Jesusbildern aller vier Evangelien gleichzusetzen. [...] Es gibt den historischen Jesus nur im Unterschied zu den Jesusdarstellungen der Evangelien“ (397). Dass die genannte nur partielle Übereinstimmung Arbeitshypothese der Jesusforschung ist, trifft schlicht zu, da sie es als ihre Aufgabe ansieht, die verifizierbaren Fakten hinter den Erzählungen der Evangelien zu suchen. Aber ist denn die Alternative zu dieser Faktensuche, „den historischen Jesus mit den Jesusbildern aller vier Evangelien gleichzusetzen“? Das würde ich in der Tat für töricht halten. Also noch einmal: Die Mitteilung historischer Fakten ist nicht die Ebene der Evangelien. Sie reden auf einer anderen Ebene. So trifft es natürlich zu, dass es den „historischen“ Jesus nur im Unterschied zu ihren Darstellungen „gibt“. Aber dann sei doch auch wahrgenommen, wie es den „historischen“ Jesus „gibt“: in einer Unzahl sich widersprechender Konstrukte.

---

336 Was Stegemann daran anschließt, ist bereits o. S. 55 Anm. 64 angeführt und diskutiert worden.

### b) *Historische Jesussuche als Kompensation für die verlorene „Göttlichkeit“ Jesu?*

Stegemann meint: „Genau genommen hat man in den westlichen christlichen Kulturen nicht ‚Jesus‘ verloren, sondern Jesus, den ‚Sohn Gottes‘.“ Daraus folgert er: „Nach Jesus wird also gerade auch darum gesucht, weil der Glaube an die *Göttlichkeit* Christi mit dem empirisch und naturwissenschaftlich fundierten Rationalitätsmodell schwer vereinbar ist.“ Man suche „nach dem Mann aus Nazareth, der auf den Hügeln Galiläas wanderte, weil man den Gottessohn der Evangelien, der über den galiläischen See wandelte, verloren hat und beide nicht mehr zusammenbringt.“ In der „*Suche* nach dem *historischen* Jesus will man diesen verlorenen Glauben in einer Form wiederfinden, die die Zumutung vermeidet, Grenzen der allgemeinen Vernunft zu missachten“ (397). Damit wäre man wieder beim gescheiterten Programm des Rationalismus angekommen. Wie soll ein „verlorener Glaube“ in den „Grenzen der allgemeinen Vernunft“ wiedergefunden, wie soll von Gott in diesen Grenzen geredet werden? Indem man beim „historischen“ Jesus eine absolute Einzigartigkeit entdeckt? Das war das gescheiterte Programm der liberalen Leben-Jesu-Forschung. Im Übrigen steht der „Gottessohn der Evangelien“ nicht in einem Gegensatz zum „Mann aus Nazareth“, von dem die Evangelisten erzählen. Die Bezeichnung Jesu als „Sohn Gottes“ in den Evangelien ist keine Aussage über ein „göttliches“ Wesen Jesu, sondern macht ihn als den messianischen König der jüdischen Tradition kenntlich. Den Evangelien, die in aller Selbstverständlichkeit Jesu Menschlichkeit voraussetzen, geht es darum zu zeigen, dass gerade in der partikularen Geschichte dieses jüdischen Menschen Gott zum Zuge kommt. Das konnten die griechischen Kirchenväter ihrerseits in ihrem kulturellen Kontext nur mit der Kategorie des Wesens zum Ausdruck bringen und so entwickelten sie die Trinitätslehre. Was sie gewonnen haben, ist in anderen Kontexten beibehalten und, sofern es bloß nachgesprochen wurde, zur starren Formel geworden. Demgegenüber käme es darauf an, nicht diese Formeln wegzuwerfen und bloße Faktizität rekonstruieren zu wollen – eben den Menschen Jesus, wie er leibte und lebte –, sondern ihre Intention als Auslegung des biblischen Zeugnisses wahrzunehmen und die starr gewordenen Formeln von der Bibel her zu verflüssigen.

Stegemann meint weiter, es sei „die Suche nach dem historischen Jesus, dem ‚wahren‘ Jesus ein aus der *Glaubensnot* geborenes Unterfangen“. Er nennt dafür beispielhaft die Namen von Reimarus, Lessing, Strauß und R. W. Funk. Sie hätten „einen Jesus finden“ wollen, „über den sie Aussagen machen könne, die sich mit den Standards eines wissenschaftlichen Weltbildes vereinbaren lassen". So nennt er die Jesussuche „ein respektables Unterfangen, das […] den ‚Plausibilitätsverlust der altkirchlichen Christologie' kompensieren möchte" (398). Aber was für eine unmögliche Last wird damit den eigenen Konstrukten aufgeladen? Und wie verhält sich das Reden von Gott zu „den Standards eines wissenschaftlichen Weltbildes"? Dass die altkirchliche Christologie nicht einfach repristiniert werden kann, versteht sich von selbst. Aber ihre Intention sollte wahrgenommen werden, dass sie unter ihren kulturellen Bedingungen das neutestamentliche Zeugnis „Gott war im Gesalbten" zum Zuge bringen wollte. Ihr „Plausibilitätsverlust" kann schlechterdings nicht dadurch kompensiert werden, dass die Evangelien in jedem Sinn des Wortes „hintergangen" werden.

Die „Kritik einer metahistorisch-mythischen Christologie" lässt Stegemann „nicht nur die altkirchlichen oder überhaupt kirchlichen Dogmen und Lehren" treffen, sondern auch das Neue Testament. Er meint, „die biblischen Bilder von Jesus" wiesen „eine beeindruckende Tendenz der zunehmenden Betonung seiner Göttlichkeit auf" (398).[337] Ja, er schreibt sogar: „Auch im Neuen Testament finden sich […] Aussagen, in denen Christus als zugleich *göttliches und menschliches Wesen* erscheint." So sieht er ein „spannungsreiche(s) Verhältnis zwischen dem ‚historischen' Jesus und dem ‚biblischen Christus'", das „sich nicht in einer Art manichäischem Dualismus (?) auflösen" lasse, „in dem die Kirche und das Dogma die überalterte metahistorisch-mythische Christologie repräsentieren, das nach Wahrheit strebende glaubende Subjekt aber auf der Höhe des Zeitgeistes stehend die Bibel auf seiner Seite wissen darf. Der historische Jesusdiskurs ist nicht nur Kritik am Dogma, *er ist zugleich auch Bibelkritik*!" (399) Ausgeführt wird das nicht. Die gebrauchte Terminologie ist nicht vom Neuen Testament nahegelegt, sondern von der kirchlichen Dogmatik vorgegeben. Ergibt sich diese Sicht, die neutestamentlichen christologischen Aussagen sozusagen in der rückwärtigen Erstreckung der altkirchlichen Christologie zu lesen und abzulehnen, deshalb, weil weder bei diesen noch bei jenen nach der Intention ihrer Formulierungen und Darstellungen gefragt wird, nämlich in je ihrem kulturellen Kontext Gott zur Sprache zu bringen?

Stegemann sieht sich selbst offenbar auf einer „Gratwanderung zwischen dem Respekt vor der Tradition der eigenen Glaubensgemeinschaft und

---

[337] Dass die Kategorie der „Göttlichkeit" im Blick auf das neutestamentliche Reden von Jesus nicht angemessen ist, wurde schon o. S. 262 mit Anm. 316 diskutiert.

dem Respekt vor den Standards von Wissenschaftlichkeit und Rationalität“ (399). Aber sollte sich der erstgenannte Respekt nicht zumindest in einem verstehenden Bemühen äußern, bevor ablehnende Urteile gefällt werden? So erscheint mir diese „Gratwanderung“ eben doch lediglich als unverdrossene Fortsetzung des Weges, den Kähler einen „Holzweg“ genannt hat.

Dieses Weitergehen auf dem „Holzweg“ ist bei Schröter noch viel offensichtlicher. Nach ihm kann zwar historische Jesusforschung „den christlichen Glauben niemals begründen“, sie könne „jedoch zeigen, dass dieser Glaube auf dem Wirken und Geschick einer Person gründet, die sich [...] in wichtigen Facetten auch heute noch nachzeichnen lassen. Damit leistet sie für die Verantwortung des christlichen Glaubens in der modernen Welt einen substantiellen Beitrag“ (J 36). Den feinen Unterschied zwischen der nicht möglichen Begründung des christlichen Glaubens durch historische Jesusforschung und dem ihr doch möglichen Aufzeigen seiner Gründung in Wirken und Geschick Jesu müsste Schröter noch erläutern. Er redet zwar nicht mehr so vollmundig wie einst Beyschlag,[338] bewegt sich aber doch auf derselben Linie. Auch hier kehrt das 19. Jahrhundert wieder. Dem entspricht dann auch die schon angeführte Notwendigkeit, vom „historischen“ Jesus Einzigartigkeit auszusagen. Dafür noch ein Beispiel: „Die Einzigartigkeit Jesu besteht darin, dass in seiner Person Gott und Mensch unmittelbar (!) miteinander in Verbindung treten“ (J 17). Wie so etwas durch historische Arbeit aufgezeigt werden kann, ist mir schlechterdings schleierhaft.

### *c) Die Existenz der Evangelien und die „geschichtliche Gestalt“ Jesus als Begründung für die historische Jesussuche?*

Aus der Argumentation Kählers, der wirkliche Christus sei der gepredigte Christus zieht Stegemann die Konsequenz: „[...] so bedürfte es eigentlich auch der Evangelien nicht“ (408). Dafür zitiert er den Abschnitt, in dem sich Kähler auf 1Kor 15,3–5 als genügend bezieht, bricht die Besprechung Kählers aber genau vor der Stelle ab, an der dieser selbst fragt und darauf auch antwortet: „Aber wozu dann die Evangelien?“[339] Stegemanns Missverstehen zeigt sich danach deutlich, wenn er zunächst formuliert: „Kähler rechnet also damit, dass die Evangelien allein wegen ihres Auferstehungszeugnisses relevant sind“ (409). Auch das trifft schon nicht präzis zu. Die Evangelien bestehen ja nicht nur aus ihrem Schluss. Genauer müsste es heißen, dass die Evangelien durchgehend aus der Perspektive des Auferstehungszeugnisses

338 Vgl. o. S. 92f.
339 Vgl. o. S. 118f.

geschrieben sind. Stegemann fährt in seiner Besprechung Kählers fort: „[...] und alles das, was sie vom Leben Jesu, seinem Wirken und schließlich seinem Sterben erzählen, ist unbeachtlich.“ So schafft man sich Pappkameraden, die man trefflich abschießen kann.[340] Diese Aussage ist schlicht eine Unterstellung,[341] die ich nur verstehen kann von der unter der Hand erfolgenden Verwechslung bzw. Ineinssetzung des irdischen Jesus der Evangelien mit dem „historischen“ Jesus der Forschung. Mit dieser Verzeichnung Kählers gelingt es allerdings, ihn mit Bultmann zu parallelisieren, mit dessen „bloßem Daß des Gekommenseins Jesu“, was die Kritik beträchtlich erleichtert: „Schon Kählers Position steht in der Gefahr, die theologische Bedeutung (sic!)[342] der historisch-konkreten Existenz Jesu einzudampfen auf das dann von Rudolf Bultmann so genannte ‚Daß des Gekommenseins Jesu‘.“ Was an dem anschließend gebrachten Bultmann-Zitat allerdings falsch sein soll, ist mir nicht einsichtig: „*Jesus Christus begegnet dem Menschen nirgends anders als im Kerygma.*“ Natürlich auch im Kerygma der Evangelien. Was Bultmann hier mit „Jesus Christus“ meint, kann doch wohl auch nach Stegemann nicht in einer historischen Konstruktion, nicht im „historischen“ Jesus begegnen.

Stegemann diagnostiziert als „von Kähler wie von Bultmann“ empfohlen den „Kierkegaard'sche(n) Sprung in den Glauben“ und fragt: „Doch wird man nach dem Sprung die Fragen los?“ (410)[343] Welche Fragen? Und wel-

---

340 Ganz entsprechend verfährt Schröter mit Kähler. Mit Bultmann in eine Reihe gestellt, wird diesem die Ansicht zugeschrieben, die Evangelien seien über das „Christuszeugnis“ hinaus nicht an der Geschichte Jesu interessiert (A 16).

341 Zur Schätzung der Evangelien durch Kähler vgl. o. S. 117 und 119.

342 „(sic!)“ ist nicht von mir hinzugesetzt, sondern steht so im Text bei Stegemann.

343 Stegemann fährt unmittelbar fort: „‚Man muß den Aposteln, den neutestamentlichen Schriften ihre Behauptungen glauben, weiter kommt die Theologie nicht‘, sagt Kähler. ‚Man darf hinter das Kerygma nicht zurückgehen‘, schreibt Bultmann, und fordert das ‚gehorsame‘ Hören auf das Kerygma.“ Anschließend bringt er diese Äußerungen in einen unmittelbaren Zusammenhang mit dem Brief des Vaters von Friedrich Schleiermacher, der den zweifelnden und fragenden jungen Studenten außerordentlich autoritär zurechtweist und Gehorsam von ihm fordert. Ich finde, dass diese Zusammenstellung Kähler und Bultmann diffamiert. Ich gehe hier nur auf Kähler ein, der es nicht bei der zitierten Aussage belässt – weder zu Kähler noch zu Bultmann gibt Stegemann hier die Belegstellen an –, sondern ausdrücklich fragt, ob man „immer weiter *Autoritätsglauben* der Bibel gegenüber fordern und leisten (soll) trotz der Kritik über die Herkunft dieser Schriften und die Unsicherheit ihrer Angaben?“ (Jesus, S. 22–24) Bei der Forderung des Glaubens geht es Kähler selbstverständlich nicht um das Fürwahrhalten irgendwelcher Fakten, sondern um den „Glauben an Jesum Christum“, der weder von „einem christologischen Dogma“ noch „von den unsicheren Feststellungen über ein angeblich zuverlässiges Jesusbild“ abhängen darf. Es geht Kähler darum, „den Gelehrtenpapat der Historiker in seine Schranken zu

che Fragen beantwortet die historische Jesusforschung und was leistet sie dabei? Außerdem: Wer sagt denn, dass im Glauben alle Fragen und Zweifel aufhören müssten? Nach der wahrscheinlicheren Übersetzung in Mt 28,17 heißt es von den elf Schülern, die sich vor dem ihnen begegnenden Auferstandenen niederwerfen: „Sie zweifelten aber auch." Ob man nun glaubt oder nicht glaubt: Auch einer rein wissenschaftlichen Betrachtung der Evangelien als literarischer Dokumente müsste doch erkennbar sein, was ihr Konstruktionspunkt ist. An ihm liegt es, dass sich die historische Rückfrage nach Jesus vor so immense Schwierigkeiten gestellt sieht, sodass als gesichert nur ein ganz mageres Ergebnis gelten kann. Wer darüber Hinausgehendes behauptet, nimmt teil an der Produktion eines gewaltigen Chaos.

Ist es gegenüber dem in seinen Ergebnissen so chaotischen historischen Jesus-Diskurs samt seinen in der Regel nicht offen gelegten Vorentscheidungen in der Person des jeweiligen Jesus-Suchers nicht viel rationaler, die in den Evangelien klar erkennbare Grundvoraussetzung zu benennen – so irrational die Aussage von der Auferweckung Jesu durch Gott einem modernen Bewusstsein erscheinen mag – und ebenso nachvollziehbar zu beschreiben, wie von daher die Geschichte Jesu erzählt wird? In der Herausstellung dessen, dass das Zeugnis von der Auferweckung Jesu weit mehr über Jesus sagt, als nur seine „Sache" zu bestätigen, sieht Stegemann „ein Wissen über Jesus (behauptet), das gleichsam alle Versuche, dieses auch denen vermittelbar zu machen, die nicht sofort in den Glauben springen, überflüssig macht" (412). Was für ein „Wissen" will denn die historische Jesussuche vermitteln? Und wen hat sie im Blick? Entsprechend Schleiermachers Reden über die Religion „die Gebildeten unter ihren Verächtern"? Sollen sie erst ein sympathisches Bild vom „historischen" Jesus vermittelt bekommen – um dann vielleicht später „in den Glauben springen" zu können? In welchen?

Im folgenden Satz nennt Stegemann fünf Personen, die alle „ein ernsthaftes Problem durch Verdrängen bzw. Tabuisierung ‚lösen'wollten." Mir scheint viel eher, dass diese Charakterisierung des von Kähler vorgenommenen Entlarvens eines Weges als eines Holzweges, es handle sich dabei um „Tabuisierung", lediglich dazu dienen soll, das Weitergehen auf diesem Holzweg zu legitimieren. Was ist das „Problem" in historischer Hinsicht? Dass die Quellen die historische Neugierde, wie es denn tatsächlich gewesen sei, nur in minimaler Weise befriedigen können. Das ist für historische Neu-

---

weisen" (26), der seinerseits in der Gefahr steht, „Autoritätsglauben" zu fordern (Jesus[2], S. 9f.; vgl. S. 147). Kähler ist Bibeltheologe, alles andere als ein Fundamentalist.

gier dann in der Tat ein „ernsthaftes Problem". Aber ist es ernsthaft, dieses Problem dadurch zu überspringen, dass man tapfer und unverdrossen weiter Jesusbilder konstruiert und imaginiert und sie dann jedes für sich als „den historischen Jesus" ausgibt? Was ist das „Problem" in theologischer Hinsicht? Dass die Evangelien in ihren Darstellungen der Geschichte Jesu – wie das ganze übrige Neue Testament in seinem Reden von Jesus ebenfalls – als Ausgangs- und Konstruktionspunkt einen Glaubenssatz haben. Ist es theologisch „ernsthaft", ihn methodisch zu umgehen und zu hintergehen? Müsste Theologie nicht genau diesen Punkt zu verstehen suchen, ihn vor allem bedenken? Will und darf sich Theologie wirklich auf die selbstgemachten Jesusbilder gründen, die doch nur höchst unvollkommen aus den Zeugnissen der Evangelisten gewonnen werden können, statt auf diese Zeugnisse selbst? Denen, die sich mit guten Gründen, nicht an einem historischen Jesus-Projekt beteiligen wollen, Auszug aus dem Wissenschaftsdiskurs vorzuwerfen, erscheint mir daher als unangemessen. Zur Wissenschaftlichkeit gehört, die Voraussetzungen klar zu benennen, von denen her man argumentiert und weitere Schlüsse zieht.

Schließlich meint Stegemann, „die Rückfrage nach dem historischen Jesus" lasse sich schon deshalb nicht delegitimieren, weil „sich der christliche Glaube auf eine konkrete geschichtlicher Gestalt" zurückbeziehe (412).[344] Noch einmal: Das ist bereits die schlichte Voraussetzung der Evangelien. Aber es kommt ihnen alles darauf an, diese „geschichtliche Gestalt" so darzustellen, dass in Jesu Geschichte Gottes Wirken bezeugt wird. Und nur das macht ihre Darstellung zu einer theologischen. Wieso angesichts dessen die methodisch davon absehende Rückfrage nach der empirischen Faktizität *theologisch* legitimiert sein soll, ist mir rätselhaft. Stegemann argumentiert weiter: „Wenn Jesus Christus (nur) eine mythische Gestalt war wie der griechische Apoll oder die römische Diana, gäbe es auch keine Rückfrage nach ihm" (413). Aber wieso erlaubt diese zutreffende Feststellung den Umkehrschluss, es müsse, da er keine mythische Gestalt sei, aus *theologischen* Gründen *historisch* nach ihm gefragt werden? Stegemann meint anschließend, „noch mehr sagen" zu können, indem er noch einmal „die vier kanonischen Evangelien" gegen die Delegitimierung der Rückfrage ins Feld führt, weil in ihnen „die geschichtliche Existenz Jesu [...] *explizit* Gegenstand von vier *Viten*" werde. Auch Schröter führt in ähnlicher Weise die Evangelien als Begründung für die Rückfrage nach Jesus ins Feld, indem er aus ihren die

[344] Der zweite Teil des Zitats ist bei Stegemann Zitat von Frey.

Geschichte Jesu markierenden Notizen schließt, sie würden damit „als *historische Erzählungen*" ausgewiesen und fortfährt: „Die *gegenwärtige* und *zukünftige* Bedeutung Jesu kann ihren Darstellungen zufolge nur so zur Sprache gebracht werden, daß sein *vergangenes* Wirken erzählt wird" (A 17). Später wird resümiert, dass „die Tradenten" der Worte und des Geschicks Jesu „eine *historische* Verbindung zu ihm zu behalten bestrebt waren" (A 88; Hervorhebungen von mir). Der Begriff „historisch" wird hier untergeschoben, um das eigene historische Unternehmen zu den Evangelien in Parallele zu setzen und damit zu rechtfertigen. Aber die Evangelien erzählen ja gerade nicht „historisch", sondern in der gekennzeichneten, der Bibel im Ganzen eigentümlichen Weise. Wieso legitimiert das theologisch die historische Rückfrage?

Gegenüber ihrer Infragestellung stellt Stegemann fest, „dass wissenschaftliche Diskurse über den historischen Jesus auch unabhängig von ihrer theologischen Delegitimierung stattfinden" (413). Das mögen sie. Wer sollte es verbieten? Wenn sie in rein historischem Interesse geschehen, müssen sie sich die Frage gefallen lassen, was denn nun an Ergebnissen dabei herausgekommen ist. Und wer es mit theologischem Anspruch tut, muss schon darüber Auskunft geben, was denn an seinem Unternehmen theologisch sei.

Eine, wie mir scheint, spezifisch katholische Antwort gibt Thomas Söding. In seinem Buch „Der Gottessohn aus Nazareth" will er „das Menschsein Jesu im Neuen Testament" darlegen. Dabei ist die Bezeichnung „Sohn Gottes" von vornherein in einem Gegenüber zum Menschsein verstanden. Wenn jedoch biblisch-jüdisch von einem Menschen als „Sohn Gottes" oder einer Pluralität von Menschen als „Kindern Gottes" geredet wird, ist damit kein Problem hinsichtlich des Menschseins dieser Menschen verbunden. Es sind metaphorische Bezeichnungen, die eine besondere Beziehung bestimmter Art, verbunden mit einer Beauftragung, zum Ausdruck bringen. Söding aber versteht die Bezeichnung Jesu als „Sohn Gottes" im Neuen Testament als eine Aussage über sein Wesen im Sinne der späteren kirchlichen Tradition. Er interpretiert also die dogmatischen Entscheidungen der Kirche über Trinität und Zwei-Naturen-Lehre nicht als Versuche, in einem völlig anderen geistesgeschichtlichen Kontext das Zeugnis des Neuen Testaments zum Zuge zu bringen, dass Gott in Jesus zu Wort und Wirkung kommt, sondern projiziert diese kirchliche Dogmatik in seiner Auslegung in die neutestamentlichen Texte zurück. Das zeigt sich schon im Vorwort, wenn es heißt, im Neuen Testament werde „Jesu wahre Gottheit mit seiner wahren Menschheit zwar nicht in der begrifflichen Schärfe des Dogmas verknüpft, wohl aber im vitalen Zeugnis ursprünglichen Glaubens, in den Jesusgeschichten der Evangelien, in den frühesten Gottesdienstliedern und Bekenntnistexten" (5f.).[345] So wird formuliert: „In Jesus ist Gottes Sohn Mensch geworden" (23); „Gott Sohn ist in Jesus Mensch geworden" (315); Jesus von Nazaret ist „der ewige Sohn des Vaters" (207). Eine solche Sicht hat Konsequenzen auch für die historische Jesussuche.

Zunächst sei jedoch herausgestellt, dass Söding zu Recht die große Bedeutung von „Ostern" betont: „[...] selbst wenn es einer historischen Kritik, die über ihre Historie und Kritik aufgeklärt wäre, gelänge, ein klares Bild des Irdischen zu zeichnen, könnte nicht verkannt werden, dass Ostern ein Grunddatum neutestamentlicher Christologie und die Auferweckung weit mehr als nur die Bestätigung der Person und Sache Jesu ist, nämlich seine Erhöhung zur Rechten Gottes und sein universales Wirken in der Kraft des Geistes" (30). Das richtet sich gegen eine Leben-Jesu-Forschung, die „die neutestamentliche Christologie an einem ‚historischen Jesus'" misst, hält aber nicht von einer sehr eigenen historischen Jesussuche ab. So gilt die Einsicht, dass die Evangelisten „die Geschichte des Menschen Jesus als theologischen Faktor von grundlegender Bedeutung zur Sprache (bringen)" – es sei erinnert: sie tun das, indem sie diese Geschichte in der Perspektive von „Ostern" erzählen –, geradezu als „(christologischer) Grund für die historische Substanz der kanonischen, besonders der synoptischen Evangelien" (60). Entsprechend war vorher als „entscheidende Frage" genannt, „ob das Bekenntnis zum Auferstandenen die Erinnerung an Jesus verfälscht, oder ob es – gerade umgekehrt – die Erinnerung schärft und Jesus kenntlich macht" (22). Letzteres vorausgesetzt, erwiese sich die historische Rückfrage als möglich. Söding hält sie auch für geboten. Er spricht sich dagegen aus, „die klassische historische Ausrichtung der Rückfrage" aufzugeben. Dann läge „ein zentrales Feld der fundamental-theologischen Glaubensverantwortung brach [...]. Das aber ist ein Widerspruch, weil der Bezug der biblischen Erinnerung zum geschichtlichen Ereignis Jesu (sic) konstitutiv ist" (29). Das auf die Geschichte Jesu bezogene neutestamentliche Zeugnis soll also historisch eingeholt und damit verifiziert werden. Das zeigt sich daran, wie Söding von christologischen Daten als *bruta facta* redet: „[...] vom *incarnatus* bis zum *crucifixus sub Pontio Pilato* (und, was viele bestreiten, zum *resurrexit tertia die*) gehören *bruta facta* zum Kern der Christologie. Deshalb muss auch das, was – nach heutigen Maßstäben – ‚der Fall gewesen' ist

[345] Zu „wahrhaft Mensch und wahrhaft Gott" vgl. auch S. 43 und weiter S. 88.268.341.

oder sein könnte, erhebliches theologisches Gewicht haben. Die fundamental-theologische Aufgabe jedenfalls, Rechenschaft über die Christologie zu geben, indem ihr Jesusbild überprüft wird, nötigt zu einer solchen Arbeit“ (31). Ist das vom Programm etwa eines Willibald Beyschlag wirklich so weit entfernt? Als *brutum factum* sagt die Kreuzigung Jesu so wenig wie die vielen anderen Kreuzigungen, die es gab, nämlich gar nichts. Und wie die Aussage von der Auferstehung Jesu am dritten Tag, die sich unseren Erfahrungsmöglichkeiten vollständig entzieht und in dieser Hinsicht analogielos ist, sich auf ein *brutum factum* beziehen kann und also etwas, das prinzipiell historisch verifizierbar wäre, ist mir nicht nachvollziehbar.

Nach Söding gilt: „*Dass* und *wie* Jesus als Mensch gelebt hat und gestorben ist“ – und er meint das im Sinne historisch verifizierbarer Daten –, „ist ein christologisches Datum ersten Ranges“ (32). Ich denke, dass sich genau an dieser Stelle die dogmatische Rückprojektion in die Aussagen des Neuen Testaments auswirkt. Wenn die historische Person Jesus wesensmäßig „der menschgewordene Gottessohn“ ist, „Gott Sohn“, „der ewige Sohn des Vaters“, dann muss alles, was sich historisch über diese Person eruieren lässt, theologisch hochbedeutsam sein. Die markante Aussage, es gäbe „in der Jesustradition keine christologiefreie Zone“ (19), der hinsichtlich der Evangelien vorbehaltlos zuzustimmen ist,[346] bezieht sich im Effekt weniger darauf, dass die Evangelisten die Überlieferung in der Perspektive von „Ostern“ gestalteten, sondern lässt vielmehr beim „historischen“ Jesus Christologie finden. So ist es nur konsequent, dass in einem erstaunlichen Maße alles Wesentliche auf „Jesus selbst“ zurückgeführt wird. Für die Leidens- und Todesankündigungen wurde das schon gezeigt.[347] Das gilt aber auch für die grundlegende Osterbotschaft. Jesus habe „in einer so vitalen Auferstehungserwartung gelebt [...], dass die nachösterliche Christologie am besten als deren Explikation im Lichte des Ereignisses selbst (?) verstanden werden kann“ (60). „Die Osterbotschaft der Evangelien gäbe es nicht, wenn nicht Jesus selbst für die Auferstehung von den Toten Zeugnis abgelegt hätte. Er tut dies in einem allgemein anthropologischen, aber auch in einem explizit christologischen Sinn“ (216). Für Letzteres wird Mk 12,35–37a angeführt. In diesem Text kläre Jesus „seine Christologie“ (218). Allerdings: „Vorsichtig formuliert, müsste man sagen, dass Mk 12,35–37a der markinische, durch

[346] Vgl. auch S. 20: „Dass Jesus zwar gestorben ist, Gott ihn aber von den Toten auferweckt und zu seiner Rechten erhöht hat, gehört zur Grundbotschaft des Neuen Testaments und wirft ein neues Licht auch auf die Geschichte und Person Jesu.“

[347] Vgl. o. S. 225.

die nachösterliche Überlieferung geprägte Reflex einer Stellungnahme Jesu zu den messianischen Debatten seiner Zeit und damit indirekt ein christologisches Selbstportrait ist, das freilich nur noch ‚wie durch einen Spiegel in einem dunklen Bild' (1Kor 13,12) angeschaut werden kann" (219). Paulus charakterisiert mit dem angeführten Bild die gegenwärtige fragmentarische Erkenntnis Gottes gegenüber der endzeitlichen; hier wird der Historiker-Theologe jetzt schon zum Hellseher. Die christologischen Ausführungen des Neuen Testaments werden durchgehend auf „Jesus selbst" zurückgeführt, jedenfalls „im Kern" (z.B. 63) oder „letztlich" (z.B. 73). Im Blick auf 1Tim 6,13 wird postuliert: „[...] das christologische Bekenntnis ist seinem Ursprung nach in Form und Inhalt ein jesuanisches, das jesuanische notwendig christologisch" (107). „Der (späte) Timotheusbrief" ist gegenüber dem „drohende(n), besser: warnende(n) Unterton" in Jesu Appell nach Lk 12,8f. in 2Tim 2,11–13 „dialektischer", aber Söding versichert, dass er das „ganz im ureigenen Sinne Jesu" sei (111).

Diese Sicht hat eine doppelte Konsequenz. Sie zwingt einmal dazu, „Jesus selbst", den „historischen" Jesus, als absolut besonders zu stilisieren. So zeige zwar das Gebet Jesu in Getsemani „einen Lernprozess", was „sein Menschsein" qualifiziere, aber es sei „ganz von der singulären Gottesbeziehung des Sohnes zum Vater, zum ‚Abba' geprägt" (38). Jesus gebe „ganz neue Seiten Gottes zu erkennen [...], die alle mit ihm selbst zu tun haben, dem fleischgewordenen Gottessohn, der Liebe Gottes in Person" (336). Zum anderen wird zwar immer wieder das Judesein Jesu betont, aber es spielt inhaltlich keine Rolle. So wird die Bezeichnung Jesu als Messias aus ihrem jüdischen Kontext gelöst. „Der Grund" für das als historisch angenommene Schweigegebot nach dem Messiasbekenntnis des Petrus liege „weder in einer Unsicherheit Jesu noch in Öffentlichkeitsscheu oder Geheimniskrämerei, sondern in dem Vorbehalt, den Jesus gegenüber allen gängigen Messiaserwartungen anmeldet, um er selbst zu sein und die Gottesherrschaft auf die Weise nahebringen zu können, zu der Gott sich entschlossen hat" (249).

Auf die Frage, worin „der Glanz" der Taten Jesu liege, „die den Zeitgenossen so wundersam erschienen", antwortet Söding: „Die ‚Herrlichkeit' Jesu hat mit der Größe seiner Vollmacht zu tun, mit der Faszination seiner Person, mit der Stärke des Eindrucks, den er machte" (335). Das erinnert frappierend an die liberale protestantische Leben-Jesu-Forschung, die sich hier auf merkwürdige Weise mit von der Dogmatik geleiteter katholischer Exegese trifft.

### *d) Die „Diastase zwischen biblischem Christus und historischem Jesus“ als „Dilemma“?*

Stegemann sieht eine „Diastase zwischen dem ‚biblischen Christus‘ und dem ‚historischen Jesus‘“, die nicht auflösbar sei, und spricht von einem „Dilemma der Differenz zwischen den Jesusdarstellungen der Evangelien und historisch gesicherten Aussagen über den Mann aus Nazareth“, aus dem es keinen Ausweg gebe (422). Aber hier besteht nur dann ein Dilemma, wenn man die unterschiedlichen Ebenen nicht beachtet, auf der die Evangelien erzählen und auf der historische Kritik Daten eruiert, und wenn man maßlos überschätzt, was an „historisch gesicherten Aussagen“ gewonnen werden kann und dieses magere Ergebnis offenbar auch noch für theologisch relevant hält. Im Blick auf die Rezeptionen Jesu in den Evangelien bemerkt Stegemann weiter, sie seien „immer auch Interpretationen und keine ‚reinen‘ Abbildungen von Wirklichkeit, wie sich aus den zum Teil bemerkenswerten Unterschieden der ‚Rezeptionen‘ Jesu in den Evangelien leicht zeigen lässt.“ Diese Formulierungen zeigen kein Gespür für die Eigenart der Evangelien, für das, was ihnen zentral und wichtig ist. Genau darum geht es ihnen nicht, möglichst „reine“ Abbildungen von Wirklichkeit im Sinne empirisch aufweisbarer und nachweisbarer Faktizität zu sein. Selbstverständlich sind sie „Interpretationen“ – in sehr bestimmter Perspektive. Stegemann scheint nicht willens zu sein, die kontrafaktische und suprafaktische Dimension ihres *theologischen* Erzählens wahrzunehmen, und misst sie hier am Ideal der genauen Abbildung von vergangenem Geschehen, das er an anderer Stelle selbst für die historische Wissenschaft problematisiert, das aber immer wieder in seinen Aussagen durchbricht.

Immer noch auf derselben Seite sieht Stegemann ein „Problem“ darin, „dass es vier kanonische Evangelien und damit vier unterschiedliche Jesusdarstellungen […] gibt, die im Zuge eines kontingenten und darum relativen Zertifizierungsprozesses (‚Kanonisierung‘) zum Zuge gekommen sind (und andere nicht).“ Die vier unterschiedlichen Jesusdarstellungen kann Stegemann offenbar nur unter der Kategorie „Problem“ würdigen, weil er auf historische Faktizität fokussiert und nichts sonst. Wie kontingent der Kanonisierungsprozess auch immer gelaufen sein mag, willkürlich war er nicht. In seiner großen Mehrzahl versammelt der neutestamentliche Kanon Schriften, die ökumeneweit in den Gemeinden als Lesetexte bekannt und akzeptiert waren. Auf alle Fälle ist er ein uns in der Kirche vorgegebener Tatbestand, ein Gebrauchstext über viele Jahrhunderte hin. Ein Historiker mag im Blick auf historische Jesusforschung an ihm vorbeisehen, wird dabei allerdings nichts Relevantes erblicken. Aber können Theologen so nonchalant am Kanon vorbeigehen?

Noch einmal betont Stegemann: „Die Differenz (oder Disjunktion oder Diastase) zwischen dem biblischen Jesus – genauer müsste man sagen: zwischen den *vier unterschiedlichen Jesusdarstellungen* der kanonischen Evangelien – und dem historischen Jesus lässt sich nicht auflösen. [...] auch nicht in der verehrenden Haltung des Glaubens. Denn auch der Glaube an den biblischen Christus kann nicht zugleich Glaube an die Übereinstimmung der vier biblischen Jesusdarstellungen mit dem historischen Jesus sein, jedenfalls nicht ohne ein *sacrificium intellectus*“ (422f.). Die vier unterschiedlichen Jesusdarstellungen der Evangelien mit dem „historischen“ Jesus für identisch zu halten, wäre in der Tat abenteuerlich. Aber hier gehen die Kategorien durcheinander. Der Glaube hat mit dem „historischen“ Jesus – diesem Konstrukt historisierender Theologen – nichts, aber auch gar nichts zu tun. Die Evangelien haben von vorn bis hinten den irdischen Menschen Jesus aus Nazaret im Blick, aber eben so, dass sie in ihrer Darstellung seiner Geschichte die Dimension Gottes aufscheinen lassen und damit in Jesu Handeln und Erleiden Gottes Wirken bezeugen. Das wäre in der Reduktion auf Faktizität unmöglich zu leisten; und daher sind Widersprüche auf dieser Ebene für das, was die Evangelien intendieren, auch völlig belanglos.

Stegemann versucht, die biblischen und die historisch-kritischen Jesusbilder in bestimmter Weise nebeneinander zu stellen. Sie gingen beide „auf Interpretationen bzw. Konstruktionen zurück. Sie sind Portraits und keine photographischen Abbildungen“ (424). In der Negation taucht offenbar wieder das hintergründige Ideal auf: eine photographische Abbildung vergangener Wirklichkeit. Die hülfe theologisch überhaupt nichts. Daneben erfolgt hier eine eigenartige Gleichstellung der biblischen Jesusdarstellungen und der historisch-kritischen. In beiden Fällen handele es sich eben um Konstruktionen bzw. Interpretationen. Aber das ist bloß formal gesprochen. Die Konstruktionspunkte, die Interpretationsansätze sind kategorial verschieden. Den Konstruktionspunkt der biblischen Jesusdarstellungen, die voraussetzen, dass Jesus mit der Kreuzigung kein ein für allemal Toter ist, sondern dass er lebt, weil Gott ihn von den Toten auferweckt hat, mag man irrational nennen, weil die Auferweckung Jesu als empirisches Faktum mit historischen Mitteln schlechterdings nicht nachgewiesen werden kann. Diese Voraussetzung, diese Ausgangshypothese liegt jedoch klar auf der Hand, sie wird nicht unter der Decke gehalten oder irgendwie eingeschmuggelt; und sie hat Folgen, die nachvollziehbar und beschreibbar sind. Sie sind es im Blick auf die

Darstellungsweise der Evangelien, dass sie sehr bewusst – um einmal so anachronistisch zu reden – alles andere als Photographien sind, und im Blick auf ihre Wirkung, dass sich Menschen auf das in ihnen bezeugte Handeln Gottes vertrauend/glaubend eingelassen haben, dass auf Jesus bezogene Gemeinden entstanden sind und schließlich die Kirche. „Glaube“ ist also gleichsam nicht mit spitzen Fingern anzufassen und ganz schnell fallen zu lassen, sondern auch Historiker können wahrnehmen, ohne ihn zu teilen, dass durch ihn die Kirche lebt. Aufgrund dieser Erfahrung, dass die in den Gemeinden immer wieder gelesenen und vorgelesenen Schriften aus der eigenen Anfangszeit zu Gebrauchs- und Lebenstexten geworden sind, wie es die Texte der jüdischen Bibel immer schon waren und blieben, wurden beide für die Kirche zu der einen heiligen Schrift aus Altem und Neuem Testament, zur ihr vorgegebenen kanonischen Grundlage. Dabei nahmen die vier Evangelien als erster Teil im Neuen Testament einen vorrangigen Platz ein, analog der Tora im Alten Testament. Von daher, das sei noch einmal betont, sind die biblischen Jesusdarstellungen, so klar es sich bei ihnen um Konstruktionen und Interpretationen handelt, etwas kategorial anderes als die Konstruktionen des „historischen“ Jesus. Indem sie in ihrem Erzählen von Jesus zugleich damit von Gott reden wollen, zielen sie auf eine andere Dimension von Wirklichkeit als die empirisch nachweisbarer Faktizität. Daher tun Widersprüche nichts zur Sache, die sie auf dieser Ebene, der der Fakten, haben. Dagegen geht es der historischen Jesusforschung genau und ausschließlich um die Ebene empirisch nachweisbarer Fakten, also – wenn man so will – um das Ideal photographischer Abbildung. Man hat zwar inzwischen gelernt, dass das nicht erreichbar ist, dass auch auf diesem Feld konstruiert und imaginiert werden muss, aber man möchte doch eine möglichst weitgehende Annäherung erreichen. Aber da hat man im Fall der historischen Jesusforschung das zusätzliche Pech, aufgrund des so völlig anderen Charakters der Quellen bei der Annäherung in ziemlich großer Entfernung stecken zu bleiben. Von daher sind ihre Setzungen so willkürlich und ihre Konstruktionen insgesamt schlicht chaotisch. Deshalb ist sie historisch wenig ergiebig und theologisch sinnlos.

Stegemann beklagt, dass „in der historischen Jesusforschung“ als „ein fundamentales Problem“ gelte, „was in den historischen Forschungsprojekten über andere (nicht nur antike) geschichtliche Persönlichkeiten für selbstverständlich und für die Glaubwürdigkeit dieser Forschung als notwendig und tugendhaft erachtet wird: nämlich die kritische Sichtung und Bewertung der Quellen“. So könne „die Infragestellung etwa des Quellenwertes des

Johannesevangeliums für den historischen Jesus [...] noch heute – zumal außerhalb der akademischen Jesusdiskurse – die Gemüter erregen". Dem begegnet er dann geradezu poetisch: „Doch dieser Erregung und der damit verbundenen Probleme (sic) hilft kein Ausstieg aus der geltenden und akzeptierten Wissensordnung, keine Beschwörung von mehr Frömmigkeit, keine Tabuisierung von kritischen Fragestellungen, keine noch so beredte Beschwörung des Glaubens und der Kirche als dessen Wächterin. Das Wasser, das in den Niagara-Fällen tosend nach unten fällt, lässt sich eher bändigen als die durch die Epistemologie der westlichen Wissensordnung geprägten (sic) Rückfrage nach dem historischen Jesus und die aus ihr resultierenden subjektiven Interpretationen heiliger Schriften!" (426) Ich will niemanden „bändigen". Ich möchte die historischen Jesussucher nur darauf hinweisen, dass sie, sofern sie Historiker sind, ihre Neugier nur mäßig befriedigen können, in größerem Ausmaß nur in sehr subjektiven Imaginationen, also als Selbstbefriedigung, was gewiss auch Vergnügen bereiten kann, aber mit Sicherheit nicht sehr kommunikativ ist, und dass sie, sofern sie Theologen sind, ihre Zeit an einem Gegenstand vergeuden, der theologisch belanglos ist; und das wäre doch schade. Stegemann selbst sieht im Folgenden sehr klar: „Historische (Jesus-)Forschung kann kein Ersatz, keine Bestätigung und keine Form des Glaubens sein, also auch keine Art wissenschaftliche, mit der Wissensform der Neuzeit versöhnte Form des Glaubens" (427). Er zitiert einen schönen Vergleich: „Sowenig Balletttanzen eine Bewegungsform ist, die man dazu einsetzt, um einen Bus zu erreichen, so wenig sollte man die historische Jesusforschung zu einer Form des Glaubens machen oder zu dessen Begründung benutzen." Dann aber stellt sich umso gebieterischer die Frage, zu deren Antwort Stegemann erst auf den letzten knapp sechs Seiten seines Buches ansetzt: „Doch welche theologische Funktion kann dann die historische Jesusforschung haben [...]?" (428)

### *e) Keine „Diastase", sondern der „historische" Jesus als „Anfang des Christentums"?*

Anders als Stegemann sieht Schröter keine „Diastase" zwischen dem „historischen" Jesus und der späteren christologischen Entwicklung. Es ist schon im zweiten Abschnitt des dritten Kapitels in diesem Teil deutlich geworden, dass er im Gegenteil bestrebt ist, eine möglichst enge Verbindung zwischen Jesus und den „Anfänge(n) des christlichen Glaubens" herzustellen. Schon im Vorwort seines Jesusbuches erkennt er für „die Frage nach dem *historischen* Jesus [...] eine besondere Herausforderung" darin, dass „die Schriften des Neuen Testaments […] in erster Linie als Zeugnisse des Glaubens an Jesus Christus gelesen werden (wollen)“. Als Historiker hält er fest: „Es gilt zu unterscheiden zwischen dem, was der historischen Rückfrage standhält, und der Legende, die sich schon im Neuen Testament um die Person Jesu gelegt hat.“ Als Theologe will er das tun, „ohne beides auseinanderzureißen“; denn: „Für die frühen Christen gehörten das historische Geschehen und seine Deutung durch das Glaubenszeugnis untrennbar zusammen.“ Diese „Herausforderung“ muss dann der Historiker bestehen: „Historischer Forschung geht es deshalb um ein Jesusbild, das den Zusammenhang zwischen den historischen Ereignissen und ihren Deutungen nachvollziehbar werden lässt“ (J 10). Im Klartext heißt das: Es wird nicht danach gefragt, worin es begründet ist, dass in den Evangelien das erzählte Geschehen als Glaubenszeugnis dargeboten wird. In aller Selbstverständlichkeit umgeht der Historiker ihren Konstruktionspunkt; er reißt auseinander, was nach seiner Meinung „der historischen Rückfrage standhält“ und was sich als Legende da herum gelegt hat. Er lässt sich aber vom Theologen darauf hinweisen, beides gehöre „untrennbar zusammen“, und versucht deshalb, das Getrennte wieder *historisch* zusammenzusetzen, indem er diese als Wirkung von jenem erklärt. Damit das gelingen kann, muss einerseits „die Person Jesu“ zu einer einmaligen Besonderheit gesteigert und müssen andererseits der Bruch, den Jesu Tod durch die Hinrichtung am Kreuz bedeutete, negiert und das Zeugnis von seiner Auferweckung minimiert werden.

In den Evangelien erscheint der Tod Jesu als Zusammenbruch der Hoffnung, die seine Anhängerschaft auf ihn gesetzt hatte, ein Zusammenbruch, der erst durch die Ostererfahrungen überwunden wird. Die Evangelisten lassen zwar Jesus seinen Tod und seine Auferstehung vorher ankündigen und geben damit den Lesenden und Hörenden Hinweise zum Verstehen des erzählten Geschehens, aber die auf der erzählten Ebene Beteiligten verstehen diese Ankündigungen nicht. Schröter dagegen historisiert. Nach ihm ist Jesu Anspruch als „Menschensohn“ „auch durch seinen Tod nicht in Frage gestellt“ (J 268), „spricht […] einiges dafür, dass es sich bei der Anspielung auf das gewaltsame Prophetengeschick um eine von Jesus selbst herangezogene Erklärung seines bevorstehenden Geschickes handelt“ (J 276), musste „er mit seiner baldigen Verurteilung und Hinrichtung rechnen“ und hat „auch angesichts seines bevorstehenden Todes an der Überzeugung festgehalten, dass die Herrschaft Gottes angebrochen ist und sich weiter durchsetzen wird. [...] Das war zugleich der Impuls für die urchristliche Überzeugung, dass Jesus selbst nunmehr als erhöhter Herr bei seiner Gemeinde sein werde" (J 293). Die Aussagen über Jesu „Auferstehung und Erhöhung basieren auf Erfahrungen, die von seinem irdischen Wirken ausgegangen sind" (301).[348] Davon ist zwar nicht die Spur in den Evangelien zu finden, aber der Historiker kann das ja mal behaupten.

Erinnert diese Konstruktion an die entsprechend von Beyschlag gemachte, so ist das auch bei den ins Einzigartige und Exklusive gesteigerten Aussagen über die historische Person Jesus der Fall. Über das schon vorher dazu Ausgeführte[349] hinaus sei hier nur noch ein Zitat gebracht. Die von Jesus verkündete und bewirkte „Nähe Gottes" eröffne „die *einzigartige* Möglichkeit, zu Gott in eine *gänzlich neue* Beziehung einzutreten. Diese Möglichkeit verknüpft Jesus *exklusiv* mit der an sein eigenes Wirken gebundenen Aufrichtung der Gottesherrschaft" (J 202; Hervorhebungen von mir).

Die sachliche Nähe zu Beyschlag zeigt sich schließlich auch in der Höhe, in der das eigene Unternehmen angesiedelt wird. Beyschlag wollte denselben Eindruck, mit dem Jesus damals Glauben hervorgerufen habe, durch seine historische Arbeit auf die Leserschaft seiner Gegenwart machen. Schröter mutet es der „Jesusforschung" zu, „als *vergegenwärtigende Erinnerung an Jesus im Sinne der Orientierung und Identitätsbildung in der Gegenwart*" zu wirken (A 35). Er vertritt eine „Position, die die kritische Sichtung des Quellenmaterials mit dem Charakter historischer Rekonstruktionen als sinnstiftender Entwürfe verbindet" (A 37). Ziel sei die „Vergegenwärtigung der historischen Person Jesu" (A 58). „Wer Jesus für uns heute" sei, entscheide sich „vor allem daran, wie wir mit dem historischen Befund umgehen, um die Bedeutung Jesu auf dieser Grundlage heute zur Wirkung zu bringen" (J 364).[350]

---

348 In diesen Zusammenhang gehört es, dass Schröter an vielen Stellen einen Ladenhüter aus dem Arsenal gescheiterter Hypothesen neu feilbietet, nämlich eine Unterscheidung von „Jerusalem und Galiläa" als unterschiedlicher Traditionsstränge, dass „wesentliche Teile der Überlieferungen vom irdischen Jesus zunächst unabhängig von den in Jerusalem bzw. Antiochia ausgeprägten theologischen Anschauungen tradiert worden sind", „historisch und theologisch eigenständig". „Dies wäre in theologischer Hinsicht insofern von Bedeutung, als das Proprium der Überlieferung von Worten und Taten Jesu nicht auf der Grundlage der Jerusalemer Deutungen der Ostererfahrungen erklärt werden könnte, sondern auf demgegenüber eigenständigen Interpretationen des Wirkens und Geschickes Jesu basieren würde" (A 183f.). Hier zeigt sich das Interesse. Es geht Schröter um die Behauptung eines Anfangs des Christentums, „der in Kontinuität zu dem Wirken Jesu selbst steht" (F 253).

349 Vgl. o. S. 243.

350 Schon vor Schröters Veröffentlichungen formulierte Johnson klar und scharf: „Christlicher Glaube orientiert sich nicht an einer menschlichen Konstruktion über die Vergangenheit; das wäre eine Form von Götzendienst" (Jesus, S. 143; vgl. auch S. 133.). Ähnliches wie bei Schröter findet sich bei Theißen/Merz, wenn sie gegenüber skeptischen An-

An Jesus in lebendiger Vergegenwärtigung zu erinnern, unternahmen die Evangelisten vom Glauben an das neuschöpferische Handeln Gottes am toten Jesus her, dass er ihn von den Toten aufgeweckt hat. *Diese* Erinnerung hat die Identität der auf Jesus bezogenen Gemeinde gestiftet und stiftet in Auslegung der Evangelien die Identität der Kirche immer wieder aufs Neue. In der Aussage von der historischen Jesusforschung als einer Orientierung und Identität gebenden Vergegenwärtigung Jesu kann ich nur theologische Hybris eines – im Kählerschen Sinn – unbescheidenen Historikers erkennen.

### *f) Eine ideologie-, theologie- und kirchenkritische Funktion der historischen Jesussuche?*

Nach Stegemann bleibt der Jesusforschung als „eine wichtige *theologische* Aufgabe: sie hat insbesondere eine *ideologiekritische* bzw. *theologiekritische* und damit auch *kirchenkritische Funktion*“. Mit Harnack hält er sie für „sinnvoll und notwendig, ‚damit man nicht einen erträumten Christus für den wirklichen eintausche‘!“ (428) Dass ausgerechnet Harnack hier als Kronzeuge auftaucht, mag verwundern. Was für einen Jesus er sich erträumt und als den „wirklichen“ ausgegeben hatte, lässt sich in seinem „Wesen des Christentums“ im Abstand von über 100 Jahren sehr gut erkennen.[351] Sachlich wäre wieder die Frage nach dem Wirklichkeitsverständnis zu stellen. Ist der Jesus der Evangelien ein von den Evangelisten erträumter? Immerhin hat er Wirkung gezeigt in der die Evangelien lesenden und sie überliefernden Gemeinschaft. Wenn der „wirkliche“ Jesus der „historische“ Jesus sein soll, den es, wie doch gerade Stegemann gezeigt hat, in einer nicht endenden Pluralität gibt, stellt sich die Frage, welcher dieser „historischen“ Jesusse denn nun der „wirkliche“ sei.

Stegemann übernimmt Käsemanns suggestive Ineinssetzung von irdischem und „historischem“ Jesus und folgt auch kritiklos dessen unbegründe-

---

fragen, die sie zu „Erpressungen“ stilisieren, „ruhige historische Arbeit“ betonen, deren Ziel es sei, „sich mit Jesus sachlich auseinandersetzen zu können“ (97). Ihr Buch „möchte informieren, darüber, wer Jesus war. Aber es möchte auch einen Zugang zu ihm ermöglichen, der nicht durch autoritäre Zumutungen verstellt wird“ (489). Das am Schluss gegebene „Leben Jesu in Kurzfassung“ bezeichnen sie am Beginn des letzten Absatzes als ihren „Versuch einer kurzen Erzählung von Jesus“, und fahren fort: „Erzählungen begründen Identität. Die Erzählung von Jesus ist die Grundlage christlicher Identität“ (495). Mir erscheint es schlechterdings als ausgeschlossen, dass ein solcher durch historische Vermutungen erstellter „Zugang“ zu Jesus christliche Identität begründen kann. Doch sei angemerkt, dass Theißen/Merz anschließend im Blick auf die Zugehörigkeit Jesu zum Judentum eine Änderung im christlichen Selbstverständnis anmahnen.

351 Adolf von Harnack, Das Wesen des Christentums, Neuauflage Stuttgart 1950 (= Leipzig 1900), S. 31–47.

ter Konstruktion, schon die Evangelien hätten gegen „Enthusiasmus, Mythologie der Vorstellungen und dogmatische Reflexion" gekämpft (428f.). Käsemann sei es in „seinem Plädoyer für die erneute Berücksichtigung des historischen Jesus in der Theologie um einen kritischen Maßstab für eine Theologie" gegangen, „die mit ihrer einseitigen Konzentration auf die ‚Göttlichkeit' Jesu in Gefahr war, diesen Jesus zu einer mythischen, nurhimmlischen Gestalt zu machen, die jenseits aller konkreten gesellschaftlichen Verhältnisse steht". Wo gab es diese Gefahr in den 50er Jahren des 20. Jahrhunderts und wo gar im 1. Jahrhundert? Anschließend übersetzt Stegemann das zu Käsemann Ausgeführte in die eigene Sprache: „Dass eben dieser als ‚Himmelswesen' verehrte Jesus auf Erden die Königsherrschaft Gottes zugunsten der Armen verkündigte, dass er im Reich Gottes eine Transformation der ungerechten gesellschaftlichen Verhältnisse erwartete, Gerechtigkeit und Frieden verkündigt hat, kann man jedenfalls aus den Evangelien schließen" (429). Das muss man nicht aus ihnen erschließen; das kann man sogar in ihnen lesen. Dafür braucht man nicht einen „historischen" Jesus aus ihnen heraus zu präparieren, über den man dann nur feststellen kann, dass er leider gescheitert ist, während die Evangelien das von Jesus Getane und Gesagte verpflichtend machen, weil sie ihn als lebendigen bezeugen.

Auf der folgenden Seite führt Stegemann dasselbe noch einmal in Variation aus. Die Suche nach dem „historischen" Jesus „sei „eben auch die Suche nach einer gerechten Ordnung der menschlichen Gesellschaft, und sie ist damit zugleich Kritik an einem unkonkreten, gesellschaftlich oder sozial indifferenten (‚mythologischen') Christusglauben, der sich auf die ‚Göttlichkeit' Christi beruft und die Option des historischen Jesus für die Armen und Leidenden als ein Adiaphoron deutet". Aber propagieren denn die Evangelien einen solchen „mythologischen" Christusglauben? Alles, was immer man dem „historischen" Jesus zuschreibt, hat man doch nur aus den Evangelien oder es ist reine Erfindung. Und indem die Evangelien den irdischen Jesus in die Dimension Gottes stellen, „vergöttlichen" sie ihn nicht und delektieren sich nicht an seiner „Göttlichkeit", sondern machen gerade das über Jesus Dargestellte für die glaubende Gemeinde verbindlich. In dieser Weise um die Auslegung der Evangelientexte zu streiten, wäre eine lohnende theologische Aufgabe.

Stegemann bringt die Auseinandersetzung des Vatikan mit dem Befreiungstheologen Sobrino (430f.): „ein illustratives Beispiel für die theologie- und kirchenkritische Funktion der Rückfrage nach dem historischen Jesus". Aber alles, was Sobrino anführt, bedarf keiner Rückführung auf einen „historischen“ Jesus, sondern hat unmittelbar Grund in den vorliegenden Texten der Evangelien. Stegemann dagegen sieht hier „eine *unentbehrliche* kritische Funktion“, die die Jesusforschung „für alle ‚mythischen‘ Christologien besitzt, die den himmlischen Christus vom irdischen Jesus trennen“. Das leisten die Evangelien selbst; dafür sind historische Konstruktionen entbehrlich.

*g) Der jüdische Jesus als Herausforderung an die Theologie – und was noch viel mehr herausfordert*

Schließlich begründet Stegemann die Notwendigkeit historischer Jesusforschung mit „der Jahrhunderte währenden Unfähigkeit von Theologie und Kirche, die Zugehörigkeit Jesu zum Judentum überhaupt erst einmal wahr- und dann auch gelassen hinzunehmen“, und fährt fort: „Die historische Jesusforschung beginnt mit dieser Erkenntnis (H. S. Reimarus)“ (431). Allerdings wäre zugleich daran zu erinnern, dass die Jüdischkeit Jesu für Reimarus außerordentlich negativ konnotiert war,[352] dass die christlichen Jesussucher in aller Regel Jesus das Judentum transzendieren ließen und dass es nicht die historische Jesusforschung war, die ein verändertes Verhältnis des Christentums zum Judentum initiierte. Dass Jesus Jude war, ist nicht ein Fündlein der historischen Jesusforschung. Dass das erst bei der „dritten Suche“ relativ weit klar ist, darauf sollte sich diese Forschung nicht allzu viel einbilden. Dass Jesus Jude war, ist unbestreitbare Sicht der Evangelien.

Ich will Stegemann keineswegs widersprechen, wenn er ausführt: „[…] was immer in historischen Diskursen über Jesus sozusagen als ‚jesuanisch‘ verstanden wird, ist eben in der Konsequenz des Ethnizitätsmodells nicht ‚christlich‘ (oder auch ‚prae-christlich‘), sondern es bleibt ‚jüdisch‘ (oder ‚judäisch‘)“ (432). In meinen Augen wäre dieses Ergebnis allerdings noch überzeugender, wenn es nicht von einem vorausgesetzten Modell erzwungen, sondern wenn es im Vergleich von Texten jeweils konkret aufgewiesen würde. Dann zeigte es sich zudem, dass nicht erst ein rekonstruierter „historischer“ Jesus ins Judentum gehört, sondern dass die Evangelien – und zwar alle – von ihrer Entstehung und ihrem Inhalt her von Haus aus jüdische Schriften sind.[353] Eine im Blick auf das Verhältnis zum Judentum anstehende Aufgabe wäre es daher, nicht den Evangelien die Christologie der Kirchenväter unterzuschieben und sie damit vom Judentum zu dislozieren und so die angebliche Notwendigkeit zur Herausstellung eines jüdischen „historischen“ Jesus zu erschleichen, sondern die Jüdischkeit der Evangelien wahrzuneh-

352 Vgl. o. S. 30–33.
353 Vgl. o. S. 220 Anm. 260.

men und dann zu fragen, was das für christliches Selbstverständnis bedeutet. Das ist für die christliche Kirche eine viel stärkere und um vieles klarer auf der Hand liegende Herausforderung, als es ein aus den Evangelien – und gegen sie – herausgefilterter und konstruierter „historischer" Jesus je sein kann.

An dieser Stelle sei ein Hinweis auf Leo Baecks 1938 erschienenes Büchlein „Das Evangelium als Urkunde der jüdischen Glaubensgeschichte" gegeben. In ihm stellt er nicht nur heraus, dass Jesus „ein Jude unter Juden" war. Aus den Evangelien rekonstruiert er ein altes Evangelium einschließlich „Ostern". Auf S. 71–90 bringt er aus ihm „die Begebenheiten", S. 91–105 „die Sprüche und die Gleichnisse". Von ihm sagt er: „Es ist ein jüdisches Buch [...], weil die reine Luft, die es erfüllt, und in der es atmet, die der Heiligen Schrift ist, weil jüdischer Geist, und nur er, in ihm waltet, weil jüdischer Glaube und jüdische Hoffnung, jüdisches Leid und jüdische Not, jüdisches Wissen und jüdische Erwartung es durchdringen – ein jüdisches Buch inmitten jüdischer Bücher" (70; vgl. auch die schöne Charakterisierung des jüdischen Lesens der Bibel, wenn auch mit einem Schuss Platonismus durchsetzt, auf S. 16 und die Kennzeichnung der Evangeliumsüberlieferung als solches Lesen auf S. 28f.). So willkürlich auch die Rekonstruktion Baecks ist, erscheint es mir doch als aufschlussreich, dass er nicht lediglich einen jüdischen „historischen" Jesus präsentiert, sondern ein in der nachösterlichen Anhängerschaft Jesu entstandenes Evangelium als jüdisch identifiziert, das nicht mit Jesu Tod endet, sondern mit einer Erzählung über das leere Grab Jesu, die die Botschaft von der Erweckung Jesu enthält; und ganz am Schluss stehen die lapidaren Sätze: „Er ward am dritten Tage erweckt, und er erschien dem Simon."

Mit Stegemann bin ich in der Richtung einig, in die er am Schluss seines Buches weist: „Dass wir (Christen) die Erzählungen der Evangelien über Jesus aus Nazareth, der in Galiläa und Judäa gelebt und gewirkt hat, gleichsam als Teil unserer christlichen Identität gedeutet haben und verstehen, ist ja durchaus bemerkenswert. Denn es handelt sich bei den Evangelien um Viten über einen Judäer aus Galiläa, einen Juden des 1. Jahrhunderts, der sich in der symbolischen Welt und der kulturellen und religiösen Ordnung seines Volkes bewegt und expliziert hat. Wenn wir diese Welt nicht als fundamental fremd empfinden, ja, wenn sie uns gar vertraut scheint, dann müssen wir doch einen beträchtlichen Teil der jüdischen Identität teilen oder sozusagen mit Jesus als Teil unseres eigenen christlichen Selbstverständnisses übernommen haben" (432f.). Er erkennt so „eine beträchtliche Familienähnlichkeit [...] zur jüdischen Identität" und schließt sein Buch mit dem Satz ab: „Diese Familienähnlichkeit kann nur schwer geleugnet werden, wenn Theologie und Kirche die Herausforderung annehmen, die sich aus den Evangelien und der historischen Jesusforschung und ihrer grundlegenden

Erkenntnis ergibt, dass Jesus ein Judäer war, der aus Galiläa stammt“ (433). Was dazu jedoch die historische Jesusforschung gegenüber den Evangelien Besonderes beiträgt, das sie unverzichtbar machen würde, bleibt mir schleierhaft.

Die christliche Kirche ist durch ihre kanonische Schriftgrundlage in ein einzigartiges Verhältnis zu Israel, zum Judentum gestellt. Sie geht auf eine jüdische Gruppe zurück, für die der Bezug auf Jesus als den von Gott auferweckten Gekreuzigten entscheidend war und die diesen Glauben mit Hilfe ihrer Bibel artikulierte. Als sich im 2. Jahrhundert die auf Jesus bezogene Gemeinschaft mehr und mehr im Gegenüber und im Gegensatz zum Judentum als christliche Kirche herausbildete, behielt sie die jüdische Bibel fraglos als ihre kanonische Grundlage bei. Sie erzählt von der besonderen Bundesgeschichte mit seinem Volk Israel und bezeugt somit den einen Gott, den Schöpfer und Gott aller Welt, als Israels Gott, der seinem Volk die Treue hält. Indem die Schriften des Neuen Testaments die jüdische Bibel als ihre Grundlage haben und sie von Jesus in deren Wahrheitsraum[354] reden, bezeugen sie nicht einen Gott Jesu, der neu oder anders wäre, sondern machen den „Vater Jesu Christi“ als Gott Israels kenntlich. Wer aber Gott als Israels Gott ist und auch weiterhin bleibt, kann nur im jüdischen Zeugnis in Geschichte und Gegenwart vernommen werden. Christen und Christinnen sind somit auf eine Gemeinschaft außerhalb ihrer selbst verwiesen. Das stellt sie in solidarischer Partnerschaft an die Seite Israels, an die Seite jüdischer Gemeinden, an die Seite von Jüdinnen und Juden.

---

[354] Vgl. den Titel des Buches von Frank Crüsemann: Das Alte Testament als Wahrheitsraum des Neuen. Die neue Sicht der christlichen Bibel, Gütersloh 2011.

# Schluss

## Was wir als theologische Exegetinnen und Exegeten im Blick auf die Evangelien tun und was wir lassen sollten

Bei der „dritten Suche“ nach dem „historischen“ Jesus ist immerhin als positiv festzuhalten, dass in ihr Jesus nicht mehr als unjüdisch profiliert, sondern als Jude bezeichnet wird. Allerdings ist einschränkend zu vermerken, dass das bisweilen recht formal geschieht und die Jüdischkeit Jesu inhaltlich nicht gerade profiliert hervortritt. Das ist besonders dort der Fall, wo der Versuchung nicht widerstanden wird, Jesus tendenziell zum ersten Christen zu machen. Im Übrigen veranlasst mich „die dritte Suche“ nicht, etwas von dem zu revidieren, was ich am Ende des ersten Teils als „Ergebnisse und Folgerungen“ dargestellt habe. Es gibt bei der Suche nach dem „historischen“ Jesus keinen Fortschritt, sondern immer wieder nur erneutes Scheitern. Das zeigt der Blick auf die Forschungsgeschichte. Ich habe den Eindruck, dass es bei der „dritten Suche“, aber auch schon bei der „neuen Frage“ eine gewisse Verweigerungshaltung gegenüber der Wahrnahme der frühen Forschungsgeschichte gibt. Wo sich in den von mir angeführten Arbeiten und in weiteren Jesusbüchern, die ich gelesen, aber nicht zitiert habe, forschungsgeschichtliche Passagen über die ersten 150 Jahre historische Jesusforschung finden, ist man in der Regel von Albert Schweitzer abhängig. Die im deutlichen Abstand mögliche Erkenntnis der grundsätzlichen Problematik der Rückfrage nach dem „historischen“ Jesus sowohl in historischer als auch theologischer Hinsicht wird damit verhindert, und das umso mehr, als die historische Kritik von David Friedrich Strauß und die historische und theologische Kritik von Martin Kähler meistens nur eben berührt oder schlicht übergangen werden. Ich kann selbstverständlich nicht behaupten, *die* Forschungsgeschichte zu kennen. Aber die von mir hier herangezogenen, für exemplarisch gehaltenen Werke habe ich langsam, gründlich und vollständig gelesen. Wenn man das getan hat, gibt es zwei Möglichkeiten. Entweder weiß man dann, dass die historische Jesussuche gescheitert ist und warum sie scheitern musste und dass jeder weitere Versuch wieder scheitern wird, oder man ist wie Albert Schweitzer von der eigenen „Lösung“, weil sie so anders ist als der allgemeine Trend, derart überzeugt, dass man meint, sie unbeirrt präsentieren zu können. Ich halte es daher im Blick auf die Evangelien ganz schlicht für unser Geschäft als theologische Exegetinnen und Exegeten sie auszulegen, genauer: die vier kanonisch vorliegenden Evangelien in ihrer Unterschiedenheit.

Der Kanon ist im Raum der Kirche nicht hintergehbar. Er versammelt in sich Schriften, die über viele Jahrhunderte hin grundlegende Gebrauchstexte waren und es weiterhin sind. Selbstverständlich wird historisches Fragen über die Kanongrenzen – und auch über die Grenzen der Kirche – hinausgehen. Aber primärer Gegenstand unserer Arbeit, die Texte, die wir auszulegen haben, sind die vorliegenden kanonischen Schriften. Der Kanon muss nicht neu erfunden werden; er ist Vor-Gabe. Es ist kein Zufall, sondern entspricht der Sache, dass die beiden exegetischen Disziplinen, die sich an theologischen Fakultäten entwickelt haben, die Bezeichnungen „Altes Testament“ und „Neues Testament“ tragen. Der Bezug von Exegetinnen und Exegeten auf den biblischen Kanon und seine Rede von Gott liegt so von vornherein auf der Hand. Wir arbeiten als wissenschaftliche Theologen und Theologinnen an der Universität. Theologie ist eine Funktion der Kirche und für sie. Ohne diesen Zusammenhang mit der Kirche gäbe es uns an der Universität allenfalls als Religionswissenschaft Betreibende. Niemand in der Wissenschaft arbeitet voraussetzungslos. Als Theologen und Theologinnen haben wir unsere *theo*logischen Voraussetzungen zu benennen und zu ihnen zu stehen.

In der Disziplin Neues Testament hat historische Kritik hinsichtlich der Evangelien genug zu tun, wenn sie als ihren Gegenstand die vier kanonischen in ihrer vorliegenden Gestalt betrachtet, jedes für sich als jeweilige Einheit. Ihre profilierte Unterschiedenheit – für die historische Rückfrage entweder Anlass, die Evangelisten der Ungenauigkeit und Fehlerhaftigkeit zu zeihen, oder Anlass zur Verlegenheit, die zu hilfloser apologetischer Harmonistik führt – lässt sich als Gewinn wahrnehmen, wenn man herausarbeitet, wie die in österlicher Perspektive erfolgende Erinnerung an Jesus unter Einbeziehung jeweils inzwischen gemachter unterschiedlicher Erfahrungen in jeweils unterschiedlichen Situationen fruchtbar gemacht wird.[355] Natürlich sind historische Aussagen über die Entstehungssituationen der

[355] Johnson bemerkt zu Recht: „Die unterschiedlichen Perspektiven der Evangelien müssen gerade in ihren Differenzen gewürdigt werden“ (Jesus, S. 147). Etwas weiter fährt er fort: „Die historischen Jesussucher scheinen nie begriffen zu haben, dass die Kirche getrennte *literarische Kompositionen* kanonisierte, Evangelien genannt. […] Durch die Kanonisierung von vier solchen Versionen des Evangeliums hat die Kirche sie offensichtlich auch in all ihrer Verschiedenheit *als normativ* akzeptiert. Das heißt, ihr normativer Charakter liegt nicht *außerhalb* dieser Texte und abgesehen von ihrer Verschiedenheit, sondern *in* diesen Texten in all ihrer Verschiedenheit“ (148f.).

Evangelien nie mehr als wahrscheinliche Annäherungen. Aber einmal beziehen sie sich auf Texte, die nicht erst selbst rekonstruiert werden müssen, und zum anderen haben sie einen heuristischen Wert für die Auslegung. Vor allem helfen sie auch, die Unterschiedenheit zwischen der Entstehungssituation der Texte und der Situation der Auslegenden bewusst zu machen. Diese Unterschiedenheit und die Wirkungsgeschichte der Texte sind in der Auslegung mit zu reflektieren. Das ist bei den Evangelien – und den meisten übrigen Schriften des Neuen Testaments überhaupt – umso wichtiger, als es in der Überlieferung dieser Texte einen gravierenden Bruch gab. Sie sind in einem jüdischen Kontext entstanden und in einen nichtjüdischen Kontext übergegangen. Sie wurden von Juden oder dem Judentum nahestehenden Menschen geschrieben und schließlich von einer nichtjüdisch gewordenen Gemeinschaft als kanonisch rezipiert, die ihre Identität in Antithese zum Judentum bestimmte. Dieser Bruch darf nicht dadurch verdeckt werden, dass das Neue Testament von der späteren Dogmatik her gelesen wird, sondern das jüdische Profil seiner Schriften ist wieder herauszuarbeiten.

In der Konsequenz des Dargestellten sollten wir es bei der Arbeit an den Evangelien lassen, sie zu hintergehen. Wir sollten sie weder historisch noch theologisch hintergehen. Ich habe mich selbst an der Rückfrage hinter die vorliegenden Evangelientexte beteiligt, literarkritisch und formgeschichtlich nach Vorstufen und Traditionen gesucht, um Aussagen über den „historischen" Jesus machen zu können. Dass Letzteres nicht gelingen kann, ist mir schon länger bewusst. Inzwischen bin ich bei den Evangelien gegenüber einer „Textarchäologie" überhaupt skeptisch geworden. Ich sehe nicht, was sie zu deren Verstehen beiträgt. Der Vergleich zwischen den vorliegenden Texten erscheint mir allemal als hilfreicher. Einer Exegese, die sich an die vorliegenden Texte unter Absehen von ihrer möglichen Vorgeschichte hält, wird vorgeworfen, sie sei „flächig", wobei dann vielleicht auch der Vorwurf „oberflächlich" mitschwingt, wohingegen der Rückgang „Tiefenschärfe" einbringe. Ich nehme diesen Vorwurf positiv auf: Die vorliegenden Evangelien haben ein außerordentlich markantes, manchmal spannungsvolles und daher auch spannendes Oberflächenprofil. Das wird in der Regel von denen nicht wahrgenommen, sondern zerstört, die den Text in Schichten auflösen.

Die Geschichte der Forschung zeigt, dass die auf dem Rückgang hinter die Texte der Evangelien basierende Suche nach dem „historischen" Jesus eine Vermutungswissenschaft ist und aufgrund der Quellen notwendig bleiben muss. Daher verstehe ich diese Streitschrift als einen Appell, nicht die Zeit damit zu vertun, auf einem Holzweg weiterzugehen, der immer wieder in einer Sackgasse endet. Als Käsemann seinen Beitrag über „Sackgassen im Streit um den historischen Jesus“ schrieb, zeigte er auf, dass die diesbezüglichen Wege von Joachim Jeremias und Rudolf Bultmann in Sackgassen endeten, merkte aber nicht – und dabei erging es ihm wie allen, die sich je aktuell auf der Suche nach dem „historischen“ Jesus befinden –, dass er gerade selbst dabei war, sich in einer Sackgasse zu verrennen. Holzwege müssen nicht immer wieder neu gegangen werden und in Sackgassen sollte man auch nicht immer wieder hinein rennen. Die Suche nach dem „historischen“ Jesus hat nicht gebracht, was sie wollte, sondern immer wieder ein Chaos von Jesusbildern. Diese Suche lässt sich daher mit einem Leitwort aus dem Buch Kohelet beschreiben: „Ja, auch das ist *häwäl* – ganz und gar aussichtslos und ein Greifen nach Wind“ (4,16; Übersetzung Bibel in gerechter Sprache).

# Literaturverzeichnis

(Anonymus:) Die verschiedenen *Rücksichten*, in welchen und für welche der Biograph Jesu arbeiten kann, Kritisches Journal der neuesten theologischen Literatur 4, 1816, S. 225–245.

Baeck, Leo: Das Evangelium als Urkunde der jüdischen Glaubensgeschichte, Berlin 1938.

Barth, Karl: *Strauß*, in: Die protestantische Theologie im 19. Jahrhundert, Band 2: Geschichte, Siebenstern Taschenbuch 178, Hamburg 1975 (unveränderte Textwiedergabe nach der 3. Auflage 1960, 1. Aufl. Zürich 1946), S. 463–486.

Bornkamm, Günther: *Jesus* von Nazareth, Stuttgart [4.5]1960 (= 1956).

Beyschlag, Willibald: Das *Leben Jesu*. Bd. *I*: Erster, untersuchender Theil; Bd. *II*: Zweiter, darstellender Theil, Halle a. S. [3]1893.

Beyschlag, Willibald: Aus meinem *Leben I*. Erinnerungen und Erfahrungen der jüngeren Jahre, Halle a. S. 1896; Aus meinem *Leben II*. Erinnerungen und Erfahrungen der reiferen Jahre, Halle a. S. 1899.

Bultmann, Rudolf: Die *Geschichte* der synoptischen Tradition, Göttingen [5]1961 (= [2]1931).

Bultmann, Rudolf: *Jesus*, Tübingen 1961 (= 1926).

Bultmann, Rudolf: Das *Urchristentum* im Rahmen der antiken Religionen, rowohlts deutsche enzyklopädie 157/158, o.O. 1962 (Erstveröffentlichung Zürich 1949).

Bultmann, Rudolf: Zu J. *Schniewind*s Thesen das Problem der Entmythologisierung betreffend, in: Kerygma und Mythos. Ein theologisches Gespräch, hg.v. Hans-Werner Bartsch, [4]1960 (Erstauflage 1948), S. 123–138.

Bultmann, Rudolf: *Theologie* des Neuen Testaments, Tübingen [4]1961 (= [3]1958).

Bultmann, Rudolf: Das Verhältnis des urchristlichen *Christuskerygma*s zum historischen Jesus, in: Helmut Ristow u. Karl Matthiae (Hg.), Der historische Jesus und der kerygmatische Christus. Beiträge zum Christusverständnis in Forschung und Verkündigung, Berlin [3]1964 (= 1960), S. 233–235.

Bultmann, Rudolf: Das *Verhältnis* der urchristlichen Christusbotschaft zum historischen Jesus, in: Ders.: Exegetica. Aufsätze zur Erforschung des Neuen Testaments, hg.v. Erich Dinkler, Tübingen 1967, S. 445–469.

Eichholz, Georg: Die *Frage* nach dem historischen Jesus in der gegenwärtigen Forschung, in: Ders.: Das Rätsel des historischen Jesus und die Gegenwart Jesu Christi, hg.v. Gerhard Sauter, München 1984, S. 79–157.

Flusser, David: *Jesus*, Hamburg [22]2000 (1968).

Gollwitzer, Helmut: Der *Glaube* an Jesus Christus und der sogenannte historische Jesus, in: Helmut Ristow u. Karl Matthiae (Hg.), Der historische Jesus und der kerygmatische Christus. Beiträge zum Christusverständnis in Forschung und Verkündigung, Berlin [3]1964 (= 1960), S. 110–114.

Gräßer, Erich, Albert Schweitzer als *Theologe*, Tübingen 1979.

Gräßer, Erich: *Schweitzer*, Albert, TRE 30, Berlin u. New York 1999, S. 675–682.

Heinzelmann, Gerhard: *Wort* Gottes bei Martin Kähler. Gedächtnisvorlesung, in: Zu Martin Kählers 100. Geburtstag. 6. Januar 1935, Hallische Universitätsreden 64, Halle (Saale) 1935, S. 10–26.

Holtzmann, Heinrich Julius: Das messianische *Bewusstsein* Jesu. Ein Beitrag zur Leben-Jesu-Forschung, Tübingen 1907.

Jaspert, Bernd: Karl Barth – Rudolf Bultmann. *Briefwechsel* 1922–1966, Zürich 1971.

Johnson, Luke Timothy: The Real *Jesus*. The Misguided Quest for the Historical Jesus and the Truth of the Traditional Gospels, Paperback Edition, San Francisco 1997.

Kähler, Anna (Hg.in): Martin Kähler. *Theologe* und Christ. Erinnerungen und Bekenntnisse von Martin Kähler, Berlin 1926.

Kähler, Martin: Der sogenannte historische *Jesus* und der geschichtliche, biblische Christus. Vortrag auf der Wupperthaler Pastoralkonferenz, Leipzig 1892.

Kähler, Martin: Der sogenannte historische *Jesus* und der geschichtliche, biblische Christus, Leipzig [2]1896.

Kähler, Martin: Der sogenannte historische *Jesus* und der geschichtliche, biblische Christus, neu hg.v. E. *Wolf*, München [4]1969.

Kähler, Martin: Geschichte der *Bibel* in ihrer Wirkung auf die Kirche. Beitrag zur Begründung des Ansehens der Heiligen Schriften, in: Ders.: Aufsätze zur Bibelfrage, hg.v. Ernst Kähler, München 1967, S. 131–288 (Ersterscheinung 1903).

Kähler, Martin: Jesus und das Alte *Testament*. Erläuterungen zu Thesen, Neudruck Gütersloh 1938, hg.v. Walter Kähler (zuerst Leipzig 1896).

Käsemann, Ernst: Das *Problem* des historischen Jesus, in: Ders.: Exegetische Versuche und Besinnungen. Erster und zweiter Band, Göttingen 1964, I, S. 187–214 (zuerst veröffentlicht 1954).

Käsemann, Ernst: *Sackgassen* im Streit um den historischen Jesus, in: Ders.: Exegetische Versuche und Besinnungen. Erster und zweiter Band, Göttingen 1964, II, S. 31–68.

Käsemann, Ernst: War *Jesus* liberal?, in: Ders.: Der Ruf der Freiheit, Tübingen $^{5}$1972 (Erstauflage 1968), S. 20–54.

Käsemann, Ernst: Die neue *Jesus-Frage*, in: Jésus aux origines de la christologie, hg.v. Jaques Dupont, Leuven 1975, S. 47–57.

Klein, Dietrich: Hermann Samuel *Reimarus* (1694–1768). Das theologische Werk, Tübingen 2009.

Kraus, Hans-Joachim: Art. *Kähler*, Martin (1835–1912), TRE 17, Berlin/New York 1988, S. 511–514.

Kuhn, Thomas K.: Art. *Strauß*, David Friedrich, in: Theologische Realenzyklopädie 32, Berlin/New York 2001, S. 241–246.

Kümmel, Werner Georg: Das *Problem* des geschichtlichen Jesus in der gegenwärtigen Forschungslage, in: Helmut Ristow u. Karl Matthiae (Hg.), Der historische Jesus und der kerygmatische Christus. Beiträge zum Christusverständnis in Forschung und Verkündigung, Berlin $^{3}$1964 (= 1960), S. 39–53.

Lindemann, Andreas: Art. *Bultmann*, Rudolf, in: RGG$^{4}$ 1, Tübingen 1998, Sp. 1859f.

Mülhaupt, Erwin: Art. *Beyschlag*, Willibald, in: RGG$^{3}$ 1, Tübingen 1957, Sp. 1116f.

Reimarus, Hermann Samuel: Die vornehmsten *Wahrheiten* der natürlichen Religion, hg.v. Günter Gawlick, Göttingen 1985 (Nachdruck der 3. Auflage 1766).

Reimarus, Hermann Samuel: *Apologie* oder Schutzschrift für die vernünftigen Verehrer Gottes, hg.v. Gerhard Alexander, Bde. I u. II, Frankfurt am Main 1972.

[Lessing, Gotthold Ephraim: Von Duldung der Deisten. Fragment eines Ungenannten; Ein Mehreres aus den Papieren des Ungenannten, die Offenbarung betreffend (von Lessing als erstes bis fünftes Fragment gezählt), Gesammelte Werke, Berlin 1956, Bd. *7*, S. 651–812; Von dem Zwecke Jesu und seiner Jünger. Noch ein Fragment des Wolfenbüttelschen Ungenannten, Bd. *8*, S. 254–376.]

Robinson, James M.: A New *Quest* oft he Historical Jesus, Studies in Biblical Theology 25, London 1959.

Robinson, James M.: *Kerygma* und historischer Jesus, Zürich/Stuttgart, 1960.

Schellong, Dieter: „Was sucht ihr den Lebendigen bei den Toten?“ *Rückfragen* zur Suche nach dem „historischen Jesus“, in: Einwürfe 6, hg.v. Friedrich-Wilhelm Marquardt u.a., München 1990, S. 2–47.

Schmithals, Walter: *Bultmann*, Rudolf, in: TRE 7, 1981, S. 387–396.

Schröter, Jens: Jesus und die *Anfänge* der Christologie. Methodologische und exegetische Studien zu den Ursprüngen des christlichen Glaubens, Neukirchen-Vluyn 2001.

Schröter, Jens: *Jesus* von Nazaret. Jude aus Galiläa – Retter der Welt, Leipzig $^{4}$2012.

Schröter, Jens: Die *Frage* nach dem historischen Jesus und der Charakter historischer Erkenntnis, in: Andreas Lindemann (Hg.), The Sayings Source Q and the Historical Jesus, Leuven 2001, S. 207–254.

Schröter, Jens: Die aktuelle *Diskussion* über den historischen Jesus und ihre Bedeutung für die Christologie, in: Christian Danz u. Michael Murrmann-Kahl (Hg.), Zwischen historischem Jesus und dogmatischem Christus. Zum Stand der Christologie im 21. Jahrhundert, Tübingen 2010, S. 67–86.

Schultze, Harald: Art. *Reimarus*, Theologische Realenzyklopädie 28, Berlin/New York 1997, S. 470–473.

Schumann, Friedrich Karl: *Gedächtniswort* des Dekans der theolog. Fakultät Halle-Wittenberg, in: Zu Martin Kählers 100. Geburtstag. 6. Januar 1935, Hallische Universitätsreden 64, Halle (Saale) 1935, S. 3–9.

Schweitzer, Albert: Das Messianitäts- und *Leidensgeheimnis* Jesu. Eine Skizze des Lebens Jesu, Tübingen $^{3}$1956 (= 1901).

Schweitzer, Albert: Von *Reimarus* zu Wrede. Eine Geschichte der Leben-Jesu-Forschung, Tübingen 1906.

Schweitzer, Albert: *Geschichte* der Leben-Jesu-Forschung, Tübingen $^{2}$1913.

Schweitzer, Albert: *Geschichte* der Leben-Jesu-Forschung, Tübingen $^{6}$1951 (= $^{2}$1913).

Seim, Jürgen: *Predigen* in Israels Gegenwart, in: EvTh 56, 2001, S. 260–271.

Söding, Thomas: Der *Gottessohn* aus Nazareth. Das Menschsein Jesu im Neuen Testament, Freiburg u.a. 2006.

Stegemann, Wolfgang: *Jesus* und seine Zeit, Biblische Enzyklopädie 10, Stuttgart 2010.

Strauß David: Das *Leben Jesu*, kritisch bearbeitet, Erster Band, Tübingen 1835; Zweiter Band, Tübingen 1836 (reprografischer Nachdruck beider Bände: Darmstadt 1969).

Strauß, David Friedrich: Hermann Samuel *Reimarus* und seine Schutzschrift für die vernünftigen Verehrer Gottes, Leipzig 1862.

Theißen, Gerd: Der *Schatten* des Galiläers. Historische Jesusforschung in erzählender Form, München 1986.

Theißen, Gerd: Die *Jesusbewegung*. Sozialgeschichte einer Revolution der Werte, Gütersloh 2004.

Theißen, Gerd: Historische Skepsis und *Jesusforschung*. Oder: Meine Versuche über Lessings garstigen breiten Graben zu springen, in: Ders.: Jesus als historische Gestalt. Beiträge zur Jesusforschung, hg.v. Annette Merz, Göttingen 2003, S. 327–363.

Theißen, Gerd/Merz, Annette: Der historische *Jesus*. Ein Lehrbuch, Göttingen 1996.

Usteri, Leonhard: *Beitrag* zur Erklärung der Versuchungsgeschichte, ThStKr 5, 1832, S. 768–791.

Weinhardt, Joachim: Art. *Beyschlag*, Willibald, in: $RGG^4$ 1, Tübingen 1998, Sp. 1400f.

Wengst, Klaus: *Ostern*. Ein wirkliches Gleichnis, eine wahre Geschichte. Zum neutestamentlichen Zeugnis von der Auferweckung Jesu, München 1991.

Wengst, Klaus: *Jesus* zwischen Juden und Christen. Re-Visionen im Verhältnis der Kirche zu Israel, Stuttgart $^2$2004.

Wengst, Klaus: Das *Joh*annesevangelium *I*, Stuttgart $^2$2004; Das *Joh*annesevangelium *II*, Stuttgart $^2$2007.

Wengst, Klaus: *Geschichte(n)* und Wahrheit. Anmerkungen zum biblischen Wirklichkeitsverständnis, EvTh 68, 2008, S. 178–192.

Wengst, Klaus: Biblische *Ökumene*? Perspektiven des Jüdisch-Christlichen Gesprächs, in: „So viel Aufbruch war nie …" Neue Synagogen und jüdische Gemeinden im Ruhrgebiet. Chancen für Integration und Dialog, hg.v. Manfred Keller, Berlin 2011, S. 116–126.

Wengst, Klaus: Das *Regierungsprogramm* des Himmelreichs. Eine Auslegung der Bergpredigt in ihrem jüdischen Kontext, Stuttgart 2010.

Ziegler, Theobald: David Friedrich *Strauß*, Erster Teil: 1808–1839; Zweiter Teil: 1839–1874, Straßburg 1908.